리빙랩

리빙랩
지속가능한 발전을 위한 공동창조와 실험

2025년 11월 17일 초판 1쇄 찍음
2025년 11월 25일 초판 1쇄 펴냄

엮은이 이태동, 신상범
지은이 강혁민, 김가영, 김지연, 김 현, 김현아, 류지은, 박아름, 박소민, 박찬, 부찬종, 성정희, 송경호, 신하영, 양성빈, 윤나리, 이경호, 이수경, 이예영, 이희섭, 정연경, 최지은, 하상섭

편집 김천희·엄기영
디자인 이수경·김진운
마케팅 유명원

펴낸이 윤철호
펴낸곳 ㈜사회평론아카데미
등록번호 2013-000247(2013년 8월 23일)
전화 02-326-1182
팩스 02-326-1626
주소 03993 서울특별시 마포구 월드컵북로6길 56
이메일 academy@sapyoung.com
홈페이지 www.sapyoung.com

ISBN 979-11-6707-209-2 93300

리빙랩

지속가능한 발전을 위한 공동창조와 실험

이태동·신상범 엮음

강혁민·김가영·김지연·김 현·김현아·류지은·박아름·박소민·박찬·부찬종·성정희·송경호·신하영
양성빈·윤나리·이경호·이수경·이예영·이희섭·정연경·최지은·하상섭 지음

사회평론아카데미

서문

리빙랩

지속가능한 발전을 위한 공동창조와 실험

이태동, 신상범

누가, 어떻게 지속가능성을 향상시킬 것인가? 2015년 지속가능한 발전(Sustainable Development)이 국제적 어젠다가 된 지 십 년이 되는 해이다. 환경-경제-사회의 조화와 미래 세대와 현재 세대 필요의 조화라는 큰 지향점 하에 17개 지속가능한 발전 목표(Sustainable Development Goals: SDGs)가 국제-국가-도시-커뮤니티 등 다양한 층위에서 다채로운 프로그램으로 진행되고 있다. 이제 2030년 SDGs의 목표를 달성하기 위해서 5년이라는 기한이 남아 있다. 광범위한 주제이긴 하지만, 지구(Planet), 사람(People), 번영(Prosperity)을 위한 구체적이고 효과적인 행동 계획과 방법이 필요하다.

이 책은 지속가능성 향상을 위한 하나의 방법으로 리빙랩을 제안한다. 리빙랩은 '사용자 주도의 혁신'으로 정의되어 왔다. 본 연구에서는 리빙랩을 '실생활에서 사용자들이 공동창조(Co-creation: living)한 문제해결방안을 실험(experiment: lab)을 통해 검증하는 방법'으로 정의한다. 리빙랩은 다양한 사용자 혹은 이해관계자가 문제를 정의하고, 논의를 통해 문제의 해결책을 함께 찾는다는 점에서 정책과 기술 수용성을 높일 수 있다. 기존의 문제해결방법이 없거나 있어도 잘 작동하지 않는 상황에서 실험을 통해 효과적이고 효율적인 방안이 무엇인가 검증할 수 있다는 장점도 존재한다.

SDG 13 기후변화 대응과 SDG 4 양질의 교육이 이 저서의 주된 주제이다. 기후변화의 위기는 전세계적으로 심화되고 있다. 기후변화의 원인인 온실가스 저감도 중요하지만, 갈수록 강도와 빈도를 더하고 있는 폭염, 가뭄, 홍수, 한파 등 극한 기후에 적응(adaptation)하는 것도 중요하다. 특히 기후적응은 시기, 지역, 주체에 따라 나른 영향에 대해 대응

해야 함으로, 사용자 주도의 혁신인 리빙랩 접근이 더 필요한 분야이다.

이 책의 1부에서는 기후변화 적응에 대응하기 위한 리빙랩 방법론을 어떻게 활용할 수 있는가를 설명한다. 리빙랩의 정의, 단계, 주체별 공동 창조의 과정, 시민과학과 실현화를 다룬다. 1부의 각 장은 리빙랩에 대한 리빙랩에 대한 이해, 단계, 참여방안을 논한다.

2부에서는 리빙랩이 활용된 사례를 제시한다. 광역지방정부와 기초자치단체에 더하여 기업과 커뮤니티에서의 리빙랩 활용을 주체별로 보여주고 있다. 구체적인 사례는 리빙랩을 활용하고자 하는 다양한 주체들에게 가이드를 제시할 것으로 기대한다.

3부에서는 다양한 리빙랩의 방법론이 실제 교육에 적용되는 사례 역시 제시한다. 즉 리빙랩이 지역에서 실천될 때 구체적으로 어떤 행위자들이 어떤 방식으로 협력하여 공동 창조를 이루어 내는지 그리고 그 활동 결과가 어떠한 결정 과정을 통해 정책과 연결되는지를 다양한 사례를 통해 보여준다. 특히 리빙랩이 대학 교육에 적용되면 어떤 수업이 가능하며 어떤 교육적 효과가 발생하는지, 그리고 더 나아가 리빙랩이 대학 교육에 기여하는 것뿐 아니라 반대로 교육은 리빙랩 운영에서 어떤 역할을 하는지도 보여준다.

각 장에 대한 요약은 다음과 같다.

1장은 시민참여형 문제해결 방법으로 리빙랩(Living Lab)의 가능성과 중요성을 다양한 사례와 이론적 배경을 통해 제시한다. 일방향 정책이 한계에 다다르면서 급변하는 기후환경 속에서 시민이 직접 기후위기 해법을 설계하고 실험하는 리빙랩의 역할이 점점 강조되고 있다. 정부, 지자체, 연구기관 등 다양한 주체들의 리빙랩 활용방법 및 구체적인 국내외 리빙랩 사례들을 통해, 향후 기후위기 대응 정책의 방향성과 전략을 모색한다.

2장은 지역 맞춤형 기후적응을 실현하기 위한 상향식 접근의 일환으로, 다양한 주체들이 현장에서 활용할 수 있는 리빙랩 기반의 실천적 방법론을 제시한다. 기후변화의 영향은 지역마다 상이하게 나타나며, 이에 효과적으로 대응하기 위해서는 지역 주민과 공동체의 참여를 기반으로 한 기후적응 전략이 요구된다. 그러나 현재 우리나라의 기후적응 정책은 중앙정부 주도의 하향식 방식에 머물러 있어, 지역의 사회적·행정적 특성과 주민의 경험을 충분히 반영하지 못하고 있다. 이에 따라 이 장은 연세대학교 기후적응 리빙랩 연구사업단이 실제 지역에서 리빙랩을 운영하며 축적한 경험을 토대로, 지방정부, 기업 등 다양한 주체들이 공동으로 기후위기에 대응할 수 있도록 돕는 실천 지침을 제공한다.

3장은 리빙랩의 핵심인 공동창조가 어떠한 메커니즘을 통해 실제 문제 해결로 이어지는지를 분석한다. 이해관계자들의 자기 인식과 대표성 인식이 공동창조의 질과 방향에 결정적 영향을 미치며, 시민은 문제 발굴과 사회적 상상력 제공, 전문가와 연구자는 분석과 구조화, 정책결정자는 제도화, 기업은 실행 자원 지원을 통해 기여한다. 본 연구는 트리플·쿼드러플·퀸터플 헬릭스 모델의 정태적 한계를 지적하고, 이를 동태적·미션 지향적으로 재구성하여 순환적 학습과 실천 과정을 강조한다. 나아가 공동창조는 단순 토론이 아닌 실행 가능한 해법 창출의 과정으로, 프로토타입의 반복적 발전을 통해 정책적·사회적 혁신으로 제도화될 수 있음을 보여준다.

4장은 시민과학과 리빙랩의 접점을 다룬다. 기후변화와 환경 문제 대응에 있어 시민의 역할과 지역 기반 데이터의 중요성이 점차 부각되고 있다. 특히 환경 및 기후위기 대응에서는 지역 실정에 맞는 미시적 데이터 확보가 정책 실행의 핵심 요소로 자리 잡고 있다. 이러한 맥락에서 리빙랩과 시민과학은 '참여 기반 데이터 수집'과 '지역 실천'을 연결하는 접점으로 주목받는다. 생태계 관찰과 환경 오염 분야 등에서 과학적 이점뿐만 아니라 시민의 인식 향상 등 장점이 주목받으며 최근에는 탄소중립, 기후적응, 기타 사회문제 해결 등 다양한 분야에서 활용되고 있다. 본 장에서는 시민과학의 개념과 확산 배경을 소개한다. 이어서 시민과학의 주요 데이터 수집 유형과 장점, 그리고 데이터의 신뢰도를 확보하기 위한 방안을 제시한다. 또한 서울, 수원, 인천, 동대문구 등 실제 지역 리빙랩에서 시민과학이 어떻게 활용되었는지 사례를 중심으로 소개하고, 시민과학 접근이 갖는 시사점을 설명하고자 한다.

5장은 리빙랩을 활용한 참여 기반 기후적응 의사결정지원시스템(Decision Support System, DSS)의 설계 방안을 다룬다. 기후위기 대응의 효과성과 정당성을 확보하기 위해서는 기술 중심의 처방만으로는 부족하며, 다양한 이해관계자의 참여가 제도적으로 뒷받침되어야 한다. 이에 따라 최근에는 시민을 비롯한 다양한 주체들이 정책 결정과 실행 과정에 실질적으로 참여할 수 있는 DSS 설계에 대한 관심이 높아지고 있다. 이 장은 의사결정 과정에서의 참여 수준이 단계적으로 다양하며, 이에 따라 정보의 요구, 구조, 처리 방식 또한 참여자의 역할과 권한에 따라 달라진다는 문제의식을 출발점으로 삼는다. 이를 바탕으로, '알림-협의-관여-협력-공동결정'의 다섯 단계로 구성된 참여 연속체 모델을 중심으로 기후적응 DSS의 설계 원리를 개념화하고자 한다. 특히 각 참여 수준에 따라 요구되는 정보의 유형, 사용자 인터페이스 기능, 시스템 운영 도구, 설계 상 고려사항 등을 체계적으로 정리하고, DSS의 모듈화 가능성과 참여 단계별 정보 아키텍처의 조합 방식을 제시한다. 이러한 분석을 통해, 기술과 참여의 연계 구조를 실질적인 기후적응 거버넌스의 제도 설계 문제로 확장하여 다룬다. 아울러 국내외의 대표 사례들을 비교 분석함으로써, 참여 수준별로 어떤 정보 구조와 기능이 상응해야 하는지를 구조화하고, 리빙랩 기반 DSS 설계가 단순한 기술 개발을 넘어 제도적 맥락을 포함한 '참여 설계'의 과제임을 강조한다.

6장은 리빙랩이 어떤 조건 하에 실현화 될 수 있는지 설명한다. 리빙랩은 혁신을 촉진하는 중요한 접근 방식으로 주목받고 있다. 그러나 리빙랩은 일회성의 실험적 해결책을 제공하는 데 그치며, 혁신 효과가 지속되지 않는 경우가 많다. 그렇다면 어떤 리빙랩 프로토타입이 보다 체계적으로 활용되며, 다른 유사한 문제에 적용될 수 있는 것일까? 본 연구에서는 리빙랩의 "실현화(realization)"를 프로토타입이 지속적으로 발전하여 유지(maintenance), 심화(deepening), 확산(diffusion)의 형태로 상용화되거나 공식 정책으로 채택되는 과정으로 정의한다. 본 연구에서 분석한 한국의 리빙랩 프로젝트 7건 중 3건이 실현되었다. 우리는 대학이 리빙랩의 실현 과정에서 중요한 역할을 한다는 점을 발견했다. 대학은 팀을 지원하고, 네트워크를 형성하며, 지도와 조언을 제공하고, 새로운 재정 지원 기회를 마련하며, 실험 및 연구에 필요한 시설을 제공하는 역할을 수행한다. 본 장은 실험 이후 단계에서 리빙랩의 실현을 가능하게 한 요인을 탐색하고, 특히 대학의 역할에 초점을 맞춰 리빙랩 연구에 기여하고자 한다. 본 연구는 Sangbum Shin and Tae-dong Lee. 2025. The Realization of Living Labs at the Post-Experiment Stage: The Role of the University in Korea. Science and Public Policy를 편집서의 의도에 맞춰 번역한 글이다.

7장은 장기화·일상화되는 폭염에 효과적으로 대

응하기 위해 광역 지방정부의 정책의제 발굴 방안을 모색하고, 인천광역시 무더위쉼터 리빙랩 운영 사례를 분석하였다. 폭염은 시민 건강을 위협하는 주요 요인으로, 무더위쉼터는 모든 시민이 이용할 수 있는 필수적인 폭염 대응시설이다. 이 글은 시민 모니터링 기반의 리빙랩 방법론을 활용하여 무더위쉼터의 정보 접근성, 이용 편리성, 기능 적합성, 개선 사항 등을 종합적으로 평가하였다. 시민들이 직접 무더위쉼터를 모니터링하는 과정을 통해 운영 현황을 파악하고, 질적 향상을 위한 정책적 제언을 도출하였다. 이 글은 시민 참여를 기반으로 정책의제를 발굴하는 리빙랩의 효과성을 입증하고, 광역 지방정부의 폭염 대응 정책 혁신에 기여할 것으로 기대된다.

8장은 연세대 기후적응리빙랩연구사업단의 서대문팀이 서대문구청의 녹색에너지팀과 공동으로 진행한 서대문구 에어컨 실외기 차양막 지원 사업 리빙랩을 통해 기후변화 적응 대책의 새로운 접근 방식을 탐구한다. 에어컨 실외기 차양막 지원 사업 리빙랩은 하향식(top-down)으로 진행된 기존 사업의 문제를 발굴하고 해결책을 모색하기 위해 다양한 이해관계자와 공동창조 방식을 채택했다. 공동진단 과정에서 차양막의 절전 효과 검증 부족과 실외기 관리의 중요성 등이 확인되었고, 이에 주민연구원이 참여하는 실생활 맥락 실험을 실시했다. 실험 결과, 아파트에서는 차양막 설치 시 평균 8.91%의 전력 절감 효과가 나타났으며, 주민의 실외기 자가 관리 활동의 가능성도 확인되었다. 이 리빙랩은 기초자치단체의 기후적응 사업 설계 과정에서 다양한 이해관계자가 참여하고 실생활 맥락 실험이 포함된 리빙랩의 중요성을 입증하고 있다.

9장은 기업의 기후적응 활동을 개념화하고, 이를 공시 지표로 제시하는 것을 목적으로 한다. 이를 위해 기존 국제기준을 살펴보고, 국내 기업들이 활용할 수 있는 지표 체계를 리빙랩 공동창조 과정을 통해 마련함으로써 지금까지 간과되어 왔던 기후적응 공시 지표 체계를 마련하고자 한다. 리빙랩 공동창조 과정에서 다양한 산업군의 ESG 담당자들이 참여하여 기업의 기후적응 활동 범주를 구조화하고, 공시지표 후보군을 도출하였으며, 이에 기반해 공시체계를 개발·정비하였다. 2025년 06월 한국기후변화학회지에 투고한 이경호·이희섭·이예영·이태동. 2025. "기후변화 적응 공시 프레임워크 연구: 리빙랩을 중심으로"의 원고의 내용을 수정·보완하여 작성되었음을 알린다.

10장은 기후변화와 전 지구적 환경 위기 속에서, 지역공동체 숲(Community Forest)이 어떻게 지역사회 참여와 공동창조를 통해 지속가능한 산림관리와 기후적응에 기여하는지를 살핀다. 캐나다 British Columbia 주의 해롭-프록터(Harrop-Procter) 지역공동체 숲 사례를 중심으로, 주민주도의 참여와 협력, 그리고 사회적 가치와 자연생태계 보호가 결합된 새로운 관리 모델이 어떻게 형성되고 있는지를 탐구한다. 또한, 기후변화에 대응하는 산림 관리 전략과, 산불, 가뭄, 생물다양성 저하 등 위협에 대한 적응 정책이 어떻게 실천적 플랫폼에서 실험되고 확산될 수 있는지 살펴본다. 리빙랩과 같은 공동창조 모델의 중요성과, 성과 공유와 확산을 위한 시스템 구축의 필요성을 시사하며, 지역사회의 적극적 참여와 공동창조가 미래의 산림과 지구 환경의 지속가능성을 확보하는데 중요한 역할을 할 수 있음을 강조한다. 이 글은 지속가능한 산림관리를 위한 혁신적 전략들이 한계와 도전 속에서도 실질적인 변화를 이끌어내며, 인간과 자연이 공존하는 미래를 열어가야 한다고 시사한다.

11장에서는 서대문구 주택에너지 효율 개선 모델 개발 리빙랩 사례를 소개하였다. 서대문구 저층주거지 에너지 효율 개선 리빙랩 과정은 리빙랩이 주택 에너지 성능 개선 정책 설계에 활용할 수 있는 유용한 방법론이라는 점을 확인하였다. 첫째, 주택은 거주자의 사적 공간이기 때문에 주택에 적합한 주택에너지 공사를 설계하기 위해서는 거주자의 참여가 필수적이다. 둘째, 리빙랩을 통해 주택에너지 성능 개선 정책 설계의 측면에서 고려해야 할 요소를 충분히 검토하고, 추진할 수 있는 방법을 확인할 수 있다. 셋째, 사례를 통해 주택에너지 성능 개선 효과와 주거환경 만족도 변화 등을 통해 주택에너지 효율 개선 사업의 효과를 정량적으로 제시하였다. 이는 리빙랩이 정책의 효과성을 설명할 수 있는 방법론을 제시하고 있다는 측면에서 정책 설계 시 리빙랩이 활용되는 것이 유용하다는 점을 보여준다. 넷째, 리빙랩을 통해 정책의 수용성과 실효성을 동시에 확보하는 데 기여하였다. 특히, 정책 수요자인 주민이 문제 인식과 해결 과정 전반에 관여함으로써, 정책 결과에 대한 이해와 책임감을 높였다는 점에서 주목할 만하다. 서대문구에서는 2021년 이후 현재까지 '저층주거지 에너지 효율 개선 사업'을 특화사업으로 추진하고 있는 바, 리빙랩을 통한 정책 설계와 실행이 정책의 지속성을 확보해 줄 수 있다는 점을 확인할 수 있다.

12장은 지속가능한 지역사회 문제 해결을 위한 리빙랩 교육의 필요성과 구성 방안에 대해 기술한다. 리빙랩은 실제 생활 환경에서 사용자와 다양한 이해관계자가 공동으로 문제를 정의하고 해결책을 실험·검증하는 개방형 혁신 플랫폼으로, 특히 기후위기, 고령화, 사회적 불평등 등 복합적인 지역 문제에 대한 효과적인 대응 방법으로 주목받고 있다. 본 연구에서는 한국 내 리빙랩 도입의 역사와 발전 과정을 정리하고, 전통적 문제해결 방식과 리빙랩 방식의 차이를 비교함으로써 리빙랩이 지닌 실천적 가치와 사회적 수용성을 조명하였다. 특히 리빙랩의 철학적 기반인 실용주의, 참여적 설계, 공동창조의 개념과 함께, 운영의 핵심 원칙(가치, 개방성, 현실성, 영향력, 지속가능성)에 대한 교육의 중요성을 강조하였다. 또한, 효과적인 리빙랩 운영을 위한 단계별 교육 내용으로서 1) 리빙랩에 대한 개념 및 철학 교육, 2) 운영 절차와 협업 구조에 대한 교육, 3) 지역사회 문제 인식 및 정의에 관한 교육을 제시하였다. 이 과정에서 문제 발견, 의견 수렴, 자료 분석, 우선순위 설정, 문제 정의 등의 단계를 구체적으로 탐색하고, 기후변화와 해양쓰레기 등의 사례를 통해 실천적 이해를 도모하였다. 마지막으로, 지속가능한 리빙랩 교육 생태계 구축을 위해 실습 기반 교육, 참여자 맞춤형 콘텐츠, 사례 기반 데이터베이스, 지역기반 교육 플랫폼 및 디지털 연계 인프라 구축의 필요성을 제안하였다. 본 연구는 리빙랩이 단순한 참여형 프로젝트를 넘어, 지역사회 혁신과 정책 연계의 전략적 수단으로 자리매김하는 데 필요한 교육적 기반을 심층적으로 고찰한 것이다.

13장은 대학에서의 책무성에 기여하기 위한 다양한 교육방법 중 리빙랩 수업을 했을 때 대학생의 문제해결 역량과 세계시민의식에 변화가 있었는지를 살펴본다. 먼저 리빙랩의 개념을 소개하고 대학생에게 리빙랩이 중요한 이유에 대해 알아본다. 이후 리빙랩 연구에서 가장 연계성이 높은 요인인 문제해결 능력과 세계시민의식 등의 이론적 배경을 소개하고, 리빙랩 수업적용 전과 이후에 역량 차이 변화를 확인하기 위해 실험설계, 방법, 결과를 제시하여 시사점을 도출한다. 이 글은 대학 리빙랩 수업 적용에 따라 문제해결능력과 세계시민의식에 변화가 있었고 이후 구체적인 변화에 대한 교육적 효과와 연구방법론을 확장할 필요가 있음을 시사해 주고 있다. 본 연구는 하상섭, 김진희, "리빙랩 수업 적용에 따른 대학생 문제해결역량과 세계시민의식 차이 분석"(인문사회과학연구 26, 1(2025): 1-25)을 수정·편집한 내용이다.

14장은 자유주의 평화에 대한 비판으로 등장한 로컬평화의 맥락과 특징을 살펴보고 그 실천적 대안으로서 대학에서의 리빙랩 활동을 제안한다. 리빙랩 기반 대학교육을 경험한 학생들을 대상으로 설문조사를 실시하여 로컬평화의 실천적 효용성을 검토한다. 설문조사 결과 리빙랩 활동을 통해 학생들은 협업능력과, 문제해결능력, 창의력에서 유의미한 변화를 보였으며, 이는 각각 로컬평화가 추구하는 세 가지 특징, '일상적 삶의 경험에 의한 문제해결 방식', '토착 문화에 기반한 문제해결 방식', '글로컬 양식의 문제해결 방식'을 촉진하는 요인으로 확인되었다. 결론적으로 이 연구는 리빙랩 기반 대학교육이 복합위기 시대에 맞는 로컬평화의 실천양식으로 작동할 수 있다는 가능성을 역설한다.

15장은 리빙랩이 대학교육에 미치는 혁신적 변화를 학습자, 교수자, 대학 차원의 입체적 관점에서 다룬다. 리빙랩은 과학·행정·정치·교육 등 다양한 영역에서 활용 가능성을 지니며, 특히 대학에서는 지역사회 참여 확대와 창의적 문제 해결, 지속적 협력을 바탕으로 학생 역량을 키우는 혁신적 수업방식으로 주목받고 있다. 본 장에서는 강의실 경계를 넘어 현장 중심의 문제 정의와 해결 과정, 교수자의 역할 전환, 유학생을 위한 다문화 협업 및 소통 역량 강화를 사례와 인터뷰를 바탕으로 구체적으로 소개한다. 리빙랩이 어떻게 학습자 주도성, 실천적 변화, 사회적 책임을 증진시키는지, 그리고 대학 교육의 혁신에 기여할 수 있는지를 탐구한다.

각 장에서 제시한 방법론과 사례가 리빙랩을 활용한 지속가능성 향상에 기여하기 바란다. 또한 기후변화와 교육 이외에도 지구, 사람, 번영을 위한 다양한 실험과 검증이라는 리빙랩 방법이 확산될 수 있을 것이라 기대한다. 본 서는 환경부의 재원으로 한국환경산업기술원의 신기후체제대응 환경기술개발사업(RS-2023-00221109)과 교육부 한국연구재단 인문사회연구소지원사업(NRF-2022S1A-5C2A03091469)의 지원을 받아 연구되었다.

차례

제2부 리빙랩 적용 사례

제1부

리빙랩 방법론

제1장

기후위기 적응 정책에서의 리빙랩의 필요성

류지은, 부찬종

I. 들어가며

리빙랩이란, 일상생활 공간을 실험실 삼아 실제 사용자가 참여하여 문제 해결을 시도하는 개방형 혁신 방법론으로, 뭔가를 해결해야 할 대상이 아니라 그것을 달성하기 위한 수단으로서 사용되는 유용한 방법론이다. 이 방법론은 다른 어떤 분야보다 기후위기 적응 정책과 관련된 분야에서 좀 더 효과적으로 활용될 수 있다. 기후위기로 인하여 건강 및 재산에 피해를 받는 피해자이자, 가해자인 우리는 스스로를 보호하기 위해서는 기후위기에 적응하는 그 주체가 되어야 한다. 어떤 것이 어디에 어느 정도 피해를 주는지는 피해자인 우리가 가장 잘 알기 때문이다. 따라서 기후위기 적응 정책에서 리빙랩 방법을 잘 활용한다면 기후 적응을 통해 시민들의 피해를 줄일 수 있을 것으로 기대한다.

II. 서론

2022년 8월 강남역 침수 사건이 이미 2년째가 되어가지만, 서울시에서 진행하는 대도심 빗물 터널은 아직 관련 절차가 지지부진하여 착공이 2025년인 올해 여름을 지나야 확정될 수 있으며, 완공 후 정상 작동을 위해 시운전 과정까지 고려하면 최종적인 운영 시점은 2030년 정도나 가능하다고 한다. 이처럼 기후적응을 위하여 침수 등의 피해를 대비하기 위한 인프라를 설치하는 것은 그 시설의 효과를 보기까지 상당히 많은 시간이 소요된다. 하지만, 기후위기는 공사하는 동안에도 멈추지 않고 진행되어 사람들의 건강과 재산을 위협할 수 있다. 따라서, 기후위기 대비를 위한 기반 시설 개선과 동시에 다양한 정책을 통해 주민의 기후위기로 인한 피해를 줄이는 방법을 찾아야 한다.

우리나라에서는 「기후위기 대응을 위한 탄소중립·녹색성장기본법」에 근거하여 2010년에 제1차 국가 기후위기 적응대책이 수립된 이후(2011~2015년), 국가·광역·기초 지방자치단체가 순차적으로 기후위기 적응대책을 수립하고 있다. 기후변화로 인해 기후위기가 진행되고 있으므로 취약계층의 피해를 저감시키는 목적으로 국가 주도의 적응대책을 수립하고 있는 것이다. 다만 이는 관 주도의 top-down 방식의 정책이므로 시민들의 체감상 정책의 효과를 느끼기 어려운 상황이다.

시민은 거주하는 지역에 어떤 기후위기 정책이 있는지조차 모르는 경우가 많았다. 인천연구원에서는 기후위기에 대한 인천광역시 시민들의 인식 변화를 조사하였으며(인천연구원, 2024), 인천광역시의 제2차 기후위기 적응대책(인천광역시, 2016) 수립 당시 조사 결과보다 기후변화의 심각성에 대한 인지도는 약 42.3% 증가하여 87.1%로 나타났지만, 기후위기 적응에 대한 인지도는 약 24.4% 감소하여 심각함을 인지하지 못한 시민은 약 88.4%로 나타났다. 또한 인천광역시의 적응 정책에 대한 시민의 인지도는 보통이거나 모른다로 응답한 시민이 83.20%에서 약 1.3% 감소한 81.90%로 나타났다. 이것은 지자체의 정책을 통한 기후위기 측면의 개선이 시민이 체감하기 어려운 수준이기 때문으로 생각된다. 따라서 기후위기 적응의 주체인 시민의 참여를 통해 적응대책의 실효성을 높이고, 시민이 체감할 수 있는 기후위기의 해법을 찾아야 한다.

III. 지자체의 정책 수립에 시민 참여의 증가

최근 몇 년 전부터 지자체는 시민참여를 통한 시정 운영을 강조하고 있다. 조금 거슬러 올라가 보면 1991년 지방자치제도가 부활하면서 정부의 분권화와 지방행정에 시민참여를 확대하려는 노력을 통해 시민사회단체가 활성화되기 시작한 것이 주민참여의 시초라고 할 수 있다(윤성일 등, 2022). 주민 참여와 관련된 결정권 행사는 대표적으로 주민발의, 주민투표, 주민소송, 주민소환 등이 있다(이호, 2011). 아직 실효성 여부에서는 의문이 있지만, 지속적으로 정책 수립에 시민의 참여를 확대하려는 노력을 하고 있다고 볼 수 있다.

지자체의 정책 수립에 시민이 참여하는 방법은 세 가지 유형으로 구분할 수 있다. 가장 적극적인 유형으로는 지자체의 공모를 통해 시민이 직접 사업을 제안하고 사업이 선정될 경우, 지자체에서 사업비를 지원받는 형태인 '시민참여 예산'과 같이, 시민 주도로 기존 정책을 개선하거나 새롭게 제안하는 유형이 있다. 둘째, 모니터링단 및 주민참여단 등의 운영을 통해 정책 수립 과정 또는 수립 후, 주민들의 의견을 정책 수립에 반영하는 유형이 있다. 셋째, 정책 수립 과정에서 기존 정책에 대한 시민들의 인지도, 만족도 등을 설문조사로 수행하여 시민들의 의견을 반영하는 소극적인 참여가 있다. 시민의 의견을 반영하여 현안을 해결하고, 시민 체감형 사업을 발굴하려고 한다는 측면에서 이러한 추이는 매우 바람직하다. 기존에 관 주도의 정책 수립 및 의사결정은 주민의 불편함을 해결하는데 한계가 있었고, 일방적인 정책의 집행은 시민들이 지자체에서 실시하는 정책에 대한 인지도를 매우 낮게 만들었다.

설문조사 방식의 시민참여는 대부분의 지자체에서 정책 보고서 작성 시 포함하고 있으며, 주어진 문항으로 한정하여 의견을 제시한다는 점에서 한계가 있다. 이러한 방식의 참여는 기후위기적응대책이나 탄소중립기본계획 등 법정 보고서 작성 시에 반드시 포함하도록 환경부의 지침에 기술되어 있으므로, 소극적인 시민참여를 통한 의견 반영은 전국의 모든 지자체에서 이미 시행하고 있다고 볼 수 있다. 모니터링단 운영 역시 국가 기관 및 지자체 부서별로 다양하게 운영하고 있으며, 국내에서 광주광역시 북구 등에서 주민참여예산제를 최초로 도입한 이후(이재호와 주상원, 2024) 서울, 부산, 대구, 인천 등 지자체와 각 시도교육청에서는 가장 적극적인 시민참여 유형인 '시민참여예산'을 운영하고 있다.

리빙랩은 가장 적극적인 시민참여 방법 중 하나로, 시민들이 생활 속의 문제점을 발굴하고 이를 해결하는 모든 일련의 과정을 주도적으로 수행하는 시민참여의 하나로 볼 수 있다. 이 과정에서 정부의 지원을 받을 수도 있고, 받지 않을 수도 있지만 리빙랩의 특성상 문제 해결을 위한 솔루션 도출 및 시범 적용 등을 고려하면 예산이 필연적으로 수반되어야 하므로 가장 적극적인 첫 번째 유형으로 구분할 수 있다. 우수사례로 언급되는 대전의 '건너유 프로젝트', 서울시 '성대골 에너지 전환 전략', 북촌 'IoT 리빙랩'의 경우, 지역별로 주민이 생활 속 지역 문제 해결을 위하여 과학기술 및 ICT를 지역문제 해결에 접목하였다는 점이 공통점이었다(성지은 등, 2016). 반드시 새로운 과학기술을 통해 해결법을 도출할 필요는 없지만, 현재 시민 다수가 느끼는 불편함은 기존의 다양한 방법으로 개선을 시도하였지만 안되었던 부분이 남아있는 것이므로, ICT 등 과학기술의 접목을 통해 문제를 해결하는 것이 좀 더 체감상 실효성이 높은 것으로 판단된다.

[표 1] 부문별 주요 리빙랩 프로젝트와 활용 목적

부문	주요 활용 목적	관련 프로젝트
산업, 에너지	에너지 전환, 스마트그리드, 산업기술 사업화	성대골 에너지전환, 서울시 주민참여형 에너지전환 리빙랩
국토, 교통, 도시재생	도시재생, 주민참여형 도시문제 해결	수원시 리빙랩 프로젝트,
환경, 기후	미세먼지 저감, 친환경 기술 실증	기후적응 리빙랩(서대문구-연세대), 기후변화 적응 리빙랩(인천연구원)
보건, 복지	맞춤형 복지 서비스, 복지 사각지대의 해소	한국시니어리빙랩
재난, 안전	재난·안전 솔루션 개발, 소방안전 서비스	소방 리빙랩(중앙소방학교), 재난안전 현장 리빙랩(지자체)
교육, 문화	교육 서비스 개발, 문화콘텐츠 실증	
농림, 수산	스마트팜, 친환경 농업, 농어촌 문제 해결	국립농럽과학원 리빙랩, 어촌뉴딜300,

IV. 정부 정책에서의 리빙랩 활용

리빙랩 유형은 활동 주체에 따라 기업, 지방자치단체, 연구기관, 사용자 주도형으로 정의한다(Leminen, Westerlund, Nyström, 2012; 배기련 등, 2022). 지방자치단체 주도형은 사회 문제 해결을 위해 지방자치단체가 필요에 의해 활용하며, 대상이 폭넓고 공익을 목표로 지역 개발의 관점에서 접근하므로 지식과 정보가 빠르게 확산될 수 있다(배기련 등, 2022). 최신 과학기술을 이용하여 시민이 기존에 느끼던 생활 속 문제를 해결할 때 가장 만족도가 높으며, 이러한 특성으로 인하여 정부에서 스마트시티와 관련된 정책을 추진할 때 주로 활용되고 있다.

1. 산업 및 에너지 부분의 리빙랩

산업 및 에너지 분야에서의 리빙랩은 주민참여형 실증, 기반 기술검증, 탄소중립 정책 실행 등의 목적으로 진행되고 있다. 특히 에너지 섹터의 수요관리, 공급기술, 기술 사업화 촉진 및 수용성, 기술정책 등 접근 방법론으로 리빙랩이 효과적으로 활용됨을 확인하였다(최광훈, 권규현, 2021).

에너지 관련 리빙랩으로 성대골 주민들이 주도한 에너지전환으로 아파트와 단독주택, 골목 상가, 학교 옥상 등 주민 생활권을 활용하였다. 태양광 발전소 설치, 주거 단열, 에너지 교육, 절전 운동 등 다양한 실천 활동을 직접운영하며 실험결과를 반영하는 구조를 만들었다. 이 과정에서 기술 실증, 사회적 수용성 확보, 공동체 기반 구축이 유기적으로 연결되었다. 주민이 주도하여 에너지 절약, 효율화, 재생에너지 생산까지 전 과정을 실천하는 점에서 큰 의의를 갖는다.

에너지 다소비 건물군의 에너지 진단 및 이용자 참여형 운영 방안의 과제의 경우 에너지 다소비 건물은 규모가 크고 다양한 설비가 집중되어 있어 에너지 사용량이 매우 높은 특성을 가져 막대한 온실가스 배출원인 동시에 절감 잠재력이 큰 우선 관리 대상이다. 전체 에너지 사용량 뿐만 아니라 시간대별, 용도별, 공간별 소비 패턴을 분석하며, 에너지 수요의 비효율성과 비정상적 운전 패턴을 찾는다. 이를 통해 월별 또는 분기별 에너지 사용 추세를 제공하고, 이전과의 절감 성과를 비교하는 피드백을 통해 사용자들에게 실천의 동기를 부여한다. 이를 통해 절감 목표 설정 및 경쟁 유도를 기반으로 한 참여형 캠페인을 전개할 수 있다. 건물을 사용하는 사람들이 에너지 소비의 주체로서 인식하고, 자발적이고 체계적인 참여를 통해 행동 변화를 실천해야만, 진정한 의미의 지속 가능하고 장기적인 절감 효과를 달성할 수 있다.

산업 리빙랩의 경우 제조·공정·산업단지 등 실제 작업 현장에서 근로자·기업·연구기관·지자체 등 공동으로 문제를 정의하고 설계·검증·사업화하는 과정을 가진다.

울산 그린수소 도시 리빙랩은 수소 중심 에너지 생태계를 구축하기 위해 수고 생산·저장·이송·활용· 등 전 과정을 아우르는 실증기반의 리빙랩 사례이다. 울산은 기존의 석유화학 및 중공업 산업의 인프라를 활용하여 수소를 추출하고 수소배관망을 구축하였다. 수소연료전지 발전소, 수소 충전소, 수소 모빌리티, 수소 기반 주거단지 등 다양한 실증 요소를 포함하여 수소 기반 기술의 상용화 가능성을 제시하였다. ①재생전력 기반 수전해 그린수소 5,000t/년 생산, ②주거·교통·산업 부문 탄소배출 35% 감축, ③지역 일자리 1,200개 창출 등을 목표하고 있다(울산광역시 2024).

2. 국토, 교통, 도시재생에서의 리빙랩

국토, 교통, 도시재생 분야의 리빙랩은 기술 실증과 사회문제 해결을 결합하여 문제를 정의하고 해결책을 시민생활 공간에서 검증하는 형태를 가진다. 교통분야에서는 스마트 모빌리티와 시민참여형 교통서비스 설계, 자율주행 등 기술실증을 추진하고 있으며, 도시재생 분야는 지역문제 해결 중점으로 진행되고 있다.

수원시는 국토교통부 국토교통부 스마트시티 챌린지 사업에 선정되어, 행궁동 일대를 중심으로 교통, 전통시장, 안전, 취약계층 등 4대 분야에서 총 5개의 시민주도형 실증 프로젝트가 개발되었다. 이 중 EASY PARKING은 고질적인 주차 문제를 해결하기 위해 실시간 주차 정보 공유 어플리케이션으로 시민의 제안에서 기업협력, 현장 실증을 거쳐 실

[그림 1] 양천구 도로교통분야 리빙랩 사례(출처: 양천구청 스마트리빙랩 홈페이지)

제로 시제품까지 완성된 사례이다. 수원시는 이 밖에도 주민이 주도하는 마을리빙랩을 지원하는 마을 리빙랩TF를 운영한다. 국토로 구분할 수 있는 범위가 넓으나 그 중 도시계획과 관련된 부분으로 한정하자면 수원시에서도 모든 기초구에서 리빙랩을 운영하고 있다.

서울시에서는 구별로 리빙랩을 진행하고 있는 지자체가 많이 있다. 양천구에서는 '골목길/언덕길 방향주의 알림이'라는 프로젝트를 수행하였는데, 이는 스마트도시 리빙랩 운영계획을 2022년에 수립하고, 리빙랩 의제 선정을 위하여 주민의견 조사를 실시하였으며, 생활환경, 보건복지, 교육환경, 교통, 문화, 방범 중에서 교통이 1위 생활환경이 2위로 나타났다고 한다. 이에 따라 리빙랩 의제 선정심의 위원회를 개최하여 최종 교통분야에 대한 리빙랩을 선정하였으며, 문제해결단 모집하고 시민, 공무원, 자문위원, 퍼실레이터 등으로 협의체를 구성하여 언덕길 교통사고 위험, 골목길 아이 등교시 위험 등 교통분야에 스마트기술 적용 실증사업을 추진하였다. 감응식 센서 LED을 각각 시야 확보가 어려운 삼거리와 사거리 가로등 위쪽에 부착하였으며, 이륜차 및 보행자 감지가 되면 전광판에 '전방차량 주의' 또는 '전방 보행자 주의' 문구 등이 표출되게 되었다.

인천시에서는 미추홀구 용현동·학익동은 일대는 다세대주택과 상가가 밀집해 불법 주정차, 통행불편이 상시 발생하였고, 신규부지 확보 및 예산 투입이 사실상 어려움을 가지고 있었다.주차공간을 해결하고자 IoT 기반 실시간 공유주차 시스템으로 연결함으로써, 공간 자원의 효율적 활용을 도모하였다. 미추홀구 포트홀 제거를 위한 리빙랩은 지역도로의 포트홀 문제를 조기에 발견하고 신속히 대응하기 위해 AI 기술과 시민참여 방식을 융합한 사례로 인하대학교 산학협력단과 미추홀구청이 협력하여 'AI 블랙박스 차량 시스템'을 개발하였다. 이미지 기반 포트홀 자동 감지 기능을 수행하여 도로 이상 정보를 실시간으로 수집·분석하고, 관련 부서에 자동 전달하여 유지보수의 신속성과 효율성을 향상시켰다.

3. 환경, 기후에서의 리빙랩

환경과 관련하여 시민들이 필요로 하는 리빙랩은 매년 지역마다 다르겠지만, 경기도에서 2019년 기준으로 시억 현안 문세 해결을 위해 가징 필요한 리빙랩 과제로 1,000명을 대상으로 설문조사를 실시한 결과, 환경분야에서 미세먼지 클린 리빙랩이 71.0%로 가장 우선순위가 높았으며, 안전 분야의 폴리스랩도 약 57.1%로 높은 선호도를 보였다(경기연구원, 2019). 환경 및 기후의 리빙랩의 경우 생태계 전반에 걸쳐 중대한 영향을 미치는 글로벌 이슈로, 기술적 접근만으로는 해결이 어려운 복합적 성격을 지니고 있다. 실제 생활 현장속에서 당면한 환경문제 탄소배출, 미세먼지, 자원순환, 도시 열섬 등을 진단하고 시민참여를 통해 해결 방안을 도출하는 특징을 가지고 있다.

인천광역시 함박마을은 러시아계, 중앙아시아계 이주민들이 다수 거주하는 대표적인 다문화 거주지로, 생활환경 악화, 쓰레기 무단투기, 지역 간 갈등 등의 문제가 지속적으로 제기되어 왔다. 인천시는 2020년 '시민참여형 스마트도시 서비스 리빙랩 사업'을 통해 해당 지역에 맞춤형 리빙랩 프로젝트를 도입하였다. 함박마을(연수1동)은 다가구, 다세대 주택의 비율이 높으며, 쓰레기 수거공간 부족과 관리인의 부재로 인한 쓰레기 무단투기가 빈번한 지역이였다. 마을내 거주 외국인의 쓰레기배출 인식부족 등으로 외국인과 지역 주민간의 갈등이 심화되고 있는 상황이었다. LiDAR(3D 센서) 기술을

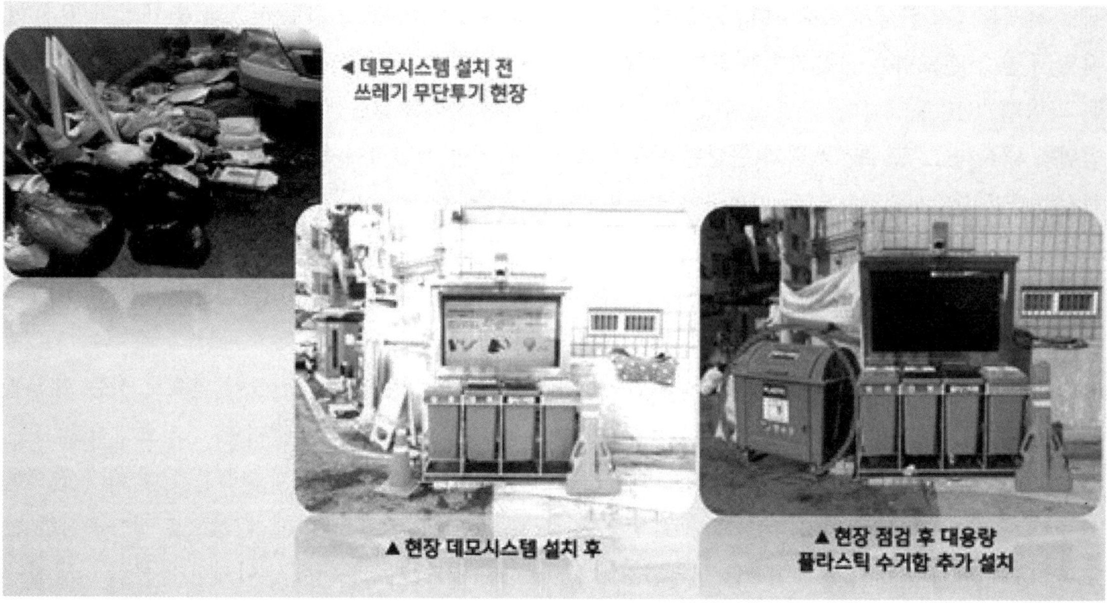

[그림 2] 인천광역시 2020 스마트도시 리빙랩 공모에 선정되어 운영된 함박마을 쓰레기 무단투기 방지시스템 전후비교(출처: 인천광역시 홈페이지)

기반으로 사람의 움직임을 감지하고, 투기 행위가 감지되면 다국어(한국어, 영어, 러시아어)로 된 경고 메시지를 송출하여 무단투기를 사전 억제하는 방식으로 설계되었다(그림 2).

수원 권선구 권선1동에서는 수원농수산물도매시장이 위치한 마을의 특성을 살려 시장에서 판매가 되지 못하는 못난이 식재료를 이용하여 주민들이 수원농수산물도매시장과 협약을 맺고 매월 버려지는 농작물을 공급받아 매실청을 비롯해 과일은 제철 과일청을 만들고, 오이와 깻잎 등 채소는 장아찌를 담갔으며, 토마토가 버려지는 시기에는 케첩도 만들고, 곤약젤리, 물김치 등 못난이 과채들로 12번의 푸드 업사이클링 활동을 하는데 180여 명의 주민이 참여했다. 만들어진 음식은 공유냉장고에 채워 공유하였으며, 취약계층에게 제공하기도 하고, 시음회와 지역축제, 박람회 등에 마을 자치사업 홍보도 하였다. 이렇게 2023년부터 시작한 사업을 2025년 '맛있는 푸드업사이클링' 사업으로 마을자치 리빙랩 공모사업으로 재추진하기 위하여 수원농수산물도매시장과 주민자치회가 업무협약을 맺어 연속성을 가지고 사업을 진행하고 있다.

4. 보건, 복지에서의 리빙랩

보건·복지 분야에서는 초고령 사회 진입을 앞두고 지속가능한 복지와 돌봄 사회로의 전환에 대한 관심이 크게 증가하고 있다(성지은, 송위진, 2022). 따라서 과학기술과 ICT를 활용한 복지와 돌봄 서비스를 연결시킬 수 있는 기술 개발에 대한 연구가 증가하고 있다. 하지만, 기술을 활용하여 복지 및 돌봄을 적용하는 과정은 현장과의 괴리감, 즉 실제 이용자와 제공자 간의 이해도 및 입장 차이로 인하여 활용도가 낮은 측면이 있었다. 이러한 부분의 갭을 줄일 수 있는 연구가 바로 리빙랩 기법이다.

보건·복지 분야에서의 리빙랩 연구는 취약계층과 일반 시민들의 건강 문제를 해결하기 위한 방

[그림 3] 성남 한국시니어리빙랩의 생산자와 소비자, 연구자의 역할(성남시니어산업혁신센터 홈페이지, 2025.7.21. 접속)

안 도출 등을 주제로 진행되고 있다. 국가연구개발 사업 리빙랩 과제들을 보면, 리빙랩 관련된 과제가 2015년 4개 사업에서 2019년 68개 사업으로 급격히 증가하였고, 특히 사회문제 해결을 위한 리빙랩이 2015년 4개 사업에서 2019년 46개 사업으로 증가하였다(이승규 등, 2021). 10대 사회 문제 분야 중, 재난·재해 분야가 2015년부터 2019년까지 약 63개 과제(260억원)가 수행되었으며, 이외에 가족 197억원, 환경 분야에 149.3억원을 투자했다. 구체적으로 보면, 소방·안전 이외에 노인 소외 자살, 미세먼지, 생활안전 등이 주요 주제에 포함되어 있다. 이처럼 보건·복지 분야에서의 연구 수요가 증가하고 있다는 것을 알 수 있다. 이러한 연구들이 모두 기후변화 적응과 관련된 부분을 다루는 것은 아니지만, 취약계층 등과 밀접한 관련이 있으며 재난안전 분야는 넓은 범위에서 기후변화와 직접적으로 연결되어 있으므로, '기후변화 적응'이라는 용어는 연구 제목에 포함되어 있지만, 이러한 연구 내용에는 포함되어 있다고 볼 수 있다.

특히, 스마트시티와 연계된 보건복지 리빙랩의 사례를 보면, 안산 스마트건강도시랩, 서울 스마트 경로당, 성남 한국시니어리빙랩, 광주 AI통합돌봄케어, 지역 ICT 건강관리 등이 대표적인 리빙랩으로 언급된다. 서울의 사례를 살펴보면, 스마트 건강도시 설계 4대 원칙 중 하나로 참여적 민주주의 원칙 기반의 공동창조 리빙랩을 포함하고 있다. 스마트건강도시는 이해관계자 네트워크, 기초지방자치단체, 연구 컨소시엄 및 주민의 참여를 통해 달성할 수 있다고 하였다(그림 3). 관악구에서는 스마트경로당, 비콘활용 스마트지킴이, 자율주행 로봇순찰서비스를 시범적으로 운행하며 복지와 안전과 관련된 지역 현안을 해결하고 있다. 이 중, 스마트 경로당에서는 경로당 내에 사물인터넷, 인공지능 등을 활용한 스마트 헬스케어 시스템을 구축하고, 스마트기기를 활용하여 어르신들의 건강 정보를 측정하고 병원진료시 해당 자료를 참고하여 건강관리를 할 수 있도록 돕는다. 이러한 사업은 공무원, 사회복지사, 어린이집 교사 등 관계자와 서비스 수요자인 시민이 함께 참여하여 '리빙랩'방법을 통해 서비스를 제안하고 문제점을 개선하는 방식으로 운영하고 있다.

관악구에서는 스마트경로당, 비콘활용 스마트지킴이, 자율주행 로봇순찰서비스를 시범적으로 운행하며 복지와 안전과 관련된 지역 현안을 해결하고 있다. 이 중, 스마트 경로당에서는 경로당 내에 사물인터넷, 인공지능 등을 활용한 스마트헬스케어 시스템을 구축하고, 스마트기기를 활용하여 어르신들의 건강 정보를 측정하고 병원진료시 해당 자료를 참고하여 건강관리를 할 수 있도록 돕는다. 이러한 사업은 공무원, 사회복지사, 어린이집 교사 등 관계자와 서비스 수요자인 시민이 함께 참여하여 '리빙랩' 방법을 통해 서비스를 제안하고 문제점을 개선하는 방식으로 운영하고 있다. 구청 홈페이지에 '관악형 스마트도시 리빙랩'이라는 항목을 포함하여 2022년부터 지속적으로 리빙랩을 시도하고 있으며, 관악구 이외에도 서울시 기초구에서는 스마트도시의 일환으로 다양한 리빙랩을 운영하고 있다.

5. 교육, 문화에서의 리빙랩

문화와 관련하여 다양한 리빙랩 적용이 가능하겠지만, 특히 관광과 관련하여 관광객과 해당 지역 거주민과의 이해 차이로 인하여 발생하는 불편함 등이 존재한다. 이를 해결하고자 서울시 대표적인 서울 관광지인 북촌한옥마을을 대상으로 관광객은 북촌 안내 서비스의 이용 편의성 문제를, 지역 내 거주자 및 상인은 한옥의 개발제한으로 상권 비활성화 및 생활불편 문제를 제기하였고 정부(과학기술정보통신부)와 서울시, 북촌의 주민, IoT 스타트업 및 개발자들이 참여하여 함께 문제를 해결하고자 하였다(김주선, 2018). 주민들이 사전기획 단계부터 주도적으로 역할을 하였고, 관광, 교통, 안전, 주민편의, 환경 등 30개의 문제점을 도출하였으며, 이에 따라서 IoT 기술을 접목하여 다양한 솔루션이 개발되었다. 마을의 문제들을 해결하기 위하여 스마트 쓰레기통, 스마트 관광, 주차공유 등 다양한 솔루션이 한꺼번에 마을에 도입되어 시너지를 낼 수 있었지만, 모든 마을에서 이처럼 다양한 기술을 한꺼번에 도입할 수 있는 것은 예산 및 인적 자원에서도 부족한 현실이어서 이 사례는 정부의 적극적인 지원이 있었기 때문에 가능하다고 볼 수 있다. 최근 북촌에서는 정부의 지원이 종료된 이후 지속적 운영이 어려운 부분이 있어서 스마트 쓰레기통 등은 기존 방안을 사용하고 있다. 즉, 지속가능성이 매우 중요함을 알 수 있다.

교육과 관련하여 지방정부보다는 교육지원청에서 주도적으로 역할을 수행하고 있으며, 교육지원청에서는 학생들의 눈높이에서 발굴한 주제를 기반으로 배움과 실천을 연계하는 방식, 학교와 학생, 부모님이 함께 참여하여 아이들의 안전한 통학로 조성 등과 관련된 등하교의 문제 해결을 위한 리빙랩을 주로 진행하고 있다. 이외에 직접적으로 대학이 주도적으로 리빙랩을 추진하는 대학 주도형 리빙랩으로 구분할 수 있다.

부산광역시교육청에서는 문현초등학교를 대상으로 학생들의 안전한 등하굣길을 조성하기 위하

[그림 4] 서울특별시 북촌IOT 리빙랩 중 주차공유 시스템

[그림 5] 북촌 내 스마드쓰레기통 운영이 어려워 일반쓰레기통으로 사용

[그림 6] 부산광역시 문현초등학교 등하굣길 드롭존(출처: 부산광역시 교육청 홈페이지, 2025.7.21. 접속)

여 어린이 승하차 구역에 드롭존을 만들었는데, 이는 부산 최초로 초등학교 인근에 조성된 드롭존으로, 부산자치경찰 치안리빙랩의 일환으로 부산광역시 자치경찰 위원회와 부산디자인진흥원, 경성대학교 경찰행정학과와 협력하여 완성하였다(그림 6). 대구시 자치경찰위원회는 '폴리스-틴·키즈 그룹'을 운영하면서 대구국제고에서 '찾아가는 심층리빙랩 프로젝트' 학교 현장 간담회를 개최하여 아이디어를 발굴하고, 의견을 공유하는 프로그램을 운영하고 있다. '치안리빙랩 활동'에서는 방치된 공유형 킥보드, 교통질서 유지와 범죄예방, 원동기 자전거의 실태와 해법, 안전한 통학환경 프로젝트, 학교 주변교통과 환경설계 등 학교별로 핵심 주제를 발굴했다.

대학교 수업 중에 학생이 제안한 아이디어가 서울 지하철의 정책이 된 사례도 있다. SLW LAB과 한양대학교 외국인 유학생들이 지하철을 이용할 때에 손을 쓰지 않아도 자동결제가 되는 정책, 복잡한 지하철에서 환승지점 유도 표시가 바닥에 작게 되어 있어 눈에 띄지 않아 천장 유도등 및 바닥 색상타일로 구성된 시각 유도시스템을 제안, 지하철 인근에서 공사하는 정보를 실시간을 확인하여 출입구 및 엘리베이터 고장여부 등을 쉽게 알 수 있도록 하는 스마트 교통약자 접근 시스템을 제안하였고, 서울시에서는 이러한 제안을 받아들여 실제 적용해 안전한 보행을 지원하는 정책을 실현하였다(SLW LAB 공식블로그, 2025.7.21. 접속). 대학에서 진행한 리빙랩을 지자체가 받아들여 같이 불편함을 개선한 사례이다.

6. 농림, 수산, 산림에서의 리빙랩

농촌은 인구감소, 고령화 등의 사회구조적인 문제가 심각하며, 경제적·사회적·환경적 시스템의 전환이 반드시 필요한 상황이다(성지은 등, 2014). 따라서 이러한 사회적 문제를 해결하고 농촌 활성화를 위하여 ITC 기반의 최신화와 자동화는 필연적이며, 주민의 니즈를 반영하여 지역 기반의 농기구·농법·농사방식의 개발 등을 통해 기존 방식을 개선하고 신기술 도입하는 방향으로 진행되어 왔다. 농업 및 농촌지역과 관련하여 농림축산식품부와 농촌 진흥청에서는 '2020년 농촌 현안 리빙랩 프로젝트'를 진행하였으며, 농업시설·기반환경 개선, 농촌생활 환경개선을 목표로 리빙랩 연구를 진행하였으며, 기관 중심의 기술 및 역량 활용이 주된 내용이었다(농림축산식품부, 보도자료). 사업 목적은 국민이 체감하고 일상생활과 직접적으로 연관된 농업·농촌 연안 문제를 직접 제안하여 과학기술 기반의 해결 방안을 찾아내는 것이며, 민의 수요에 관과 연구기관이 협력하여 해결하는 방식이다.

2019년부터 과학기술정보통신부와 농림축산식품부는 '스마트빌리지' 조성 사업을 추진하고 있으며, ICT를 이용하여 농촌에 4차 산업혁명을 접목하여 극적으로 변하고 있다(김찬호, 2024). 스마트빌리지 보급 및 확산사업은 AI 데이터 등을 활용한 디지털 서비스 도입을 통해 지역사회의 디지털 전환, 경쟁력 강화, 삶의 질 향상 및 국가 균형발전 도모, 지역사회를 위한 디지털 기반의 다양한 서비스 발굴과 실증·확산 등을 통해 전국민 디지털 일상화 여건 조성, 디지털에 상대적으로 소외된 취약계층에게 스마트 서비스 활용 여건 조성을 목적으로 하고 있다. 아래 〈표 2〉에서는 스마트빌리지 사업을 통해 수행한 서비스 내용을 요약하였다. 스마트빌리지의 경우 농촌 지역으로 한정된 것은 아니지만 주요 대상으로 지역사회 소득증대의 지원, 정주여건 개선 지원 등을 포함하고 있어 농촌지역 생활환경 개선 지원을 기대할 수 있다.

[표 2] 지역별로 공공이 주도하는 리빙랩 사례

수행기관	서비스명	주요 내용
경기 부천, 강원 원주	스마트 경로당	온라인 양방향 인프라 구축하여 기존에 3개월 또는 1년에 1~2회 제공하던 복지 프로그램 횟수를 매주 제공 함
경남 창원, 충북예천, 경남 함양	농기계 전복사고 대응 시스템	농기계에 IoT 센서 부착을 통해 사고 발생시 신속한 119 연결 체계구축
전남 신안	지능형 낙지자원 관리	드론 및 인공지능을 활용해 갯벌의 낙지 분포 및 개체수를 파악하여 효율적으로 관리
경기 성남시, 전남 광양시	지역 아동센터 스마트화	지역아동센터에서 교육 및 복지 프로그램의 횟수 및 내용의 다변화
부산 본청	독거가구 케어콜 서비스	고독사 예방을 위한 모니터링 및 관리, 밀착 케어 서비스의 제공
충남 부여군	외국인 계절 근로자 관리 지원	농촌의 외국인 근로자 관련 절차를 디지털화 하여 운영
충북 증평군	드론 스테이션 기반 무인 방제	드론 배터리 교체, 농약 자동 충전 드론 스테이션 개발
김해 청주시	자율작업 트랙터의 개발	자율작업 가능한 트랙터 개발 및 현장제공

(출처: 과학기술정보통신부, 2025)

산림 부문에서는 산림 재해 및 산림병해충 등과 관련한 현장의 문제를 해결하는 유형, 자원순환 및 산림 내 폐기물 및 플라스틱 제거 등 환경문제 해결형, 드론 및 IoT 기술을 활용한 스마트 기술 실증형, 산촌 경제와 관련하여 지역공동체 주도 리빙랩으로 구성된다. 산불진화대원이 참여하여 만들어낸

[그림 7] 산불진화대원이 참여해 개발 완료한 산불진화차량(출처: 산림청 홈페이지)

산불진화차량은 '산불진화차량 국산화 연구개발사업'에 산불진화대원을 참여시켜 성공적으로 결과물을 도출한 사례가 있으며, 이는 성공적인 리빙랩이라고 할 수 있다(관계부처합동, 2025). 재난현장 및 산림사업 현장에서 부상자 발생시 초기 응급처치가 가능할 수 있도록 앰뷸런스 기능과 차량 자체 살수를 통한 차체 보호기능, 물대포 기능 등을 추가하여 만들어진 산불진화차량이다. 이외에도 국립공원 버려지는 플라스틱 문제를 해결하기 위해서 '국립공원 플라스틱 프리 리빙랩 프로젝트'가 강원지역문제해결플랫폼의 특화 의제로 선정되어 진행되었으며, 행정안전부와 강원특별자치도가 주관하는 '2023 강원지역문제해결플랫폼 구축 및 운영사업'을 통해 만들어졌으며, 국립공원공단, 춘천사회혁신센터, 비와이엔블랙야크가 함께 참여하는 방식으로 구성되었다(연합뉴스, 2023.12.3.).

V. 마치며

지방자치단체에서 진행되는 다수의 리빙랩 중에 '기후변화 적응 리빙랩'이라는 용어가 붙은 의제는 없었지만, 부문별 사례 분석을 통해 환경 및 안전에 대한 주민들의 수요가 매우 높음을 알 수 있다. 기후적응은 기후로 인하여 영향을 받을 수 있는 모든 분야와 연결될 수 있으므로 단순히 '기후변화 적응' 또는 '기후위기 적응'이라는 용어가 포함되어 있지 않다고 하더라도 극한 기후변화의 상황을 고려한다면 기후변화 적응의 범주로 포함될 수 있다. 또한, 각 의제들로 인하여 개발된 기술 등은 기후적응에 효과적인 면도 존재한다. 예를 들면 양천구 골목길/언덕길 방향주의 알림이'라는 프로젝트 결과물로 개발된 감응식 led 센서 등은 기후변화로 인하여 극한 폭우 및 폭설 등 운전에 영향을 줄 수 있는 기후조건이 발생할 경우, 보행자들의 안전을 지켜

줄 수 있는 장치가 될 수 있다. 인천광역시 함박마을의 사례에서도, 지속적인 폭염은 쓰레기 악취 등을 유발할 수 있는데, 무단투기 방지 및 통제 시스템의 운영은 폭염으로 인한 악취 발생도 감소시킬 수 있을 것이다. 보건복지 분야에서는 취약계층의 건강과 관련 문제이므로 좀 더 연계성이 높다고 볼 수 있는데, 폭우 및 폭염으로 인한 복지시스템의 지연 및 중지 상황이 발생, 건강관리의 문제 등이 발생하는데 이러한 부분의 상당 부분을 ICT 기술 기반으로 일정 부분 보완이 가능할 것으로 기대한다.

기존의 리빙랩은 지방자치단체 및 정부가 포함될 경우, 주민들이 의제를 발굴하고 이를 해결하기 위하여 기업 및 연구기관과 정부가 함께 기술을 개발하고 주민들이 다시 적용해 보는 과정으로 진행이 되었다. 주민 스스로 의제를 발굴하고 해결방법을 찾은 사례는 사실 많지 않은데, 이는 참여하는 주민들의 적극성 및 해결 능력 등의 차이에 기인한다고 볼 수 있다. 일부 생활의 개선으로 문제가 해결되기 보다는, 새로운 기술이나 정보를 도입해서 문제를 해결할 수 있는 경우가 대부분이었다. 일부 시민주도형 리빙랩이 존재하지만, 예산이 있어야 운영이 가능한 경우, 일회성 사업으로 끝나는 경우가 대부분이다. 따라서 적극적인 주민들의 참여를 통한 시민주도형 리빙랩이 되기 위해서는 좀더 기술적인 부분이나 운영과정, 적극적인 예산 지원방법 등에 있어서 좀 더 많은 연구와 성숙한 시민의식이 필요하다.

참고문헌

단행본/연구보고서

김성아, 손창우, 최수범, 이정현, 박민진, (2024). 스마트 건강도시 서울의 비전 수립과 전략 개발. 서울연구원

김주선. (2018). 융합연구리뷰, 융합연구정책센터

김찬호. (2024). 지속가능한 농촌생활을 위하여!. 그린매거진, 스마트빌리지

성지은, 송위진, 박인용. (2014). 과학기술과 농촌의 새로운 만남: 농촌 리빙랩, STEPI Insight 제140호, 과학기술정책연구원

이승규, 김진경, 김수연, (2021). 국가연구개발사업 리빙랩 과제 현황과 특성, 과학기술동향 플러스

이호. (2011) 지방자치 20년 기념토론회: 지방자치, 주민참여로 말하라! 중, 주민참여 활성화를 위한 제도개선 방향(pp. 22~30)

정도채, 박정옥, 다무라후미노리. (2023). 농촌지역 활성화를 위한 리빙랩 활용 방안, 한국농촌경제연구원

최석준. (2000). 가족치료 성과 연구방법. 김호영·심영권(편), 가족치료 핸드북: 제4권, 사회화와 성격 및 사회성 발달(제4판, pp. 358-411). 서울: 상담과학사.

Leminen, S., Westerlund, M., & Nyström, A. G. (2012). *Living Labs as open-innovation networks*. Otawa: Carleton University.

학술지/학위논문

배기련, 양정연, 송경신, 김재민, 이준협, 정혜주, 2022, 보건복지 분야를 중심으로 본 국내 리빙랩 연구의 현황: 주제범위 문헌고찰, 보건사회연구 42(4): 248-265.

성지은, 한규영, 정서화(2016) 지역문제 해결을 위한 국내 리빙랩 사례 분석, 과학기술연구, 16(2): 065-098

성지은, 송위진. (2023). 초고령사회 대응을 위한 과학기술기반 복지·돌봄 혁신 방향에 관한 연구: 기술·서비스 통합도 및 돌봄 당사자의 주체화를 중심으로. 도시연구, 23, 177-214.

윤성일, 박형근, 조병우(2022) 예산과정에의 주민참여 권한 확장에 관한 연구: 주민참여 예산제도의 제도화를 중심으로, 한국사회와 행정연구, 33(1): 135-152.

이재호. 주상원, 2024, 기초지방자치단체장의 특성이 시민참여에 미치는 영향: 주민참여예산제를 중심으로, 지방정부연구, 28(2): 55-86

최광훈, 권규현. (2021). 에너지 섹터의 혁신성 제고를 위한 리빙랩 활용 전략 수립에 관한 연구. 기술혁신연구, 29(1), 1-38.

행정자료

과학기술정보통신부 디지털사회기획과. (2025.1). 2026년 스마트빌리지 보급 및 확산 사업 수행·관리 지침

인천광역시. (2016). 인천광역시 제2차 기후위기 적응대책

인천광역시. (2021). 인천광역시 제3차 기후위기 적응대책

보도자료/신문기사

경기도뉴스포털. (2019.04.28.). 지역사회에 가장 필요한 리빙랩 과제는 '미세먼지 클린 리빙랩. https://gnews.gg.go.kr/briefing/brief_ggi_view.do?BS_CODE=s017&number=163

관계부처합동. (2025.5.19.). 대형산불잡는 고성능(대형) 산불진화차 개발 추진. https://english.forest.go.kr/kfsweb/cop/bbs/selectBoardArticle.do;jsessionid=xh7KAAfEqIM1pLlmZaa9mIGRamo361SJgNcvahkgDC6OHmIjlW1x2I5uNSOLZM lw.frswas02_servlet_engine5?nttId=3208738&bbsId=BBSMSTR_1036&pageUnit=10&pageIndex=1&searchtitle=title&searchcont=&searchkey=&searchwriter=&searchWrd=&ctgryLrcls=&ctgryMdcls=&ctgrySmcls=&ntcStartDt=&ntcEndDt=&mn=NKFS_04_02_01&orgId=

농림축산식품부. (2020.03.20.). 농업·농촌 문제, 현장에서 해결한다: 2020년 농촌현안 해결 리빙랩 프로젝트 신규사업 추진.

부산광역시교육청. (2024.11.25.) 안전한 등하굣길, 어린이 승하차 구역(드롭존) 조성, https://www.pen.go.kr/main/na/ntt/selectNttInfo.do?mi=30414&bbsId=2336&nttSn=1122546

울산광역시. (2024.9.20.). 울산시, 국토부 주관'수소도시 조성사업'공모 선정

울산광역시. (2024.11.22.). 울산시-현대차 "수소 친화적 도시 울산 위해 힘 모은다"

이상학. (2023.12.3.). '국립공원 폐플라스틱 자원화 리빙랩' 민관합동 실험 주목, 연합뉴스 https://n.news.naver.com/mnews/article/001/0014367993?sid=102

전자문서자료/홈페이지

관악구 스마트경로당 서비스 리빙랩. (https://www.gwanak.go.kr/site/gwanak/ex/bbs/View.do?cbIdx=623&bcIdx=175765&parentSeq=175765, 2025.7.21. 접속)

성남시니어산업혁신센터, (https://www.ssiic.or.kr/contents/content.php?cIdx=57, 2025.7.21. 접속)

에스엘더블유랩 공식블로그, https://blog.naver.com/l-play/223867369124 (2025.7.21. 접속)

제2장

기후적응 리빙랩은 어떻게 진행하는가?

김현, 김가영, 이예영, 최지은, 이태동

I. 들어가며

기후변화는 전 세계적으로 심각한 환경적, 사회적 문제로 자리 잡고 있으며, 이에 대한 적절한 대응이 점점 더 중요해지고 있다. 우리나라에서도 기후적응의 필요성이 확대되면서 정부 차원의 기후적응 계획이 수립되어 실행되고 있다. 그러나 현재의 기후적응 정책은 대부분 중앙정부 주도의 하향식(top-down) 접근으로 설계되어 있어, 지역마다 다른 사회적, 행정적, 기후적 특성을 충분히 반영하지 못하는 한계가 있다.

기후변화의 영향은 지역별로 다르게 나타나기 때문에, 효과적인 대응을 위해서는 지역의 특성과 필요를 반영한 맞춤형 전략이 필요다. 이를 위해서는 기존의 하향식에서 벗어나, 주민과 지역 공동체의 참여를 기반으로 한 상향식(bottom-up) 기후적응 정책의 수립과 실행이 절실히 요구된다. 이러한 접근은 기후위기에 대한 실질적 대응력을 높이는 동시에, 지역사회의 회복력과 자율성을 강화하는 데 이바지할 수 있다.

상향식 기후적응 정책을 실현하기 위한 유용한 방법론 중 하나가 바로 리빙랩(Living Lab)이다. 리빙랩은 사용자 주도형 혁신을 통해 사회적 가치를 창출하는 접근으로, 다양한 이해관계자들이 참여하여 문제를 정의하고 해결책을 공동으로 개발하는 실험적 환경을 의미한다. 주민, 기업, 연구자, 행정 주체 등이 함께 협력함으로써 공공성과 사회적 수용성을 동시에 추구하는 리빙랩은, 기후적응과 같은 복잡하고 다층적인 사회문제에 대응하는 데 매우 적합한 방식이다.

리빙랩을 통해 지역 주민의 경험과 지식, 행정의 실행력, 기업과 전문가의 기술력 등을 결합하여, 현

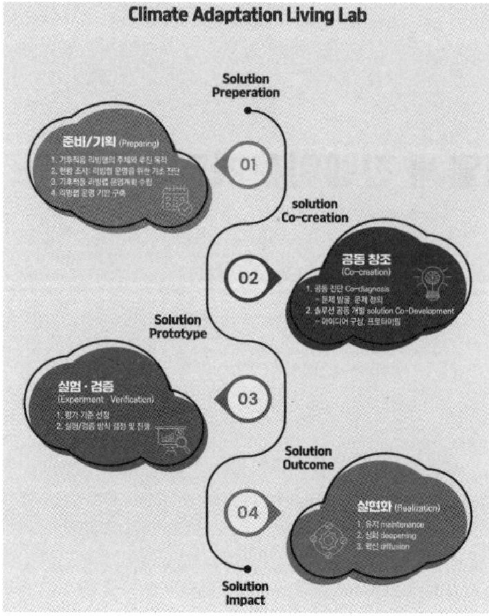

[그림 1] 기후적응 리빙랩 프로세스

장 중심적이며 실행할 수 있는 기후적응 해법을 도출할 수 있다. 이는 단순한 기술적 해결책을 넘어서, 사회적 맥락을 반영한 지속 가능한 변화를 만들어가는데 이바지하는 사회 혁신의 한 방식으로 자리 잡고 있다.

리빙랩은 상향식 기후적응을 위한 유용한 방법론이지만, 현재까지 기후적응에 특화된 리빙랩 운영 방식이나 절차는 충분히 체계화되어 있지 않다. 특히 기후적응은 다양한 이해관계자의 협력과 장기적 대응이 요구되는 분야인 만큼, 리빙랩을 기후적응에 효과적으로 적용하기 위해서는 이에 맞는 특화된 방법론 개발이 필요하다.

이 장은 연세대학교 기후적응 리빙랩 연구사업단이 다양한 지역에서 실제로 리빙랩을 운영하며 축적한 경험을 바탕으로, 기후적응의 주체들이 직접 활용할 수 있는 실천적 방법론을 제시하고자 한다. 본 가이드라인은 지방자치단체, 기업, 주민 등 각기 다른 위치에 있는 기후적응 주체들이 현장에서 실제로 활용할 수 있도록 구성되어서, 기후적응을 위한 협력적 정책 수립과 실행을 지원하는 유용한 도구가 될 것이다. 다만, 이 가이드라인에서 안내하는 내용이 정답은 아니다. 리빙랩을 운영하는 과정에서 어떤 단계는 생략하거나, 다시 전 단계로 돌아갈 수도 있다. 따라서 다양한 주체들이 기후위기에 공동의 대응을 가능하게 하고, 지속 가능한 미래로 나아가는 여정에 있어 하나의 실천적 이정표로 사용하기를 기대한다.

II. 준비/기획(Preparing)[1]

1. 기후적응 리빙랩의 주체와 목적

기후적응 리빙랩은 추진하는 주체의 성격과 목적에 따라 운영 방식과 과정이 달라질 수 있다. 따

1 제II장부터는 독자들이 리빙랩 방법론을 쉽게 이해하고 실무에 적용할 수 있도록, 실행 중심의 가이드라인 형식으로 작성하였다.

라서 리빙랩을 기획하고 실행하기 전, 가장 먼저 리빙랩 실행을 위한 주체 유형과 그에 따른 목적을 명확히 설정하는 것이 필요하다.

1) 주체별 구분

- 기후적응 리빙랩의 주체에는 지방자치단체와 기업, 시민이 포함될 수 있다.[2]

○ 지방자치단체는 중앙정부의 국가 기후변화적응 대책에 연동하여 기후적응 대책 세부 시행계획을 수립하고 실행하는 법적 책무를 가지고 있으며, 이를 실현하기 위한 정책 수단으로 리빙랩을 활용할 수 있다.

○ 기업은 기후 위기로 기존 공급망 시스템 리스크와 미국과 유럽 시장에서의 ESG 공시 요구 등에 대응하기 위해 리빙랩을 활용한 자발적 기후적응 전략을 수립할 수 있다.

(※ 기업은 리빙랩의 주체뿐만 아니라 대상 또한 될 수 있음)

2) 목적별 구분

- 각 주체는 리빙랩을 통해 달성하고자 하는 목적에 따라 다음과 같이 구분될 수 있다.

○ 지방자치단체는 신규 기후적응 사업을 계획하거나, 기존 사업을 기후적응 관점에서 재설계할 때, 리빙랩을 활용할 수 있다. 현재의 가이드북은 기존 사업의 재설계에 초점을 맞춘다.

○ 기업은 기후변화로 인한 위기에 대응하거나, 기후변화로 인해 발생하는 새로운 기회를 활용하여 가치를 창출하는 것을 목적으로 삼을 수 있다.

3) 참여자를 대상으로 하는 리빙랩 교육

- 리빙랩 방법은 기존의 지자체나 기업에서 진행하는 방식과는 다른 방법론으로 운영 전략 수립 전 리빙랩에 대한 이해가 필요하다. 리빙랩 방법에 대한 이론 강의와 워크숍을 통한 실습 교육으로 참여자들이 리빙랩을 활용할 수 있는 역량을 갖추어야 한다. 또한, 기후적응에 대한 이해 정도도 운영 전략 수립 대상이나 관계자마다 다르므로 기후적응에 대한 인식과 이해도를 높일 필요가 있다.

4) 운영 전략 수립을 위한 기초 작업

- 주체와 목적이 달라지면 리빙랩의 운영 전략도 달라질 수 있다. 따라서 본격적인 실행에 앞서, 주체와 목적에 따른 리빙랩 유형을 구분하고, 리빙랩의 대상이 되는 사업이나 문제에 대해 기초 현황을 조사하여, 운영계획을 수립하는 등 리빙랩 운영 기반을 구축하는 과정이 선행되어야 한다.

2. 현황 조사: 리빙랩 운영을 위한 기초 진단

1) 현황 조사의 목표와 내용

- 기후적응 리빙랩을 준비할 때, 현황 조사는 리빙랩을 어떤 방식으로 설계하고 운영할 것인지 결정하는 출발점이다.

- 지자체가 리빙랩을 추진하는 경우, 기후적응 사업 담당자가 리빙랩 방식으로 기후적응 사업을 설계하거나 기존 사업을 재설계하기에 앞서, 해당 사업의 기본 현황을 파악하는 것이 이 단계의 목적이다. 현황 조사의 주요 항목에는 기후적응 사업의 목적, 사업의 법적 근거, 현행 기후적응 사업의 현황과 문제점, 타 지자체 사례 등이 포함된다.

- 기업이 리빙랩을 추진하는 경우, 현 단계에서는 ESG 실무자 또는 관련 담당자가 리빙랩을 통해 기업의 기후적응 전략을 수립 또는 기존 대응 체계

....

2 본 가이드라인은 지방자치단체와 기업을 대상으로 하고 있지만, 주민/시민 역시 리빙랩의 주요한 주체이다. 연세대 기후적응리빙랩연구사업단은 향후 주민 대상 기후적응리빙랩 가이드라인 역시 발간 예정이다.

를 보완하기에 앞서, 기업의 기후위기 대응 현황을 구조화하는 것을 목적으로 한다. 현황 조사의 주요 항목에는 기업의 기후리스크, 기존 대응 활동, 내부 의사결정 구조, 관련 공시 체계 등이 포함된다.

2) 기후적응 사업의 목적 분석

- 기후적응 리빙랩을 적용하기 위해서는, 해당 사업이 어떤 기후위기 리스크에 대응하고자 하는지를 명확히 파악해야 한다. 이를 위해 현황 조사 단계에서 아래 항목을 중점적으로 분석한다.

○ 해당 사업이 기후적응 사업인지 확인한다.

· 사업의 목적이 기후위기 대응과 관련되어 있는지 검토

· 단순한 환경 개선 사업이 아닌, 구체적인 기후 리스크 대응 사업인지 아닌지 판단

○ 사업이 대응하고자 하는 기후 리스크를 분석한다.

· 정부나 지자체의 기후 리스크 목록을 참고하여 사업과 연결되는 리스크 식별

(예: 「제3차 국가 기후변화 적응대책(2021-2025)」의 분야별 리스크 목록)

· 해당 리스크와 사업 목적의 연계성 명확화

· 기업의 경우, ESRS(European Sustainability Reporting Standards),[3] ISSB(International Sustainability Standards Board),[4] KSSB(Korea Sustainability Standards Board)[5] 등 국내외 공시 기준과 최근 정책·시장 이슈를 참고하여 자사와 연결되는 리스크 식별

○ 사업 목적이 기후 리스크를 고려해 설정되었는지 검토한다.

3 유럽연합(EU)의 기업 지속가능성 보고 지침(CSRD)에 따라 제정된 유럽 자체의 지속가능성 보고 표준으로, EU 역내외 일정 규모 이상 기업들의 지속가능성 관련 정보 공개를 의무화한다.

4 국제회계기준(IFRS) 재단 산하에 설립된 국제기구로, 전 세계 기업들이 공통으로 사용할 수 있는 지속가능성 보고 기준을 만들어 투자자들이 기업의 재무 가치를 평가하는 데 필요한 정보를 제공한다.

5 한국회계기준원 산하에 설립된 위원회로, 글로벌 ESG 공시 의무화 흐름에 대응하여 ISSB의 IFRS S1과 S2 기준을 기반으로 한국 기업들을 위한 지속가능성 보고 기준을 개발하고 제정한다.

참고 사례

서대문구 에어컨 실외기 차양막 지원 사업 리빙랩 리스크 분석

▶ 연세대 기후적응리빙랩 연구사업단이 2024년 서대문구청 녹색에너지팀과 공동으로 진행한 리빙랩으로, 에어컨 실외기 차양막을 주민에게 배포하는 신규 사업의 검토를 이해관계자들과 함께 공동으로 진단하고 문제 해결 방안을 공동으로 모색함

▶ 에어컨 실외 차양막 지원 사업은 기후변화로 인한 극한 폭염 대비 주민들의 냉난방 에너지 부담을 완화하기 위한 기후적응 사업임

▶ 이 사업의 경우 「제3차 국가기후변화 적응대책」 기후리스크의 에너지 부문의 111번(폭염 및 한파로 인한 냉난방 에너지 사용 증가)으로 분석됨

참고 사례

기업 기후 적응 공시 지표 리빙랩 리스크 분석

▶ 연세대 기후적응리빙랩 연구사업단이 다양한 산업 분야의 ESG 및 기후 관련 실무자들과 함께 진행한 리빙랩으로, 기업의 기후변화 적응 공시 지표 프레임워크 개발을 목적으로 기업 실무자의 현장 경험과 인식을 바탕으로 실질적인 의견을 수렴하고 공시 체계를 공동 설계함

▶ 기후적응 개념에 대한 사전 교육과 사례 기반 토론을 바탕으로, 기존 기후공시 항목에 기후적응 관점을 적용하고 이를 반영한 프레임워크 구성을 모색함으로써 공시 체계 내 적응 정보의 명료성과 실효성을 제고하고자 함

▶ 향후 기업의 기후적응 공시 제도 개선 및 정책 수립의 기초자료로 활용 가능하며, 기후위기에 효과적으로 대응함으로써 기업의 지속가능성을 높이고, 새로운 기회 창출을 통한 이윤 확대에도 기여할 수 있음

· 목적이 추상적이지 않고, 특정 기후 리스크에 기반해 구체화하고 있는지 확인
· 목적 설정이 적절할 경우, 이후 실험 설계 및 성과 검증에도 연계 가능

3) 기후적응 사업의 법적 근거 분석

– 신규 기후적응 사업을 리빙랩 방식으로 설계하거나, 기존 사업을 재설계하려는 경우, 법적 근거에 대한 분석은 필수적인 절차이다. 특히 지방자치단체는 주민 안전, 에너지, 기반 시설 등 다양한 영역에서 법령과 조례의 제약을 받기 때문에, 관련 법적 체계를 사전에 검토해야 한다. 기업의 경우, 국내외 의무화되어 가는 기후변화 관련 공시(TCFD, ESRS, KSSB 등)나 기존 규제와 어떤 연관성을 갖는지를 검토함으로써, 제도적 수용성과 조직 내 적용 가능성을 사전에 확보할 수 있다.

○ 왜 법적 근거 분석이 필요한가?

· 지방자치단체는 규제의 적용을 받는 행정 주체이므로, 사업의 법적 정당성과 실행 가능성을 확보하기 위해 법령 분석이 필요하다.
· 특히 주민 지원이나 기반 시설 설치 등 공공성 또는 재정 집행이 수반되는 경우, 관련 법령 없이 실행이 어렵거나 지연될 수 있다.
· 기업은 리빙랩 결과물이 ESG 공시, 산업별 규제 등과 사전충돌을 방지하기 위해, 이를 검토함으로써 실행 가능성과 제도적 정합성 확보가 필요하다.

○ 검토 대상: 법령 및 조례

· 사업의 성격에 따라 국가 법령과 지방 조례를 참고하여 적절한 법적 근거를 확인해야 한다.
· 기후적응의 에너지 분야를 예로 들면, 다음과 같은 법령을 검토해야 한다. 「기후위기 대응을 위한 탄소중립·녹색성장 기본법」, 「에너지법」, 「지방자치법」, 「신에너지 및 재생에너지 개발·이용·보급 촉진법」, 서울특별시 및 각 자치구 조례, 「탄소중립·녹색성장 기본 조례」

○ 적용 방식

· 기존 사업의 재설계: 기존 사업의 법적 근거가 이미 명확할 경우, 해당 근거를 기후적응 관점에서 어떻게 확장할 수 있을지 검토해야 한다.
· 신규 사업 기획: 처음 추진하는 기후적응 사업일 경우, 해당 정책 목표와 법령의 연계 가능성을 확인하고, 리빙랩 운영 과정에서 발생할 수 있는 규제적 제약을 사전에 분석해야 한다.

4) 사업의 문제 사전 분석

– 기후적응 리빙랩은 다양한 이해관계자의 참여, 장기간의 실험 운영, 다수의 행정 절차와 예산이 수반되는 방식이다. 따라서 실제로 리빙랩을 추진하기 전, 사업에 리빙랩 방식이 필요한 이유를 상부에 보고하고 내부 승인을 받기 위한 근거 마련이 중요하다. 이를 위해 리빙랩이 필요한 배경과 핵심 문제를 사전에 간단히 진단하는 과정이 필요하다. 특히 기업의 경우에는 ESG 실무자가 기업이 당면한 기후리스크에 효과적이고 지속가능 대응방안을 마련하기 위해 리빙랩 기반 솔루션 도출의 필요성과 시급성을 경영진 또는 ESG 위원회에 보고하기 위한 근거자료를 사전에 간략히 정리하는 과정이 필요하다.

○ 목적: 리빙랩 추진의 타당성 설명 자료 마련

· 실무자가 상부 보고용으로 "왜 이 사업에 리빙랩이 필요한가?"를 설명할 수 있는 사전 근거 마련을 위해 사전 분석이 필요하다.
· 리빙랩 적용 여부는 예산, 인력, 일정에 영향을 주므로, 필요성과 시급성을 객관적으로 제시하

는 것이 핵심이다.

○ 진단 방식: '핵심 과제 중심' 간단 검토

· 해당 사업이 수행해야 할 핵심 과제(예: 점검, 수리 등)를 중심으로 문제를 1~2개 정도만 간략히 파악한다.

· 세부적이고 복잡한 문제 발굴은 리빙랩 실험 과정에서 다루므로, 사전 단계에서는 실무자가 현황 수준에서 확인할 수 있는 최소한의 문제만 제시한다.

3. 기후적응 리빙랩 운영계획 수립

1) 운영계획 수립의 목표와 구성 요소

- 지자체에서 기후적응 사업을 리빙랩 방식으로 신규 설계하거나 기존 사업을 재설계하려면, 사전에 운영계획 수립이 필요하다. 기업에서 기후적응 리빙랩을 추진하는 경우에도 운영계획은 기업의 기후위기 대응 전략과 연계되어야 한다. 운영계획은 리빙랩 추진을 위한 실질적 토대를 마련하는 단계로, 리빙랩의 목적, 필요성, 참여 구조, 추진 기간, 인력과 예산 구성 등을 포함한다.

2) 기후적응 리빙랩 목적과 필요성

- 운영계획 수립 단계에서는 리빙랩을 왜 적용해야 하는지를 간단히 정리하는 것이 중요하다. 이는 상부 보고 및 사업 설계의 기준점이 된다.

- 앞서 실시한 현황 조사 결과(사업 목적, 예상 문제 등)를 바탕으로, 기존 방식만으로는 해결이 어려운 복합적 문제가 존재하며, 다양한 이해관계자의 참여와 협력이 필요한 상황임을 근거로 제시한다. 해당 사업에 리빙랩 방식이 효과적이고 필요한 이유를 두세 줄 수준으로 간단히 정리하면 된다.

(예: "기존 점검 체계의 형식화, 예산 제약 등 복합적 문제 해결을 위해 주민과 전문가의 공동 참여가 요구됨. 이에 따라 실험적 접근인 리빙랩 방식이 필요함.")

3) 기후적응 리빙랩 참여 대상의 잠정적 파악

- 기후적응 리빙랩은 다양한 이해관계자가 함께 참여하여 문제를 정의하고 해결 방안을 공동으로 개발하는 참여 기반 실험이다. 따라서 운영계획 수립 단계에서 리빙랩에 누가, 어느 정도 규모로 참여할 것인지 잠정적으로 파악하는 것이 필요하다. 이 작업은 예산 편성, 회의 운영, 실험 설계의 기초 자료로 활용된다.

○ 참여 대상 구성 방향: 기후적응 리빙랩의 참여자는 일반적으로 다음과 같은 두 그룹으로 나뉘어 구성된다.

· 핵심 이해관계자: 정책을 기획하거나 사업을 직접 운영하는 주체들로, 이들은 문제 정의 및 해결 방안 도출을 위한 워크숍에 참여한다.

· 실사용자 또는 지역 주민: 기후위기의 영향을 실제로 경험하거나 해당 사업의 수혜 대상이 되는 주민들로서, 실험 설계 및 실행 과정에서 의견 제시 및 참여 활동을 수행한다.

(※ 기업의 경우, 해당 리스크에 직간접적으로 연관된 부서 담당자나 근로자 또는 외부 전문가, 투자자 이해관계자 등으로 범주 조정)

○ 참여 인원 규모의 설정

· 리빙랩의 특성상 참여자 규모는 사업의 성격과 단계에 따라 유동적일 수 있으나, 예산 편성과 내부 승인 등을 위해서는 잠정적인 기준 인원 산정이 필요하다. 핵심 이해관계자 워크숍의 경우 5-10명 수준으로 구성하면 초기 리빙랩 운영에 적합하다.

· 실험의 경우 실험 성격에 따라 참여 인원의 수는 달라질 수 있으므로, 이 단계에서는 운영계

획 수립을 위한 '잠정 파악'으로 접근하면 충분하다. 주민 참여가 필요한 경우에는, 초기 단계에서 협조 요청 및 참여 의사 확인 절차도 함께 준비하는 것이 바람직하다.

· 인원 규모의 경우, 문제 정의와 아이디어 도출 단계에서는 소규모 집중형 구성이 효과적이며, 이후 실험 검증 단계에서 참여 범위를 확대할 수 있다.

4) 기후적응 리빙랩 관리 주체 결정

- 기후적응 리빙랩은 단기간에 종료되는 일회성 사업이 아니라, 문제 정의부터 실험, 실행 및 확산에 이르기까지 지속적이고 유연한 운영이 필요한 과정이다. 따라서 사업 초기 단계에서부터 전체 리빙랩 과정을 책임지고 관리할 주체를 명확히 설정해야 한다.

○ 관리 주체의 역할: 리빙랩의 관리 주체는 단순한 실무 집행을 넘어 다음과 같은 전반적인 운영 총괄 역할을 한다.

· 리빙랩의 추진 일정, 예산, 문서 작성 등 실무 전반을 조율

· 회의 및 워크숍 기획·운영, 실험 설계 및 평가 지원

· 주민·전문가·기관 간 이해관계 조정

· 사업 기록과 결과 정리, 상부 보고 및 대외 홍보 지원

이처럼 리빙랩은 고정된 절차보다는 실험적·참여적 과정을 중심으로 진행되므로, 책임을 지고 유연하게 조율할 수 있는 전담 조직이나 인력이 필요하다.

○ 관리 방식의 유형: 관리 주체는 기관의 여건과 인력 상황에 따라 내부 또는 외부로 구성할 수 있으며, 일반적으로 다음 세 가지 방식 중 선택할 수 있다.

· 리빙랩 추진 부서의 인력 활용: 사업 추진 부서에 유휴 인력이 있을 때 해당 부서의 기존 인력을 사용할 수 있다.

(예: 인천광역시 무더위쉼터 개선 리빙랩의 경우, 군·구 담당 공무원이 워킹그룹에 참가)

· 리빙랩 추진 부서에 추가 인력 배치: 사업 추진 부서에 유휴 인력이 없으면 별도로 추가 인력을 고용하는 방법이다. 이 방법은 별도 인력 고용을 위한 예산과 행정 절차가 수반된다.

(예: '20년부터 신행된 서대문구 서승 주거지 에너지 효율화 사업의 경우 실무 수행을 위한 사업 전담 인력(기간제근로자)을 서대문구청에서 자체 고용)

· 별도의 관리 지원조직 선정(외부 위탁): 이해관계자 및 사용자 집단을 구축하고 공동 활동을 지원할 수 있는 별도의 지원조직을 선정하는 방법이다. 리빙랩 추진 부서 소속이 아닌 외부의 연구기관이나 용역사업 수행기관으로 선정할 수 있다.

(예: '24년 서대문구에서 진행된 에어컨 실외기 차양막 지원 사업의 경우 연구기관(연세대학교 기후적응 리빙랩 사업단)에서 전담)

○ 관리 주체 선정 시 고려 사항

· 실질적 책임 주체의 지정이 중요하다. 명목상의 지정이 아니라, 실제 운영을 책임지고 추진할 수 있는 인력과 자원을 갖춘 부서 또는 기관이어야 한다

· 리빙랩이 기존 사업 운영 방식과 다르다는 점을 고려하여, 실험적 접근에 대한 이해와 유연성을 갖춘 조직이 적합하다. 외부 위탁 시에는 위탁 대상의 관련 경험, 지역 이해도, 의사소통 역량 등을 종합적으로 평가해야 한다.

- 관리 주체의 역량이 리빙랩을 지속적으로 운

영할 수 있는지 등을 포함해 리빙랩 운영에서 중요하기 때문에 퍼실리테이터(facilitator)로서의 역할을 포함한 관리 주체 역량을 위한 교육이 필요할 수 있다.

☞ 퍼실리테이터란? 다양한 이해관계자들이 참여하는 과정에서 원활한 소통과 협력을 이끌어내는 중재자이자 촉진자 역할을 하는 사람

5) 기후적응 리빙랩 사업 기간 결정

- 기후적응 리빙랩은 단기간 내 완결되는 단순 사업이 아니라, 문제 정의에서 실험과 실현까지 단계별로, 축적적으로 진행되는 과정 중심 사업이다. 따라서 운영계획 수립 시, 전체 사업의 기간을 리빙랩 단계별 흐름에 따라 합리적으로 설정하는 것이 필요하다.

○ 리빙랩 운영의 기본 단계 구조: 기후적응 리빙랩은 일반적으로 다음의 4단계로 구성되며, 단계별로 소요 기간이 다를 수 있다.

[표 1] 기후적응 리빙랩의 단계

단계	주요 내용
1. 준비/기획	사업 현황 검토, 운영계획(안) 수립, 연간 일정 및 예산(안) 마련, 참여자 구성 초안 도출, 공동창조 과정 설계 등
2. 공동창조	주민·이해관계자와 함께 문제 발굴 및 솔루션 공동개발
3. 실험·검증	리빙랩 방식에 따른 솔루션 현장 실험, 효과 검증, 개선 및 보완
4. 실현화	검증된 솔루션을 향후 사업계획에 반영하거나 타 부서·타 지역에 확산

○ 단계별 기간 설정 참고 기준: 리빙랩 추진 기간은 사업의 복잡도, 대상 지역 규모, 참여자 구성 등에 따라 유동적이나, 최소 6개월~12개월 정도의 계획이 일반적이다. 각 단계의 소요 기간은 다음 기준을 참고하여 탄력적으로 조정 가능하다.

[표 2] 단계별 기간 및 고려 사항

단계	권장 기간	주요 고려사항
1. 준비/기획	약 1~2개월	리빙랩 운영 주체 간 조율, 계획서 작성, 예산(안) 마련 등
2. 공동창조	약 2~4개월	워크숍 횟수, 주민 참여 범위, 문제 구체화 정도에 따라 조정
3. 실험·검증	약 2~3개월	리빙랩 방식에 따른 솔루션 현장 실험, 효과 검증, 개선 및 보완
4. 실현화	약 1~2개월	검증된 솔루션을 향후 사업계획에 반영하거나 타 부서 · 타 지역에 확산

4. 리빙랩 운영 기반 구축

참고 사례

서대문 에어컨 실외기 차양막 지원 사업 리빙랩 운영 기간

▶ 준비/기획(2개월)→공동 창조(4개월) → 실험·검증(2개월) → 실현화(2개월) 단계로 총 10개월로 계획되었음

▶ 2024년 2월부터 10월까지 진행됨

참고 사례

기업 기후 적응 공시 지표 리빙랩 운영 기간

▶ 준비/기획(2개월) → 공동 창조(2개월) → 실험·검증(4개월) → 실현화(4개월) 단계로 총 12개월간 운영됨

▶ 2024년 1월부터 12월까지로 계획되었으나, 실현화 단계는 정책 연계 및 외부 확산 과정에 따라 2025년까지 당초 예상보다 장기간 진행되었음

1) 리빙랩 운영 기반 구축의 목표와 구성

- 리빙랩은 다양한 이해관계자의 참여와 협력을 바탕으로 진행되는 실험적 접근방법입니다. 따라서 운영 초기 단계에서 핵심 이해관계자 풀(pool)을 확보하고, 참여 구조와 워크숍 방식 등을 사전에

설계하는 것이 필수적이다.

2) 핵심 이해관계자 풀(pool) 확보

- 기후적응 리빙랩 참여 핵심 이해관계자의 조건

○ 리빙랩은 본질적으로 점증적이며 참여 확장형의 실험 모델이다. 초기에는 핵심 이해관계자를 중심으로 작고 밀도 있는 구조를 만들고, 이후 리빙랩이 진행되면서 네트워크를 확장해 나가는 방식이 일반적이다. 따라서 핵심 이해관계자를 어떻게 선별하고 구성하느냐가 리빙랩의 성공적 진행에 관건이 된다.

○ 핵심 이해관계자에게는 리빙랩 기여 가능성, 참여의 동기, 관계의 연결성, 실험 적합성이 필요하다.

· 리빙랩 기여 가능성: 리빙랩 목표 달성에 필요한 역량 또는 자원의 보유

· 참여 동기: 리빙랩에 적극적으로 참여할 내적 동기 또는 외적 이해관계

· 관계 연결성: 다른 이해관계자들과의 소통과 조정에서 중심적인 위치

· 실험 적합성: 변화에 열려있으며, 불확실성을 수용하고 실험에 열린 태도

- 기후적응 리빙랩 참여 핵심 이해관계자 선별 방법

○ 목표 기반 역할 매트릭스 만들기: 실험 또는 프로젝트의 목표 달성에 필요한 역할들을 먼저 정의하고, 그 역할을 할 수 있는 사람이나 조직을 역할 기준으로 식별하는 방법이다. 이 방법을 통해 리빙랩에 기여 가능성이 큰 이해관계자를 식별할 수 있다. 이러한 사람을 찾기 위해 다음과 같은 질문을 중심으로 역할 기반 매트릭스를 구성할 수 있다.

· 이 실험의 정책적/사회적 문제 정의에 참여할 수 있는 사람은 누구인가?

· 실험을 실행할 수 있게 현실적인 설계로 바꿀 수 있는 전문가는 누구인가?

· 주민들의 삶의 맥락을 가장 잘 이해하거나, 대표할 수 있는 커뮤니티 기반 주체는 누구인가?

· 실험에 자발적으로 참여하거나 리스크를 감수할 의향이 있는 사람은 누구인가?

⇒ 위 질문에 해당하는 인물/조직들을 유형별로 나열하면 핵심 후보군을 도출할 수 있음

○ "스킨 인 더 게임(skin in the game)" 분석: 이해관계자가 해당 실험이나 정책 결과에 직접적인 손익 또는 책임을 지고 있는지 분석하는 방법이다. 이 방법을 이용해서 참여 의지가 강한 이해관계자를 식별할 수 있다.

· 성공 시 직접적인 이익을 얻는 사람(예: 기후적응 능력이 개선되는 주민, 근로자나 경영진)

· 실험 실패 시 정책적/조직적 책임이 발생할 수 있는 사람(예: 담당 공무원, 경영진/이사진)

· 실험을 통해 조직의 역량, 신뢰도, 레퍼런스를 확보할 수 있는 전문가 또는 단체

3) 핵심 이해관계자 워크숍 운영 방식 결정

- 기후적응 리빙랩의 핵심 활동 중 하나는 핵심 이해관계자들이 참여하는 워크숍 운영이다. 이 워크숍은 핵심 이해관계자를 대상으로 주제와 리빙랩에 대한 이해 교육 문제 진단, 아이디어 도출, 해결책 구상 등 다양한 단계에서 반복적으로 활용되며, 워크숍 운영 방식에 따라 리빙랩의 성과와 참여 품질이 크게 달라질 수 있다. 운영 방식은 주로 다음 두 가지로 구분되며, 상황에 따라 혼합 적용도 가능하다. (단, 교육의 경우 이해관계자의 역량에 따라 진행 여부 결정이 가능하다.)

○ 전원 참여 방식: '전체 워크숍'

· 모든 핵심 이해관계자가 한자리에 모여 함께

워크숍에 참여하는 방식이다.

▸ 장점: 다양한 입장과 시각이 직접 교차하며 예상치 못한 이슈나 아이디어가 발굴될 가능성 높음. 공동 문제 인식 형성, 상호 신뢰 구축에 유리.

▸ 단점: 참여자 간 일정 조율이 어렵고, 행정적 준비 부담이 클 수 있음. 이해관계자의 수가 많으면 토론 밀도나 집중도 유지에 어려움.

○ 선택 참여 방식: '이슈별 분과 워크숍'

· 워크숍 주제에 따라 관련성이 높은 이해관계자만 선별적으로 참여시키는 방식이다.

▸ 장점: 주제별로 전문성 있는 논의를 효율적으로 진행할 수 있음. 운영 부담이 상대적으로 적고, 회의 효율성이 높음.

▸ 단점: 전체 맥락을 공유하지 못한 비참여자들의 의견이 반영되지 못할 위험. 이슈 간 연계성이 약화하여 정책 통합성 저해 가능성.

○ 운영 방식 선택 기준: 리빙랩 운영 주체는 [표 3]을 참고해서 한 가지 방식만 선택하거나 혼용하여 운영할 수 있다.

(※ 기업의 경우, 조직 전체가 참여하는 방식은 현실적으로 운영 부담이 크기 때문에, 핵심 실무자 중심의 소규모 대면 워크숍과 사전 자료 공유, 피드백 수렴, 온라인 병행 등 하이브리드 방식을 혼용해야 함)

[표 3] 적응 리빙랩 운영 방식 선택 기준

기준	고려 사항
이해관계자 수	소수일 경우 전체 참여, 다수일 경우 분과 중심 운영
주제의 복잡도	통합적 논의가 필요한 경우 전체 참여 유리
일정과 자원	제한된 예산 · 시간이면 선택 참여가 현실적
논의의 목적	문제 공유와 공감 형성 →전체 / 실행계획 구체화 →분과

III. 공동 창조(Co-creation)

1. 공동 진단(Co-diagnosis)

1) 공동 진단의 목표와 구성

- 기존 기후적응 사업의 재설계를 위한 지자체 기후적응 리빙랩의 경우 공동 진단의 목표는 사업의 문제를 발굴하는 데에 있다.

- 기업 기후적응 리빙랩의 경우 각종 규범(TCFD, ERSR, KSSB)에 근거하여 기후적응 활동의 여부 또는 실행상의 구조적 문제[6]를 발굴하고, 이를 해결하는 실무 과제(위기 대응, 가치창출)를 찾아 내는 것이 목표이다.

- 공동 진단 단계에서는 핵심 이해관계자 및 사용자와 함께 문제를 발굴하는 워크숍과, 발굴된 문제들을 선별하는 문제 정의 워크숍을 운영한다.

2) 문제 발굴 워크숍

- 핵심 이해관계자와 사용자와 함께 기후적응 사업의 문제를 발견해 나가는 단계이다. 이를 위해 현재 사업이 겪고 있는 실행상의 문제, 정책 설계의 미비점, 예산 또는 제도적 한계 등 다양한 문제를 표면 위로 끌어올리는 과정이다.

- 다양한 문제 발굴 기법: 워크숍에서는 다음과 같은 참여 기반 기법을 활용하여 문제를 구조화하고, 다양한 관점의 의견을 수렴할 수 있다. 만약, 문제 발굴 기법에 대한 이해가 부족한 경우 사례 등을 제시하여 이해를 도모할 수 있다.

6 구조적 문제: 기존 정책이나 시스템 내에 잠재되어 있거나 표면화된, 근본적이고 반복적으로 발생하는 문제로서, 제도, 조직, 법규, 인프라 등의 체계적 한계로 인해 발생하는 복합적 장애.

[표 4] 문제 발굴 워크숍의 기법 예시

기법	설명
브레인스토밍	자유로운 분위기에서 의견을 쏟아내고, 그 속에서 의미있는 단서 도출
포커스 그룹 인터뷰	5~6인 소그룹으로 나누어 특정 주제에 대해 심층 토론
설문 조사	사전에 예상되는 문제를 주제로 설문지를 돌리고, 응답 결과를 바탕으로 토론
챌린지 설정	참여자들이 느끼는 현실의 어려움을 '정책 과제' 형태로 바꾸어 문제를 구체화
변화 카드 활용	다양한 상황을 질문 카드로 만들어 문제 상황을 구상하고 응답을 유도
전문가 자문 및 데이터 분석	문제 배경에 대한 추가 설명, 통계 분석 등을 통해 문제 구조화 지원
협력적 매핑	해당 문제를 해결하기 위해 함께 일할 수 있는 외부 조직이나 부서를 식별

3) 실생활 맥락 조사 병행

- 공동 진단 단계에서 도출된 문제 중 일부는 단순한 정책 문서나 수치 자료로는 확인하기 어려운, 생활 현장의 맥락과 밀접하게 연결된 사안일 수 있다. 이 경우, 실제 상황을 조사하고 해석할 수 있는 실생활 기반의 조사 활동이 필요하다. 이는 문제를 더 깊이 이해하고, 리빙랩의 실험 설계에 구체성과 타당성을 더하는 데 필수적인 작업이다.

- 기업의 실생활 맥락 조사는 기업이 가지는 내부 프로세스의 병목 등 업무(실무) 문제를 중심으로 수행한다.

○ 조사 대상 문제 선정: 토론이나 워크숍에서 제기된 문제 중 현장 경험, 주민 인식, 제도 간 충돌 등 실생활 맥락이 중요한 이슈를 선별한다.

예: 현장 점검 체계의 형식화, 주민 협조의 어려움, 지역 실정과 맞지 않는 지침 등

○ 조사 계획 수립 절차

1. 조사 필요성 검토: 사업 담당자, 이해관계자 등과 함께 실질적 조사 필요 여부 판단
2. 조사 범위 설정: 조사 주제, 대상 지역 및 인구, 조사 시기 및 방식 명확히 설정
3. 조사 인력 및 역할 분장: 조사 책임자, 현장 조사자, 보조 조사자 등의 역할 구체화
4. 조사 실행계획 문서화: 조사 목적, 내용, 일정, 방식, 분석 방안 등을 포함한 세부 계획 수립

○ 활용할 수 있는 조사 기법

[표 5] 조사 기법의 예시

조사 방법	설명 및 활용 예시
문헌분석	자치단체 정책자료, 예산서, 지침 등 신뢰도 높은 2차 자료를 검토해 문제의 구조 파악
SW 기술 분석	빅데이터, 공간정보, 데이터 시각화 등 디지털 기술을 활용해 문제 관련 정량 자료 수집
관찰 조사	실제 현장을 방문하여 주민, 담당자 등의 행동과 맥락을 직접 관찰하고 기록
인터뷰	문제 관련 이해관계자(주민, 관리자, 실무자 등)와 대화하며 심층적 인식과 경험 수집
참여관찰	조사자가 문제 상황에 직접 참여해 보는 방식으로 묵시적 요인이나 문화적 배경 이해에 유용

○ 유의 사항

· 조사 활동은 단독으로 수행되기보다는 문제 발굴 워크숍의 연장선 또는 보완 과정으로 연결되도록 구성한다.

· 가능하다면 문제별로 조사 방식의 조합을 다양하게 시도하는 것이 효과적이다.

4) 문제 정의 워크숍

- 활동 목표: 공동 진단 단계에서 도출된 다양한 이슈 중, 리빙랩 실험의 핵심 과제가 될 문제를 선별하고 우선순위를 결정하는 단계이다. 핵심 이해

참고 사례

기업 기후 적응 공시 지표 리빙랩 사전 설문 조사

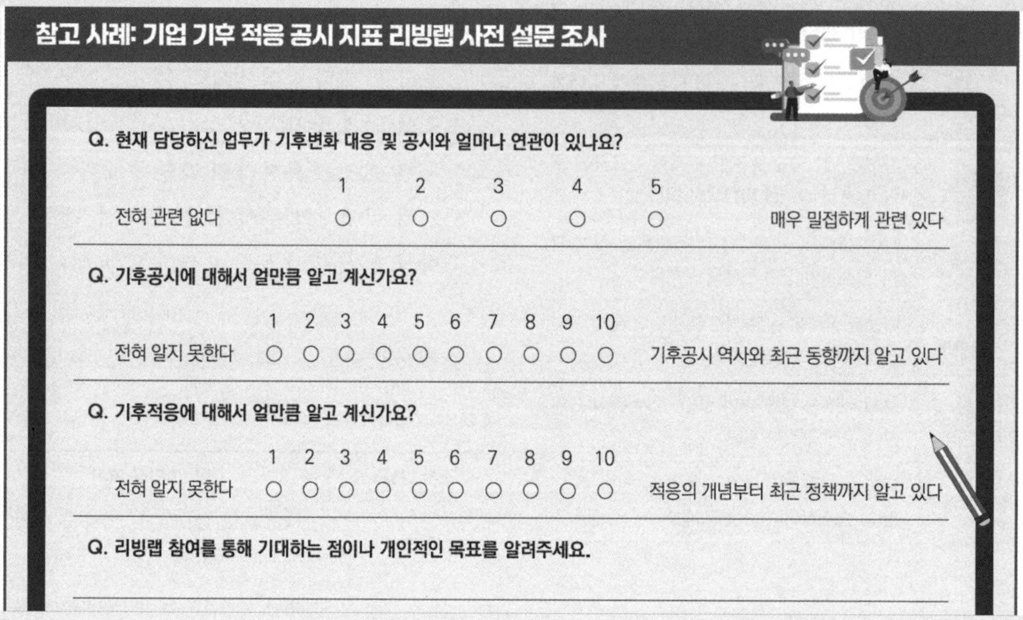

참고 사례: 기업 기후 적응 공시 지표 리빙랩 사전 설문 조사

Q. 현재 담당하신 업무가 기후변화 대응 및 공시와 얼마나 연관이 있나요?

	1	2	3	4	5	
전혀 관련 없다	○	○	○	○	○	매우 밀접하게 관련 있다

Q. 기후공시에 대해서 얼만큼 알고 계신가요?

	1	2	3	4	5	6	7	8	9	10	
전혀 알지 못한다	○	○	○	○	○	○	○	○	○	○	기후공시 역사와 최근 동향까지 알고 있다

Q. 기후적응에 대해서 얼만큼 알고 계신가요?

	1	2	3	4	5	6	7	8	9	10	
전혀 알지 못한다	○	○	○	○	○	○	○	○	○	○	적응의 개념부터 최근 정책까지 알고 있다

Q. 리빙랩 참여를 통해 기대하는 점이나 개인적인 목표를 알려주세요.

관계자들이 함께 참여하는 워크숍을 통해 문제의 구조를 정리하고, 해결을 위한 전략적 방향을 설정한다. 지자체 기후적응 리빙랩의 경우 사업의 핵심 문제들을 정의하는 게 이 단계의 목표이다. 기업 기후적응 리빙랩의 경우, 공시 지표 및 가이드라인 개발이나 내부 전략 개선 등 실무와 연계할 수 있는 문제를 구조화하는 것이 핵심이다.

(※ 기업의 경우, 근로자의 업무 특성상 자유로운 시간 활용이 어려워 대면 워크숍 운영에 제약이 있을 수 있으므로, 사전 설문을 통해 ESG 및 기후적응에 대한 이해도를 간단히 진단하고, 관련 자료를 미리 배포하거나 간단한 사전 교육하는 것이 효과적이다.)

- 워크숍 운영 흐름: 워크숍은 일반적으로 다음과 같은 3단계 흐름으로 진행한다.

1. 실생활 맥락 조사 결과 공유
2. 조사 결과 기반 문제 정리 및 분류
3. 문제별 우선순위 결정

○ 실생활 맥락 조사 결과 공유

· 사전 조사 및 인터뷰 등을 통해 확인된 현장 기반 문제 상황을 이해관계자들과 공유함으로써, 문제 인식의 공통 기반을 형성하고, 문제를 사용자 중심의 언어로 재정의할 수 있도록 유도한다.

○ 조사 결과 기반 문제 정리 및 구조화

· 공유된 조사 결과를 바탕으로, 논의된 이슈를 주제별, 유형별로 구분하고 구체적인 문제 목록을 도출한다.

· 이 과정에서는 참여자들이 다음과 같은 질문을 각자 또는 그룹별로 작성한 뒤, 공유하면서 문제를 다양한 시각에서 입체적으로 정리해 나갈

수 있다. 예를 들면,
"이 사업의 실행에서 가장 큰 장애물은 무엇인가?"
"사용자의 관점에서 가장 불편하거나 애매한 지점은 어디인가?"
"정책적으로 해결되지 않은 구조적 문제는 무엇인가?"

○ 문제 우선순위 결정

· 조사 결과 문제가 정리되면 모든 문제가 동등한 중요도를 가지는 것은 아니므로, 해결의 선행 순서를 정해야 한다. 우선순위는 법적 제약, 정책 효과, 사업의 순서 등을 기준으로 판단할 수 있다. 법적 제약의 경우 사업의 실현 가능성과 관련되어 있고, 정책 효과는 사업의 필요성을 다루고 있어서 우선순위가 높다. 그 이외의 경우 사업의 시행 순서에 맞추어 우선순위를 결정할 수 있다.

참고 사례

서대문 에어컨 실외기 차양막 지원 사업 리빙랩 문제 우선 순위

▸ 1순위: 법적 제약 → 2순위: 차양막 절전 효과의 불확실성 → 3순위: 차양막 지원 기준 → 4순위: 형식적 연계 프로그램 → 5순위: 차양막 설치 상의 문제

- 법적 제약: 에어컨 실외기 차양막 지원의 경우 법률적 차원의 근거가 마련되어야 하지만 서대문구의 경우 법적 근거가 미비
- 차양막 절전 효과의 불확실성: 차양막 절전효과의 실생활 맥락의 객관적 검증이 실시되지 않음
- 차양막 지원 기준: 다른 지자체에서 실시된 지원 사업의 경우 선착순으로 지원한 사람에게 모두 제공해서 실수요의 반영이 제대로 이루어지지 않음
- 형식적 연계 프로그램: 다른 지자체에서 요구한 차양막 지원 조건(에너지 진단 사업 참여)이 형식적
- 차양막 설치 상의 문제: 주민이라면 누구든지 차양막을 쉽게 설치할 수 있는지가 검증 되지 않았음

참고 사례

기업 기후 적응 공시 지표 리빙랩 문제 우선순위

▸ 1순위: 기후적응 개념에 대한 낮은 인식도 → 2순위: 새로운 공시 지표 도입에 대한 부담감 → 3순위: 현행 공시 제도의 설계 및 적용 방식의 한계

- 기후적응 개념에 대한 낮은 인식도: 기업 내 '기후적응' 개념이 명확히 정립되어 있지 않고, 용어가 '탄소중립'이나 '리스크 관리'와 혼용되고 있음
- 새로운 공시 지표 도입에 대한 부담감: 실무자의 업무량 증가 및 데이터 확보의 어려움 등으로 공시 확대에 대한 우려를 표명하며 신중한 입장을 보임
- 현행 공시 제도의 설계 및 적용 방식의 한계: 기존 프레임워크와의 정합성이나 산업별 적용 기준이 부족하여 지표 설계와 실제 적용에 제약이 존재함

2. 솔루션 공동개발(Solution Co-development)

1) 솔루션 공동개발의 목표와 구성

- 이해관계자/사용자와 함께 발굴하고 확정한 문제를 해결할 수 있는 솔루션을 함께 찾아가는 과정으로, 아이디어 워크숍과 프로토타입을 만드는 과정을 진행한다.

2) 아이디어 워크숍

- 활동 목표: 아이디어 워크숍은 문제 발굴 워크숍을 통해 확인된 다양한 문제에 대해, 이해관계자들이 함께 해결 방안을 모색하고 아이디어를 제안·선별하는 과정이다. 지자체 기후적응 리빙랩의 경우 기후적응 사업에 내재된 다양한 문제를 해결할 수 있는 아이디어를 찾는데 목적이 있다. 기업 기후적응 리빙랩의 경우에는 조직 내 실행 가능성과 적용성을 고려하여, 기후적응 관련 활동을 구체화하거나 개선할 수 있는 실질적 아이디어를 도출하는데 목적이 있다. 참여자들은 자유롭게 아이디어를 제안하고, 정해진 기준에 따라 우선 적용할 수 있는

아이디어를 선별한다. 이 단계는 이후 프로토타이핑의 핵심 기초 작업에 해당한다.

- 아이디어 발굴: 아이디어 발굴 단계는 문제를 해결할 수 있는 다양한 해법을 자유롭게 제시하는 과정이다. 이 단계에서는 아이디어의 완성도보다는 폭넓은 창의성과 다양성 확보가 더 중요하다. 많은 이해관계자가 참여할수록 더 다층적인 문제 인식과 해결 방안이 나오기 때문에, 다양한 입장의 참여자 구성이 핵심이다. 아이디어 발굴 과정에서는 다음과 같은 원칙을 고려할 수 있다.

[표 6] 아이디어 발굴 원칙

원칙	적용 방식
문제 중심성 유지	워크숍 진행자는 아이디어 논의가 문제에서 벗어나지 않도록 유도해야 함. 이를 위해 문제 상황을 명확히 제시하고, 논의 도중에도 문제 중심 질문을 반복적으로 제시할 수 있음
아이디어의 양과 다양성 중시	초기에는 아이디어의 실행 가능성이나 적절성을 따지기보다, 가능한 한 많은 아이디어를 제시하는 초점을 둠
참여자의 다양한 관점 존중	정책 담당자, 사용자, 기술자, 현장 실무자 등 다양한 경험을 가진 사람들이 동일한 문제를 서로 다른 시각에서 바라볼 수 있도록 함

- 아이디어 선별: 아이디어 발굴 단계에서 수집된 다양한 아이디어 중에서, 실제로 적용할 수 있는 아이디어를 선택하는 과정이다. 이 과정은 실현 가능성과 문제 해결력, 사용자 수용성 등을 종합적으로 검토하는 전략적 판단 절차에 해당한다.

○ 아이디어 평가를 위한 기준 설정: 아이디어 선별 시에는 평가 기준을 사전에 명확히 하고, 모든 참여자가 이 공통된 기준에 따라 아이디어를 비교, 판단할 수 있도록 해야 한다. 평가 기준은 리빙랩에서 검토하고 있는 문제의 성격에 따라 달라질 수 있다. 하지만 일반적으로 다음과 같은 기준들이 포함된다.

[표 7] 아이디어 평가를 위한 기준

기준	평가 관점
실현 가능성	예산, 인력, 기술, 제도적 조건을 고려할 때 실제로 실행 가능한가?
문제 해결력	제안된 아이디어가 핵심 문제를 해결할 수 있는가?
수용 가능성	사용자의 관점에서 거부감 없이 받아들일 수 있는가?
지속가능성	단기적 개선이 아닌, 정책화, 제도화 등의 가능성이 있는가?

○ 아이디어 평가 방식: 아이디어 수나 참여자 규모에 따라 다양한 방식으로 평가를 진행할 수 있다.

[표 8] 아이디어 평가 방식

방식	적용 상황	활용 예시
우선순위 투표	아이디어 수가 적거나 소규모 논의일 경우	참여자 각자 중요하다고 생각하는 아이디어를 2~3개 선택
평가 매트릭스	아이디어 수가 많고 정량적 판단이 필요한 경우	기준별로 점수(예: 1~5점)를 부여해 합산, 점수 차이가 작으면 토론 병행. 평가 기준별 가중치를 둘 수 있음
전문가 피드백 병행	기술적/제도적 판단이 필요한 경우	외부 전문가가 평가 기준 일부를 검토한 후 종합 판단에 반영

○ 실생활 맥락 실험과 연계: 기후적응 리빙랩에서 아이디어를 선별할 때는, 단순히 문서나 토론을 통해 실현 가능성을 따지는 것만으로는 충분하지 않다. 이 리빙랩이 지자체 기후적응이라는 특수한 맥락을 갖고 있다는 점에서, 사용자의 실제 생활 환경 속에서 아이디어가 작동하는지를 확인하는 실험이 필요할 수 있다.

· 왜 실생활 맥락 실험이 필요한가?: 기후적응 정책은 중앙정부 차원이 아닌, 지역 주민의 일상

과 밀접하게 연결된 정책이다. 예를 들어 에너지 부문 기후적응의 경우 주민의 주거 유형, 에너지 사용 습관 등 지역별로 다른 실생활 조건은 정책 효과와 수용성에 큰 영향을 미친다. 따라서 어떤 아이디어가 이론적으로 그럴듯하더라도, 실제로 주민이 참여하고 실행하는 과정에서 실패하거나 왜곡될 수 있음을 반드시 고려해야 한다.

· 실험이 필요한 아이디어의 유형: 실제 효과 검증이 필요한 기술 적용 아이디어, 주민의 수용성과 실효성 검토가 필요한 정책 조건 대체 아이디어, 현장 적용성이 불확실한 아이디어 등의 경우 간단한 실험이 요구된다.

※ 실험은 반드시 정교할 필요는 없으며, 아이디어가 실행 가능하고 효과가 있는지 검토하는 탐색적 실험이면 충분하다.

· 실험의 성격과 방식: 소규모로 짧은 기간 동안 간단한 장비와 절차를 활용하여 빠르게 '적합성'을 판단하는 실험을 진행한다. 정량 데이터와 정성적 피드백을 함께 수집할 수 있고, 실험 결과는 아이디어의 정제 및 보완, 또는 다른 실험 대안 선택의 기준으로 활용할 수 있다.

참고 사례

서대문 에어컨 실외기 차양막 지원 사업 리빙랩 실생활 맥락 실험

- 차양막 절전 효과 실험: 실외기 유·무에 따른 전력량 측정
- 새로운 차양막 지원 조건의 유용성 여부 검토: 주민의 실외기 관리 활동
- 차양막 설치 실험: 주민이 실생활 맥락에서 차양막 설치해서 문제 확인

3) 프로토타이밍(Prototyping)

– 활동 목표: 다양한 솔루션을 결합해서 기후적응을 위한 프로토타입을 설계한다. 지자체의 경우는 기후적응 사업안이 프로토타입의 결과물이고, 기업의 경우는 기후적응 활동을 구체화하는 공시 지표나 가이드라인이 프로토타입의 결과물이 된다.

– 지자체 기후적응 리빙랩 프로토타입 구축: 지자체 기후적응 리빙랩의 경우 기후적응 사업 자체를 공동으로 설계하고 실험할 수 있는 형태로 구체화하는 과정이다. 따라서 프로토타입은 지자체 기후적응 사업 그 자체가 되며, 이러한 독특성으로 인해 프로토타입 구축 과정에서 다음과 같은 점들을 유의할 필요가 있다.

○ 솔루션 간 논리적 연결성과 통합성 확보: 리빙랩 과정에서 도출된 개별 솔루션들은 서로 다른 문제에 대한 응답 일 수 있어서 이를 무리하게 하나의 사업으로 묶으면 기획의 일관성이나 목적성이 모호해질 수 있다. 따라서 각 솔루션이 어떤 문제에 대응하는지를 명확히 재정리하고, 공통 목표나 정책 방향 아래에서 통합할 수 있는 방식으로 조정할 필요가 있다. 필요시 일부 솔루션은 '별도 파일럿' 또는 '연계 과제'로 분리하는 판단도 필요하다.

○ 행정 시스템과 절차적 현실 반영: 기획된 프로토타입이 실제 행정 시스템(예산 편성, 부서 협업, 조례 등)에 적용할 수 있어야 사업화가 가능하다. 특히 지자체 사업은 연도별 예산 주기, 부서 간 협업 여부(한 부서에서 담당 가능한 범위인가?), 위탁·직영 여부, 집행 방식에서 제약을 고려해야 한다.

○ 정책 설계 언어와 리빙랩 언어의 중간 지점 설정:

리빙랩에서 생성된 아이디어는 종종 구체적이거나 현장감 있지만, 행정 사업으로 구현되기 위해서는 정책적 언어로 재서술되어야 한다. 서대문구 사업을 예로 들면, "차양막 설치 시 주민이 실외기 사진을 제출하도록 유도하자"라는 아이디어는 "설치 조건으로 자가 실외기 상태 점검 확인서를 도입함으로써 관리 참여 유도"로 바뀔 필요가 있다. 이 전환 과정은 기획자 또는 리빙랩 운영 주체가 중재자 역할을 맡아야 한다. 주민의 언어를 행정의 언어로, 반대로 행정의 개념을 주민이 이해할 수 있게 번역해야 한다.

- 기업 기후적응 리빙랩 프로토타입 구축: 기업에서 실제 운영 중인 데이터·시스템 구조 등을 기반으로 기후적응 활동을 재정의하고, 실무적으로 적용할 수 있는 형태로 구체화하는 과정이다. 따라서 프로토타입은 기후적응 공시 지표(안) 또는 가이드라인, 내부 프로세스 개선안과 같은 실행할 수 있는 산출물로 도출되며, 다음과 같은 점들을 고려하여 설계될 필요가 있다.

○ 기존 시스템과의 연계 가능성 및 통합 방향성 설정: 기업 내부에는 이미 다양한 리스크 대응, 공급망 회복, 안전관리 등 기후적응과 연관된 활동이 존재한다. 리빙랩 과정에서 도출된 아이디어들은 이들 기존 시스템과의 중복, 충돌, 공백 여부를 분석하여 통합할 수 있는 구조로 재조정되어야 한다. 이때 일부 활동은 개별 이슈에 대한 단기 파일럿으로 분리하고, 장기적으로 통합할 수 있는 프레임으로 제안할 수 있다.

○ 조직 구조 및 실행 가능성 반영: 프로토타입이 단순 제안에 그치지 않고 실제 부서 내에서 실행 가능하게 하려면, 기업 내부의 승인 구조, 보고 체계, 협업 범위 등을 사전에 고려해야 한다. 특히 하나의 활동이 여러 부서에 걸쳐 운영될 경우, 업무 분담과 책임 구조가 명확하게 조정되어야 하며, 이 과정에서 실무자의 역할과 자원을 반영한 설계가 요구된다.

○ 기업 실무 언어와 경영진/연구진 언어의 조율: 기업 리빙랩에서는 실무자들 간에 오간 구체적이고 현장 중심의 표현이 프로토타입에 반영된다. 그러나 이러한 표현은 경영진 보고, 외부 공시, 이해관계자 커뮤니케이션 등에서 사용되는 언어와는 다를 수 있다. 따라서 최종 프로토타입은 실행 주체와 보고 수용자 모두에게 이해할 수 있는 형태로 조정되어야 하며, 이때 외부 전문가 자문이 중재자 역할을 할 수 있다.

IV. 실험·검증(Experiment·Verification)

1. 실험·검증의 목표

솔루션으로 개발된 프로토타입이 실생활에서 실제 효과가 있는지, 그리고 또 다른 문제점은 없는지를 확인한다. 지자체 기후적응 리빙랩의 경우 기후적응 정책사업의 다양한 평가 기준을 만족하는지 실험 및 조사를 통해 검증하는 것이 목표이다. 기업 기후적응 리빙랩의 경우에는 도출된 솔루션이 실제 기업 환경에 적용 가능한지, 실질적 효과가 있는지를 검토하는 데 목적이 있다. 이해관계자 설문조사, 우선순위 평가(AHP 등), 시범 적용 결과 비교 등의 방식으로 검증한다. 이를 위해서 우선 평가 기준을 설정하고, 이에 맞는 실험 및 검증 방법을 선택해서 진행하는 순서로 진행된다.

2. 지자체 기후적응 정책사업의 평가 기준

기후적응 정책사업의 평가 기준은 크게 결과 중심 기준(Outcome-based Criteria)과 과정 중심 기준(Process-based Criteria)으로 구분된다. 다음의 기준 중에서 리빙랩에서 검토하는 사업의 특성에 맞는 평가 기준을 선정한다.

1) 결과 중심 기준

- 적합성: 정책 목표와 지역의 취약성 간 정합성의 여부에 해당한다. 예를 들면, 에어컨 실외기 차양막 지원 사업이 정책 목표와 사업 지역 대상의 취약성 간 정합성 여부를 검토해야 한다.
- 효과성: 기후 위험 감소량을 측정하거나 회복탄력성(Resilience) 증진 정도를 의미한다. 예를 들어, 서대문구 에어컨 차양막 설치 리빙랩의 경우 설치 가구의 실제 전력 사용량이 감소했는지 측정해야 한다.
- 효율성: 단위 투자당 위험 감소 효과 또는 대체안 대비 우수성 등에 해당한다.
- 형평성: 취약계층 혜택 배분의 공정성이나 성별·세대별 영향 차이 등이 대표적 사례이다.
- 지속가능성: 제도적, 재정적 유지 메커니즘 구축 여부, 생태계 서비스 보전 효과 등이 해당한다.

2) 과정 중심 기준

- 거버넌스 구조: 다중이해관계자 참여 정도와 부처 간 정책 조정 메커니즘의 존재 여부 등을 의미한다.
- 적응 역량[7] 강화: 지역사회의 적응 능력 향상 여부, 기술 이전 및 지식 공유도 이에 해당한다.
- 유연한 정책 설계: 모니터링-평가 시스템이 구축되어 지속적 수정이 가능한 것이 대표적 사례이다.

3. 기업 기후적응 솔루션의 평가 기준

기업 리빙랩의 실험·검증 단계에서도 결과 중심 기준(Outcome-based Criteria) 과 과정 중심 기준(Process-based Criteria)을 구분해 사용한다. 아래 항목 중 솔루션 성격과 조직 여건에 맞는 지표를 선택·조합해 적용한다.

1) 결과 중심 기준

- 적합성: 기업의 기후·ESG 로드맵 및 핵심 리스크와 솔루션 간 정합성의 여부에 해당된다.
- 효과성: 기후위기 발생 시 손실·중단·인진사고 감소량이나 회복탄력성(Resilience) 증진 정도를 측정한다.
- 효율성: 단위 비용 대비 위험 감소, 생산성·품질 개선, 비용 절감 등에 해당된다.
- 지속가능성: 솔루션이 중장기적으로 유지·확대 가능한 구조인지, 다른 사업장·계열사로 전파 가능한지 등이 해당된다.

2) 과정 중심 기준

- 거버넌스 구조: 관련 부서·경영진·외부 전문기관 등 다양한 이해관계자의 참여 정도와 이들 간의 의사결정 메커니즘을 평가한다.
- 적응 역량 강화: 기업의 적응 능력 향상 여부, 기술 이전 및 지식 공유도 이에 해당된다.
- 유연한 정책 설계: 모니터링-평가 시스템이 구축되어 지속적으로 추적 및 수정이 가능한 것이 대표적 사례이다.

7 적응 역량 (Adaptive Capacity): 기후변화나 외부 충격에 대응하여, 조직이나 지역사회가 자원을 효율적으로 사용하며 변화하는 환경에 적응하고 재구성할 수 있는 능력.

4. 결과 중심 기준별 실험 방법

결과 중심 기준에 따라 실험 및 검증을 하고자 할 때 다음과 같은 방법을 사용할 수 있다.

[표 9] 지방자치단체 리빙랩의 실험 및 검증

기준	실험/검증 방법	서대문 에어컨 실외기 차양막 지원 사업 예시
적합성	현장 취약성 진단과 정책 목표 매핑	주민 설문과 기후 및 사회, 경제적 자료를 조합해서 차양막 설치가 필요한 위치와 주민 집단에 지급되었는지 확인
효과성	Pre-Post 비교 대조군 비교 센서 기반 측정	차양막 설치 전후 실외기 온도, 전력 사용량 등 수치 변화 확인
효율성	비용-편익 분석 대체안 비교 실험	A 안(차양막 설치) vs B 안(전기료 지원). 단위당 효과 비교
형평성	계층별 효과 분석 주민 구조별 참여도 추적 지리정보 기반 접근성 분석	고령층, 임대주택 거주자 등의 실제 참여율 및 효과 분석
지속 가능성	예산 구조 분석 정책 내재화 여부 인터뷰	사업이 조례와 또는 정규 사업으로 편성되었는지 검토

[표 10] 기업 리빙랩의 실험 및 검증

기준	실험/검증 방법	기업 기후적응 공시지표 리빙랩 예시
적합성	전문가 자문	관련 분야 전문가 자문을 통해 ESG 실무자 대상 리빙랩에서 도출했던 기후적응 공시지표의 대/중/소분류의 적합성을 검토
효과성	Pre-Post 비교 대조군 비교 센서기반 측정	기업의 파일럿 사업장에서 공시지표(또는 가이드라인) 도입 후 변화 측정
효율성	비용-편익 분석 대체안 비교 실험	A안(일반 ESG 공시지표) vs B안(해당 기후적응 공시지표) 단위당 효과 비교
형평성[8]	-	-
지속 가능성	AHP 설문	AHP 설문을 통해 기후적응 공시지표의 구성 요소들 간의 상대적 중요도를 산정함으로써 솔루션 결과물의 지속가능한 기반 마련

5. 과정 중심 기준별 실험 방법

과정 중심 기준에 따라 실험 및 검증을 하고자 할 때 다음과 같은 방법을 사용할 수 있다.

[표 11] 지방자치단체 리빙랩의 실험 및 검증

기준	실험/검증 방법	서대문 에어컨 실외기 차양막 지원 사업 예시
거버넌스 구조	이해관계자 맵핑 참여 추적 분석	리빙랩의 공동 진단, 공동 창조 과정에 누가 언제 어떤 방식으로 의사결정에 관여했는지 추적 분석
적응 역량 강화	참여자 사전-사후 인식 변화 조사 교육 이수율 및 활용도 조사 주민 피드백 수집	에어컨 실외기 자율 관리 활동 이후 기후적응 인식 변화 조사
유연한 정책 설계	사업 변경 이력 분석 피드백-수정 루프 존재 여부 검토	주민 불만을 반영해서 설치 조건을 변경한 사례 등 조사

[표 12] 기업 리빙랩의 실험 및 검증

기준	실험/검증 방법	기업 기후적응 공시지표 리빙랩 예시
거버넌스 구조	이해관계자 맵핑 참여 추적 분석	리빙랩의 공동진단, 공동 창조 과정에 누가 언제 어떤 방식으로 의사결정에 관여했는지 추적 분석

8 형평성은 주로 공공 정책이나 지자체 사업에서 강조되는 요소로, 기업의 기후적응 솔루션 평가에서는 적용 기준이 명확하지 않아 별도 항목으로 구분하지 않는다.

적응 역량 강화	참여자 사전-사후 인식 변화 조사 교육 이수율 및 활용도 조사 실무자 피드백 수집	기업 기후적응 공시지표(또는 가이드라인) 도입 이후 기후적응 인식 변화 조사
유연한 정책 설계	프로토타입 변경 이력 분석 피드백-수정 루프 존재 여부 검토	실무자의 피드백을 반영해서 공시지표 항목을 변경한 사례 등 조사

V. 실현화(Realization)

실현화는 실험 검증을 통해 확인된 프로토타입을 실제 현장에서 적용하는 단계이다. 지자체 기후적응 리빙랩의 경우 이 단계는 리빙랩을 통해 실험적으로 설계·검증된 기후적응 사업 프로토타입을 실제 정책으로 전환하고 제도화하는 단계이다. 기업 기후적응 리빙랩의 경우에는 실무 현장에 적용된 결과를 기반으로 개선·보완을 반복하고, 제도적 정착 가능성과 산업 간 확산 가능성을 함께 고려하는 단계이다. 단순히 일회성 실험을 마치는 것이 아니라, 제도적 지속성, 행정적 실행력, 지역 간 확산 가능성을 고려해 정책화하는 것이 핵심이다.

1. 유지(Maintenance)

정식 사업화, 지속적인 피드백 및 솔루션 개선을 위한 모니터링 체계 구축 등이 포함된다.

[표 13] 리빙랩 '유지' 단계의 주요 실무 과업

실무 내용	구체 항목
사업 반영 전략 수립	사업명 확정, 예산 편성 논리 정비, 효과성 자료 정리(Pre-Post, 참여율 등)
실험 결과의 행정 언어화	실험 결과를 정책 언어로 재구성 →사업 목적, 대상, 방법, 효과
예산 항목 및 사업계획서 작성	기존 예산 구조 내 편입 또는 신규 항목 신설, 연차별 예산 설정
실행 부서 이관 및 인계	리빙랩 추진 조직에서 실무부서로 역할 이관, 협업 체계 유지 필요

2. 심화(Deepening)

사업의 지속적 개선과 재설계, 정책 연계, 제도화, 특허 출원 등이 가능하다.

[표 14] 리빙랩 '심화' 단계의 주요 실무 과업

실무 내용	구체 항목
사업 실행 중 결과 모니터링	정성·정량 지표 수집 (참여율, 민원, 현장 문제 등)
사용자 피드백 수렴 구조 마련	참여자 만족도 조사, 실무자 의견 수렴, 워크숍 또는 FGI 운영
실험적 개선 반복	발견된 문제에 대해 간소한 재실험, 개선 아이디어 적용 후 검증
제도 연계	5년 주기 기후적응 세부 시행계획 반영 → 시범 사업에서 정책 제도화로 전환 유도

3. 확산(Diffusion)

타 지자체 전파 및 확장, 세부 산업 분야별로 구체화한 솔루션을 마련할 수 있다.

[표 15] 리빙랩 '확산' 단계의 주요 실무 과업

실무 내용	구체 항목
성과 문서화 및 공유 자료 제작	사업 추진 배경, 절차, 결과, 유의사항 등을 정리한 리빙랩 보고서 또는 가이드북 제작
지자체 간 정책교류	권역별 워크숍, 타 지자체 대상 설명회, 사례 발표회 등 추진
컨설팅 또는 매뉴얼 제공	유사 지역(지리·기후·행정 여건 유사)에 적용할 수 있도록 맞춤형 적용한 제안
중앙정부 또는 광역단위 연계	시도 단위로 사업 확장 연계 → 광역시·도 기후적응 종합계획 내 확산 기획

참고문헌

관계부처합동. 2020.『제3차 국가 기후변화 적응대책(2021-2025)』.

서대문구. 2020.『제2차 서대문구 기후변화 적응대책 세부시행계획(2021-2025)』.

행정안전부. 2017.『사례로 배우는 국민디자인단 매뉴얼』

조관현·김희대·윤선희·윤다해. 2019.『지역 주민이 참여하여 함께 사회문제를 해결해 나아가는 S.O.S LAB HANDBOOK』. 사단법인 지역소프트웨어산업발전협의회.

행정안전부.『사례에서 배우는 지역문제 해결 리빙랩 가이드북』.

Leurs, Bas, and Isobel Roberts. *Playbook for innovation learning: 35 diagrams to support talking and thinking about learning for innovation*. nesta.

Government Digital Service. "About the Open Policy Blog." *Open Policy Making*. https://openpolicy.blog.gov.uk/about/.

Sangbum Shin and Taedong Lee. 2025. The Realization of Living Labs at the Post-Experiment Stage: The Role of the University in Korea. Science and Public Policy. DOI: https://doi.org/10.1093/scipol/scaf037

※ 이 장은 연세대학교 기후적응리빙랩 연구사업단 소속의 김현·김가영·이예영·최지은·이태동이 공동 집필한『기후적응 리빙랩 가이드북』(2025)을 편집한 내용이다.

제3장

공동창조 창발: 이해관계자 주체성 역할 강화와 상호작용성 설계

김지연

I. 들어가며

리빙랩 방법론은 단일한 정의로 규정될 수 없다. Seppo Leminen(2015)의 지적처럼, 리빙랩은 맥락과 목적에 따라 다양한 형태와 구성을 가지며, 해당 현장의 필요에 맞게 유연하게 구현된다. 그렇기 때문에 기존의 전통적인 리빙랩 운영 틀에서 일부 벗어나더라도, 그 과정에서 다양한 주체 간 상호작용이 이루어지고 실제적인 문제 해결에 기여한다면, 이는 충분히 바람직한 방식으로 평가될 수 있다. 다시 말해, 리빙랩은 엄격한 규범이나 정답이 있는 방법이라기보다, 현장에서의 실험과 실천을 통해 지속적으로 진화하고 있는 열려 있는 방법론이라 할 수 있다. 첫 단계로, 현장의 실제 문제를 정확히 정의하고 이를 해결하기 위한 명확한 목표를 설정하는 것이 무엇보다 중요하다. 문제 정의와 목표 설정은 이후의 활동 방향성을 설정하는 출발점이 된다.

이어지는 공동창조(Co-Creation) 과정은 리빙랩의 핵심이다. 공동창조란 단순히 참여자들이 솔루션을 함께 만든다는 차원을 넘어, '만드는 방식' 자체를 혁신하는 접근이다. 이는 모든 이해관계자가 주체적 문제 해결자로 전환하는 것을 의미한다. 각자는 우리가 되기 이전에 자신이 가진 고유한 역량과 자원을 바탕으로 "내가 해결할 수 있는 것은 무엇인가"를 자문하고 실천하려는 태도가 장려되어야 하며, 더 나아가 이해관계자 간 상호작용성을 어떻게 촉진하고 공동창조 구조를 설계할지에 대한 깊이 있는 고민이 필요하다.

그러나 실제 리빙랩 실험 사례들을 보면, 공동창조에 대한 구체적인 설계나 작동 메커니즘을 제시하기보다는 FGI(Focus Group Interview), 워크숍, 역할극(Role Play), 시나리오 기반 토론 등과 같은 기법이나 도구(Toolkit) 소개에 그치는 경우가 많다. 이러한 접근은 문제 해결을 위한 공동창조가 어떠한 논리와 메커니즘으로 작동할 수 있는지에 대한 탐구가 부족함을 여실히 보여준다. 리빙랩 운영에서 더욱 근본적인 문제는, 방법론이 본래는 수단으로 활용되어야 함에도 불구하고 실제 과정에서는 종종 그 자체가 목적인 것처럼 인식되고 실행되는 경우가 빈번하다는 점이다. 이는 리빙랩의 본질적 가치인 실제 문제 해결을 통한 혁신 창출이 방법론의 적용과 실행이라는 절차적 활동으로 대체되는 수단과 목적의 전도 현상이라 할 수 있다. 따라서 리빙랩 운영에서는 다양한 방법론의 도입 자체를 목적화하기보다는, 참여자 간 실질적인 공동창조가 어떻게 문제 해결과 혁신으로 연결되는지에 대한 심층적 탐구와 궁극적으로 구체적인 성과로 이어지는 결과 중심의 접근(Outcomes Focused Approach)을 강화할 필요가 있다.

결국 중요한 것은 공동창조라는 과정이 구체적으로 어떤 논리와 구조, 상호작용 과정을 통해서 실제 문제 해결로 연결되는지 그 메커니즘을 밝히고 설계하는 것이다. 이 장에서는 공동창조가 실제로 현장에서 어떤 메커니즘으로 발생·작동할 수 있는지에 대한 구체적 탐구를 중심으로 논의를 전개하고자 한다. 이를 위해 국내외 리빙랩 사례를 분석하며, 특히 2024년 연세대학교 기후적응 리빙랩 사업단에서 진행한 기후재난문자 개선 리빙랩과 2024년 서울시립대학교 탄소중립실천계획 IDEA 리빙랩의 참가자들의 서면 응답과 인터뷰 내용을 활용하여 이론적 논의와 접합하고자 한다.

II. 이해관계자의 자기 인식과 대표성 인식

리빙랩 참여자들은 자신을 시민, 전문가, 기관 관계자 등 다양한 입장에서 인식한다. 그러나 이러한 자기 인식은 단순한 정체성에 그치지 않고, 공동창조 과정에서의 역할 수행에 직접적인 영향을 미친다. 문제는 참여자 스스로가 어떤 입장에서 문제를 바라보고 해결해야 하는지 분명히 하지 않는다는 점이다. 리빙랩에서의 자기 인식과 대표성 인식은 단순한 정체성 문제가 아니다. 이는 공동창조 과정의 질과 방향, 나아가 궁극적으로 구체적인 결과를 만들어낼 수 있는 핵심 변수로 작동한다.

1. 시민의 참여 조건

리빙랩의 참여 구조를 살펴보면 전문가, 연구자, 정책결정자 등에게는 일정한 조건과 자격이 부여되는 반면, 시민에게는 그러한 조건이 거의 설정되지 않는 경우가 많다. 이는 표면적으로는 개방성과 포용성을 강조하는 것처럼 보이지만, 실제로는 시민을 역할과 기대가 모호한 참여 주체로 남겨두는 결과를 낳을 수 있다. 왜 전문가와 연구자에게는 전문성이나 연구 경험이라는 조건이 요구되면서, 시민에게는 맥락적 지식이나 사회적 역량과 같은 조건이 고려되지 않는가 라는 의문이 제기된다. 이러한 불균형은 결국 시민을 제도적 주체가 아니라 보조적 참여자로 위치 짓게 하며, 공동창조의 실질적 성과를 약화시킨다.

따라서 리빙랩에서 시민 또한 특정한 '참여 조건'을 가진 주체로 인정되어야 한다. 이는 단순히 전문적 자격을 요구한다는 의미가 아니라 문제를 실질적으로 체감하고 해결 의지를 가진 시민, 즉 지역적 맥락과 일상적 경험을 토대로 참여할 수 있는 시민을 제도적으로 고려해야 함을 뜻한다. 다시 말해, 전문가에게 요구되는 지식 자격과 마찬가지로 시민에게는 일상적 경험과 사회적 네트워크 역량이 중요한 조건으로 설정될 필요가 있다. 그래서 시민을 찾는 방식 또한 공동창조의 성패를 좌우한다고 본다. 단순히 모집 공고를 통해 참여자를 끌어모으는 방식은 수동적 참여자와 피상적 결과를 낳기 쉽다.

그렇다면 시민을 어떻게 찾고 구성해야 하는가. 이러한 맥락에서 야마자키 료(2012)가 강조한 '키맨(Key Man)'의 발굴은 시민을 무조건적인 참여자로 보는 관점을 넘어, 공동창조 과정에 실질적 변화를 일으킬 수 있는 주체적 시민을 찾고 연결하는 전략으로 이해될 수 있다. 단순히 무작위로 시민을 동원하기보다, 지역적 맥락과 일상적 경험을 토대로 자발적으로 참여할 의지가 있는 시민을 발굴할 것을 강조한다. 그는 공식 직함이나 형식적 대표성이 아니라 개인적 관심과 사회적 연결망을 기준으로 참여자를 선정해야 한다고 보았으며 지역사회 안에서 문제를 실질적으로 체감하고 해결하려는 의지가 있는 키맨을 중심으로 참여 구조를 설계하는 것이 중요하다. 이처럼 키맨은 단순한 대표자가 아니라, 다양한 시민 집단을 연결하고 논의를 확산시킬 수 있는 촉매자 역할을 수행한다. 따라서 리빙랩의 참여자는 무작위적 동원이 아니라 맥락에 맞는 주체적 시민의 선별과 네트워킹 과정을 통해 구성될 때, 공동창조는 진정한 의미의 지속가능한 협력적 거버넌스로 자리매김할 수 있다.

또한, 리빙랩을 통해 수요자 중심의 충실한 결론을 얻기 위해서는, 타자의 시각이 아니라 '나(I)'와 '우리(We)'의 관점에서 자신의 경험을 풀어내는 것이 중요하다. 종종 시민 참여자를 시민연구원 혹은 주민연구원으로 명명하기도 하지만, 이러한 명칭이 책임감을 부여하는 동시에 문제를 타자화하는 역효과를 낳을 수 있다. 따라서 이해관계자들에게 자신이 '사용자'로서 참여하고 있음을 당사자성을 명확하게 인식시킬 필요가 있다.

2. 시민의 역할: 아는 것이 아니라 다시/새롭게/다르게 보는 것

시민 참가자들은 대체로 사전 정보 제공이 필요하다고 주장하며, 전문가가 함께 참여하거나 사전 교육 시간을 마련할 것을 제안하는 경우가 있다. 이러한 정보와 지식의 보완이 논의의 질과 문제 해결 방향 설정에 도움이 될 수도 있겠지만, 정보 중심 접근에는 분명한 한계가 있다. 때로는 기존의 사고 틀을 재생산하여 새로운 관점을 제약할 위험이 있기 때문이다. 실제로 시민들의 자율적 상상과 경험이 선행되고 이후 전문가의 지식이 보완되는 순차적 참여 구조의 중요성이 드러났다.

> "1차는 시민들만, 2차는 전문가와의 만남으로 진행된 것이 효과적이었다.
> 만약 전문가의 이야기를 먼저 들었다면 논의할 수 있는 사항이 훨씬 제한적이었을 것 같다."
>
> (기후재난문자 개선 리빙랩 참여 시민 A, 서면 응답, 2024.06.05)

반면 전문가는 기술적 논의를 위해서는 일정한 사전 이해가 필요하다고 보았다. 다만 시민 의견은 이해 수준과 무관하게 향후 기술 개선의 방향성을 파악하는 데 유의미한 근거가 될 수 있다고 평가했다.

> "재난문자와 같이 특정 기술에 대한 논의는 사전 교육을 통해 이루어져야 한다. 기술적 이해 없이 개선 방향을 논의하는 것은 많은 시간이 소요되고 효과적인 결론에 이르는데 한계가 있다. 그러나 이해가 부족하더라도 시민들의 의견은 기술의 발전 방향을 확인하는 데 유용한 데이터가 될 것으로 보인다."
>
> (기후재난문자 개선 리빙랩 참여 전문가 A, 서면 응답, 2024.05.30)

이러한 맥락은 리빙랩뿐 아니라 예술적 실험에서도 확인된다. 일례로, 2023년 서울국제공연예술제(Seoul Performing Arts Festival, SPAF)에서 전윤환 연출과 함께 관객참여 연극 〈에너지_보이지 않는 언어〉를 공연했다. 무대 중앙에는 필자가 국내외 지역에서 수행한 기후 리서치와 인터뷰를 통해 수집한 400여 개의 기후 관련 단어들이 배치되었다. 그리고 관객석은 이를 둘러싸는 원형 구조로 마련되었다. 이러한 배치는 누구나 자유롭게 소통하고 토론할 수 있는 평등한 분위기를 조성하려는 연출 의도였다. 연극은 이러한 공간 안에서 단어들을 매개로 관객과 대화를 나누며, 기후에 관한 질문을 던지고 함께 사유하는 방식으로 진행되었다. 이 과정에서 일부 관객은 단어에 대한 사전 설명을 요청하기도 했다. 그러나 저자가 기대한 것은 정보와 지식에 의존한 토론이 아니라, 해당 단어에 대해 각자가 지닌 에피소드와 해석, 감각을 매개로 기후를 자신의 일상 속에 위치시키고, 익숙한 현실을 자신의 언어로 새롭게 사유하는 관점의 전환이었다.

이미 여러 경험을 통해 단순한 정보 습득만으로는 본질적인 인식 변화나 새로운 시야의 확보가 어렵다는 사실을 확인해왔다. 따라서 시민이 리빙랩에 초대되는 목적은 단순한 정보의 전달 여부가 아니라, 자신의 일상을 성찰하고 그로부터 새로운 질문을 던지며 문제 해결의 길을 함께 상상하는 데 있어야 한다는 확신을 가지게 되었다. 그리고 이러한 확신은 다음 실험을 통해서 더욱 분명해졌다. 필자는 어린이들이 '기후'라는 말을 듣자마자 자동반사적으로 북극곰이 빙하 위에서 위태롭게 서 있는 장면이나 지구가 고통 속에 눈물을 흘리는 이미지와 같은 정형화된 도상을 재현하는 모습을 여러 차례 관찰하였다. 이러한 고착화된 이미지로의 기후 담론의 확장을 제약한다고 판단하여, 2025년 경남도립미술관에서 어린이를 대상으로 기후적응 리빙랩 〈발사체 없이 우주 다녀-오기: 노리터 행성으로의 초대〉에서 의도적으로 '기후'라는 단어를 언급하지 않았다. 앞서 언급했듯, 단어가 곧 정보를 매개하는 장치로 작동하며 그 정보가 사실로 고착될 때 사고의 지평을 제약할 수 있다는 점을 고려한 선택이었다. 이는 비트겐슈타인(Wittgenstein)의 명제, "내 언어의 한계는 곧 내 세계의 한계이다"라는 통찰에 근거한 것이다. 특정 단어의 사용은 특정한 정보와 사실의 틀 안으로 사고를 규정함으로써 세계 인식의 폭을 제한한다. 반대로 특정 단어를 의도적으로 달리 사용하거나 배제하는 시도는 기존의 인식 구조를 교란하고, 새로운 세계를 사유할 가능성을 열어 주는 행위로 기능한다.

이 경험은 리빙랩 현장에서도 반복된다. 시민 참여자가 충분한 정보를 갖는 것과 그 정보가 창의적 문제 해결로 직결되는 것은 별개의 문제임을 시사한다. 따라서 리빙랩에서 중요한 것은 단순한 정보 전달이 아니라, 서로 다른 배경과 관점을 가진 전문가와 시민이 원활하게 소통하고 교차할 수 있는 상호작용 구조를 만드는 일이다. 이는 C. Wright Mills(1959)가 말한 사회적 상상력과 깊이 맞닿아 있다. 사회적 상상력이란 개인의 경험을 더 넓은 사회적·역사적 맥락과 연결해, 익숙한 현실을 당연시하지 않고 비판적으로 성찰하는 능력으로 "개인의 사적 곤경(Personal Troubles)을 사회적 구조의 공적 쟁점(Public Issues of Social Structure)과 연결해 이해하는 능력"을 의미한다. 언어가 곧 세계의 한계를 규정한다면, 사회적 상상력은 정보와 사실의 경계를 넘어서는 힘을 제공한다. 우리의 의식과 사고가 언어를 통한 정보와 사실에 갇힐 때 상상력의 지평 또한 제한될 수 있으며, 이러한 문제의식은 이전 연구에서도 확인된 바 있다(김지연 외, 2024). 결국 언어를 통해 매개되는 정보와 사실의 재구성은 곧 사회적 상상력의 재구성을 의미하며, 이는 리빙랩에서 창의적 문제 해결이 촉발되는 중요한 토대가 된다.

3. 이해관계자별 해결책(Solution) 층위와 책임 구조

전문가 중심의 하향식(Top-Down) 방식이 구조적 한계를 노정하듯, 시민 참여 역시 문제 제시에만 머무르는 방식으로 기존 패러다임을 답습함으로써 혁신적 문제 해결로 나아가는 데 구조적 한계를 드러낸다. 참여자들은 문제를 잘 알고 있지만, 그 문제를 우리가 스스로 풀어야 할 과제인가 하는 성찰이 부족한 것이 사실이다. 그 결과 공동창조의 산출물은 캠페인이나 특정 대상에 대한 요구안에 머물며, 더 확장되지 못하는 경향을 보인다. 이는 참여자들이 자신이 실질적으로 무엇을 감당할 수 있는지, 스스로 역할을 수행할 수 있는 주체인지에 대한 인식이 결여된 결과이다.

이러한 한계를 극복하기 위한 실천적 틀로, 야마자키 료(2012)는 혼자 시작할 수 있는 일에서 10명이 할 수 있는 일, 100명이 할 수 있는 일, 1,000명이 할 수 있는 일이라는 단계적 층위 구분을 제시한다. 이는 단순한 인원 구분이 아니라, 문제의 성격과 범주를 해결 가능한 문제 및 책임 수준과 필요 자원 및 협력 범위에 따라 구분하는 구조적 장치다. 예컨대 개인이 혼자 해결할 수 있는 문제는 낮은 수준의 자원과 제한된 책임을 요구하지만, 수십 명 혹은 수백 명이 함께해야 가능한 문제는 보다 높은 수준의 책임 분담과 다층적 자원 동원이 필요하다. 이러한 구분은 참여자들에게 자신이 감당할 수 있는 범위와 수행 가능한 역할을 명확히 인식하게 함으로써, 단순한 의견 제기를 넘어 실제 실행 가능한 공동창조로 나아가도록 돕는다. 실제로 야마자키 료는 이러한 자기 주도적 층위 인식을 통해 주민들이 스스로 문제를 해결하도록 권한을 부여하고, 지역 회복과 공동체적 행복을 실현하는 프로젝트를 수행해왔다. 그는 '커뮤니티 디자인(Community Design)'을 단순한 디자인 결과물이 아니라, 주민 스스로 권한을 갖고 행위자가 되는 과정으로 정의한다.

결국 리빙랩이 단순한 요구 제기나 제도적 제안 이상의 효과를 거두려면, 참여자들에게 단계별 책임과 자율적 주체성을 부여해야 한다. 이를 통해 리빙랩은 캠페인을 넘어 실질적인 문제 해결과 공동창조의 장으로 기능할 수 있다. 공동창조 과정에서 단순히 다양한 아이디어를 나열하는 것만으로는 실행 가능한 해법에 도달하기 어렵다. 실제로 참여자들은 토론 속에서 문제 의식을 공유하더라도, 그것이 누구의 책임이며 어떤 자원과 권한으로 해결 가능한지에 대한 구분이 부재할 경우 결과물이 캠페인이나 민원 제기에 머무르는 경향이 있다.

따라서 리빙랩에서 해결책을 모색할 때는 개인이 감당할 수 있는 문제, 공동체나 기업이 함께 해결할 수 있는 문제, 그리고 정부와 제도가 수행해야 하는 문제를 명확히 구분하여 논의할 필요가 있다. 이러한 층위별 논의는 참여자들에게 실질적 책임과 자율적 주체성을 부여할 뿐 아니라, 각 행위자가 감당할 수 있는 역할을 구체적으로 인식하게 함으로써 공동창조의 결과가 실제 정책 변화와 실행으로 이어질 수 있도록 한다.

> "국가 단위가 아닌 캠퍼스나 동대문구와 같은 미시적 단위에서 해결책을 모색할 수 있었던 점이 특히 인상 깊었습니다. 이는 대학생이나 지역 주민만이 제안할 수 있는 고유한 관점을 드러내는 경험이었으며, 아울러 동대문구 주무관과의 만남을 통해 지역 정책에 대한 이해를 한층 심화할 수 있었습니다."
>
> (탄소중립실천계획 IDEA 리빙랩 참여 대학생 A, 인터뷰, 2024.09.09.)

〈표 1〉은 공동창조 과정에서 해결책을 모색할 때 개인, 커뮤니티, 기업, 정부로 층위를 구분하여 각각의 문제 유형, 책임 수준, 필요 자원 및 협력 범위를 체계적으로 제시한 것이다. 이를 통해 리빙랩 논의는 단순한 의견 교환을 넘어, 각 행위자가 수행할 수 있는 역할과 감당해야 할 책임을 구체적으로 인식하고 실행 가능한 방안을 설계할 수 있도록 한다.

[표 1] 공동창조 과정에서 해결책 모색을 위한 층위별 구분

이해 관계자	해결 가능한 해결책	책임 수준	필요 자원 및 협력 범위
시민	생활습관 변화 개인적 실천 작은 규모의 행동	자기 책임 일상적 차원의 수행	개인적 시간과 노력 최소 자원
커뮤니티	지역 기반 프로젝트 공동 캠페인	공동 책임	조직적 협력 필요
기업	기술 자원 제공	준공공적 책임	재정·기술 자원 공유 지역·산업 협력
정부	정책 제정 제도적 지원 공공 인프라 구축	공공 책임	정책적 권한 재정 자원

III. 이해관계자의 행위 주체성 역할 강화

1. 나선 접근(Helix Approaches)의 구조적 한계

리빙랩 연구는 이해관계자 간 상호작용 메커니즘을 재구성하는 과정에서 한층 정교화된 이론적 접근을 필요로 한다. 이러한 맥락에서 본 연구는 나선 모델을 출발점으로 삼는다. 이는 나선형 협력 구조를 뜻하는 개념으로, 본래 Etzkowitz와 Leydesdorff(2000)가 제시한 대학-산업-정부 3중 나선형(Triple Helix) 모델에서 출발하였다. 이 모델은 혁신이 개별 부문이 아니라 이들 간의 상호작용 속에서 촉진된다고 설명한다. 이후 Carayannis와 Campbell(2009)은 시민사회와 미디어, 문화적 차원을 포함한 대학-산업-정부-시민사회 4중 나선형(Quadruple Helix) 모델로 확장하였으며, Carayannis와 Rakhmatullin(2014)은 환경적·사회적 지속가능성을 강조하는 대학-산업-정부-시민사회-환경 5중 나선형(Quintuple Helix) 모델을 제안하였다. 이러한 발전 과정을 통해 나선 모델은 단순한 기술혁신을 넘어, 시민 참여와 공공성, 지속가능성을 포괄하는 사회적 혁신의 유용한 틀로 자리매김하였다.

그러나 나선 모델은 주로 협력적 네트워크의 구조를 묘사하는 정태적 틀에 머무르는 한계가 있다. 즉, 실제 참여 과정에서 나타나는 시간적 역동성, 권력 비대칭, 행위자별 주체성의 다양성을 충분히 포착하지 못한다. 예컨대, Leminen(2015)은 리빙랩에서 이해관계자들이 고정된 역할을 수행하기보다는 프로젝트 단계에 따라 역할을 전환하며, 상황적 맥락에 따라 상호작용이 다르게 나타남을 강조한다. 이는 나선 모델이 구조적 틀을 제시하는 데 강점을 가지지만, 실제 리빙랩 참여자들의 경험적 변화를 설명하기에는 부족함을 보여준다. 특히 Nyström 외(2014)의 연구는 본 연구의 이론적 틀을 뒷받침하는 데 매우 유용하다. 이들은 리빙랩 내에서 역동적이고 다차원적인 행위자 역할을 규명하였으며, 이는 미션 기반 및 단계별 행위자 기여를 강조하는 본 연구의 분석 접근을 정당화하는 데 강력한 근거를 제공한다. 이는 나선 모델이 구조적 틀을 제시하는 데 강점을 가지지만, 실제 리빙랩 참여자들의 경험적 변화를 설명하기에는 부족함을 보여준다

이에 본 연구는 나선 모델을 단순히 수용하지 않고, 동태적이고 미션 지향적인 구조로 재해석한다. 우리의 접근에서 각 행위자는 특정 단계에서 고유한 역할을 수행하며, 이 역할은 상호 교환 가능한

것이 아니라 그들의 제도적 위치와 전문성, 그리고 맥락적 조건에 의해 규정된다. 시민은 당사자성을 바탕으로 문제를 발굴하고 정의하며, 이러한 문제 해결을 위한 해결책 모색 과정에서 예술가의 상상력이 자극과 영감을 제공한다. 이어서 연구자는 산출물을 분석적 틀로 구조화하고, 정책결정자는 이를 제도적 언어로 번역하여 정책 과정에 반영한다. 기업은 자원과 기술적 해결책을 통해 실행 가능성을 높이고, 언론은 사회적 맥락 속에서 내러티브를 확산시켜 공론화를 지원한다.

이러한 방식으로 재구성된 나선 구조는 리빙랩을 단순한 참여적 실험의 장이 아니라, 혁신을 위한 지속 가능하고 순환적인 협력의 장으로 위치시킨다. 즉, 이해관계자들이 명확히 규정된 역할과 책임을 수행하면서도 과정의 흐름에 따라 유연하게 상호작용함으로써, 리빙랩은 정책적 실효성과 사회적 가치를 동시에 추구하는 지속 가능한 혁신 플랫폼으로 기능할 수 있다.

[그림 1] 공동창조의 주요 이해관계자

[표 2] 이해관계자별 미션 지향적 역할

이해관계자		역할
시민	당사자	• 문제 탐구 및 질문, 새로운 가능성 상상 • 능동적 문제 해결자
예술가	촉진자	• 감각과 상징을 활용한 상상력 자극 • 공감과 새로운 인식의 가능성 창출
언론	매개자	• 현장과 전문 영역 연결 • 문제를 구조적·사회적 맥락에서 바라봄
전문가	증거 제공자	• 복잡성을 구조화, 서사 분석 • 증거 기반 접근을 통한 실증적 근거 제시
연구자	구조화	• 선행연구에서 제기된 다양한 아이디어와 사례를 분석·분류하여 개념적 틀을 제시 • 경험적 연구 성과를 체계적으로 검토하여 검증 가능한 지식과 실행 가능한 설계로 확장
기업	구현화	• 자원과 기술적 해결책을 통해 실행 가능성 제고
정책 결정자	정책화·제도화	• 프로토타입·해결책을 정책의 언어로 전환 • 실행 가능한 조치로 제도화

2. 이해관계자별 역할

1) 시민: 당사자

리빙랩에서 핵심적 행위자는 시민이다. 시민은 단순히 정책이나 전문가 지식을 전달받는 수동적 존재가 아니라, 탐구하고 질문하며 새로운 가능성을 상상하는 적극적 주체다. 자신의 일상적 경험을 바탕으로 실제 문제를 드러내고 필요와 불편을 제시함으로써 공동창조의 출발점을 마련한다. 따라서 시민은 함께 만들어가는 행위자로 이해되어야 한다.

이와 같은 시민 주체성은 도넛경제(Doughnut Economics) 사례에서도 잘 드러난다. 도넛경제는 영국 경제학자 케이트 레이워스(Kate Raworth)가 제안한 지속가능성 경제모델로, 우리 사회가 모든 사람의 기본적인 삶의 필요-기아 해소, 건강, 에너

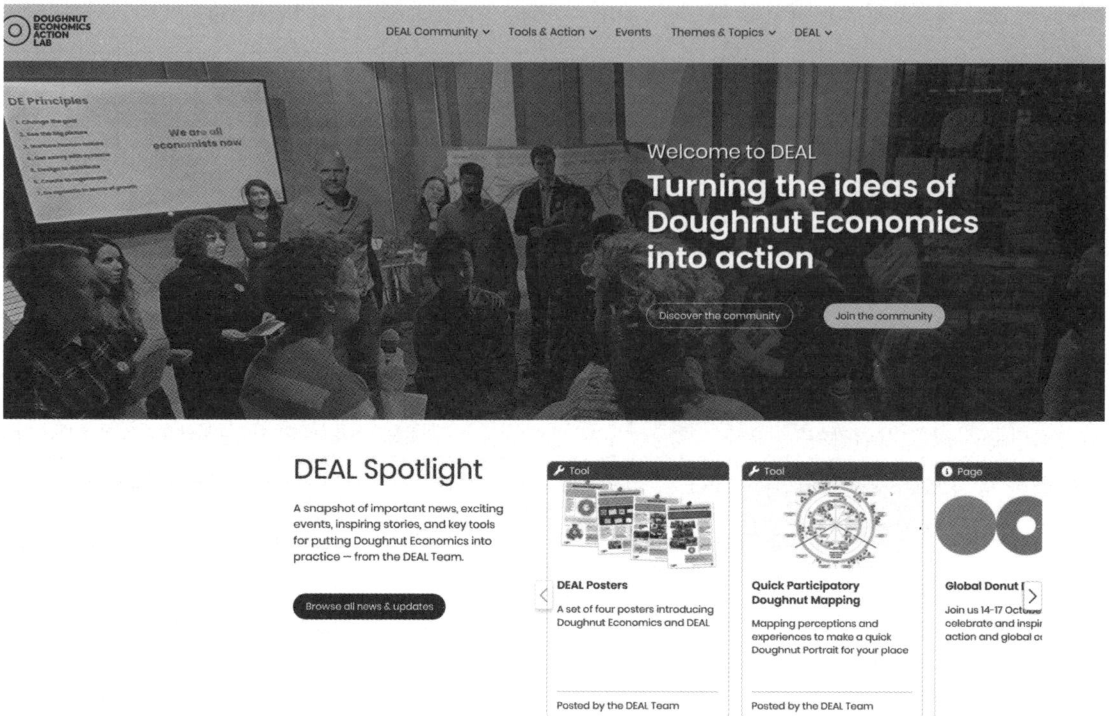

[그림 2] 도넛경제 액션 랩

지, 물, 식량, 보건, 교육, 소득과 일자리, 주거 등을 충분히 충족하면서도 지구의 환경적 한계-기후변화, 생물 다양성 손실, 지하수 담수 고갈, 대기 오염, 해양 산성화 등을 넘지 않는 선에서 경제활동을 해야 한다는 원칙을 제시한다.

이러한 원칙을 실제 정책과 현장에 적용하기 위해 2020년 출범한 도넛경제 액션 랩(Doughnut Economics Action Lab, DEAL)은 시민 및 지역사회를 포함한 다양한 주체가 함께 실천적 실험과 공동학습을 통해 도넛경제의 비전을 구체화하는 실험적 플랫폼이다. DEAL은 세계 각지의 도시와 지역, 비즈니스 단위의 다양한 활동과 경험을 연결하고 교류하며 확산하고 있다. 대표적으로 암스테르담, 베를린 등 여러 도시에서는 시민이 주도하여 자신들의 생활세계를 반영한 구체적인 정책 및 실행 방안을 제안하고 있다. 즉, 시민들이 자신의 경험을 통해 사회적 필요와 환경적 한계를 연결하고, 도시 정책을 추상적인 지표가 아닌 구체적이고 체감 가능한 변화로 전환하는 데 적극적으로 참여하고 있는 것이다. 이 과정에서 도넛경제는 단순한 연구자의 분석틀을 넘어 시민과 행정이 함께 참여하는 공동창조의 장으로 발전하였다.

2) 예술가: 촉진자

지식과 정보의 단순한 전달을 넘어, 상상력이 작동하는 공동창조를 어떻게 설계할 것인가. 이 과정에서 퍼실리테이터로서의 예술가 역할은 특히 중요하다. 예술가는 논리적 분석을 넘어 감각과 상징을 매개로 참여자들의 상상력을 불러일으키고, 새로운 가능성을 탐색하도록 이끈다.

대표적 사례로 'Adaptation Scotland-supporting climate change resilience'을 들 수 있다. 스코

[그림 3] Adaptation Scotland, Supporting Climate Change Resilience: Climate Ready Places (Unadapted vs. Adapting)

틀랜드 정부의 후원 아래 자선단체 스니퍼(Sniffer)가 운영하는 기후적응 리빙랩은 에든버러 지역의 조직, 기업, 지역사회가 기후변화의 영향에 적응할 수 있도록 지원하였다. 정부, 지자체, 공공기관, 보건 관련 기구, 학계, 위험평가 전문기관(Risk Assessment Task Group), 시민 등 폭넓은 주체들이 참여하였으며, 특히 'Imaging a Climate Ready Future' 프로그램에서 예술가와 커뮤니케이터가 촉진자로 나서 시민들의 상상력을 자극하였다. 예술가들은 에든버러 지역의 지도를 시각화하여, 기후변화에 적응했을 경우(ADAPTING)와 적응하지 못했을 경우(UNADAPTED)를 대비시켰고, 이를 'Climate Ready Places Online' 플랫폼에 게시해 시민들과 공유하였다. 이후 다양한 참여자들의 의견이 반영되어 '에든버러 적응계획(Edinburgh Adapts Our Vision) 2016–2050'이 수립되었고, 향후 5년간 실행할 100개의 행동계획이 마련되었다. 이는 중앙정부의 전략 및 지속가능발전목표(SDGs)와 연계되는 결과 중심의 접근으로, 리빙랩이 단순한 과정 중심에 머물지 않고 실질적인 정책 성과로 이어질 수 있음을 잘 보여준다. 이 사례는 예술가가 시각적·감각적 표현을 통해 공감을 불러일으키고 문제를 새로운 차원에서 인식하도록 하며, 나아가 행동 변화를 촉진하는 데 기여했음을 보여준다. 나아가 주체성 역할 강화가 필자의 추상적 제안에 머무르지 않고 실제 현장에서 구현되고 있음을 입증하는 중요한 경험적 증거다.

또 다른 사례로, 글래스고의 'Clyde Rebuild' 프로젝트에서 예술가들은 기후위기 적응 전략을 기후 정의의 관점에서 확장하는 데 핵심적 역할을 수행하였다. 무엇보다 이들은 기후위기의 기술적·정책적 언어를 시민들이 이해하고 참여할 수 있는 감각적이고 서사적인 형태로 재구성하여 상상력의 촉진자로 기능하였다. 이러한 과정은 소외된 집단이 자신들의 경험을 기후위기 담론과 연결할 수 있도록 돕는 중요한 메커니즘이 되었다. 또한 예술가들은 인터뷰, 공동작업, 스토리텔링, 시각화 작업 등을 통해 대표성이 부족한 집단의 서사와 경험을 플랫폼화하며, 기존 제도적 채널에서 배제되는 한계를 극복하도록 지원하였다. 그 결과, 정책 논의 속에서 이들의 목소리가 실질적으로 반영될 수 있는 기반이 마련되었다. 더 나아가 예술가들은 단순한 전달자가 아니라 지역사회, 정책결정자, 전문가 간 상호작용을 촉진하는 공동창조의 매개자로서 활동하였다. 이들이 주도한 예술적 실험과 워크숍은 참여자들이 권력 불균형에 위축되지 않고 자유롭게 의견을 개진할 수 있는 '안전한 공간(Safe Space)'을 제공하였다. 마지막으로, 예술가들은 기후적응을 단순한 기술적 대응이 아닌 사회적 정의의 문제로 재정의하며, 이를 상징적으로 표현하는 언어와 이미지들을 창출하였다. 이로써 프로젝트의 성과는 정책 보고서나 과학적 데이터에만 국한되지 않고, 시민들의 일상적 인식 변화와 직접적으로 연결될 수 있었다.

특히, 참여자들의 의견이 더욱 구체적이고 다양하게 드러나도록 설계하는 과정에서 예술가의 촉진자 역할은 한층 강조될 필요가 있다.

> "리빙랩에서 참여자들의 의견이 더 구체적이고 다양하게 나오도록 음악, 미술, 연극 같은 예술 활동을 활용하면 좋을 것 같아요. 예를 들어, 미술로 폭염, 폭설과 같은 상황을 그리거나, 연극에서 재난 상황에 대한 짧은 대본을 작성해 직접 시연하고, 효과음을 배경으로 재난문자를 논의하면 훨씬 더 몰입할 수 있을 것 같아요."
>
> (기후재난문자 개선 리빙랩 참여 시민 A, 서면 응답, 2024.06.05)

이러한 제안은 예술적 개입이 공동창조 과정에서 참여자의 상상력과 감각을 자극하는 촉진 장치로 기능할 수 있음을 보여준다. 이를 통해 토론의 범위는 확장되고, 참여자들은 자신의 경험과 감정을 적극적으로 공유하며 행동 변화를 모색할 수 있는 기반을 마련한다.

3) 언론: 매개자

리빙랩에서 언론인은 시민이 현장에서 제기하는 문제와 전문가들이 제공하는 자문을 아우르며, 양자의 관점을 연결하는 균형 잡힌 서사를 구성한다. 이러한 역할은 리빙랩에서 형성된 논의와 의제가 보다 넓은 사회적 담론 속에서 해석되고 공유될 수 있도록 매개하는 기능을 한다.

2019년 한국환경정책·평가연구원(KEI)과 한겨레21이 협력하여 진행한 폭염 대응 시민참여형 실험(리빙랩)에서 언론은 핵심적인 매개자 역할을 담당했다. '당신의 일터는 얼마나 덥나'라는 기사를 통해 노동자 125명의 경험을 취재·보도하며, 시민들의 생활 현장을 사회적 맥락 속에서 드러내고 전문가와 연구자의 분석을 결합하였다. 이를 통해 리빙랩의 논의와 데이터가 연구 차원을 넘어 대중적 인식 제고와 정책적 대응으로 확산되는 데 기여하였다.

2024년 기후재난문자 개선 리빙랩에서는 기자가 이해관계자로 참여했다. 그는 기후재난문자와 관련해 시민들의 의견과 경험을 취재하고, 동시에 전문가들의 견해를 묻는 과정을 통해 현장성과 전문성을 함께 반영하였다. 특히 시민들의 목소리를 사회적 맥락 속에서 가공하고, 전문가의 전문적 언어를 직관적으로 풀어냄으로써 양자의 관점을 균형 있게 결합시켰다. 이를 통해 리빙랩에서 도출된 논의와 의제가 단순히 참여자 내부에 머무르지 않고 보다 넓은 사회적 담론 속으로 확산되도록 매개하는 역할을 수행하였다.

기자는 시민과 전문가라는 두 영역의 경계에 서 있기 때문에, 생활 경험과 과학적 자문을 사회 전반에 효과적으로 전달할 수 있는 독보적인 위치를 차지한다. 이러한 특성은 리빙랩의 성과가 단순한 참여 경험을 넘어 사회적 학습과 정책적 변화로 이어지는 데 중요한 동력이 되었다. 다만 한국의 리빙랩 맥락에서 일부 공무원과 기관 관계자들이 자신의 발언이 추후라도 기사화될 가능성을 우려해 참석 여부를 신중히 검토했다. 이는 언론을 이해관계자로 초대할 때 반드시 고려해야할 현실적 조건임을 보여준다.

4) 전문가: 증거 제공자

전문가는 무엇보다도 정보 제공자(Information Provider)로서 핵심적인 역할을 수행한다. 사실과 데이터를 기반으로 과학적 근거와 기술적 증거를 제시함으로써 논의의 신뢰성을 높이고, 정책화 가능성을 평가할 수 있는 토대를 마련한다. 이러한 기능은 리빙랩이 단순한 담론을 넘어 실행 가능한 정책 대안으로 발전할 수 있도록 하는 중요한 기반이 된다.

그러나 동시에 전문가는 평가자(Evaluator)와 사실 검증자(Fact-checker)로서 기능하며, 새로운 제안에 대해 선행 사례의 반복을 지적하거나 실행 불가능성을 전제하는 진술을 제시하는 경우가 많다. 이러한 태도는 창의적 대안의 탐색을 제약하고, 논의의 확장 가능성을 축소한다. 따라서 리빙랩에서는 전문가가 평가와 검증에만 머무르지 않고, 시민과 함께 새로운 가능성을 탐색할 수 있도록 명확한 역할 기대가 필요하다.

이 점에서 주목할 만한 사례가 스웨덴 가구 브랜드 IKEA의 혁신랩 'SPACE10-A FUTURE LIVING LAB'이다. 이는 코펜하겐에 위치한 글로벌 혁신 플랫폼으로, 가구 디자인에 국한하지 않고 디지털, 커뮤니케이션, 스타트업, 농업, 요리 등 다양한 분야의 전문가가 협력한다. 이들은 탐험(Explore)-프로토타입(Prototype)-파일럿(Pilot)의 3단계 과정을 통해 미래 시나리오를 실험하고 잠재적 위기를 발견하며, 고객(Residents)과 함께 새로운 생활양식을 검증한다. 이처럼 SPACE10은 전문가가 단순히 증거 제공자에 머무르지 않고, 미래 사회의 대안을 모색하는 협업적 탐험자로 기능하는 리빙랩의 대표적 모델이다.

이처럼 목표와 책임이 구체적으로 제시될 때, 전

[그림 4] 스쿤쉽 프로젝트

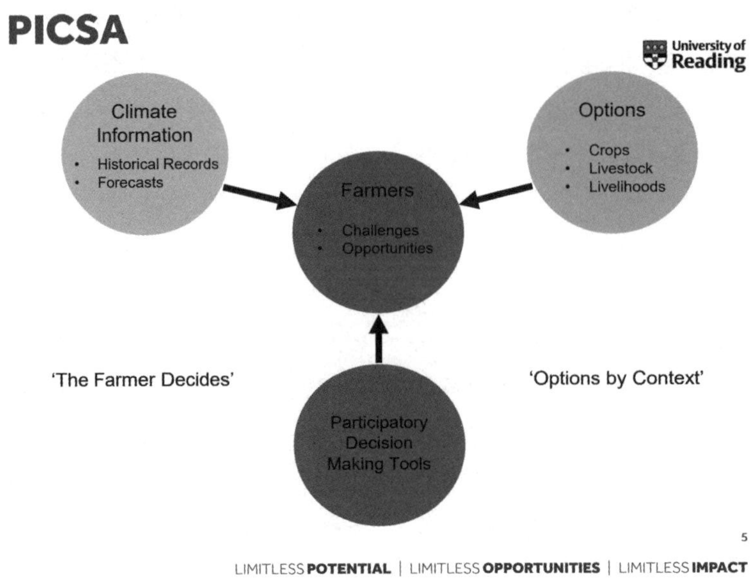

[그림 5] University of Reading, PICSA Approach Diagram

문가는 시민과의 상호적 긴장을 창의적 상호작용으로 전환하는 데 기여할 수 있다. 또한, 시민의 적극적 대응이 요구되는데, 시민들은 전문가의 평가적 언어와 자문적 태도를 그대로 수용하는 데 그치지 않고, 이를 비판적으로 검토하며 새로운 가능성을 탐색해야 한다. 이러한 과정은 전문가와 시민 간의 관계를 수동적 의존이 아닌 상호적 긴장과 창의적 상호작용으로 전환시키는 토대가 된다. 이와 같은 상호작용 속에서 리빙랩은 전문가의 권위적 한계를 넘어서고, 진정한 공동창조의 장으로 발전할 수 있다.

대표적 사례로 네덜란드의 스쿤쉽(Schoonschip) 프로젝트를 들 수 있다. 이 프로젝트는 기후변화와 해수면 상승이라는 복잡한 문제에 대응하기 위해 2020년 초부터 리빙랩 시범사업으로 추진되었다. 건축사무소 스페이스 앤 매터(Space & Matter)를 비롯한 건축가들은 수상가옥 단지 45채(약 144명 거주)를 설계하고 구현하는 과정에서 과학적 분석과 기술적 근거를 제공하였다. 이들은 단순한 설계자가 아니라, 주민과 정책결정자가 수용할 수 있는 적응 전략을 구체화하는 촉진자 역할을 수행했다. 예컨대 주민들과 함께 모여 아이디어를 구체화하고 공동체의 목표를 담은 매니페스토를 작성하며, 설계·개발·운영·관리 전 과정에서 중요한 결정을 함께 만들어갔다. 그 결과 탄소 제로 청정에너지 사용과 에너지 자급자족 100% 달성을 실현하는 등 지속가능한 재생 시스템을 구축할 수 있었다. 이러한 성과는 전문가, 특히 건축가가 단순한 기술 제공자가 아니라, 시민과 함께 지속가능한 적응 모델을 공동창조하며 리빙랩의 논의를 실질적인 적응 정책으로 연결하는 데 핵심적 역할을 한다는 점을 보여준다.

5) 연구자: 구조화

연구자는 문제의식과 메시지를 분석하고 정리하여 개념적 틀 속에서 구조화한다. 다양한 의견과 제안을 체계적으로 해석하고 의미를 도출하며, 공동창조 과정을 학문적으로 기록하고 평가한다. 나아

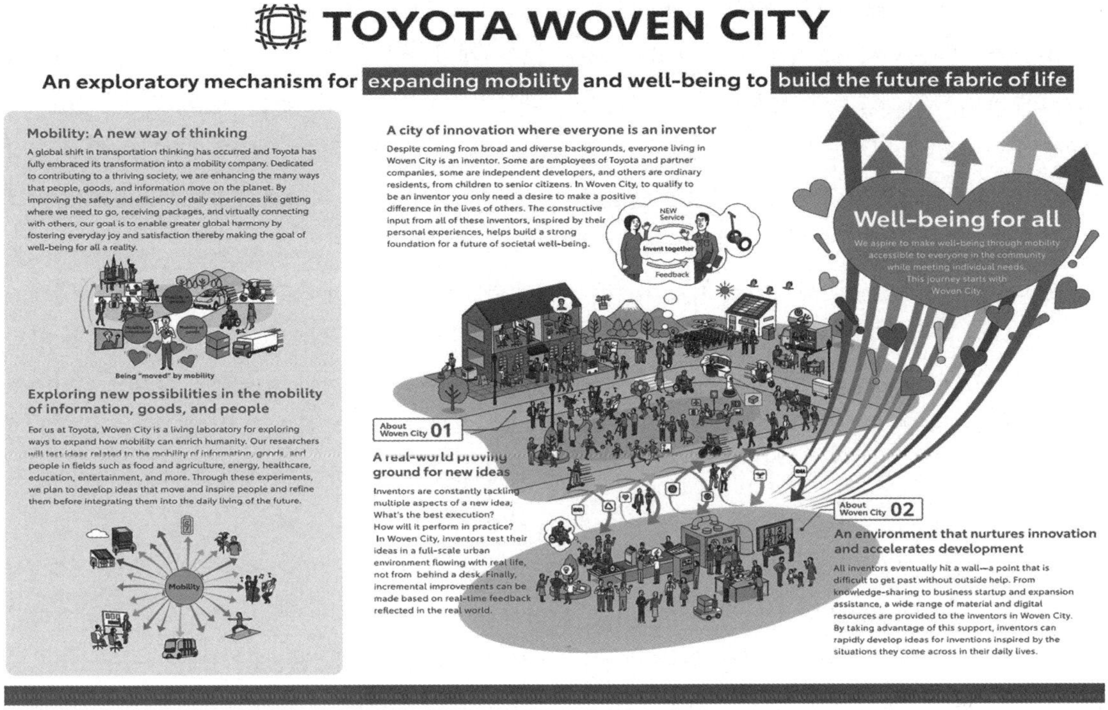

[그림 6] 일상 속 혁신가로서의 시민 역할 개념

가 연구자는 현장의 맥락적 경험과 과학적 데이터를 결합하여 참여자들이 실질적인 의사결정을 내릴 수 있도록 지원하는 틀을 설계한다.

영국 래딩 대학(University of Reading)이 개발한 'PICSA(Participatory Integrated Climate Services for Agriculture)'는 이러한 연구자 역할을 잘 보여주는 사례다. PICSA는 농민들이 기후 정보를 습득하고 이를 바탕으로 기후변화의 문제를 인식하며 적응 방안을 구체적으로 모색하도록 돕는 참여적 의사결정 기법으로, 농민을 단순한 수혜자가 아니라 문제 해결 과정의 주체로 참여하게 한다. 이를 통해 적응 전략은 일방적으로 전달되는 지식이 아니라 현장에서 공동으로 창출되는 산출물이 된다. 실제로 사하라 이남 아프리카, 라틴 아메리카, 남아시아 등 20개국으로 확산되었고, 말라위와 가나에서의 시범 적용은 참여자의 주체성과 집합적 학습을 강화하며, 연구자가 학문적 성과를 실천적 성과로 확장할 수 있음을 입증한다.

6) 기업: 구현화

기업은 리빙랩에서 혁신적 기술과 아이디어를 실제 도시 환경에 구현하고 테스트하는 주체로서, 지속가능한 비즈니스 모델을 개발하고 공동창조의 물질적·디지털적 기반을 제공한다. 특히 기업은 아이디어의 실험, 구현 및 확장 가능한 비즈니스 해결책으로의 발전을 책임지며, 시민과 전문가, 연구자 등과 긴밀히 협력하여 현실적이고 실행 가능한 해결책을 개발하고 적용한다.

대표적인 사례는 도요타의 우븐 시티(Woven City)이다. Toyota's Living Laboratory라는 기업이 중심이 되어 다양한 이해관계자가 함께 참여하는 리빙랩 도시이다. 일본 시즈오카현 후지산 인근에 조성된 우븐 시티는 '모두가 발명가인 혁신의 도시(A city of innovation where everyone is and inventor)'를 목표로 하며, 도요타 직원과 독립 개발자, 어린아이부터 노인에 이르는 다양한 연령층의 주민들이 실제 생활환경에서 기술과 해결책을 실험하고 검증한다. 이를 통해 아이디어가 실험실이 아닌 현실의 도시 환경에서 점진적으로 개선될 수 있도록 하며, 지식 공유와 사업 확장 등 다양한 지원을 통해 기업 주도의 공동창조가 실제 도시 문제 해결 및 혁신적 사업 모델 창출로 이어질 수 있음을 보여준다.

7) 정책결정자: 정책화, 제도화

정책결정자, 특히 공무원의 참여는 리빙랩의 성공 가능성을 높인다. 지자체는 다양한 주체를 연결하고 조정하는 핵심적인 행위자로서, 리빙랩의 지속성과 제도화를 책임진다. 아래 인터뷰는 공무원의 직접적인 참여가 리빙랩 논의의 현실 적합성과 실행 가능성을 크게 높인다는 점을 잘 보여준다.

> "동대문구 주무관이 참여한 5회차는 논의가 보다 구체적이고 현실적인 방향으로 전개되었다는 점에서 의미가 컸습니다. 이를 통해 지역 정책에 대한 이해가 심화되었을 뿐 아니라, 제안된 아이디어가 실제 행정적 실행 가능성과 연결될 수 있다는 인식도 강화되었습니다."
>
> (탄소중립실천계획 IDEA 리빙랩 참여 대학생 B, 인터뷰, 2024.09.13)

이러한 관찰은 개별 리빙랩 차원에 국한되지 않는다. 공무원과 지방정부의 주도적 개입은 해외 사례에서도 정책적 성과를 이끌어내는 핵심 요인으로 확인된다. 대표적 사례가 독일 드레스덴의 열회복도시(Heat Resilient City, HRC) 프로젝트이다. 이 프로젝트는 폭염 대응을 주제로 건축업 대표, 도시개발 전문가, 연구자, 주민이 함께 참여하였다. 지자체는 다양한 참가자 간의 조정을 맡고, 리빙랩을 관리하며, 적응 조치의 개발과 수행을 책임졌다. 또한 포용적 의사결정 프로세스를 개발함으로써 참가자들 사이의 경쟁 의식을 완화하고, 기후변화 적응 조치의 수용성을 높이며, 실행 과정에서의 장벽을 줄이는 성과를 거두었다. 단계별 협력 과정을 거쳐 결국 시의 최종 계획 결정으로 이어졌다는 점에서, 지자체의 적극적 개입이 리빙랩을 정책적 성과로 연결하는 데 결정적 역할을 했음을 보여준다.

이와 유사하게, 미국 콜로라도 주의 볼더 시(Boulder) 또한 지방정부가 주도적으로 참여하면서 정책적 효능감을 입증한 사례다. 인구 10만 명 규모의 중소도시임에도 불구하고, 볼더는 2006년 미국 최초로 탄소세를 도입하고, 기후정책 전담 부서를 설치하는 등 독립적 정책 체계를 구축했다(김지연, 2024). 특히 주민들이 상향식으로 참여하고, 전문가와 함께 공동창조를 통해 정책 대안을 설계함으로써 다양한 의견과 경험을 제도적으로 통합하였다. 이러한 과정은 단순한 토론을 넘어 실행 가능한 조치로 이어졌으며, 지방정부가 리빙랩을 주도적으로 관리할 때 정책적 효능감이 극대화될 수 있음을 보여준다.

결국 드레스덴과 볼더 모두, 지방정부의 적극적인 주도와 개입이 리빙랩 논의를 실제 정책 변화로 연결하는 핵심 동력임을 잘 보여주는 사례라 할 수 있다.

3. 순환적 공동창조

공동창조는 기존의 의견 수렴과는 달리, 서로 다른 배경과 전문성을 지닌 참여자들이 협력하여 새로운 가치를 만들어 내는 과정이다. 이 과정은 선형적 흐름이 아니라 순환적 과정으로 이해되어야 한다. 시민의 문제 제기와 예술가의 상상력은 언론을 통해 사회 전반에 확산되고, 연구자와 전문가의 분석과 검증을 거쳐 정부 정책으로 구체화된다. 이러한 정책은 다시 현장으로 환류되어 새로운 문제 제기와 실험으로 이어진다. 이와 같은 순환적 상호작용 속에서 리빙랩은 일회성 실험을 넘어 지속 가능한 공동창조의 장으로 자리 잡는다.

그러나 실제로 많은 리빙랩은 일회성 프로젝트에 그친다. 이는 재원과 제도적 지원의 부족, 참여자 간 지속적 네트워크 형성의 어려움, 결과의 제도화 부재라는 구조적 요인에 기인한다. 예컨대 유럽의 일부 스마트시티 리빙랩은 초기에는 활발했으나, 프로젝트 종료 후 지방정부의 재정 지원이 중단되면서 지속성을 잃었다. 한국의 지역 기반 리빙랩 역시 단기간 연구 과제 성격으로만 추진되어, 참여자 네트워크가 해체되고 정책 전환으로 이어지지 못한 사례가 보고되고 있다.

반면, 암스테르담 스마트시티(Amsterdam Smart City, ASC)는 지방정부·민간 기업·시민단체가 장기적 파트너십을 구축하고 제도적 기반을 마련함으로써 리빙랩의 순환을 안정적으로 유지하고 있다. 이 사례는 리빙랩의 지속성과 실효성이 재원·제도·네트워크라는 세 가지 핵심 요인에 달려 있음을 보여준다. 덴마크 기술위원회(Danish Board of Technology, DBT) 역시 기후시민 의회(Citizen Assembly on the Climate Area)와 온라인 시민 회의(Online Citizen Meeting) 등 다양한 숙의 플랫폼을 운영하며, 시민·전문가·이해관계자·정책입안자가 함께 참여하는 공동창조 구조를 마련하였다. 이를 통해 과학과 정책 간의 소통을 촉진하고, 다층적이고 지속가능한 기후적응 전략을 실현하였다. 리빙랩이 모든 이해관계자의 협력을 통해 진정한 순환적 공동창조로 나아갈 수 있음을 잘 보여준다.

결국, 리빙랩이 진정한 의미에서 순환적 공동창조로 기능하기 위해서는 앞서 언급한 각 이해관계자가 미션 지향적 역할을 수행하는 것이 필요하다. 이러한 역할의 명확화는 단순한 참여의 확대를 넘어, 재원·제도·네트워크를 효과적으로 연계하며, 순환 구조가 실제로 작동할 수 있는 토대를 제공한다. 이는 다음에서 살펴볼 이해관계자별 행위 주체성 논의와 긴밀히 연결된다.

IV. 공동창조의 실천적 메커니즘

무인양품(MUJI)은 공동창조를 '참여자들이 함께 협력하며 창의성을 배우고 발휘할 수 있는 장(場)'[1]으로 정의하여 창의적 학습과 협력의 과정을 중시한다. 반면, 도요타자동차의 우븐시티(Woven City)는 공동창조를 '혁신가와 핵심 수용자들이 혁신 주기의 전 과정을 통해 협력적으로 제품을 개발하면서, 공통의 사회적 과제를 해결하기 위한 인간 중심적 해법을 탐색하고 정교화하는 예술'[2]로 규정하며, 보다 체계적이고 실천적인 차원에 초점을 맞추고 있다. 이처럼 공동창조에 대한 해석은 맥락에 따라 창의적 학습의 장으로도, 사회적 과제 해결을 위한 실험적 메커니즘으로도 이해된다. 그렇다면, '만드는 방식'을 어떻게 만들 것인가.

....

1 There is a place to co-creation, and also learning about creativity.

2 Co-creation: the art of collaborative product development between innovators and key audiences throughout the innovation cycle to explore and refine human-centered solutions for common societal challenges.

1. 행위 주체성과 상호작용성 설계

본래 하나의 공을 주고받으며 팀 경기를 이어가야 함에도, 현실의 많은 참여 과정은 각자가 제각기 다른 공을 드리블하는 듯 단절적으로 이루어지는 경우가 많다. 즉, 개별 주체들이 열심히 활동하는 것처럼 보이지만, 서로의 행위가 연결되지 않아 병렬적이고 파편적인 결과에 머무르는 것이다. 공동창조는 이러한 단절을 극복하기 위해 주체 간의 주거니받거니 상호작용을 구조화하고, 개별적 노력이 집합적 성과로 전환될 수 있는 장치를 마련한다.

이처럼 공동창조는 다수의 참여자가 아이디어를 제시하는 집합적 논의에 머무르지 않는다. 그것은 참여자가 스스로를 문제 해결의 주체로 재인식하는 주체화(Subjectivation) 과정을 수반하며, 이를 통해 실행 가능하고 지속가능한 해법을 산출하는 실천 과정으로 기능한다. 여기서 주체화란 참여자가 스스로를 공공문제의 주체로 인식하고, 그 과정에서 사회적 책임감을 획득하는 것을 의미한다(Foucaul 1982; Nyström et al. 2014). 이는 단순한 의견 제시에 그치지 않고 문제 정의, 질문 설정, 자아성찰을 통해 자신이 감당할 수 있는 역할과 책임을 명확히 하는 과정이다.

> "이번 활동을 통해 교육을 받는 사람도 단순히 지식을 전달받는 데 그치지 않고, 새로운 지식을 생산할 수 있는 주체가 될 수 있다는 생각을 해보았습니다. 그래서 환경에 대한 인식과 실천의 효용성을 더 깊이 느낄 수 있었습니다."
>
> (탄소중립실천계획 IDEA 리빙랩 참여 대학생 C, 인터뷰, 2024.09.09)

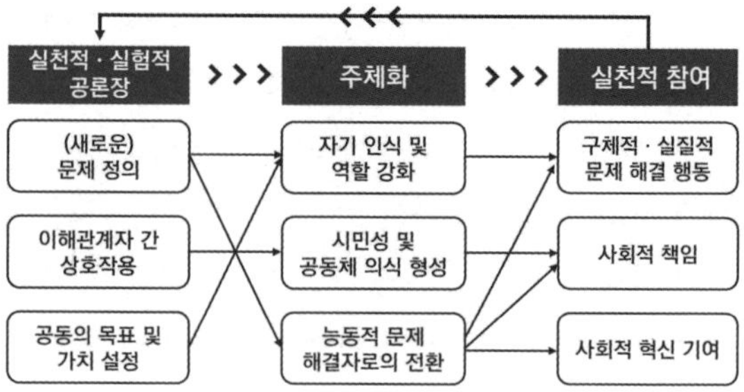

[그림 7] 공동창조의 단계적 작동방식

[그림 6]의 프레임워크는 실천적·실험적 공론장-주체화-실천적 참여의 구조를 보여준다. 먼저 공론 단계에서는 참여자들이 자신과 문제를 어떻게 인식하는지, 그리고 서로 다른 입장에서 어떤 방식으로 상호작용할 수 있는지를 드러낸다. 이어지는 주체화 단계에서는 "나는 왜 참여하는가"라는 질문을 통해 객체에서 주체로 전환하며, 해결 가능한 문제와 책임 수준, 필요한 자원 및 협력 범위를 구체화한다. 마지막으로 실행 단계에서는 공론과 주체화를 토대로 실제 문제 해결, 정책 변화, 사회적 혁신으로 이어진다. 그러나 이 과정은 일방향적 절차가 아니라, 실행 결과가 다시 새로운 공론과 주체화를 촉발하는 순환적 과정으로 이해되어야 한다. 이러한 순환성 속에서 리빙랩은 일회성 프로젝트를 넘어 지속 가능한 공동창조의 장으로 자리 잡는다.

주체화는 공동창조와 긴밀히 맞물린다. 공동창조는 다양한 참여자가 협력하여 해결책을 함께 설계하고 구체화하는 과정으로, 협업적 설계, 창의적 활동, 프로토타입 실험 등을 포함한다. 이때 공동창조가 다층적 협력을 통해 실행 가능한 해법을 만든다라는 연결은, 단순히 절차적 참여가 아닌 실천적 참여임을 강조한다. 이는 하버마스식 공론장(Habermasian Public Sphere)을 기반으로 한 숙의 민주주의의 질적 토대에서 듀이식 실험적 민주주의(Deweyan Experimental Democracy)로 이어지는 논리적 가교 역할을 하며, 나아가 이러한 과정이 제도적 실행 구조와 결합될 때 참여 거버넌스(Participatory Governance)의 효과성을 뒷받침한다. 다만, 이 과정은 개인의 인식 전환만으로 완결되지 않는다. 전문가, 정책결정자, 기업 등 제도적 행위자와의 권력 관계, 그리고 자원 배분의 비대칭성이 함께 작동하기 때문에, 주체화가 실질적 효과를 갖기 위해서는 제도적 수용과 구조적 조정이 병행되어야 한다.

이 지점은 존 듀이(John Dewey)를 비롯한 미국 실용주의(Pragmatism)가 강조한 바와도 일치한다. 듀이는 민주주의를 추상적 제도가 아니라 경험과 실험을 통해 학습되는 생활 양식("It is a form of life, a mode of associated living, of conjoint communicated experience")으로 보았다. 그는 진리와 지식이 실제 문제 해결 과정에서 검증될 때 의미를 갖는다고 보았으며, 이를 통해 민주주의를 일종의 실험적 과정으로 이해했다.

> "단계적이고 과정적인 측면에서 볼 때, 리빙랩은 간접 민주주의를 보완할 수 있는 가장 적극적인 민주주의 형태 중 하나라고 생각합니다. 이러한 점에서 리빙랩의 가치가 크다고 느꼈습니다."
>
> (탄소중립실천계획 IDEA 리빙랩 참여 대학생 A, 인터뷰, 2024.09.09)

이러한 관점에서 리빙랩의 주체화와 공동창조는 단순한 참여 절차가 아니라, 실험과 경험을 통해 숙의 민주주의와 참여 거버넌스를 동시에 구현하는 실천적 과정으로 이해될 수 있다. 다시 말해, 주체화가 개인의 인식 전환과 책임 부여를 통해 공동창조의 토대를 마련한다면, 공동창조는 그 토대 위에서 다층적 협력과 실험을 통해 실행 가능한 해법을 산출하며, 이를 다시 공론으로 환류시키는 순환적 구조로 기능한다.

2. 집단적 상상력과 개인적 성찰의 교차를 위한 참여 방식

상호작용은 반드시 특정한 시간과 공간에 함께 모였을 때만 가능한 것이 아니다. 공동창조가 진정한 의미를 가지려면, 참여의 방식과 조건을 유연하게 설계하여 다양한 주체들이 지속적으로 기여할 수 있는 경로를 확보해야 한다.

이 과정에서 서면이나 온라인을 통한 공동창조 방식은 중요한 대안적 경로가 된다. 보통 리빙랩은 대면 참여를 전제로 설계되지만, 실제로는 시간·공간·자원 제약으로 인해 불가피하게 배제되는 참여 층위가 발생한다. 서면·온라인 방식은 이러한 배제를 완화하며, 다양한 배경과 조건을 가진 참여자들이 각자의 속도와 방식으로 기여할 수 있는 가능성을 확장한다. 더 나아가 공동창조는 단순히 늘 함께하는 상태로 환원되지 않는다. 공동으로 모여 있는 순간만큼이나 중요한 것은, 참여자가 과정 속에서 자신의 생각을 성찰하고 타인의 의견과의 접점을 찾으며, 필요에 따라 자신의 관점을 수정할 수 있는 내적 공간이다. 이러한 자기 성찰적 과정이 마련될 때, 공동창조는 단순한 집합적 논의가 아니라 학습과 변화를 동반한 실제적 협력으로 나아갈 수 있다. 리빙랩의 서면 및 온라인 공동창조 방식이 단순 기록을 넘어 창의적 성찰과 집단적 상상력의 공간으로 기능할 수 있음을 시사한다.

서면 의견서는 단순 기록을 넘어 참여자가 자신의 생각을 정리하고 수정·보완·추가하는 계기를 제공하며, 공동창조된 내용을 확인하는 과정에서 흥미와 몰입을 유도했다. 또한 서면의 특성상 여러 차례 정정과 피드백이 가능해 충분한 의견 반영에 유리하다. 이러한 방식은 따로 또 같이 사고를 더해가는 과정으로 기능하며, 참여자 개개인에게 숙고의 시간을 제공한다는 점에서 토론과는 다른 장점을 지닌다.

"말로 하는 것은 정정에 다소 어려움이 있지만, 서면은 여러 차례 정정 과정을 거칠 수 있어 충분한 의견 반영이 용이할 것으로 생각합니다."

(기후재난문자 개선 리빙랩 참여 시민 B, 서면 응답, 2024.06.06)

"당시에는 이야기로만 나누었지만, 이번에 글로 남기며 스스로도 생각을 정리할 수 있는 계기가 되었습니다."

(기후재난문자 개선 리빙랩 참여 시민 C, 서면 응답, 2024.06.07)

이러한 서면 공동창조 방식은 옥스퍼드 영어사전 편찬 과정과 론리플래닛(Lonely Planet) 집필 방식에서도 확인할 수 있다. 옥스퍼드 영어사전은 전문가가 아닌 수많은 시민들의 자발적 단어 제출과정의 제안으로 시작되었으며, 론리플래닛 역시 세계 각지의 여행자들이 경험과 해석을 공유하며 만들어졌다. 이는 리빙랩과 동일한 구조는 아니지만, 다수의 참여자들이 서면을 통해 각자의 경험과 해석을 교차시킴으로써 집합적 지식과 새로운 시각을 창출한 대표적 사례라 할 수 있다.

한편, 암스테르담 스마트시티(ASC)는 다양한 이해관계자가 협력하고 시민이 참여하는 온오프라인 플랫폼으로서, 도시 문제 해결을 위해 각종 아이디어를 제안하고 실행하는 데 리빙랩 기반의 시민참여가 중요한 역할을 담당하고 있다. ASC는 누구나 계정을 만들어 웹페이지로 자유롭게 아이디어를 제시할 수 있으며, 기업이나 연구소는 이를 꼼꼼히 검토하여 프로젝트를 추진한다. 이러한 온라인 참여 경로는 리빙랩의 공동창조 과정에서 참여 방식의 다양성과 상호작용의 연속성을 보장하는 좋은 사례로 평가된다.

3. 프로토타입의 과정적 성격과 의미

프로토타입(Prototype)과 해결책(Solution)은 명확히 구분되어야 한다. 해결책이 효과성 검증을 요구하는 최종 산출물이라면, 리빙랩에서의 프로토타입은 공동창조 과정을 통해 도출되는 중간 단계의 결과물이다. 프로토타입은 일회적으로 완성되는 것이 아니라, 이해관계자들의 의견과 경험을 반복적으로 반영하며 여러 차례의 피드백과 수정을 거쳐 점진적으로 발전한다. 이로써 프로토타입은 단순한 기술적·시각적 모형을 넘어, 다양한 경로를 통해 누적된 의견과 참여자들의 생각이 더해져 발전하는 과정적 산출물로 기능한다.

"여러 차례에 걸쳐 프로토타입을 발전시킨 상황들을 피드백할 수 있는 구조가 좋은 것 같다."

(기후재난문자 개선 리빙랩 참여 시민 D, 서면 응답, 2024.06.07)

이러한 성격 때문에 프로토타입은 리빙랩에서 공동창조의 실질적 매개체로 작동하며, 궁극적으로 정책이나 제도적 개선으로 연결될 수 있는 토대를 마련한다. 나아가 프로토타입은 리빙랩의 지속가능성과 연속성을 보장하는 데 핵심적인 역할을 한다. 단순히 일회적 결과물에 머무르지 않고, 특정 과제 수행 이후에도 새로운 문제 제기와 실험으로 이어지는 순환 구조를 형성하기 때문이다. 이를 통해 리빙랩의 성과는 제도화되고 사회적 학습으로 축적되며, 결국 리빙랩은 단발적 실험에 그치지 않고 지속 가능한 공동창조와 민주적 성찰의 장으로 발전할 수 있다.

V. 마치며

이 장에서 살펴본 공동창조는 단순한 의견 교환이 아니라, 서로 다른 주체들이 자신의 경험과 시각을 교차시키며 의미 있는 변화를 만들어 가는 과정이다. 시민, 전문가, 예술가, 언론인, 정책결정자가 각자의 자리에서 기여할 때, 리빙랩은 일회적 프로그램에 그치지 않고 살아 있는 협력의 장이 된다.

여기서 중요한 것은 공동창조의 연관성이다. 각자의 역할은 고립된 활동이 아니라 상호 연결되어, 시민의 문제 제기가 예술가의 상상력으로 담론을 넓히며, 전문가의 분석으로 구조화되고, 정책결정자의 개입을 통해 실천과 제도적 변화로 이어진다. 이러한 연관적 상호작용은 단순히 공론장의 담론 생산을 넘어 정책·제도적 실험과 실행까지 나아가며, 참여자들로 하여금 실질적인 효능감을 체감하게 한다. 특히 리빙랩 공동창조는 단발적 토론이 아니라 피드백과 실험, 재설계가 반복되는 순환적 과정이기 때문에 지속 가능한 결과를 낳는다. 결국 공동창조의 본질은 거창한 산출물이 아니라, 이처럼 서로 다른 주체들의 역할이 연관성을 이루며 구체적 변화를 만들어내는 순환적 과정에 있다.

결국 리빙랩은 과정 중심의 참여만으로는 충분하지 않다. 지속성과 실효성을 담보하려면 결과 중심의 접근이 강조되어야 한다. 특히 공동창조와 토론은 명확히 구분될 필요가 있다(공동창조 vs 토론). 토론이 의견 교환과 합의 형성에 초점을 둔다면, 공동창조는 이러한 담론 생산 과정을 넘어 실제 해결책을 설계하고 실행 가능한 산출물을 도출하는 데 목적이 있다. 마찬가지로 리빙랩은 일반적인 시민참여와도 구분되어야 한다(리빙랩 vs 시민 참여). 시민참여가 제안이나 피드백 수준에 머무를 수 있는 반면, 리빙랩은 전문가, 정책결정자, 기업 등 제도적 행위자를 포함한 다층적 이해관계자가 상호작용하며 실험과 실행을 반복하는 구조 속에서 정책적·사회적 변화를 구체적으로 도모한다. 결국 리빙랩에서 과정에서 도출된 논의와 아이디어는 실질적 실행과 정책 변화로 이어질 때 비로소 정책 혁신을 위한 지속 가능한 장으로 기능할 수 있다.

참고문헌

Carayannis, Elias G., and David F. J. Campbell. 2009. "'Mode 3' and 'Quadruple Helix': Toward a 21st Century Fractal Innovation Ecosystem." *International Journal of Technology Management* 46 (3-4): 201-234. https://doi.org/10.1504/IJTM.2009.023374

Etzkowitz, Henry, and Loet Leydesdorff. 2000. "The Dynamics of Innovation: From National Systems and 'Mode 2' to a Triple Helix of University-Industry-Government Relations." *Research Policy* 29 (2): 109-123. https://doi.org/10.1016/S0048-7333(99)00055-4

Foucault, M. 1982. The subject and power. Critical Inquiry, 8(4), 777-795. https://doi.org/10.1086/448181

Leminen, Seppo. 2015. "Living Labs as Open Innovation Networks." *Technology Innovation Management Review* 2 (9): 6-11. https://doi.org/10.22215/timreview/602

Nyström, A.-G., Leminen, S., Westerlund, M., & Kortelainen, M. 2014. "Actor roles and role patterns influencing innovation in living labs." *Industrial Marketing Management* 43(3), 483-495. https://doi.org/10.1016/j.indmarman.2013.12.016

보고서

Sniffer. 2016. Edinburgh Adapts: Our Vision 2016-2050. Edinburgh: Adaptation Scotland.

도서

Dewey, John. 1916. *Democracy and Education: An Introduction to the Philosophy of Education*. New York: Macmillan.

Mills, C. Wright. 1959. *The Sociological Imagination*. Oxford: Oxford University Press.

Kate Raworth, 2017. *Doughnut Economics: Seven Ways to Think Like a 21st-Century Economist*. Chelsea Green Publishing.

Wittgenstein, Ludwig. 1922. *Tractatus Logico-Philosophicus*. Translated by C. K. Ogden. London: Kegan Paul.

야마자키 료. 2012. 커뮤니티 디자인. 서울: 안그라픽스.
김지연 외. 2024. 공존의 조건(Condition of Coexistence). 서울: 피스모모.

기사·칼럼

한겨레21, 당신의 일터는 얼마나 덥나-'2019 폭염 시민모니터링'에 노동자 125명 참여, (2019.09.19), 제1276호. https://h21.hani.co.kr/arti/cover/cover/47482.html
김지연, 기후적응, 미국의 두 도시 이야기-2024 한미 기후 활동가 교류 프로그램(CAEP) 참가기, SV hub(2024.09.10). https://svhub.co.kr/column/info?id=5431

웹사이트

Adaptation Scotland-supporting cllimate change resilience https://adaptation.scot/
Amsterdam Smart City https://amsterdamsmartcity.com/
Clyde Rebuilt-Culter for Climate Scotland https://cultureforclimate.scot/casestudy/clyde-rebuilt/
Danish Board of Technology(DBT) https://tekno.dk/?lang=en
DOUGHNUT ECONOMICS ACTION LAB https://doughnuteconomics.org/
Heat Resilient City http://heatresilientcity.de/
IKEA: A Future Living Lab-SPACE10 https://space10.com
PICSA https://research.reading.ac.uk/picsa/
Schoonschipamsterdam https://greenprint.schoonschipamsterdam.org/
studio-L https://www.studio-l.org
Toyota Woven City https://www.woven-city.global/

연극

김지연, 전윤환. <에너지_보이지 않는 언어>. 2023서울국제공연예술제(SPAF), 아르코예술극장 소극장. 2023.10.28.-10.29. http://spaf.or.kr/2023/program/program_view16.php

리빙랩

이태동, 김지연. <기후재난문자 개선 리빙랩>, 연세대학교 기후적응 리빙랩 연구사업단. 2024.02.26., 03.27., 05.27.-07.06. 총 3회 진행.
백시우, 김지연, 최지은. <서울시립대학교 탄소중립실천계획 IDEA Living Lab>, 주최: 동대문구, 주관: 융합환경계획연구실·연세대학교 기후적응 리빙랩 연구사업단. 2024.07.23.-08.27 매주 화요일 오후 4-6시
김지연. 기후적응 리빙랩 <발사체 없이 우주 다녀-오기: 노리터 행성으로의 초대>, 경남도립미술관. 공동기획: 플라스틱노리터(plastik-no-litter).
2025.02.22.,02.23.,03.08.,03.09.,03.22.,03.23., 07.26., 08.09.(청소년), 08.10.(성인) 총 9회 진행.
김지연. 경남도민 대상 폭염 적응 리빙랩 <지금, 여기 기후 이야기 I·II>
2025.02.08.-02.09., 2025.07.11.-07.13., 경남도립미술관

제4장

지역 리빙랩을 위한 시민과학 데이터 수집과 활용

박찬, 박소민

I. 시민과학의 개념과 확산

1. 시민과학이란?

시민과학(citizen science)의 정의는 맥락에 따라 다양하지만, 공통적으로 "과학적 연구에 대중이 자발적으로 참여하는 것"을 의미한다. 유럽 시민과학협회(European Citizen Science Association)는 "일반 대중이 과학적 과정에 참여하는 공개적이고 포용적인 접근법"으로 정의하며, 한국에서는 고재경(2019)이 "전문적인 훈련을 받지 않은 시민들이 자발적으로 과학 연구에 참여하여 과학자들과 협업을 통해 문제를 해결하는 것"으로 제시한 바 있다.

다양한 사회적 요구로 시민과학이 도입되면서 다양한 방식으로 정의되었고, 그 정의가 다양한 만큼 시민과학은 매우 폭넓은 형태의 활동을 포함하고 있다. Shirk 등(2012)은 시민과학으로 대중이 과학 연구에 참여하는 방식을 다섯 가지 유형으로 분류하였다. 계약형(Contractual)은 지역 사회가 발굴한 연구질문을 요청받아 전문가가 과학적 조사를 수행하고 그 결과를 보고하는 형태로 지역 주민들이 환경오염의 원인을 밝히기 위해 대학 연구소에 오염 진단 및 영향평가 의뢰하는 상황을 예시로 들 수 있다. 기여형(Contributory)은 과학자가 연구의 전체 구조(문제 설정, 연구 설계, 방법론 등)를 주도적으로 결정하고, 시민들은 지침에 따라 데이터 수집이나 분석 일부에 참여하는 방식이다. 연구자가 생물다양성 모니터링 프로젝트를 계획하고 시민은 지역에서 생물종을 관찰하는 활동이 그 예시이다. 협력형(Collaborative)은 과학자와 시민이 비교적 높은 수준의 협력 관계를 맺으며 연구에 참여하는 형태로, 기여형과 달리 시민이 데이터 수집뿐만 아니라 연구 설계 개선, 데이터 분석, 결과 확산 등에도 적극적으로 참여하나 프로젝트의 설계는 주로 연구자가 담당한다. 공동창작형(Co-created)은 시민이 과학자와 함께 연구질문 설정, 데이터 수집 및 분석, 데이터 해석 및 결론 도출, 결과확산 등 연구의 전 과정에 적극적으로 참여하는 형태이다. 동료형(Collegial)은 비전문가인 시민이 독립적으로 연구를 수행하고, 인정받는 형태를 말한다.

생물다양성 모니터링을 포함해 많은 대규모, 대중적 시민과학 프로젝트는 기여형 프로젝트 형태를 취한다. 크라우드소싱(crowd sourcing) 형태로 볼 수 있으며 시민들은 정해진 지침에 따라 관측 결과를 보고하거나, 온라인 플랫폼에서 사진·영상을 분류하고 패턴을 식별하는 등의 역할을 맡는다.

국내 공동창작형 프로젝트의 예시로는 인천 저어새 시민모니터링이 있다. 2009년 멸종위기 보호종인 저어새가 남동유수지 내 인공섬에서 번식하는 것이 발견되자 환경단체와 시민들이 자발적으로 모니터링에 참여하며 인천 저어새 네트워크가 시작되었다. 시민과학자들은 저어새 번식 개체수, 성공률, 둥지 수, 이소 현황 등 번식지 관찰과 주요 서식지를 모니터링하고 보고서를 발간하고 있다. 이러한 자료는 갯벌 매립, 주변 개발활동으로 인한 저어새 생태 변화를 파악하고 보호구역 지정 및 보전을 위한 정책을 제안하는 자료로 활용되었다. 장기간 관찰한 시민과학자들의 기록은 2016년 인천시가 일대를 야생생물보호구역으로 지정 추진하는 데 근거가 되기도 했다. 모니터링 활동 외에도 인천 저어새 네트워크는 저어새섬 환경 관리, 생태교육 등 역량강화 활동도 진행하고 있다.

최근 기술의 발전으로 시간과 공간의 제약을 넘어서 시민들의 참여가 가능해졌고, 이는 시민과학 프로젝트와 참여자 수가 증가하는 배경이 되었다. 광범위한 지역을 대상으로 다양한 데이터를 수집할 수 있는 시민과학의 잠재력에 주목해 UN CBD(생물다양성협약) 제15차 당사국총회에서 모니터링 관련 시간 및 공간적 데이터 격차를 해소하기 위해 시민과학 활용을 제안하였다. 미국 연방정부는 2016년 '크라우드소싱 및 시민과학법(Crowdsourcing and Citizen Science Act)'을 제정해, NASA를 포함한 연방기관이 시민과학을 공식적으로 활용할 수 있도록 했다. NASA는 우주망원경, 인공위성 등에서 발생하는 방대한 데이터 처리에 시민과학자가 직접 데이터 분류, 관측, 사진 판독 등에 참여하도록 해서 자원한계를 극복하거나, 시민들이 구름, 모기 서식지, 토지 피복 등을 직접 관찰하고 데이터를 수집해 기후변화가 지구에 미치는 영향을 연구하는 등 다양한 시민과학 프로젝트를 적극적으로 채택하고 있다. 최근 많은 각국 정부에서도 시민과학을 권장하고, 시민과학 데이터 구축을 직간접적으로 지원하고 있다.

2. 리빙랩과 시민과학

최근 리빙랩과 시민과학은 시민참여의 플랫폼으로 주목받고 있다. 두 접근법은 모두 시민의 참여, 공동창조, 현실기반 실험 등 공통적인 요소를 포함하고 있으며 유사한 목적을 달성하기 위해 사용되는 경향을 보인다. Veeckman and Temmerman(2021)은 시민과학은 새로운 과학적 지식의 발견을, 리빙랩은 사용자 중심의 혁신을 통한 해결책의 개발을 목표로 한다는 점에서 차이가 있으나 리빙랩에서 시민과학 과정을 포함하는 것이 과학적 의사결정에 대한 데이터 수집, 참여자의 이해와 역량 강화를 통해 의사결정을 지원하는 시너지효과가 있다고 제시하였다.

리빙랩과 시민과학은 모두 대중의 참여와 공동창조를 포함한다는 점에서 "참여 중심의 문제해결"

을 지향하며 참여자의 권한을 강화한다는 공통점을 가진다. 하지만 참여의 목적, 참여자의 구성, 결과 활용 등에 차이가 있다. 리빙랩의 목적은 실생활 문제해결, 서비스 또는 제품의 혁신인 반면, 시민과학은 과학적 데이터 수집을 통해 연구결과를 도출하는 것, 시민의 지식 및 역량 강화를 목적으로 한다. 리빙랩은 이해관계자, 즉 시민부터 행정, 기업, 연구자 등 다양한 주체의 협력을 필요로 하지만, 시민과학의 참여자는 특별한 제한 없는 일반 대중인 경우가 많다. 마지막으로 리빙랩의 결과는 주로 정책, 제품, 서비스를 직접적으로 변화시키는 데 사용되는 반면, 시민과학은 연구보고서 또는 논문 등 과학적 지식의 보고 방식을 취한다.

한편, 해결책의 검증을 위한 데이터 수집, 시민의 역량강화 등을 목적으로 많은 리빙랩 프로젝트에서 시민과학 접근이 시도되고 있다. 예를 들어, 도시 홍수에 대응하기 위해 시민과 정부가 함께 참여하여 홍수 조기경보 서비스를 개발한 유럽의 FloodCitiSense 프로젝트는 강우량에 따른 홍수 위험을 평가하기 위해 저비용 센서와 모바일 앱을 이용하여 시민들이 강우량과 침수 현황을 실시간으로 보고하는 시민과학 활동을 포함했다. 이 리빙랩에서 시민과학은 시민이 수집한 데이터를 기반으로 도시 홍수 발생 임계값을 결정하는 데이터 기반 모델 개발, 침수와 도시 시스템에 대한 이해와 역량 강화, 과학-정책-사회 간 상호 이해 증진 등 역할을 했다(Veeckman and Temmerman 2021). 또 다른 유럽 연구과제인 I-CHANGE 프로젝트는 휴대용 대기질 센서 등 장비를 이용해 시민들이 도시 환경 데이터를 수집하는 활동을 포함했는데, 이 데이터는 폭염 취약지역의 식재지역 확대 등 정책을 시에 제안하는데 활용되었다. 이렇게 리빙랩에서 시민이 참여해 생산한 데이터는 현장성과 정책활용도를 향상시키며, 시민들이 데이터 제공을 통해

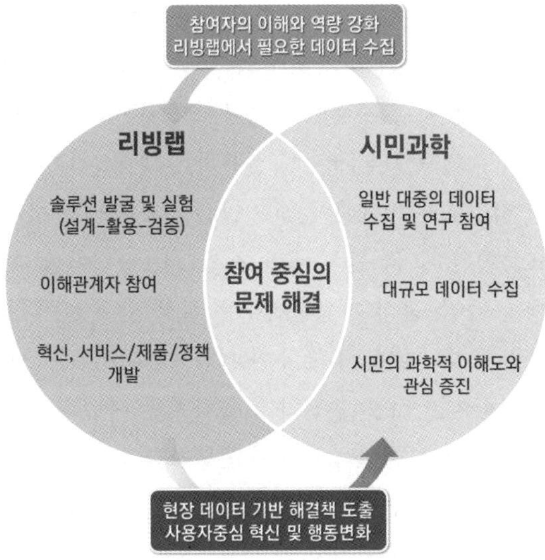

[그림 1] 리빙랩과 시민과학의 관계 다이어그램(저자 작성)

지역 문제 해결에 효능감을 느껴 참여동기를 강화하고 지속적인 참여를 유도하는 원동력이 되기도 한다.

II. 시민과학 데이터의 특성과 과제

1. 시민과학의 데이터 수집 유형

시민과학 프로젝트의 데이터 유형은 현장 관찰, 센서를 활용한 측정, 주관적 체감 정보 등이 있으며 최근에는 이미지나 참여형 지도 등 멀티미디어 접근도 증가하고 있다. 현장 관찰 방식은 전통적이며 가장 흔한 형태로, 시민들이 현장에서 직접 관찰한 내용을 기록하여 데이터를 모은다. iNaturalist와 같은 동식물 관찰, 식물의 개화 등 생물계절 모니터링 등이 이에 속한다. 별다른 장비 없이 참여할 수 있어 접근성이 높고, 최근에는 스마트폰의 발달로 검증을 위한 사진촬영을 병행하기도 한다. GPS 등 스마트폰 내장센서 또는 저비용센서를 활용하여

측정 데이터를 수집하는 방식도 증가하고 있다. 대기오염, 소음, 기온, 강우량, 수질 등 다양한 환경 데이터를 도시 곳곳에서 시민이 측정하는 프로젝트들이 수행되었다. 센서를 활용하는 방식은 데이터의 정밀도와 객관성이 높고 많은 장소에서 동시에 표준화된 데이터를 수집할 수 있다는 장점이 있다. 예를 들어, 공식 기상관측소는 설치 및 유지비용, 물리적 제약 때문에 그 수가 제한적이어서 도시 내 상세한 데이터를 수집하지 못하지만 시민과학은 더 조밀하고, 시민들의 실제 생활환경과 밀접한 데이터를 모을 수 있다는 장점이 있다. 설문조사, 일지 등을 통해 숫자가 아닌 시민들의 체감을 데이터화하기도 한다. 주민의 경험을 데이터로 전환함으로써 전통적 측정으로 얻기 어려운 생활밀착형 정보를 얻을 수 있다. 예시로, 전북 익산의 '악취3355'는 스마트폰앱으로 시민의 악취 제보 빅데이터를 수집하여 악취발생원 모델링에 활용했다. 또, 기온센서(정량)와 열쾌적성(정성)을 함께 수집하여 현장 맥락을 더욱 입체적으로 이해하고 체감형 정책 수립에 활용할 수도 있다.

시민과학의 이점 중 하나는 시공간적 제약을 극복하고 기존에 수집하기 어려웠던 데이터를 수집할 수 있다는 점이다. 소수의 연구자로는 불가능했던 전국, 전세계 규모의 데이터 수집, 장기간의 연속적 모니터링도 가능하다. iNaturalist, eBird 등 생물관찰 플랫폼은 수십년간 데이터를 축적하여 장기적인 변화 추세, 기후변화 영향 등을 분석하는데 기여하고 있다. 위성영상으로는 탐지되지 않았던 종에 대한 정보를 얻거나(Delbart et al., 2015), 전통적 현장 조사로는 어려웠던 생물종의 야간 활동을 대규모로 포착(Spaseni et al., 2024)하며 생물다양성 연구에 기여했다고 평가받는다. 또 다른 중요한 가치로 시민의 과학적 이해 증진과 참여 확대를 들 수 있다. 시민이 과학적 과정을 실제로 체험하며 참여한 분야의 이슈에 대한 관심과 인식이 높아진다. 시민이 정책 결정 과정에 직접 참여함으로써, 불확실성과 복잡성이 높은 환경 및 기후 문제에 대한 사회적 수용성과 실행력을 높일 수 있다. 참여 자체가 시민의 체감 만족도를 증진시키고, 동시에 정책 결정자가 간과하기 쉬운 사회적 사각지대에 대한 경각심을 불러일으키는 효과도 기대할 수 있다.

2. 시민과학 데이터의 신뢰성 향상

한편, 시민과학 데이터가 실제로 정부 정책이나 연구에 활용되는 비율은 아직까지는 많지 않다. 데이터의 편향과 낮은 신뢰성에 대한 우려로 시민과학 결과가 문헌으로 구체화된 비율은 12%에 불과한 것으로 나타났다(Theobald et al., 2015). 자발적 참여 기반으로 이뤄지는 조사 특성 상 인구 밀집 지역, 참여자가 많은 지역에서는 관찰 데이터가 풍부한 반면, 외딴 지역에서는 관찰이 발생하지 않아 공간적 편향이 발생할 수 있기 때문이다. 시민들이 선호하는 종이 과도하게 중복관찰 되거나 평소 환경 등 관련 이슈에 관심이 있거나, 프로젝트에 참여할 수 있는 시간적, 경제적 여유가 있는 집단의 비중이 높을 가능성이 있고, 수집되는 데이터나 의견이 특정 계층의 관점에 편향될 우려도 있기 때문이다. 또한, 시민과학을 활용하는데 있어서 데이터 정확도 및 품질에 주의가 필요하다. 참여자의 숙련도 차이, 관찰 조건의 통제 불가 등 여러 요인 때문에 시민들이 수집한 데이터는 전문가 데이터에 비해 일관성과 정밀도가 떨어질 수 있다. Hochachka et al.(2011)과 Bird et al.(2014)은 관찰자에 따라 종동정 정확도에 차이가 있고, 해당 종을 관찰하더라도 참여자의 사전 지식이 부족하면 보고가 되지 않는 문제를 지적했다.

시민과학 데이터의 신뢰도를 확보하기 위한 방법으로 계획단계에서 표준화된 프로토콜(protocol) 기반의 데이터 수집, 수집 전 또는 수집과정에서 품질보증(Quality Assurance), 데이터 수집 완료 후 품질관리(Quality Control)가 있다. 프로토콜은 시민들이 데이터를 수집할 때 일관된 절차와 방법을 따르도록 설계된 계획 또는 지침을 의미한다. 자유도가 높으면 관찰자마다 다른 방식으로 관찰 및 보고를 하게되어 편차가 발생하므로, 측정하는 변수의 정의, 사용하는 기기와 사용법, 데이터를 수집하는 시간과 장소, 기록방식을 모든 참여자가 동일하게 보장하는 것이 중요하다(Fuccillo et al. 2015). 예를 들면, 온도를 측정하는 프로젝트에서 "매일 아침 7시에 그림자가 없는 실외 공간에서 온도계를 5분간 안정화한 후 측정하고 스마트폰 앱을 통해 기록하기"와 같은 구체적 규칙이 마련되어야 한다. 데이터 수집 전 또는 수집 과정에서는 파일럿 프로젝트로 샘플을 수집해 발생할 수 있는 문제점을 확인하고, 참여자가 프로토콜을 이해할 수 있도록 교육하는 것, 그리고 수집 과정에서 전문가가 수시로 피드백을 제공하는 것이 데이터의 일관성과 신뢰성을 높이는 데 도움이 된다. 수집된 데이터는 이상치 탐지 알고리즘을 활용하거나 전문가 검수로 데이터의 정확성, 정밀도를 평가하고 오류를 수정하는 품질관리 절차가 수행된다.

III. 지역 리빙랩을 위한 시민과학 활용사례

1. 서울 벚꽃 개화시기 모니터링

서울 벚꽃 개화시기 모니터링은 도시열섬지역에서 벚꽃이 더 빨리 개화하는지 밝히기 위해 시작했다. 기존에 기상청은 서울에서 종로구 서울기상관

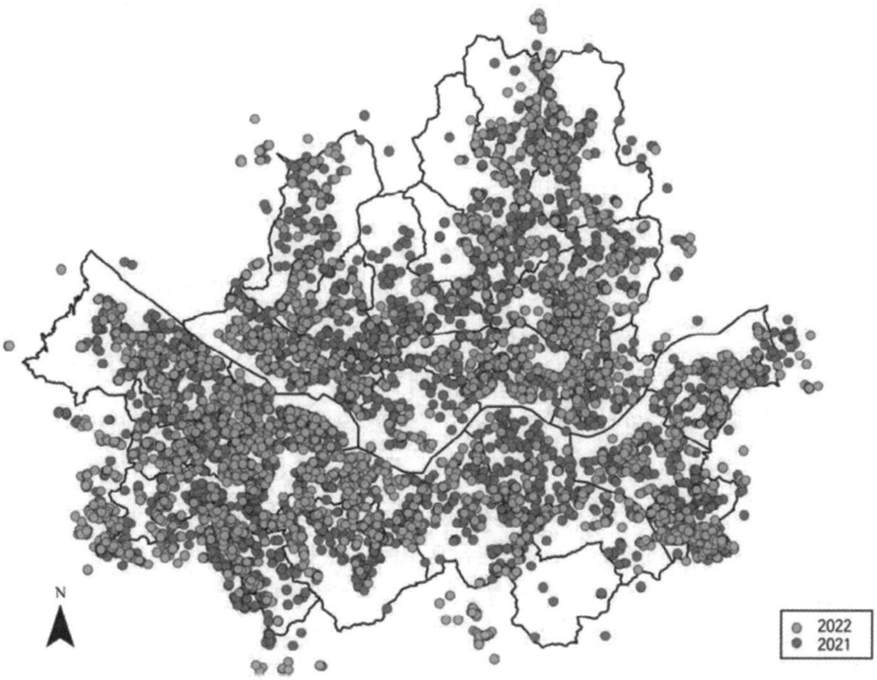

[그림 2] 연도별 벚꽃 관찰 데이터 수집 지점

측소 표준목과 여의도 윤중로 2곳에서 공식적으로 벚꽃 개화를 관찰하고 있는데, 그 외의 지역에 대한 정보가 없어 시민과학 접근으로 데이터 구축이 시도되었다. 2021년, 2022년 봄에 시민과학 방식으로 스마트폰 앱 기반 데이터 거래 플랫폼인 "캐다"에 벚꽃 관찰 프로젝트를 개설하여 서울지역을 대상으로 대규모의 벚꽃 관찰 데이터를 수집했다. 이 프로젝트는 시민들이 벚꽃을 관찰하고 스마트폰 앱을 이용해 이미지를 촬영해서 보고하는 형태로, 스마트폰의 GPS 기반 위치정보와 일시를 데이터화해서 분석에 활용했다. 참여자가 데이터 수집에만 참여하는 기여형 프로젝트로, 일반 대중의 참여를 통해 2만건 이상의 대규모 벚꽃 데이터셋을 구축했다.

식물관찰 시민과학 프로젝트에서는 관찰 대상종 선정이 중요한데, 벚꽃은 대표적인 봄꽃으로 각 지방에서 벚꽃축제를 할 만큼 시민들의 인식과 선호도가 높으며 가로수로도 식재되어 일상에서 비교적 쉽게 접할 수 있어 관찰에 유리한 편이다. 벚나무속에서도 수종에 따라 개화시기가 차이가 있기 때문에 조사대상 종을 왕벚나무(Prunus yedoensis), 벚나무(Prunus serrulata), 산벚나무(Prunus sargentii)로 한정했다. 2021년 수집된 데이터를 검토했을 때, 벚꽃이 아닌 매화, 겹벚꽃, 앵두 등 다른 종을 관찰한 사례가 포함되었다. 살구와 매화는 3월, 벚꽃은 주로 4월, 겹벚꽃은 5월 즈음 개화하는데 살구, 매화가 벚꽃과 비슷하게 생겨서 헷갈리는 경우가 많기 때문이다. 오분류 데이터를 줄이기 위해 2022년 조사에서는 참여자가 벚꽃과 유사종을 개략적으로 구분할 수 있도록 프로젝트 참여 전 교육 자료를 제시하였다. 이와 함께, 연구자가 촬영된 이미지를 이용해 데이터를 검수 할 수 있도록 가까이서 촬영할 것을 요청했다.

프로젝트 참여자들은 벚꽃을 촬영한 이미지와

[그림 3] 왕벚나무와 꽃이 비슷한 매화, 겹벚꽃의 구분법(저자 작성)

스마트폰 GPS 기능으로 위치정보(위·경도 좌표값), 촬영일시에 대한 정보를 앱을 통해 전송했다. 참여자는 프로젝트에 반복해서 참여할 수 있지만, 동일한 나무를 계속 촬영하는 것을 방지하기 위해 2021년 조사에서는 하루, 2022년에는 10분의 참여간격을 두기도 하였다. 프로젝트 종료 후 수집된 데이터를 검토하여 실제로 벚꽃이 촬영된 데이터만 분류하는 품질관리 절차를 진행했다. 일부 데이터는 동일한 나무를 재촬영하거나, 매우 인접한 지역에서 촬영되었는데, 동일한 날짜에 반복적으로 수집된 데이터는 개화일 추정에 영향을 줄 수 있어 같은날 20m 이내에서 수집된 데이터는 한 건만 남기고 제거하였다. 제거된 데이터의 원인 분류 결과, 살구, 매화를 촬영한 데이터가 가장 많았고, 동일한 개체 또는 인접한 지역에서 짧은 시간 반복해 촬영한 경우, 모니터 화면의 벚꽃을 촬영하는 등 직접 관찰하지 않은 경우 순이었다.

2022년 데이터 수집 시 벚꽃이 촬영된 사진만 효과적으로 수집하기 위해 2021년과 달리 참여 전 벚꽃과 유사종을 구별할 수 있도록 안내하는 교육 페

매화

앵두나무

겹벚꽃

[그림 4] 벚꽃이 아닌 다른 종을 촬영한 데이터 예시

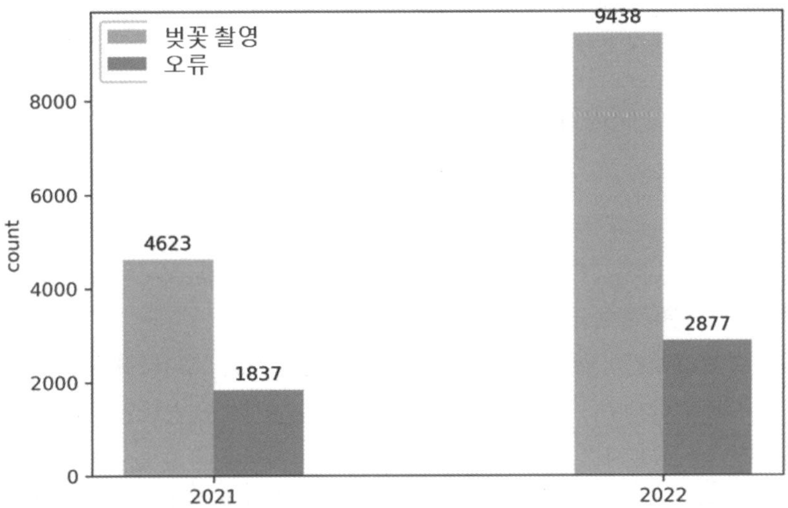

[그림 5] 2021년과 2022년 관찰 데이터의 오류 수 변화

이지를 추가하고, 가까운 거리에서 촬영하도록 프로토콜을 제시하였는데, 그 결과 2021년에는 벚꽃이 촬영되지 않은 오류 데이터가 전체 6,460건 중 1,837건으로 28.4%였으나 2022년에는 전체 12,325건 중 2,877건으로 23.4%로 감소했다(박소민, 2022).

수집된 데이터는 특정 지역, 시기에 관찰이 집중되기도 하고, 정확한 개화시점이 아니라 출현기반 데이터여서 편향을 고려한 개화시기의 추정이 필요했다. 시민과학 관찰은 특정 시점에 벚꽃이 피어있는 상태만을 관찰하는 출현기반(presence-only) 데이터인데, 이는 꽃의 개화시점은 알 수 없다는 단점이 있다. 개화시점을 정확하게 알려면 일정기간 동안 개화 이전부터 꾸준히 관찰하는 존재-부재 데이터가 필요하지만, 특정 대상지를 지속적으로 관찰하는 방식은 참여가 제한적이어서 대규모 데이

[그림 6] 통계적 모델을 이용한 지역별 개화시기 추정(저자 작성)

터를 얻기 어렵다는 한계가 있다. 따라서, 이 프로젝트에서는 출현기반 데이터를 대규모 시민과학으로 수집하되 존재-부재 데이터의 현장조사를 함께 진행했다. 연구자가 개화 이전부터 1일 주기로 26개 지점을 관찰해 상태를 기록하고 개화시점을 조사했다. 연구자가 조사한 실제 개화시기 데이터는 시민과학 데이터를 이용한 통계적 방법을 선택하기 위한 검증 자료로 사용되었다. 연구진은 출현기반 데이터로 개화시기를 예측하는데 적합한 것으로 알려지고, 실제 상관성이 높았던 Weibull 분포 적합 방법(Moussus et al., 2010)을 이용해서 서울시의 1km 그리드 기반 개화시기 추정을 진행했는데, 실제 열섬강도가 높은 지역의 개화가 빠른 것으로 나타났다.

2. 수원 열노출 모니터링

수원 열노출 모니터링은 2024년 여름 2주간 경기도 수원시에서 진행된 폭염 기후적응 리빙랩 과정에서 저비용 온습도 센서를 이용해서 데이터를 수집한 프로젝트이다. 기후변화로 기온이 증가하며 지역에서 어떤 열 관련 영향을 경험하고 있는지, 어떤 정책이 필요한지에 대한 포커스 그룹 디스커션과 함께 참여자들이 실제로 일상생활 속에서 어느정도의 열에 노출되고 있는지 측정하기 위해 저비용센서를 이용해 온도를 측정했다. 도시에서 실외 열쾌적성이 낮은 공간, 취약지역 발굴을 위해 협력형 시민과학을 포함한 사례이다.

사용된 온도센서는 Kestrel DROP D2, HOBO Onset Pendant 제품으로 온도, 상대습도, 조도를 1분 간격으로 측정한다. 13명의 참여자들은 이 센서

이미지		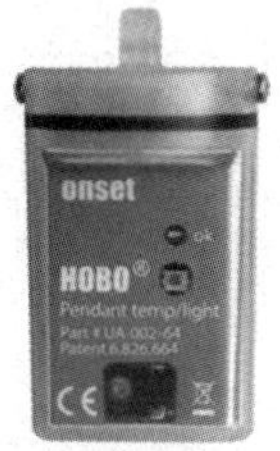
제품명	Kestrel DROP D2	HOBO ONSET UA-002-64
무게	34g	18g
측정항목	온도, 상대습도	온도, 조도(밝기)

[그림 7] 온도 데이터 수집에 이용된 저비용 센서

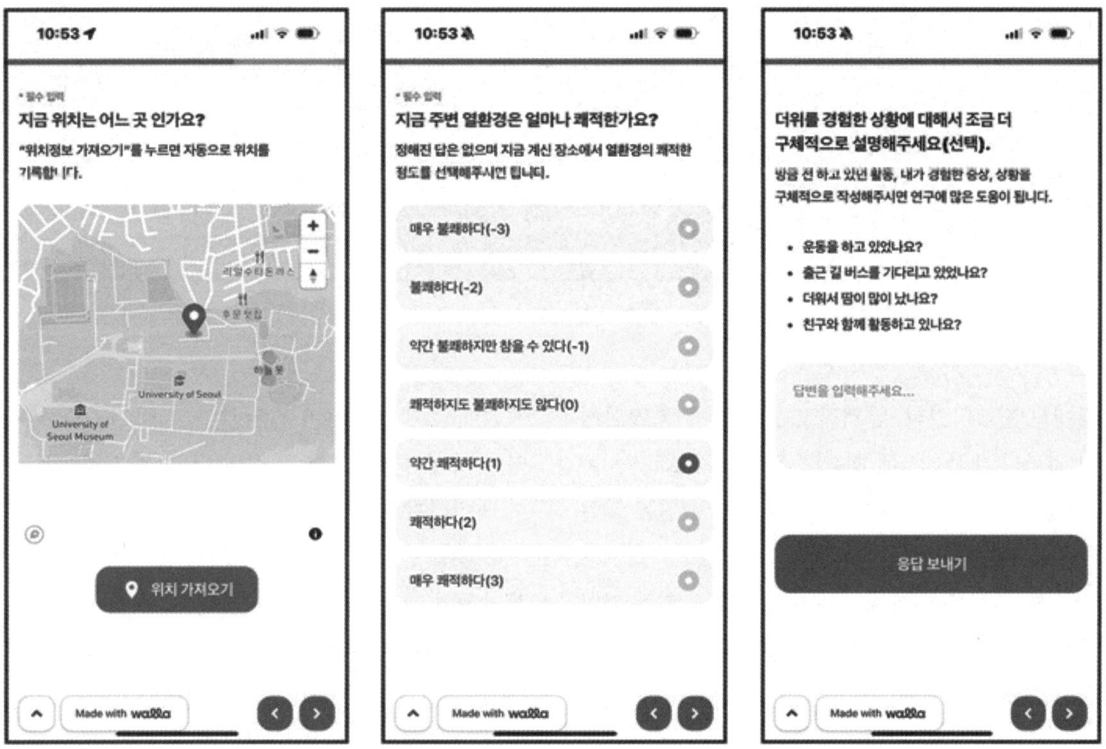

[그림 8] 위치데이터 및 열쾌적도 설문 참여 예시

를 가방에 연결하고 일상생활을 하도록 요청받았다. 이와 함께, 참여자가 실제로 느낀 열 환경, 쾌적도, 열 관련 임계값에 대한 추가적 정보를 얻기 위해 일 1~3회 스마트폰으로 웹 설문에 접속해 열쾌적도, 기타 주관식 의견 등을 기록했다. 사용된 센서는 위치정보가 기록되지 않고 기온만 측정되기 때문에 공간 데이터로 결합하기 위해서 스마트폰의 GPS 센서기반으로 위치정보기록이 웹설문 과

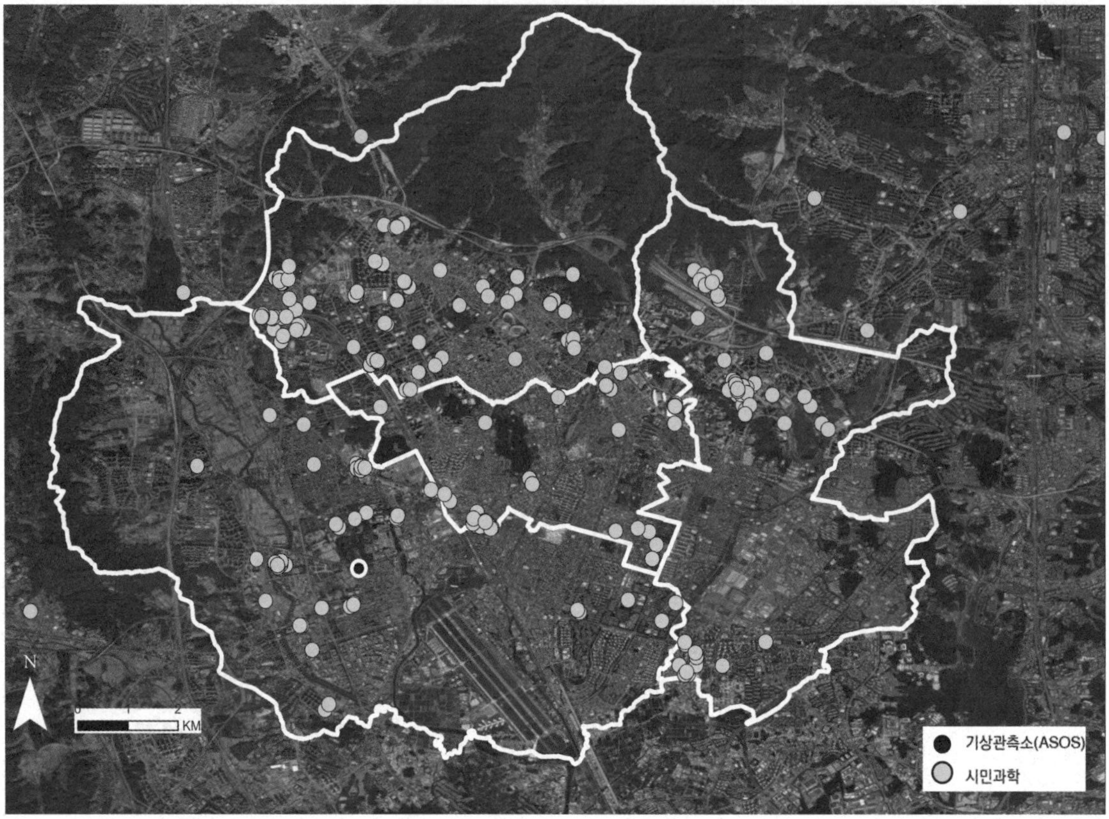

[그림 9] 수원시 내 기상관측소(ASOS)와 시민과학 데이터 수집 지점

정에서 진행되었다. 열쾌적도는 현재 주변 열환경이 얼마나 쾌적한지에 대한 주관적 의견으로 -3(매우 불쾌하다)부터 3(매우 쾌적하다)까지 범위를 갖는 7점 척도의 객관식 문항이었다.

온도 센서를 이용해서 시민들의 열노출을 평가하는 과정에서 중요했던 점은 실외와 실내 데이터를 구분하는 것이었다. 외부공간의 열과 달리 실내 열환경은 에어컨 등 냉방기기와 건물 특성에 영향을 받기 때문이다. 따라서 참여자가 위치를 기록할 때, 해당 위치가 실외에 해당하고 참여자가 센서를 가지고 있는 상태인 것을 확인하는 문항을 설문 문항에 추가하여 데이터 수집 프로토콜에 반영했다.

수원시 내에는 1곳의 공식 기상관측소(ASOS)가 존재하는데, 시민과학을 통해서 2주 동안 270여개 지점에서 데이터가 수집되었다. 기상관측소 데이터에 비해서 시민과학 방식이 더 넓은 지역에서 온도 데이터가 수집된 것을 알 수 있다.

아래 그림은 조사기간(2주)동안 기상관측소와 시민들이 측정한 기온의 시계열 그래프이다. 빨간색 선은 기상관측소, 파란색 점은 시민측정 값이다. 조사기간 중 8월 19일, 8월 20일은 일최고기온이 33℃를 넘어 폭염에 해당했고, 나머지 기간은 폭염 기준에 해당하지는 않았다. 하지만 기상관측소는 33℃ 미만이더라도 시민 측정값은 33℃ 이상의 고온이 기록된 것이 약 10건 존재했다. 한편, 여름철 한낮의 더운 시간대에는 시민들이 실내에 머무르기 때문에 대부분의 측정값은 기상관측소보다 낮은 경향을 보였다. 이를 통해 고정된 실외 기상관

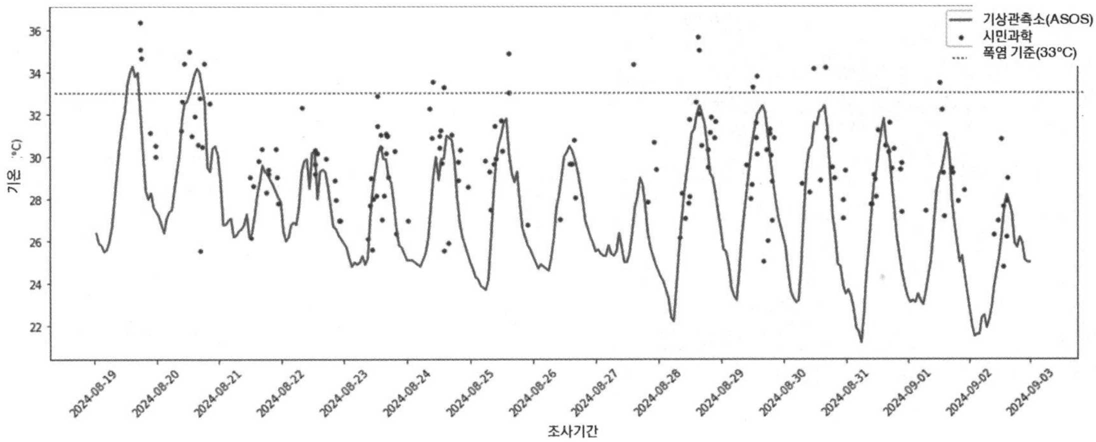

[그림 10] 기상관측소(ASOS)와 시민과학 기온 측정값 비교

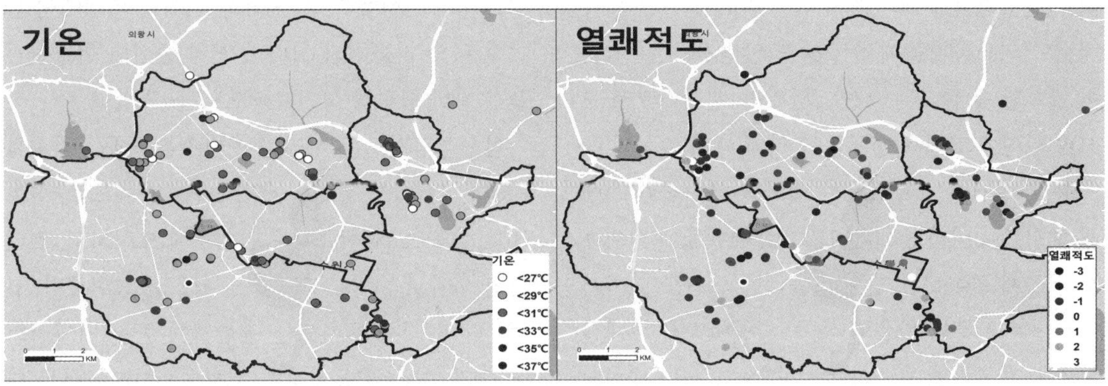

[그림 11] 수집된 시민과학 응답 중 기온, 열쾌적도의 공간적 분포

측망에서 측정하는 온도와 실제로 시민이 일상생활에서 경험하는 온도에 차이가 있음을 데이터로 표준화하여 확인할 수 있었으며, 열 관련 정책 수립 시 기상관측정보만을 활용할 때에는 주의가 필요하다는 점을 알 수 있다.

기온센서로 측정한 데이터는 위치정보와 통합하여 공간화하는 방식으로 열 분포를 지도화 할 수 있다. 설문응답 지점의 공간정보를 분석한 결과, 열쾌적도 중 "불쾌함"에 해당하는 응답, 30℃이상의 고온을 경험한 지역 모두 공간유형 중 도로가 가장 많이 해당되는 것으로 나타났다. 이는 포커스 그룹 논의 결과와도 일치한다. 논의 과정에서 참여자들은 통근, 외출 등 도보 이동 시 열로 인한 영향을 크게 느낀다고 응답했고, 횡단보도, 인도, 버스정류장 등 이동과정에서 대기하는 공간이 열쾌적성이 낮아 정책적 개입이 필요하다고 보았다. 이 외에도 실외기, 아스팔트 열기, 자동차 배기가스 등 도로 주변에서 인공적인 열원으로 인한 영향도 지적됐다. 이 과정에서 시민과학 데이터는 시민들의 정성적인 의견을 정량적으로 뒷받침하는 역할을 했다.

저비용센서를 이용한 데이터 수집이 시민들의 인식과 관심에도 긍정적인 역할을 하기도 했다. 센서를 이용한 측정에 참여했던 시민들은 집단마다 열 노출이 다를 수 있고, 각각 특성에 맞는 보호대

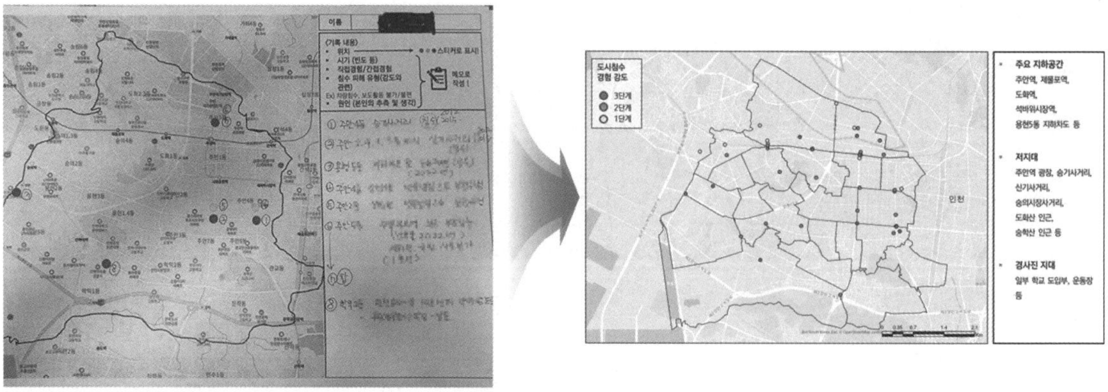

[그림 12] 침수경험지도 제작 과정 및 결과

책이 필요하다고 이야기 했다. 저비용센서를 활용해서 실외노동자들에게 맞춤형 알람을 주는 방식이 필요할 것 같다는 의견도 있었다. 전반적으로 도시 열환경에 영향을 미치는 요인에 대해 관심이 증가하고, 실질적으로 필요한 데이터를 수집한 것에 대한 만족이 나타났다. 한편, 더운 여름철에 실외에서 설문에 참여하는 것이 힘들다는 의견도 있어서 향후에는 설문 문항을 줄이거나, 참여방식의 개선이 필요할 것으로 보인다. 이 외에도 센서의 데이터 저장용량, 연결불량으로 측정 데이터가 소실되는 사례가 발생해 안정적 데이터 수집 방안의 보완도 필요하다.

3. 미추홀구 빗물받이 관찰단

미추홀구 빗물받이 관찰단은 빗물받이가 낙엽 등으로 막히는 경우 배수가 원활하게 이뤄지지 못해 침수 피해가 증가할 수 있다는 문제에 대응하기 위해 도시 침수 관련 주요 피해 경험을 조사하고, 빗물받이 상태를 모니터링하는 것을 목적으로 하였다. 2024년 10월 2주동안 인천시 미추홀구에서 거주 또는 생활하는 시민 약 15명이 참여하여 침수경험지도 만들기와 빗물받이 모니터링 활동, 그룹 워크샵을 진행했다. 이 사례는 리빙랩 과정에서 참여적 지도 만들기와 이미지 촬영 중심의 현장관찰을 포함한 협력형 시민과학으로 볼 수 있다.

침수경험지도는 시민들이 미추홀구에서 침수를 경험한 사례를 지도로 공간화하는 활동으로, 경험적 지식을 스티커를 이용해 지도에 표시하고, 스티커의 색깔로 해당 침수사건의 강도를 표현했다. 참여자들이 기록한 지도를 종합하여 공간 데이터화 한 결과, 기존에 공개되었던 침수흔적도에서는 나타나지 않는 미시적인 피해도 기록된 것을 확인할 수 있었다. 당시 경험에 대해서 구체적으로 논의했을 때, 비가 많이 오지않을 때에도 경사지 하부 구간에서는 침수가 발생하며, 심각한 수준의 침수가 아니더라도 발목까지 물이 차 걷기 어려웠던 경험 등이 소개되었다.

빗물받이 모니터링은 일상생활 중 빗물받이를 관찰하는 경우 위치, 빗물받이의 사진, 막힘정도(%), 주변환경 사진, 주변환경 특이사항(주관식)을 기록하도록 요청했다. 이 때, 빗물받이 사진을 통해 막힘 정도를 파악하는 것이 중요했기 때문에 빗물받이가 화면에 꽉 차도록 가까이서 정면으로 촬영하도록 안내했다. 참여자가 프로토콜에 맞게 데이터를 수집하는지 중간점검 후 온라인 회의를 통해

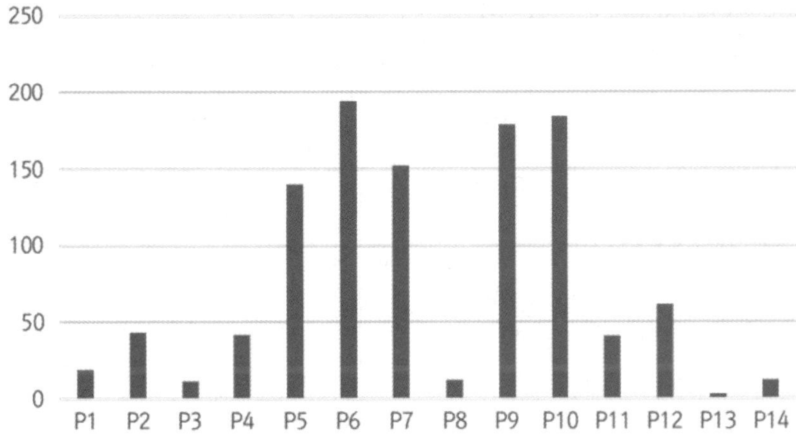

[그림 13] 참여자별 빗물받이 관찰 참여 횟수

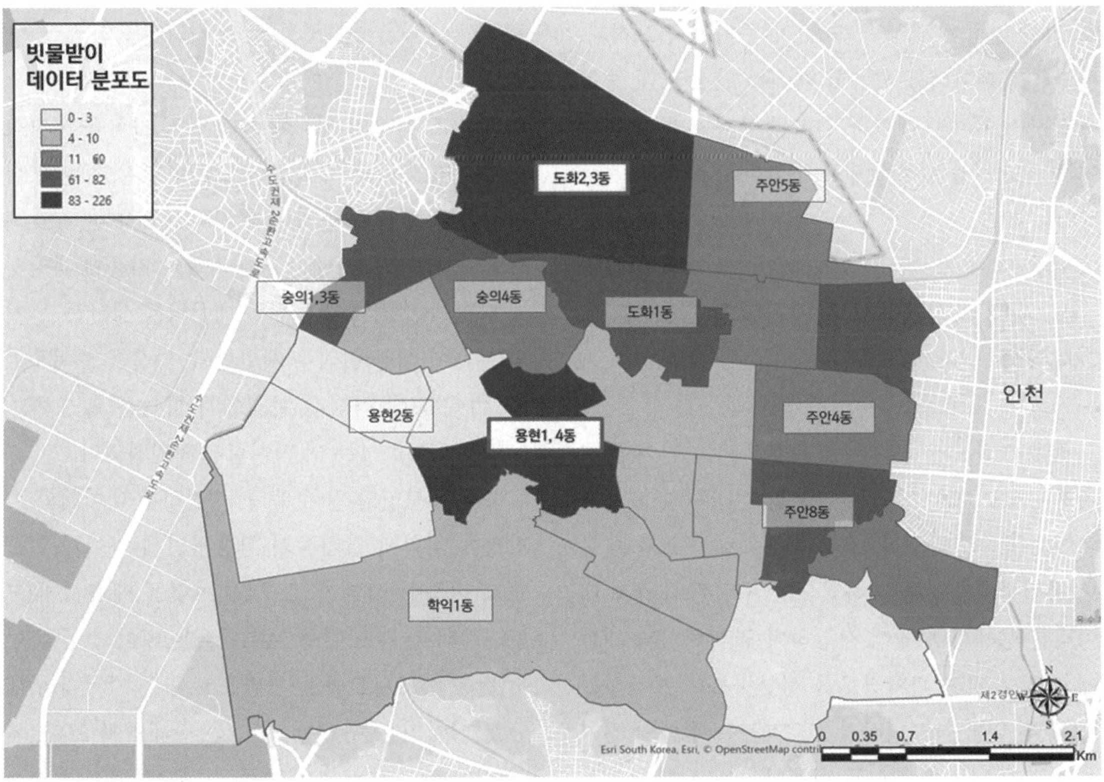

[그림 14] 빗물받이 데이터 분포도

피드백을 제공하고, 지속적으로 참여를 유지할 수 있도록 독려하였다.

2주간의 모니터링 결과 약 1,200건의 빗물받이 관찰 데이터가 수집되었다. 참여자별로 데이터 수집 횟수는 편차가 있었다. 일부 참여자는 200건 가까이 데이터를 수집한 반면, 대부분의 참여자는 50

건 미만의 관찰이 이뤄졌다. 한 참여자는 참여자별 수집현황을 공지하는 것이 동기부여에 도움이 된다고 의견을 냈는데, 소수 참여자들로 진행되는 프로젝트 특성 상 지속적 참여를 위한 동기부여 전략에 대한 고려가 필요할 것으로 보인다.

빗물받이 관찰의 공간적 분포를 살펴보면, 자발적 참여 기반 조사의 특성 상 주거지역, 상업지역, 대로 중심으로 관찰이 이뤄져 일부 지역에서는 조밀하게 데이터가 수집되었으나 데이터 수집이 거의되지 않는 지역도 있었다. 이를 단순히 관찰이 많았던 지역에 빗물받이가 많이 존재한다거나, 막힌 빗물받이가 많다고 해석하면 데이터 수집 특성으로 인한 편향이 발생할 수 있어 주의가 필요하다. 시민과학 데이터를 활용할 때에는 단시일 내 중복 관찰된 데이터는 제거하거나, 관찰자 수를 고려하여 보정한 값을 활용할 필요가 있다.

IV. 지역 리빙랩에서 시민과학의 활용시 시사점

벚꽃 개화시기 모니터링 프로젝트는 기여형 참여유형으로, 모바일앱을 활용한 현장관찰을 통해 데이터를 수집하였다. 주요 특징으로는 교육을 통한 품질관리와 검증을 하였으며, 수집된 대규모 데이터를 통계적 모델에 결합하여 열섬현상과 개화에 초점을 맞춘 과학정보를 생산하는데 활용하였다. 수원 열노출 모니터링 프로젝트는 협력형 참여유형으로, 저비용 센서를 활용하여 수집한 온도라는 객관적 데이터와 주관적인 열 경험을 함께 측정하며, 시민의 일상공간에서 도출될 수 있는 열관련 문제지역과 상황을 도출하였다. 인천 도시침수 리빙랩 프로젝트 역시 협력형 참여유형으로, 참여형 지도 만들기 및 현장관찰(웹설문)을 통해 데이터를

[표 1] 시민과학기반 리빙랩 프로젝트 사례 요약

사례명	참여유형	데이터 수집	주요 특징
벚꽃 개화시기 모니터링	기여형	현장관찰 (모바일앱)	- 교육을 통한 품질관리 및 검증 - 대규모 데이터 수집 및 통계적 모델 활용
수원 열노출 모니터링	협력형	저비용센서	- 통일된 방식으로 객관적, 주관적 열 경험 측정 - 데이터 수집 외에도 결과 해석, 수집방안 개선 등 참여 확대
인천 도시침수 리빙랩	협력형	참여형 지도 만들기, 현장관찰 (웹설문)	- 경험적 지식을 지도화하고 공식 데이터와 비교

수집하고, 시민의 침수관련 경험적 지식을 시각적으로 지도화하고 공식화함으로써 현장 기반의 실질적인 정책을 수립하는데 기여하고자 한 프로젝트였다. 세 가지 사례는 시민과학이 기존에 파악하기 어려웠던 지역의 상세한 데이터를 생산하고, 지역 문제에 대한 인식을 제고할 수 있음을 보여주었다. 이를 통해 리빙랩 과정에서 참여를 촉진하고, 논의를 구체화하는 데 기여함을 확인하였다.

하지만 시민의 참여 유형, 수집하는 데이터와 그 방법에 따라서 결과물과 활용방안에 차이가 있으므로 신중한 설계가 요구된다. 벚꽃 개화시기 모니터링과 같은 기여형 프로젝트는 참여 장벽이 낮고 단순한 프로토콜을 기반으로 넓은 지역에서 대규모 데이터를 수집할 수 있는 잠재력이 크다. 특히 벚꽃 모니터링은 시민들이 익숙하고 선호하는 수종이어서 참여도가 높았던 것으로 판단된다. 많은 데이터를 수집하는 것이 목적인 경우 참여장벽을 낮추기 위해 복잡한 설문 문항보다는 상대적으로 쉬운 프로토콜을 운영하는 것이 유리하다. 하지만 관찰대상이 잘 관찰될 수 있도록 교육 및 프로

토콜의 설계에 주의가 필요하며, 수집된 이후의 검증 절차를 마련해서 데이터의 신뢰도를 높이는 것이 실제 활용으로 이어지는데 중요하다. 한편, 벚꽃 개화시기 모니터링의 경우 단순 데이터 수집 외에 참여자 간, 참여자-연구자 간 상호작용은 이뤄지지 않아 데이터 수집 외의 효과는 판단하기 어렵다. 한편, 시민들의 지속적 참여를 유도하기 위해서는 사람들이 계속 접속할 수 있는 플랫폼이 필요하다. 생물다양성관찰의 경우 네이처링과 같은 기존 생물 관찰 플랫폼에서 미션을 개설하는 방법을 고려할 수 있고, 웹 설문지를 활용하는 경우 쉽게 접속할 수 있도록 지원방안을 마련하는 것이 필요하다.

협력형에 해당하는 수원 열노출 모니터링과 인천 도시침수 리빙랩은 기후변화 적응과 연계하여 도시의 취약지역을 발굴하는데 시민과학이 활용되었다. 리빙랩 과정에서 시민과학을 포함하여 진행하며 데이터 수집 외에도 결과해석, 정책제안 등 시민 참여가 확장되었다. 이러한 방식은 센서 개수, 참여자 관리 등 한계로 제한된 인원이 참여하기 때문에 참여자 집단의 다양성이 낮아 데이터 활용에 주의가 필요하였다. 하지만 시민과학을 통해 수집된 정량적 데이터가 시민들의 정성적 의견을 지지하고 더 구체적인 논의를 이끌어가는 역할을 할 수 있고, 더 자세하고 입체적인 데이터를 수집할 수 있다는 장점을 확인하였다. 저비용센서를 이용해서 열환경을 측정한 수원 열노출 모니터링은 통일된 방식으로 객관적인 측정이 가능하며 열쾌적도와 함께 조사해서 풍부하고 입체적인 분석이 가능했다. 이는 실외에 존재하는, 고정된 기상관측망을 보완해서 도시 내 시민들의 열 경험을 평가할 수 있는 시민과학의 장점을 잘 보여준 사례이다. 인천 도시침수 리빙랩은 경험적 데이터를 이용해서 생활밀착형 침수지역과 체감정보를 파악했고, 빗물받이 막힘 관련 문제에 대한 사람들의 관심 증가, 해결책 논의 시 구체성을 높이는데 도움이 되었다. 이처럼 시민과학은 다양한 참여 방식과 데이터 수집 도구를 통해 지역의 구체적인 문제를 드러내고, 정책 수립과 사회적 논의에 시민이 실질적으로 기여할 수 있는 가능성을 보여주고 있다.

참고문헌

고재경, 김연성, and 예민지. 2019. "환경문제 해결을 위한 시민과학의 의미와 가능성." 경기연구원 기본연구, 1-288. https://www.dbpia.co.kr/journal/articleDetail?nodeId=NODE10500477.

고재경, 예민지. 2020. "환경문제 해결을 위한 국내 시민과학 유형과 특성 연구." 환경정책 28 (4): 181-213. https://doi.org/10.15301/JEPA.2020.28.4.181.

박소민. "시민과학을 이용한 도시열섬 지역 예측 방안." 석사학위논문, 서울시립대학교, 2022.

Bird, Tomas J., Amanda E. Bates, Jonathan S. Lefcheck, Nicole A. Hill, Russell J. Thomson, Graham J. Edgar, Rick D. Stuart Smith, et al. 2014. "Statistical Solutions for Error and Bias in Global Citizen Science Datasets." *Biological Conservation* 173 (May): 144-54. https://doi.org/10.1016/J.BIOCON.2013.07.037.

Delbart, Nicolas, Elisabeth Beaubien, Laurent Kergoat, and Thuy le Toan. 2015. "Comparing Land Surface Phenology with Leafing and Flowering Observations from the PlantWatch Citizen Network." *Remote Sensing of Environment* 160 (April): 273-80. https://doi.org/10.1016/J.RSE.2015.01.012.

Fuccillo, Kerissa K., Theresa M. Crimmins, Catherine E. de Rivera, and Timothy S. Elder. 2015. "Assessing Accuracy in Citizen Science-Based Plant Phenology Monitoring." *International Journal of Biometeorology* 59 (7): 917-26. https://doi.org/10.1007/S00484-014-0892-7/FIGURES/4.

Hochachka, Wesley M., Daniel Fink, Rebecca A. Hutchinson, Daniel Sheldon, Weng Keen Wong, and Steve Kelling. 2012. "Data-Intensive Science Applied to Broad-Scale Citizen Science." *Trends in Ecology and Evolution* 27 (2): 130-37. https://doi.org/10.1016/j.tree.2011.11.006.

Moussus, Jean Pierre, Frederic Jiguet, Joanne Clavel, and Romain Julliard. 2009. "A Method to Estimate Phenological Variation Using Data from Large-Scale Abundance Monitoring Programmes." *Bird Study* 56 (2): 198-212. https://doi.org/10.1080/00063650902792064;WGROUP:STRING:PUBLICATION.

Shirk, Jennifer L., Heidi L. Ballard, Candie C. Wilderman, Tina

Phillips, Andrea Wiggins, Rebecca Jordan, Ellen McCallie, et al. 2012. "Public Participation in Scientific Research: A Framework for Deliberate Design." *Ecology and Society* 17 (2). https://doi.org/10.5751/ES-04705-170229.

Spaseni, Petronel, Tiberiu C. Sahlean, Iulian Gherghel, Stefan R. Zamfirescu, Ionut C. Petreanu, Raluca Melenciuc, Cristina F. Alistar, Viorel D. Gavril, and Alexandru Strugariu. 2024. "Natrix Natrix after Dark: Citizen Science Sheds Light on the Common Grass Snake's Nightlife." *PeerJ* 12 (4): e17168. https://doi.org/10.7717/PEERJ.17168/SUPP-3.

Theobald, E. J., A. K. Ettinger, H. K. Burgess, L. B. DeBey, N. R. Schmidt, H. E. Froehlich, C. Wagner, et al. 2015. "Global Change and Local Solutions: Tapping the Unrealized Potential of Citizen Science for Biodiversity Research." *Biological Conservation* 181 (January): 236-44. https://doi.org/10.1016/J.BIOCON.2014.10.021.

Veeckman, Carina, and Laura Temmerman. 2021. "Urban Living Labs and Citizen Science: From Innovation and Science towards Policy Impacts." *Sustainability 2021*, Vol. 13, Page 526 13 (2): 526. https://doi.org/10.3390/SU13020526.

"인천 도심 속에 저어새 요람 만드나." n.d. Accessed July 31, 2025. https://www.hani.co.kr/arti/area/area_general/769443.html.

"[인터뷰…공감] 인천 남동유수지서 저어새 모니터링 참여하는 류기찬·이혁재·오지윤." n.d. Accessed July 31, 2025. https://www.kyeongin.com/article/1602439.

제5장

기후적응 리빙랩을 위한 의사결정 지원시스템: 사례와 시사점

송경호, 양성빈

I. 서론: 참여적 의사결정의 필요성

기후위기의 영향은 복잡성과 불확실성이 높고 지역마다 다르게 나타난다. 따라서 기후위기에 대한 적응, 즉 기후적응은 장기간에 걸쳐 다양한 부문과 계층을 아우르는 위험관리 과정일 수밖에 없다. 더욱이 지역 수준의 기후적응을 위해서는 지역의 맥락에 정통한 주민과 시민사회, 전문가의 참여가 필수적이다. 결국, 기후적응을 위한 의사결정은 중앙집권적인 하향식 대응만으로는 근본적 한계를 가진다.

복잡한 기후 리스크에 대한 대응전략을 수립하기 위해 여러 계층의 행위자들이 협력해야 하며, 국가-지방 정부-지역공동체로 이어지는 다층적 의사결정 구조 속에서 각 층위의 참여와 조율이 이루어져야 한다는 것은 이제 상식에 가깝다. 이러한 배경에서 참여적 의사결정은 기후적응 전략의 정당성과 실행력을 높이는 핵심 원리로 주목받고 있다. 실제로 다양한 이해관계자의 참여를 통해 혁신과 집단학습을 이루어낼 때 성공적인 적응이 가능하다는 경험적 사례 역시 적지 않다(Reed et al. 2010; Tengö et al. 2014; Bodin 2017; Lebel, Salamanca, and Kallayanamitra 2017; Dellmuth and Gustafsson 2023).

이러한 맥락에서, 최근 문제해결형 혁신의 방법론으로 리빙랩(Living Lab)이 주목받고 있다. 리빙랩은 실제 생활 현장에서 다양한 사용자(시민)와 공급자(기업, 정부 등)가 함께 문제를 정의하고 솔루션을 실험하는 공공혁신 플랫폼으로 정의된다(Bergvall-Kåreborn and Ståhlbröst 2009; Voytenko et al. 2016). 전통적인 연구개발이나 정책결정 과정과 달리, 최종 수혜자인 시민이 초기에 참여하여 공동창조(co-creation)를 이루는 개방형 혁신 모델인 것이다.

그러나 '참여'를 내세운 리빙랩이라 해서 모든 경우에 참여의 깊이와 영향력이 동일한 것은 아니라는 점에 유의할 필요가 있다. '리빙랩'이라고 명명하지만 시민이 아이디어를 제공하거나 파일럿 테스트에 참여하는 정도에 그치는 경우도 적지 않다. 명목상 시민참여를 내세우지만 실제로는 전문가가 모든 결정을 내리는 경우 참여는 형식적에 그치는 경우도 있다. 요컨대 리빙랩마다 참여자의 역할 범위와 의사결정 권한이 크게 다르며, 일부는 피상적인 의견수렴에 머물고 다른 일부는 실질적인 공동결정에 이르는 등 편차가 큰 것이 현실이다. 이 같은 현실을 감안해서, 리빙랩에서 이루어지는 참여 행위를 면밀히 분석하고, 그 수준과 영향력에 따라 구분할 필요가 있다. 다시 말해, '참여'란 단순히 있느냐 없느냐의 문제가 아니라 얼마나 어떤 방식으로 이루어지느냐의 문제로 이해되어야 하는 것이다.

본 연구는 이러한 참여의 스펙트럼을 고려하여, 리빙랩 기반의 기후적응 의사결정지원시스템을 효과적으로 설계하는 방안을 모색하고자 한다. 결국 이 장의 목적은 다음과 같은 질문에 대한 답을 모색하는 것으로 요약될 수 있다: "기후적응 리빙랩을 위한 의사결정지원시스템에 '참여'를 어떻게 구조화하여 반영할 것인가?" 이를 위해 이 장에서는 기후적응 리빙랩에의 참여 수준을 기준으로 의사결정지원시스템의 구조를 유형화하고, 각 참여 단계에 적합한 설계 원리와 기능을 제시하고자 한다.

II. 기후적응, 리빙랩, 그리고 참여

1. 기후적응, 의사결정, 그리고 의사결정지원시스템

기후적응을 위한 의사결정은 근본적으로 복잡성과 불확실성에 대한 위험관리의 성격을 띤다. 홍수, 가뭄, 폭염 등 여러 위험요소의 동시다발적 영향이 지역과 부문에 따라 다양하게 나타나기 때문이다. 이는 당연하게도, 중앙집권화된 단일한 대응이 아니라 다양한 상황에 대비한 의사결정을 요구한다. 예컨대 강수량 증가에 대비한 인프라 투자를 결정한다고 할 때, 국가적 수준뿐만 아니라 특정 지역에 대한 향후 수십 년간의 기후 시나리오, 경제·인구 변화 등이 고려되어야 하는 것이다.

이처럼 기후적응을 위한 의사결정은 일반적으로 긴 시간축을 갖는다. 오늘 내린 결정이 10년, 20년 후의 기후위기 영향에 대응하기 위한 것이기 때문에, 장기적 기후변화 시계열에 대한 이해와 불확실성 관리가 필수불가결한 것이다. 불확실성은 기후과학 모델의 한계에서 비롯되기도 하고, 사회경제적 미래 예측의 불확실성에서 기인하기도 한다(Hall 2017).

이러한 불확실성을 감안하여 유연한 계획을 세우는 접근으로 최근 적응경로(adaptation pathways) 개념이 제안된다. 적응경로란 미래 상황 변화에 따라 정책을 조정할 수 있게 경로 의사결정을 설계하는 방법으로, 사전에 여러 대안을 마련하고 시점별로 최적 경로를 선택하는 체계를 말한다(Haasnoot et al. 2013). 이는 한 번 세운 적응대책이 고정불변인 것이 아니라 순환적으로 점검·조정되어야 함을 의미한다. 요컨대 기후적응 의사결정은 단순히 현재의 위험을 피하는 데 그치지 않고, 미래 변화에 대한 대비와 조정을 계속해나가는 과정이라고 할 수 있다.

이러한 과정에서 의사결정자들은 과학적 정보와 더불어 지역의 사회경제적 여건, 이해관계자의 요구 등을 통합적으로 고려해야 한다. 그러나 다양하고 복잡한 정보를 통합적으로 고려하는 것은 쉽지 않은 과제이다. 바로 이 지점에서 의사결정지원시스템의 역할이 부각된다. 기후적응 의사결정지원시스템은 기후적응에 관한 의사결정을 안내하는 중요한 도구로 등장하여, 계획가와 정책결정자들에게 정보를 제공하기 위한 데이터, 모델, 그리고 프레임워크를 제공한다. 여기서 의사결정지원시스템은 복잡한 정보를 시각화하고 시나리오별 결과를 평가하여, 최적의 선택지를 찾는 데 도움을 주는 도구 정도로 이해되어왔다.

그러나 이러한 기존의 기후적응 의사결정지원시스템은 주로 정보 저장소 또는 정보제공의 역할을 하며, 더 많은 과학적 지식을 보급하는 것만으로도 최적의 결정에 도달할 수 있다는 과학주의적 가정에 기초해 있었다. 이러한 기술관료적 접근은 의사결정자들의 다양성, 기후적응의 다양한 지역적 맥락, 그리고 지역의 지식과 가치를 통합하는 데 필요한 참여적 메커니즘을 간과하는 경우가 많았다. 결과적으로 대부분의 기후적응 의사결정지원시스템은 과학적 전문지식과 시민 및 이해관계자들의 실제 현실 사이의 격차를 해소하는 데 실패하게 된다(Song and Yang 2025).

앞서 지적한 바와 같이, 이러한 격차는 효과적인 기후적응이 지역사회의 참여에 달려 있다는 점에서 중요한 의미를 지닌다. 지역 주민의 참여와 이해관계자의 의견은 기후변화로 인한 지역별 영향을 파악하고, 대응 방안의 우선순위를 설정하는 데 핵심적인 역할을 하게 된다. 그러나 지금까지의 기후적응 의사결정지원시스템은 주로 기술 전문가나 정책결정자만을 염두에 두고 설계되어, 일반 시민이나 지역 이해관계자의 참여를 충분히 반영하지 못했다는 한계를 가진다. 예를 들어, 기존의 의사결정지원시스템들은 주로 전문가를 대상으로 한 기후 데이터와 취약성 평가모델 제공에 치중하여, 정작 지역 의사결정자가 활용하거나 피드백을 주기 어려운 형태인 경우가 많았다.

종합하면, ① 위험 기반 다부문 고려, ② 장기적 불확실성 관리, ③ 순환적 경로 조정이라는 기후적응 의사결정의 특성을 고려하고, 이에 대한 복잡한 결정을 돕기 위해 의사결정지원시스템 설계에 참여와 학습 개념을 도입해야 할 필요성이 대두되고 있는 것이다. 이러한 맥락에서, 최신 기후적응 의사결정지원시스템은 의사결정 과정 자체를 지원하는 방향으로 진화하고 있다. 예를 들어, 미국 NOAA의 Climate Resilience Toolkit이나 EU의 Climate-ADAPT 플랫폼 등은 단순 정보제공을 넘어, 사용자 맞춤형 가이드나 의사결정 절차 안내 도구를 포함하기 시작했다.

그러나 아직까지 '전환'이 만족스러운 수준은 아니다. 궁극적으로, 기후적응 의사결정지원시스템은 기후적응의 사회적 숙의 과정과 일치시키고, 과학적 전문지식과 현장 실천 간의 격차를 해소하는 데 기여하도록 전환되어야 한다(Song and Yang 2025). 뒤에 보다 자세히 살펴보겠지만, 시나리오 기반 상호작용 기능의 설계, 시민과학 데이터의 통합, 공동창조 워크숍과 같은 참여적 요소를 도입함으로써, 기후적응 의사결정지원시스템은 정적인 정보제공의 도구에서 벗어나 다양한 이해관계자들이 주체적으로 기후적응 의사결정을 내릴 수 있도록 권한을 부여하게 되는 동적 플랫폼으로 전환될 수 있을 것이다.

2. 리빙랩의 이론과 실천

리빙랩은 개방형 혁신(Open Innovation) 모델의 한 형태로, 조직 경계를 넘어 외부의 아이디어와 자원을 활용해 혁신을 달성하려는 접근이다. 전통적인 연구개발(R&D)이 실험실이나 관청 내부에서 전문가 중심으로 이루어졌다면, 리빙랩은 생활 현장에서 일상 사용자와 현장 전문가가 함께 참여하여 문제와 해법을 탐색한다는 점에서 차이가 있다. 2000년대 중반부터 유럽을 중심으로 확산된 리빙랩은 기본적으로 공공부문 혁신과 시민참여 과학의 만남으로서의 성격을 가진다.

리빙랩의 핵심 원리는 현실성(realism), 개방성(openness), 영향력(impact), 가치(value), 지속가능성(sustainability) 등으로 정리될 수 있다. 즉, 현실 세계의 맥락에서(현실성), 다양한 참여자에게 개방되고(개방성), 참여자가 결과에 영향을 미치며(영향력), 모두에게 가치를 창출하고(가치), 장기적으로 지속 가능(지속가능성)하도록 설계된 공동 혁신 실험인 것이다(Bergvall-Kåreborn and Ståhlbröst 2009).

실천적 차원에서, 리빙랩 프로젝트에서는 일반 시민, 지역공동체, 스타트업, 연구자, 공무원 등이 한데 모여 협업 생태계를 형성한다. 이들은 문제정의 단계에서부터 함께 참여해 아이디어를 내고, 프로토타입(시제품)이나 정책초안을 공동으로 만들어 시험해본다. 예를 들어, 에너지 자립마을 조성을 위한 리빙랩이라면 주민들이 에너지 절약 아이디어를 내고, 지자체와 기업이 기술적 지원을 제공하며, 함께 태양광 패널 설치나 수요관리 프로그램을 실험해보는 식이다.

이러한 리빙랩 접근은 특히 기후적응 분야에서 주목받고 있다. 앞서 수 차례 지적한 바와 같이, 기후적응은 지역별로 상황이 다르다는 점에서 정답이 하나가 아니며, 시민 생활과 밀접한 대책들을 필요로 한다는 점에서, 이해당사자의 공동참여가 타당성을 높이고 실행력을 담보하기 위한 조건이 되기 때문이다. 실제로 유럽연합은 도시 기후회복력을 높이기 위해 여러 Urban Living Lab 프로젝트를 지원해왔다(Voytenko et al. 2016). 우리나라에서도 최근 지방정부를 중심으로 리빙랩 방식의 기후적응 시범사업이 등장하고 있다.

이처럼 리빙랩은 기존에 소외되었던 주민의 지식과 창의성을 활용함으로써, 적응대책의 현장 적합성을 높이고 공동책임의식을 형성한다는 장점이 있다(Nesti 2018). 그러나 리빙랩이 모든 것을 해결해주는 마법은 아니다. 누가 어떻게 참여하고 의사결정에 영향력을 행사하는지에 따라 성과는 크게 달라질 수 있기 때문이다. 여기서, 리빙랩의 성패를 좌우하는 참여의 질을 가늠하기 위해 필요한 개념이 바로 '참여의 수준(levels of participation)'이다.

3. 참여란 무엇인가: 시민참여의 사다리

참여는 흔히 '한다/안한다' 식의 이분법으로 이해되지만, 사실은 연속체(continuum) 상에서 다양한 수준으로 나타나는 현상으로 이해될 필요가 있다. Sherry Arnstein(1969)이 제시한 유명한 시민참여의 사다리(Ladder of Citizen Participation) 모형은 참여를 8개 단계로 구분하여, 단순한 정보 제공부터 시작해 시민 권한 위임과 시민 통제에 이르는 계층적 구조로 개념화하였다.

이 모형의 시사점은, 참여라고 다 같은 참여가 아니라 권력 배분의 정도에 따라 질적으로 다르다는 점에 있다. Arnstein의 사다리에서 하위 단계(1~2단계)는 사실상 참여가 아닌 조작과 치료(무마)에 불과하고, 중간 단계(3~5단계)는 정보제공, 협의(자

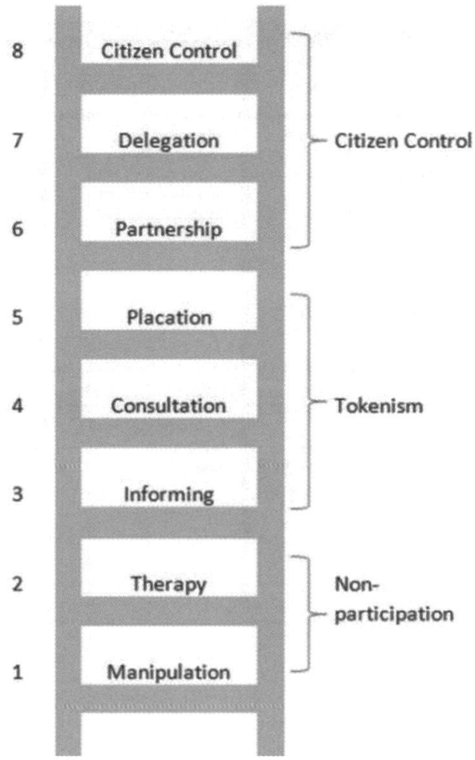

[그림 1] 아른스타인의 사다리: 정부 의사결정에서 시민 참여의 여덟 단계(Prager 2016)

INCREASING IMPACT ON THE DECISION

	INFORM	CONSULT	INVOLVE	COLLABORATE	EMPOWER
PUBLIC PARTICIPATION GOAL	To provide the public with balanced and objective information to assist them in understanding the problem, alternatives, opportunities and/or solutions.	To obtain public feedback on analysis, alternatives and/or decisions.	To work directly with the public throughout the process to ensure that public concerns and aspirations are consistently understood and considered.	To partner with the public in each aspect of the decision including the development of alternatives and the identification of the preferred solution.	To place final decision making in the hands of the public.
PROMISE TO THE PUBLIC	We will keep you informed.	We will keep you informed, listen to and acknowledge concerns and aspirations, and provide feedback on how public input influenced the decision.	We will work with you to ensure that your concerns and aspirations are directly reflected in the alternatives developed and provide feedback on how public input influenced the decision.	We will look to you for advice and innovation in formulating solutions and incorporate your advice and recommendations into the decisions to the maximum extent possible.	We will implement what you decide.

[그림 2] 국제공공참여협회(IAP2)의 공공 참여 스펙트럼(IAP2 2018)

INCREASING STAKEHOLDER INFLUENCE ON THE RESEARCH →

	INFORM	CONSULT	INVOLVE	COLLABORATE	SUPPORT
STAKEHOLDER PARTICIPATION GOAL	Researchers provide stakeholders with balanced and objective information to assist them in understanding the research.	Researchers obtain stakeholder feedback on the research.	Researchers work directly with stakeholders to ensure that stakeholder concerns and aspirations are consistently understood and considered in the research.	Researchers develop equal partnerships with stakeholders for undertaking the research.	Researchers provide input as requested to stakeholder-led research.
PROMISE MADE TO STAKEHOLDERS BY RESEARCHERS	We will keep you informed.	We will keep you informed, listen to and acknowledge your concerns and aspirations and provide feedback on how your input influenced the research.	We will work with you to ensure your concerns and aspirations are directly reflected in the research and we will provide feedback on how your input influenced the research.	We will include you as an equal partner in designing and conducting the research.	We will provide advice and assistance as requested to help you design and conduct your research.

[그림 3] i2S 이해관계자 참여 옵션 프레임워크(Bammer 2019; 2020; 2021)

문), 회유(부분 참여) 등의 형식적 참여로 정의된다. 최상위 단계(6~8단계)는 협력(파트너십), 권한 위임, 시민 통제로 구성되며, 시민이 실질적인 의사결정 권력을 공유하거나 완전히 행사하는 실질적 참여를 의미한다.

한편, 현대에 이르러서는 국제공공참여협회(IAP2)에서 제시한 공공참여 스펙트럼이 널리 인용되는데, 여기서는 참여를 다섯 수준(알림 – 협의 – 관여 – 협력 – 권한부여)으로 구분한다.

IAP2 스펙트럼은 각 수준별로 시민에게 약속되는 영향력의 정도를 명시한 것이 특징인데, 예를 들어 알림(inform) 수준에서는 "결정권은 기관에 있으나, 시민에게 정보를 제공하여 이해를 돕는다"는 약속을 하고, 협의(consult) 수준에서는 "의견을 구하고 이를 고려하겠다"는 약속을 한다. 관여(involve) 단계로 가면 "의사결정 과정 전반에 걸쳐 시민을 포함시켜 의견이 충분히 반영되도록 하겠다"고 하며, 협력(collaborate) 단계에서는 "대안 마련부터 결정까지 시민과 파트너로서 함께 일한다"는 약속을 제공한다. 최고 단계인 권한부여(empower)에서는 "최종 의사결정을 시민에게 맡긴다"는 약속을 명시하여, 공공기관이 결과를 수용할 것을 약속한다.

중요한 점은, IAP2는 모든 상황에서 최고 수준 참여가 적절한 것은 아니며 상황에 따라 적합한 수준이 있다고 강조한다는 것이다. 가령 법적·제도적으로 정부에 최종책임이 있는 사안은 협력 수준까지가 현실적일 수 있고, 지역공동체 자체 사업이라면 권한부여까지도 가능하다는 식이다.

참여를 연구하는 학자들은 이처럼 연속적 스펙트럼 개념을 통해, 피상적인 참여와 실질적인 참여를 구분하고 참여 설계를 체계화하고자 한다. 예를 들어, 최근 Bammer(2019; 2020; 2021)은 연구분야에서 이해관계자 참여를 분석하기 위해 Arnstein과 IAP2를 응용한 i2S 참여옵션 프레임워크를 개발하기도 했다.

종합하면, 참여란 단일한 이벤트가 아니라 과정이며, 정보 제공 → 자문 → 협력 → 공동결정으로 이어지는 연속된 계층 구조로 이해되어야 한다. 이러한 이론적 틀을 바탕으로, 이하에서는 기후적응 의사결정지원시스템에 참여 개념을 적용할 때 어떤 '수준'을 염두에 두는지가 중요하다고 보고, 참여 수준별로 의사결정지원시스템을 어떻게 설계할 수 있는지 구체적으로 살펴본다.

III. 참여 기반 의사결정지원시스템의 개념화

1. 참여 수준에 따른 의사결정지원시스템 유형화

앞서 살펴본 바와 같이, 의사결정지원시스템을 설계할 때는 대상 프로젝트의 참여 수준에 따라 그 기능과 구조를 달리해야 한다. 여기서는 앞서 언급한 IAP2의 5단계 참여 수준(알림 – 협의 – 관여 – 협력 – 권한부여)을 활용하여, 각 단계에 적합한 의사결정지원시스템의 유형을 개념적으로 구분해보고자 한다.

1) 알림(Inform)형 의사결정지원시스템

이 수준의 의사결정지원시스템은 일방향 정보전달 도구로서 기능한다. 참여자는 수동적 수용자의 역할에 머물며, 의사결정지원시스템의 주된 기능은 기후정보나 적응대책 정보를 시각화하여 제공하는 것이다. 예를 들어, 기후 시나리오 데이터, 과거 피해 사례, 정부의 적응계획 등을 검색하고 열람할 수 있는 정보 포털 형태가 이에 해당한다.

알림 수준 의사결정지원시스템의 설계 핵심은 신뢰성 있는 최신 정보를 사용자 친화적으로 제공하는 데 집중하는 것이다. 상호작용 요소는 최소화하여 정보 왜곡의 여지를 줄이고, 대신 다양한 사용자층이 이해할 수 있도록 인터페이스 단순화와 다국어 지원 등이 고려된다. 다만, 알림형 의사결정지원시스템은 참여자에게 의사결정 영향력을 부여하지 않으므로, 참여적 의사결정지원시스템이라고 부르기에는 한계가 있다.

Adaptation Scotland는 스코틀랜드 정부가 지원하는 기후변화 적응 정보 포털로, 알림형 의사결정지원시스템의 전형을 보여준다. 이 플랫폼의 주요 기능은 기후 시나리오 데이터, 취약성 평가 결과, 부문별 적응 사례를 데이터베이스화해 사용자에게 제공하는 것이다. 또한 공공부문·지역사회·기업·개인·가구 등으로 구분된 맞춤형 시각 자료(예: 툴, 보고서, 템플릿, 영상 등)를 지원한다. 사용자의 접근성을 위해 사용자 친화적으로 설계되었으나, 상호작용 기능은 최소화되어 있어 사용자는 정보를 단순 조회·다운로드하는 데 그치며, 피드백을 제공하거나 의사결정 과정에 직접 참여할 수 없다. 이는 Adaptation Scotland가 정보 제공 중심의 알림형 시스템이라는 특성을 명확히 드러낸다.

2) 협의(Consult)형 의사결정지원시스템

이 단계에서는 참여자가 의견 제공자로서 일정 역할을 한다. 의사결정지원시스템은 정보를 제공하는 동시에 피드백 수집 기능을 포함해야 한다. 이를테면, 지역 주민을 대상으로 여러 적응대책 옵션에 대한 선호도를 조사하는 온라인 설문 시스템이나, 정책안에 대한 공개 의견수렴을 위한 토론 게시판 등이 협의형 의사결정지원시스템의 예이다. 이러한 시스템은 양방향 소통을 가능케 함으로써, 정책결정자들이 다양한 이해관계자의 우려와 선호를 파악하도록 돕는다.

협의 수준 의사결정지원시스템의 설계에서는 접

근성과 신속성이 중요하다. 누구나 쉽게 의견을 등록할 수 있어야 하고, 수집된 의견을 자동으로 분류·분석하여 의사결정자에게 전달하는 기능이 요구된다. 이때 투명성을 위해 시민에게 약속된 바를 명확히 해야 하는데, 예컨대 "제출된 의견은 검토 후 정책에 반영 여부를 공지한다"와 같은 약속과 절차를 명시함으로써 참여자의 신뢰를 확보해야 한다.

CAKE(Climate Adaptation Knowledge Exchange)는 EcoAdapt과 Island Press가 운영하는 기후변화 적응 지식교환 플랫폼으로, 협의형 의사결정지원시스템의 대표적 사례이다. 이 플랫폼은 기후적응에 관한 사례 연구, 디지털 라이브러리, 실무자 디렉토리, 관련 도구 데이터베이스를 제공하는 동시에, 사용자들이 자신들의 모니터링/평가 자료를 제출하고 토론에도 참여할 수 있는 양방향 소통 기능을 지원한다. 특히 'Community Event'를 통해 이해관계자 간 현장 경험과 전략의 공유를 촉진하고, 'Contribute to CAKE' 기능과 사용자 설문조사 기능을 통해 다양한 이해관계자들의 피드백을 수집·반영함으로써 관련 콘텐츠를 지속적으로 개선한다. 이러한 플랫폼 구조는 정책결정자에게 현장의 목소리를 전달하고, 사용자들에게는 정보 학습을 넘어 기후적응 정책과 실천에 기여하는 참여의 기회를 제공할 수 있다.

3) 관여(Involve)형 의사결정지원시스템

관여 수준에서는 참여자가 의사결정 과정 전반에 걸쳐 능동적으로 참여한다. 의사결정지원시스템은 단순 의견수렴을 넘어서, 참여자가 대안의 분석과 평가 과정에 참여할 수 있는 도구를 제공해야 한다. 예를 들면, 다양한 기후적응 시나리오에 따른 결과를 시뮬레이션해보고 그 사회·경제적 영향을 비교하는 대화형 모델링 툴이 있을 수 있다. 주민들이 여러 옵션을 직접 조합해보고 "만약 A대책을 채택하면 홍수 위험이 얼마나 줄어드는가?" 등을 확인해볼 수 있는 것이다.

또한 워크숍 등 대면 참여에서 활용할 수 있는 참여형 GIS 지도 또는 보드게임 형식의 의사결정 보조도구도 관여형 의사결정지원시스템에 포함된다. 이러한 의사결정지원시스템은 참여자가 학습을 통해 더 나은 의사결정에 기여하도록 설계되므로, 사용자 교육과 가이드 지원 기능이 강조된다.

관여 수준에서는 정보의 난이도 조절이 중요하다. 일반 시민도 이해할 수 있으면서, 동시에 실제 결정에 유용한 정량적 데이터를 제공해야 하기 때문이다. 따라서 의사결정지원시스템 설계자는 전문가용 뷰와 일반인용 뷰를 구분하여, 필요에 따라 심층 정보에 접근할 수 있도록 하는 등 계층적 정보 설계를 도입할 수 있다.

예컨대 미국 U.S. Climate Resilience Toolkit에는 지역별 위험요소를 보여주고, 사용자가 관심 지역을 선택하면 관련 대응조치 사례와 효과를 보여주는 대화형 지도가 포함되어 있는데, 이는 지역 담당자와 주민이 함께 위험을 시각적으로 인지하고 논의할 수 있게 해준다(NOAA 2019). 특히, 지역 커뮤니티 워크숍에서 활용할 수 있는 참여형 GIS 도구와 역할극 기반 시뮬레이션은 대면 협력의 기회를 제공함으로써, 지역 주민들이 실질적인 기후적응 전략을 수립할 수 있도록 지원한다. 또한 "5 Steps to Resilience framework"를 중심으로 실무 가이드, 템플릿, 훈련 자료, 웨비나를 제공하여 사용자의 의사결정 역량 강화를 지원하고 있다. 이처럼 U.S. Climate Resilience Toolkit은 단순한 정보 제공을 넘어, 과학 기반 데이터와 참여형 설계를 통합하여 지역 주민과 정책결정자가 공동으로 기후적응 전략을 수립하도록 지원한다.

4) 협력(Collaborate)형 의사결정지원시스템

협력 단계에서는 참여자가 사실상 공동설계자(co-designer)의 위치에서 의사결정 과정에 깊숙이 참여한다. 이 경우 의사결정지원시스템은 참여자와 공공기관 전문가 또는 연구자 간의 협업을 지원하는 기능이 요구된다. 대표적인 예로 공동 시나리오 작성 툴을 들 수 있다. 여러 이해당사자가 온라인 플랫폼에서 동시에 적응전략을 편집하고, 이에 대한 예상효과를 의사결정지원시스템이 즉각 피드백하여 보여주는 시스템이다. 이를 통해 참여자들은 각자 제안한 아이디어가 가져올 결과를 함께 검토하고, 최적의 조합을 협상과 토론을 통해 도출할 수 있다. 위키 기반 정책문서 작성 시스템이나, 멀티플레이 시뮬레이션 게임도 협력형 의사결정지원시스템의 범주에 속한다.

협력 수준 의사결정지원시스템 설계의 핵심은 상호운용성과 의견조정 지원이다. 여러 사용자가 동시에 입력하므로 변경 내용을 버전 관리하고 충돌을 방지해야 하며, 채팅이나 토론창을 통해 의사소통을 원활히 해줄 필요가 있다. 또한 의사결정에 이르는 과정을 구조화하기 위해 의견 합의도 분석이나 투표 기능, 의제 설정 기능 등을 제공하여 참여자들이 공동의 결론에 도달하도록 돕는다. 이 수준에서는 의사결정지원시스템이 사실상 협상 테이블의 역할을 하기 때문에, 기술적인 정확성뿐만 아니라 사회적 프로세스 관리 기능이 중요하게 부각된다.

이러한 협력형 의사결정지원시스템의 구체적 사례로, Room for the River 홍수 관리 프로그램에서 활용된 '블록 상자'(blokkendoos, Box of Blocks)를 들 수 있다. van Herk et al. (2012)에 따르면, 이 컴퓨터 기반 수리학적 모델은 체계 분석(system analysis), 협업 설계(collaborative design), 거버넌스(governance)의 세 가지 사회적 학습 활동을 통합하는 협업 플랫폼이다.

이 시뮬레이션 도구에서 주민을 포함한 지역 이해관계자들은 공동설계자로서 자신들이 제안한 조치를 직접 모델에 입력하고, 홍수 관리를 위한 강 확폭 조치들(river widening measures to reduce water levels)의 다양한 조합을 실험할 수 있다. 이 도구는 각 조합에 따른 수리학적 결과와 수위 감소 효과를 사용자에게 실시간으로 시각화하여 즉각적인 피드백을 제공한다. 특히 약 600개 조치 후보를 선별하는 과정에서 수리학 전문가와 지역 이해관계자들이 블록 상자 도구를 공동으로 활용하며, 서로 다른 제안들의 효과를 함께 검토하고 협상과 토론을 통해 최적의 조합을 도출하였다. 이는 지역 이해관계자들이 단순한 의견 제공자가 아닌 실질적인 공동설계자 역할을 수행하며, 과학적 근거에 기반한 민주적 합의를 이루어낸 혁신적 협력 사례이다.

5) 공동결정(Empower/Support)형 의사결정지원시스템

최고 수준의 참여에서는 최종 결정권이 참여자, 특히 시민이나 지역공동체에게 부여된다. 이 경우 의사결정지원시스템은 참여자들이 자율적으로 의사결정을 수행하고 그 결과를 실행까지 옮기는 것을 지원해야 한다. 현실에서는 공동결정 수준까지 참여를 보장하는 사례가 많지 않지만, 몇 가지 시도가 존재한다. 예를 들어, 일부 도시의 시민참여 예산제에서 기후적응 관련 사업을 선정할 때, 온라인 플랫폼을 통해 시민들이 직접 제안하고 투표로 결정하는 방식이 있다. 이러한 플랫폼은 시민이 올린 사업 제안들을 공유하고 토론하게 한 뒤, 전자투표로 우선순위를 결정하면 해당 결과를 시 정부가 존중하여 예산을 배정한다.

공동결정형 의사결정지원시스템의 설계에서는 투명성과 공정성이 무엇보다 중요하다. 모든 결정

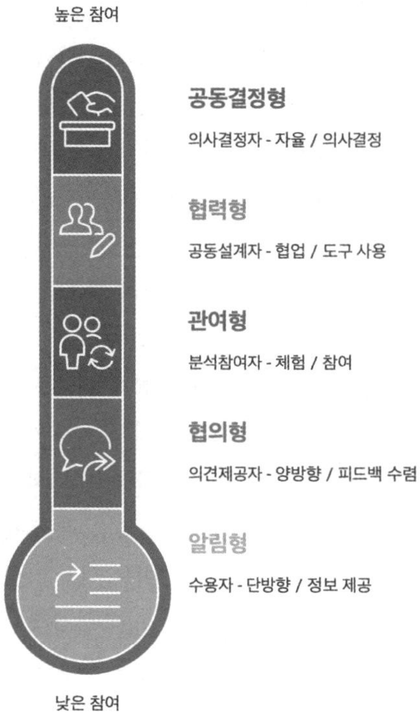

[그림 4] 참여 수준에 따른 의사결정지원시스템 (필자 작성)

과정이 기록되고 공개되어 신뢰를 얻어야 하며, 보안과 인증을 통해 투표의 무결성을 보장해야 한다. 또한 결정 이후 피드백과 책임성을 확보하기 위한 모듈도 필요하다. 예컨대 채택된 적응사업의 이행 현황을 시민이 추적하고 의견을 달 수 있는 모니터링 대시보드를 연계함으로써, 공동결정의 결과가 실효성 있게 관리되도록 한다.

공동결정 수준 의사결정지원시스템은 사실상 거버넌스 시스템에 가깝기 때문에, 단일 기술도구라기보다 제도적 맥락과 맞물려 설계되어야 한다. 국제협약이나 국내 법령으로 주민투표 결과를 정책에 반영하도록 하는 등의 제도적 뒷받침이 없다면, 의사결정지원시스템만으로 권한부여 참여를 구현하기 어렵다. 따라서 이 장에서 논하는 공동결정형 의사결정지원시스템은 기술 설계뿐 아니라 제도설계까지 포함하는 포괄적 개념이라고 할 수 있다.

그림 4는 이러한 참여 수준별 의사결정지원시스템의 개념적 구조를 요약한 것이다. 이상의 유형화는 이상적 모형(ideal type)에 가깝고, 현실의 의사결정지원시스템은 이들 요소를 혼합적으로 지니는 경우가 대부분이다. 그럼에도 불구하고, 설계 단계에서 참여 수준을 명확히 규정하는 작업은 어떤 기능에 집중해야 할지 우선순위를 세우는 데 유용하다.

2. 참여자 역할과 정보 요구의 변화

지금까지 살펴본 바와 같이, 참여 수준이 높아짐에 따라 참여자의 역할은 정보 수용자에서 설계자 및 의사결정자로 바뀌고, 이에 따라 의사결정지원시스템이 제공해야 하는 정보의 종류와 깊이도 달라질 수밖에 없다. 낮은 참여 단계에서는 메시지의 명확성이 중요하다. 예를 들어 알림 수준에서 의사결정지원시스템은 기후변화 전망이나 적응대책의 개요 등 일반 대중용 요약 정보를 제공하는 데 중점을 둔다. 이때 정보는 이해하기 쉬운 형태(인포그래픽, 짧은 설명)로 제시되어야 하며, 전문용어 사용을 최소화해야 한다.

반면 참여자가 정책 공동설계에 관여하는 수준이 되면, 훨씬 정교하고 상세한 데이터가 요구된다. 예컨대 홍수방어 계획을 주민과 함께 세운다면, 과거 홍수기록, 유역별 유량 시나리오, 각 대책의 비용-편익 분석 등의 전문정보를 투명하게 공유해야 한다. 이처럼 정보량과 복잡성이 증가하므로, 의사결정지원시스템은 정보 필터링과 다층적 접근 기능을 갖추어야 한다. 즉, 핵심 내용은 개괄적으로 보여주되 원하는 사용자는 더 깊은 자료(보고서 원문, 데이터셋 등)를 볼 수 있게 하는 구조다.

또한 참여자의 지식 수준 향상을 돕는 기능도 중요하다. 참여 범위가 확대될수록 일반 시민도 전문적인 판단을 내려야 하는 상황이 생기므로, 의사결정지원시스템 내에 학습 모듈을 포함시킬 수 있다. 예를 들어, 의사결정에 앞서 "기후모델의 불확실성 이해하기"와 같은 간략한 튜토리얼을 제공하여, 참여자들이 자신의 결정에 필요한 배경지식을 쌓도록 돕는다. 미국 EPA는 "참여 수준이 높아질수록, 참여자가 충분한 정보를 얻고 역량을 갖추도록 지원해야 한다"고 강조하며, 능력배양(capacity building) 프로그램의 필요성을 언급한다. 실제 공동결정 단계에 이르기 위해서는 일반 시민도 전문가와 교양있는 대화를 할 수 있어야 하므로, 의사결정지원시스템은 일종의 의사결정 지원 아카데미 역할도 수행해야 하는 셈이다.

한편, 참여자 역할이 바뀜에 따라 정보 해석의 관점도 달라진다(Cash et al. 2003). 처음에는 단순히 "이 지표가 높으면 위험이 큰가 보다" 정도의 해석이었다면, 나중에는 "이 지표의 불확실성을 어떻게 이해하고 의사결정에 반영할 것인가?"라는 높은 차원의 해석이 필요해진다. 따라서 의사결정지원시스템은 단순한 정보 전달자에서 나아가, 정보의 맥락과 한계까지 설명해주는 의사소통자가 되어야 한다. 예를 들어, 기후모델 시나리오 데이터 옆에 "이 수치는 RCP8.5 극단시나리오 기준이며, 지역 미세기후는 반영되지 않았음"과 같은 해설을 덧붙여 사용자가 데이터를 올바르게 해석하도록 유도할 수 있다.

이렇듯 참여 단계 상승은 곧 정보 요구도의 상승이며, 의사결정지원시스템 설계자는 정보의 양과 질, 해석 지원 체계를 단계별로 달리 설계해야 한다. 요약하면, 참여자가 의사결정의 중심에 다가갈수록 의사결정지원시스템은 더 깊이 있는 정보를 더 이해하기 쉽게 제공하는 역설적 과제를 안게 된다. 이는 기술적 도전일 뿐 아니라, 소통의 예술이기도 하다. 결국 "적합한 정보를, 적합한 방식으로, 적합한 사람에게" 제공하는 것이 참여기반 의사결정지원시스템 성공의 열쇠인 것이다.

3. 의사결정지원시스템 설계의 연동 구조

지금까지 논의한 내용을 종합하면, 참여 수준에 따라 ① 참여자의 역할, ② 요구되는 정보의 특성, ③ 의사결정지원시스템의 핵심 도구와 기능, ④ 설

[표 1]

참여 수준	역할	정보 유형	주요 도구	설계 포인트
알림	수용자	일방향 기본정보 (평이한 언어로 된 요약, 인포그래픽 등)	웹정보포털, 경보알림 시스템	신뢰성 있는 콘텐츠 제공, UI의 접근성
협의	의견제공자	이슈별 배경정보 + 의견제출 양식	온라인 설문, 의견게시판, 시민제안 수집도구	쉬운 의견제출, 수렴된 의견의 피드백 (결과 공개)
관여	분석참여자	시나리오 데이터, 영향모델 결과 등 (시민 눈높이 해설 포함)	시나리오 모의실험 툴, 참여형 지도(PPGIS), 워크숍용 키트	인터랙티브한 학습 경험 제공, 전문정보의 시각화/단순화
협력	공동설계자	정책 대안별 상세자료, 실시간 공유문서	협업 플랫폼(공동편집 문서, 모델 공동실행), 실시간 채팅/회의 기능	다중사용자 동시작업 지원, 버전관리 및 합의형성 도구, 충분한 토론공간 보장
공동결정	의사결정자	모든 관련 정보의 투명한 공개 + 실시간 모니터링 지표	전자투표, 블록체인 기반 참여기록, 이행 모니터링 대시보드	절차의 공정성/보안성, 결과의 구속력 확보, 시후 피드백 루프

계 고려사항이 서로 연동되어 변한다는 것을 알 수 있다. 이러한 연동 구조를 체계적 프레임워크로 정리하여 의사결정지원시스템 설계에 활용하는 것이 이 장의 목표이다. 표 1은 참여 수준별로 앞서 살펴본 요소들을 정리한 것이다.

표 1을 통해 알 수 있듯이, 참여 수준이 높아질수록 요구사항이 복잡해지고 기술적·사회적 설계 요소가 증가한다. 한 단계에서 간과된 요소는 다음 단계에서 문제를 일으킬 수 있기 때문에, 통합적 접근이 필요하다. 예를 들어, 협력 단계에서 시민이 열심히 참여해 대안을 마련했는데 최종 결정권이 기관에 있어서 무시된다면, 이는 참여자의 신뢰 상실로 이어져 이후 공동결정의 토대가 무너진다. 그러므로 처음부터 목표로 하는 참여 수준을 명확히 설정하고, 그에 맞는 약속과 권한을 부여해야 한다. 이때 의사결정지원시스템 설계자는 기술적 기능 구현뿐 아니라, 해당 참여 수준에 걸맞은 운영 프로토콜을 함께 마련해야 한다.

그림 5 같은 프레임워크를 통해 우리는 "참여를 구조화한다"는 것이 무엇을 의미하는지 구체화할 수 있다. 앞서 강조한 바와 같이, 핵심은 참여의 깊이에 따라 필요한 모든 요소를 조율하는 것이다. 참여자의 심리적 동기에서부터 UI 디자인, 데이터 관리, 거버넌스 규칙에 이르기까지 전방위적 일관성을 가져야 비로소 참여가 구조화되어 의사결정지원시스템에 내재화된다. 이는 실제 의사결정지원시스템에 대한 평가와 가이드라인 도출의 분석틀로도 활용될 수 있다.

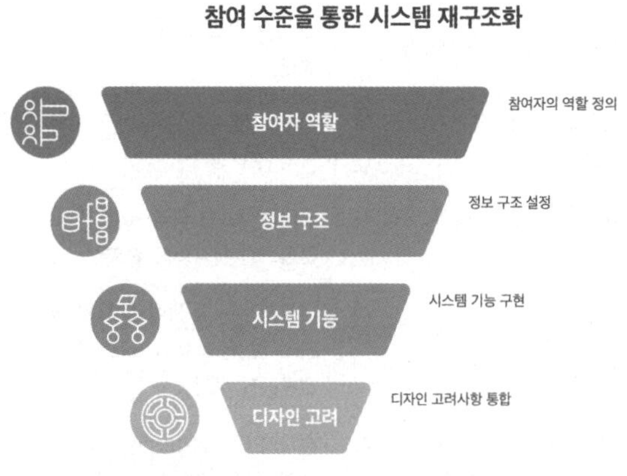

[그림 5] 참여 수준 연동 프레임워크(필자 작성)

IV. 의사결정지원시스템 구성 요소의 모듈화

1. 모듈화의 개념과 필요성

기후적응 의사결정지원시스템을 설계·운영하는 데 있어 모듈화(modularity)는 중요한 전략적 접근이다. 모듈화란 복잡한 시스템을 상호 독립적인 구성 요소(모듈)로 분해하고, 표준화된 인터페이스로 연결함으로써 유지보수와 재조합을 용이하게 하는 설계 방식이다(Baldwin and Clark 2000). 이러한 개념을 기후적응 의사결정지원시스템에 도입하면, 보편성과 특수성을 모두 충족하는 유연한 플랫폼을 만들 수 있다.

예를 들어, 다양한 지역의 기후적응 계획에 동일한 의사결정지원시스템을 적용하려면 지역마다 맥락이 달라 일률적 시스템으로는 한계가 있다. 하지만 의사결정지원시스템을 몇 가지 핵심 기능 모듈로 나누어 설계하면, 지역별로 필요한 모듈을 선택·조합하거나 특화 모듈을 추가하는 식으로 맞춤 구성이 가능해진다. 이는 마치 레고 블록을 조립하듯이, 기본 블록은 공통으로 제공하면서도 지역 상황에 따라 다른 구조물을 구축할 수 있는 셈이다.

모듈화의 또 다른 이점은 병렬 개발과 업그레이드의 용이성이다. 하나의 거대한 시스템을 통째로 개발하면 시간과 비용이 막대하지만, 모듈 단위로 개발하면 각 모듈을 다른 팀이 동시에 개발하거나,

우선 필요한 모듈부터 제공하고 나중에 추가하는 점진적 구현이 가능하다. 예를 들어 초기에는 '위험지도 시각화' 모듈과 '대책 데이터베이스' 모듈만으로 시스템을 출범시키고, 이후 '우선순위 결정' 모듈을 추가하는 식으로 단계적 확장이 쉽다.

또한 기술 변화나 정책 변화에 대응하기에도 모듈화가 유리하다. 특정 알고리즘(예: 기후 예측 모델)이 개선되면 해당 모듈만 교체하면 되고, 정책평가 지표 체계가 바뀌면 '평가모듈'만 업데이트하면 된다. 이처럼 유연성(flexibility)과 지속가능성 측면에서 모듈화는 의사결정지원시스템의 장기 발전을 담보한다.

마지막으로, 모듈화는 이해당사자 참여의 범위 조절에도 활용될 수 있다. 예를 들어 어떤 모듈('모델 설정' 모듈 등)은 전문가 전용으로 설정하고 일반 시민에게는 UI에서 감추는 한편, 다른 모듈('결과 시나리오 비교' 모듈 등)은 시민이 손쉽게 활용하도록 열어줄 수 있다. 이렇게 하면 참여 수준에 따른 기능 제한을 기술적으로 구현할 수 있다.

요약하면, 모듈화는 보편적 틀 안에서 특수한 요구를 수용하고, 변화에 대응하며, 참여 수준에 맞는 기능제공을 가능케 하는 의사결정지원시스템 설계의 기본 철학이라 할 수 있다. 이는 리빙랩 맥락에서 "모두를 위한 하나의 솔루션"을 찾기보다는, 공통 플랫폼 위에 다양한 실험이 공존하도록 하는 접근과도 일맥상통한다.

2. 의사결정지원시스템 모듈 구조

그렇다면 기후적응 리빙랩 의사결정지원시스템을 어떤 모듈들로 나눌 수 있을까? 본 연구에서는 일반적인 기후적응 의사결정 과정을 다섯 단계로 보고, 이에 대응하는 다섯 개의 핵심 모듈을 제안한다: ① 문제 정의 모듈, ② 데이터 수집 모듈, ③ 대안 평가 모듈, ④ 실행 설계 모듈, ⑤ 피드백 모듈. 각 모듈의 기능과 역할은 다음과 같다.

1) 문제 정의 모듈

초기 단계로, 해결해야 할 적응과제가 무엇인지 공동으로 규정하는 기능이다. 예를 들어, 지역 리빙랩에서 "우리 도시의 주요 기후위험은 무엇인가?" 또는 "누구에게 어떤 영향이 가장 심각한가?"를 논의할 때, 의사결정지원시스템이 이를 지원한다. 문제 정의 모듈은 참여자들이 지역의 취약성 지표나 위험지도 등을 함께 보면서 우선순위 문제를 선택하도록 돕는다.

여기에는 이슈 맵핑 도구(토론에서 나온 이슈들을 시각적으로 연결하는 툴), 이해관계자 매트릭스(누가 영향을 받고 누가 자원과 권한을 갖는지 분석) 등이 포함될 수 있다. 이 모듈의 UI는 토의 과정을 촉진하기 위해 직관적인 그래픽과 드래그앤드롭 인터페이스 등을 활용한다.

2) 데이터 수집 모듈

문제를 정의한 후에는 관련 데이터를 모으고 분석해야 한다. 데이터 수집 모듈은 기후 데이터, 사회경제 데이터, 주민설문 결과 등 다양한 출처의 자료를 통합하는 기능을 맡는다. 기후분야 특성상 방대한 시계열 자료와 공간자료(GIS)가 많으므로, 이 모듈은 데이터베이스 관리와 API 연계를 통해 필요한 정보를 불러온다. 또한 시민참여형 데이터(예: 주민이 직접 올린 침수 경험 제보)도 수집할 수 있게 설계된다.

이를 위해 크라우드소싱 기능이나 모바일 앱 연동도 고려할 수 있다. UI 측면에서는 데이터의 메타정보(출처, 신뢰도 등)를 명확히 표시하여 데이터 투명성을 확보하고, 다양한 데이터를 일관된 포맷으로 시각화하는 대시보드를 제공한다.

3) 대안 평가 모듈

의사결정지원시스템의 심장부라 할 수 있는 부분이다. 여러 적응대책 대안들을 효과성, 비용, 부작용 등의 기준으로 평가하고 비교하는 기능이다. 여기에는 시뮬레이션 엔진이나 멀티크리터리아 분석 도구가 포함된다. 예를 들어, 제안된 A안(예: 방재숲 조성)과 B안(예: 하수도 확충)을 입력하면, 향후 20년간 홍수피해 감소 효과, 비용, 부수적 혜택 등을 산출해준다. 또한 참여자가 중요하게 생각하는 평가기준의 가중치를 조정해보며 우선순위가 어떻게 달라지는지 상호작용적으로 탐색할 수 있게 한다.

이 모듈은 전문성이 높아, 보통 전문가용 인터페이스와 일반인용 인터페이스 두 레이어로 구성된다. 전문가용은 상세 파라미터 조정이 가능하고, 일반인은 미리 정해진 시나리오 선택 정도만 할 수 있게 하는 식이다. 핵심은 복잡한 과학·경제 모델의 결과를 시각적으로 이해하기 쉽게 보여주는 것으로, 차트, 지도, 아이콘 등 시각적 표현에 주안점을 둔다.

4) 실행 설계 모듈

평가 결과를 바탕으로 선택된 대안을 구체적으로 실행계획으로 설계하는 기능이다. 예를 들어 "방재숲 조성" 대안을 채택했다면, 어디에 언제 어떻게 조성할지 로드맵을 만들고 역할분담을 정하는 과정을 지원한다. 이 모듈은 프로젝트 관리 툴과 유사한 기능을 포함할 수 있다. Gantt 차트로 일정계획을 잡고, 담당 기관/부서를 지정하고, 필요한 예산과 자원을 할당하는 등의 기능이다. 여러 이해관계자가 관여하므로, 협업 편집 기능이 강조된다.

참여자들은 온라인상에서 실행계획 초안을 함께 작성·수정할 수 있고, 변경 이력과 토론 기록이 남도록 한다. 또한 계획 단계에서 예상되는 리스크나 장애요인을 검토하도록 체크리스트나 시뮬레이션을 제공해 실행가능성을 높이는 것이 이 모듈의 역할이다.

5) 피드백 모듈

마지막으로, 실행된 적응조치의 성과를 모니터링하고 환류(feedback)하는 기능이다. 리빙랩의 관점에서 중요한 부분으로, 실제 조치가 이루어진 후에 그 효과를 추적하고 필요한 조정을 도출하여 다시 다음 주기에 반영하는 것이다. 이 모듈은 지표 대시보드(예: 홍수 발생 빈도 감소 여부, 주민 만족도 등)와 피드백 수집 채널(온라인 설문, 커뮤니티 포럼)을 갖춘다. 특히 시민이 직접 체감한 바를 공유하고 토론할 수 있는 장을 제공함으로써, 계속적인 참여를 유도한다.

한편, 기관 측에서는 이 모듈을 통해 축적된 데이터를 기반으로 평가 보고서를 생성하거나 정책 학습을 수행할 수 있다. 이를 지원하기 위해 시계열 분석도구나 보고서 템플릿 출력 기능도 고려된다. 피드백 모듈은 리빙랩 사이클을 지속시키는 핵심이므로, 참여자들에게 의미 있는 환류가 이뤄지도록 설계해야 한다. 예를 들어 "주민들의 피드백 중 70%가 그늘막 추가 설치를 요구하여 2년차에 반영했다"와 같이, 참여 결과가 실제 변화로 이어졌음을 보여주어 동기부여를 강화한다.

이상 다섯 모듈은 논리적으로 구분되어 있으나, 실제 시스템에서는 유기적으로 연결되어 통합 플랫폼을 이룬다. 각 모듈 간 인터페이스를 표준화하여 데이터와 정보가 원활히 흐르도록 해야 한다. 예를 들어 문제 정의 모듈에서 합의된 우선 위험요소 목록이 데이터 수집 모듈의 필터로 자동 전달되고, 대안 평가 모듈에서 선택된 우선순위 대안이 실행 설계 모듈의 초기 입력으로 넘어가는 식이다.

이러한 연동 인터페이스는 모듈화의 효과를 극

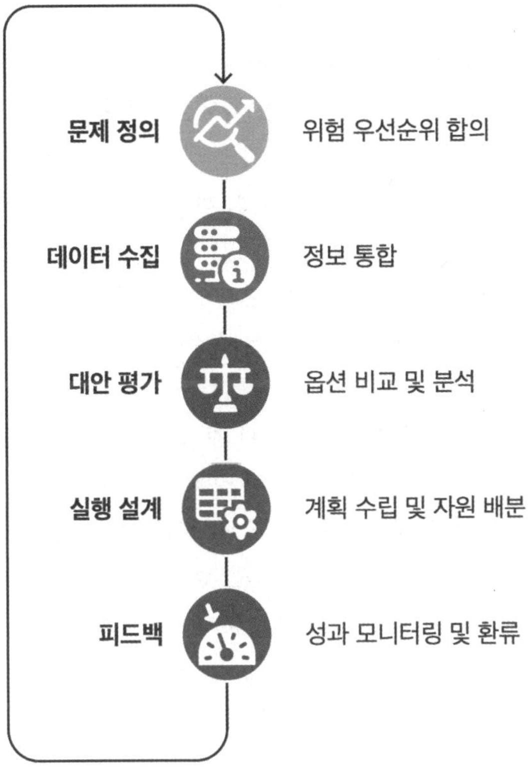

[그림 6] 기후적응 의사결정지원시스템의 모듈 구성 (필자 작성)

대화하는 열쇠다. 또한 모듈별로 참여 가능한 사용자 그룹을 설정할 수 있다. 예컨대 "데이터 수집 모듈-크라우드소싱 부분"은 시민 모두에게 개방, "대안 평가 모듈-전문 설정 부분"은 공무원과 전문가 계정만 접근 등 권한관리를 통해 참여 수준을 기술적으로 제어한다.

이상에서 제시한 모듈 구조는 일종의 이상적 참조설계(reference design)이다. 실제 개발에서는 예산이나 인력 등의 제약으로 일부 모듈만 구현하거나, 두 모듈을 하나로 합치기도 할 것이다. 그러나 중요한 것은 모든 기능을 한 번에 구현하지 않더라도, 전체 구조를 이 틀 속에서 바라보면서 확장성을 염두에 두는 것이다. 특히 기후적응 리빙랩 의사결정지원시스템은 진화하는 시스템이 될 가능성이 높다. 시간이 지남에 따라 새로운 과제가 대두되고 참여자가 늘어나면서 요구사항이 달라질 것이기 때문이다. 모듈화된 구조는 그 변화에 기민하게 대응하는 데에도 유리한 토대가 될 것이다.

3. 사용자 맞춤형 의사결정지원시스템 시나리오

기후적응 의사결정지원시스템의 사용자들은 매우 이질적이다. 지방자치단체 공무원, 지역 주민, 토목·환경 분야 전문가, NGO 활동가 등 각기 다른 배경과 목적을 가진 이들이 모두 사용자로 참여할 수 있다. 따라서 의사결정지원시스템은 사용자 맞춤형 경험을 제공하도록 설계되어야 한다. 이와 관련하여, 몇 가지 대표적 사용자 유형에 따른 의사결정지원시스템 활용 시나리오를 살펴본다.

1) 시나리오 A: 지방자치단체 공무원

중규모 도시의 기후변화 대응 담당 공무원 A는 시 정부 차원의 적응대책 수립을 주도하고 있다. 공무원 A는 의사결정지원시스템에 관리자 권한으로 로그인하여, 우선 지역 전문가와 시민대표들을 협의체 그룹으로 등록한다. 문제 정의 모듈에서 A는 최근 연구보고서를 업로드하고, 의사결정지원시스템이 생성한 지역 위험 프로파일을 참석자들과 공유한다. 함께 온라인 회의를 진행하며 의사결정지원시스템 내 라이브 협업보드에 "열섬현상", "국지성 호우" 등 지역 문제를 포스트잇으로 적어 붙이고, 토의와 투표 기능을 통해 모두가 인식하는 최우선 과제를 "도심 침수"로 합의한다.

이후 데이터 수집 모듈에서, A는 중앙정부의 기후 시나리오 데이터를 불러오고, 과거 침수 지역 지도도 업로드한다. 시민들은 모바일 앱으로 자신이 겪은 침수 피해 사례를 사진과 함께 제보하고, 이는 의사결정지원시스템 지도에 크라우드 레이어로 추가된다. 대안 평가 모듈에서는, A가 미리 준비한 네 가지 침수대책 (예: 저지대 배수펌프 설치, 빗물정원 조성, 하수관 확충, 재해취약지역 건축제한)을 입력하고, 각 대안의 대략적 비용과 효과 추정치를 관련 부서의 엔지니어가 작성하여 넣는다.

의사결정지원시스템은 이를 토대로 예상 침수저감량, 편익/비용 비율 등을 계산해 시각화한다. 공무원 A와 협의체는 의사결정지원시스템 화면을 보며 다중 기준으로 대안을 평가한다. 시민대표는 환경개선 효과를 중요하게 생각해 가중치를 조정해보고, 전문가들은 기술적 실현가능성을 점검한다. 의사결정지원시스템의 민주적 평가 알고리즘은 다양한 의견을 종합한 평균 점수뿐 아니라, 그룹별 선호차이도 보여준다. 결국 논의 끝에 "빗물정원 조성 + 하수관 확충" 복합대안을 추진하기로 결정하고, 의사결정지원시스템에서 해당 옵션을 선택한다.

실행 설계 모듈로 넘어가 A는 5년 실행계획을 작성한다. 의사결정지원시스템에 내장된 체크리스트를 따라 예산 추계, 부서 협조, 시민홍보 계획 등을 채워넣는다. 한편 의사결정지원시스템은 전국 유사 사례를 찾아 "타 도시에서 빗물정원 20곳 조성에 3년 걸림" 등의 참고 정보를 제공한다.

A는 실행계획 초안을 의사결정지원시스템을 통해 부서 간 돌려보며 수정한 후, 최종안을 확정하여 시스템상에서 시민공개 설정을 한다. 그러면 피드백 모듈에서 이 계획이 시민들에게 공개되고, 댓글과 질의응답이 가능해진다. 정책 시행 후에도 A는 의사결정지원시스템을 통해 매년 침수 발생 건수 등 지표 모니터링을 실시하고, 시민 설문조사를 진행해 결과를 입력한다. 의사결정지원시스템은 "초기 2년에 침수 30% 감소" 등의 성과를 자동으로 요약해주며, 이 자료는 다음 주기에 정책 보완을 위한 근거로 활용된다.

2) 시나리오 B: 지역 주민

침수 취약지역에 거주하는 주민 B는 리빙랩 협의체의 일원은 아니지만, 의사결정지원시스템을 통해 참여와 정보 획득을 하고 있다. B는 모바일 앱으로 동네의 기후적응 상황을 확인할 수 있는데, 알림 기능을 통해 "우리 동네 기후위기 적응사업 진행 중"이라는 공지를 받는다. 앱에 접속하니 피드백 모듈의 대시보드에서 올해 추진된 사업 목록과 진행률을 볼 수 있다.

B는 "빗물정원 조성 위치 지도"를 확인하고, 자신의 집 근처에 새로 조성된 것을 발견한다. 궁금한 점이 있어 앱의 문의 기능으로 "빗물정원의 유지관리는 어떻게 하나요?" 질문을 남긴다. 담당 공무원 (혹은 인공지능 챗봇)은 이 질문에 답변을 달고, 다른 주민들도 그 답변을 읽을 수 있다. 며칠 후 B는 협의 모듈에서 실시하는 설문에 응한다. 설문 문항은 "향후 집중호우 시 안전대책으로 가장 필요한 것은?" 등의 내용으로, 그는 "재난 문자알림 강화"를 선택하고 의견란에 "노약자 대피 지원 필요"라고 적는다.

이 데이터는 실시간으로 의사결정지원시스템에 수집되어 정책담당자들에게 전달된다. B는 또한 의사결정지원시스템의 학습 코너를 이용해 "도심 침수와 열섬현상 관계"에 대한 동영상을 시청하고, 이해를 높인다. 후에 협의체에서 새로운 사업 우선순위를 논의할 때, 주민들의 이러한 사전 학습은 토론의 수준을 높이는 데 도움이 된다.

이렇듯 일반 주민도 의사결정지원시스템을 통해 알 권리와 의견 개진 기회를 보장받으며, 필요 시 깊이 있는 정보까지 접근할 수 있다. 만약 B가 더욱 적극적으로 참여하고 싶다면, 희망자를 위한 리빙랩 시민패널로 등록하여 협의체 회의 때 초청받을 수도 있다. 의사결정지원시스템은 시민패널 지원 기능을 통해 무작위 추첨으로 대표성을 가진 패널을 모집하는 역할도 수행한다. 이처럼 주민에게 의사결정지원시스템은 정보 창구이자 소통 창구로 기능하며, 참여의 저변을 넓히는 도구가 된다.

3) 시나리오 C: 전문가/NGO

대학 연구원 C는 도시 홍수모델 전문가로서, 해당 시의 리빙랩에 자문역으로 참여 중이다. C는 의사결정지원시스템의 전문가 모드에 접속하여, 대안 평가 단계에서 사용된 파라미터를 검토한다. 의사결정지원시스템은 전문가 사용자에게만 상세 모델 설정값을 보여주도록 되어 있다. 그는 홍수 위험률 산정에 사용된 강우-유출 모델이 과거 자신의 연구모델과 다르다는 것을 발견하고, 개선을 제안하고자 한다.

의사결정지원시스템의 전문가 포럼에 이에 대한 토론 스레드를 열고, 관련 논문과 자신이 개발한 모델의 결과를 업로드한다. 공무원과 다른 전문가들이 이에 대해 토론하고, 의사결정지원시스템 개발팀은 해당 내용을 검토하여 다음 버전 업데이트에 반영할 계획을 세운다.

한편 지역 NGO 활동가 D는 투명성 감시자의 입장에서 의사결정지원시스템을 활용한다. D는 그동안 시에서 발표한 자료들을 모니터링해왔는데, 의사결정지원시스템에 공개된 실행계획과 예산, 그리고 피드백 모듈의 성과 데이터를 교차 검증한다. 그는 의사결정지원시스템 자료를 근거로 시의회에 정책 질의서를 제출하고, 지역 언론에 기고문을 쓴다. 이를 통해 시민사회는 정책집행의 책임성(accountability)을 확보하는 데 기여한다.

흥미로운 점은, 의사결정지원시스템이 공개됨으로써 오히려 정책당국과 시민사회의 협력이 강화되는 경우이다. 이전에는 정보 비대칭으로 인한 불신이 있었다면, 이제는 같은 데이터를 보고 논의하니 문제 인식의 공유도가 높아진 것이다. 결과적으로 D의 NGO는 시와 MOU를 맺고 '빗물정원 시민 모니터링단'을 운영하기로 합의한다. 의사결정지원시스템 피드백 모듈의 시민제보 데이터를 NGO가 1차 분석하여 시에 제공하고, 시는 이를 정례회의에서 검토하기로 한 것이다. 이 사례는 의사결정지원시스템이 단순한 기술도구를 넘어 협력 거버넌스의 플랫폼으로 기능할 수 있음을 보여준다.

이상의 시나리오들은 이상적이지만 실현 가능성이 없는 것은 아니다. 이미 많은 도시에서 부분적으로 시행되고 있는 참여 플랫폼들을 하나의 통합 의사결정지원시스템으로 묶으면 이러한 그림이 완성된다. 사용자 맞춤형이란 결국 필요한 사람에게 필요한 기능을 제공하는 것이며, 앞서 논의한 모듈화를 통해 이를 구현할 수 있다. 중요한 것은, 모든 사용자 유형이 공통의 데이터와 정보 기반 위에서 각기 다른 창구를 통해 소통하지만, 전체적으로는 일관된 의사결정 과정을 함께 만들어간다는 점이다. 이것이 바로 기후적응 리빙랩 의사결정지원시스템이 지향하는 참여의 주류화(mainstreaming)라고 할 수 있다.

V. 기후적응 의사결정지원시스템의 사례와 시사점

1. 해외 사례

참여 기반 기후적응 의사결정지원시스템 개념을 보다 구체화하기 위해, 해외의 선도적인 적응 플랫폼 사례들을 참여 수준 관점에서 비교 분석한다. 여기서는 유럽연합의 Climate-ADAPT, 글로벌 지식공유 플랫폼 weADAPT, 그리고 호주의 Coast-Adapt 세 가지를 중심으로 살펴본다.

1) Climate-ADAPT (EU)

Climate-ADAPT는 2012년 유럽집행위와 EEA(European Environment Agency)가 개설한 유럽 기후적응 플랫폼으로, 주로 정부 및 연구자들을 위한 정보 허브 역할을 한다. 이 플랫폼에는 유럽 지역의 기후변화 예상 영향, 취약성 지도, 국가·지역별 적응전략, 사례 연구, 적응 옵션 목록, 지침서 등이 방대하게 수록되어 있다.

참여 기능을 살펴보면, 알림(inform) 수준에 매우 충실하다. 사용자들은 필요한 정보를 검색하고 다운로드할 수 있으며, Adaptation Support Tool 같은 의사결정 가이드라인도 제공된다. 그러나 일반 대중이 직접 무언가 입력하거나 상호작용하는 기능은 제한적이다. 일부 지식 공유 요소로서, 사례(case studies)나 자료를 사용자 제출로 받기도 하지만, 이는 주로 전문가집단에 국한된다.

최근 Climate-ADAPT는 사용자 경험 개선을 위해 피드백 설문을 진행하고 플랫폼 개선에 반영하는 등 약간의 협의 요소를 도입하고 있지만, 전반적으로 일방향 지식전달 플랫폼의 성격이 강하다. 참여 수준으로 보면 "알림 80% + 협의 20% 미만" 정도로 평가할 수 있다. 이러한 접근은 유럽 차원의 공통 플랫폼으로서 신뢰성 있는 정보 제공을 최우선시한 결과로 이해된다. 장점은 방대한 자료와 체계적인 가이드라인으로 전문성이 매우 높다는 것이고, 단점은 현장 참여자에게는 다소 추상적이고 소통 채널이 부족하다는 점이다.

2) weADAPT (글로벌)

weADAPT는 스톡홀름환경연구소(SEI) 등이 주도하여 만든 기후적응 지식공유 커뮤니티 플랫폼이다. 전 세계의 연구자, 실무자, NGO 활동가들이 계정(member)을 만들어 기사, 사례, 도구 등을 올리고 토론할 수 있다. 한마디로 적응 분야의 위키피디아+페이스북 같은 성격이다.

참여 수준 측면에서 weADAPT는 협력(collaborate) 단계에 근접한다. 등록회원이면 누구나 콘텐츠를 기고할 수 있고, 플랫폼 내 포럼과 토론 그룹을 통해 상호 교류한다. 예를 들어, "도시 홍수" 그룹에서는 여러 나라의 사용자들이 자신의 경험을 올리고 질문에 답변하며 공동학습이 일어난다. 플랫폼 운영자들은 약간의 품질관리를 하지만 기본적으로 분산형 참여를 지향한다. weADAPT에는 의사결정지원시스템 기능도 일부 있는데, 예컨대 온라인 기후리스크 지도나 적응 옵션 검색기 등이 있다.

그러나 이러한 도구들은 어디까지나 사용자의 자율 활용에 맡겨져 있고, weADAPT가 특정 의사결정 프로세스를 안내하거나 결과를 종합하진 않는다. 즉, weADAPT는 공동창조의 장은 제공하지만 구조화된 의사결정 지원까지는 하지 않는 셈이다. 참여 수준은 "협의 50% + 협력 50%" 정도로 볼 수 있는데, 여러 참여자가 자유롭게 협력하지만 공식적인 정책결정으로 이어지지는 않는다는 점에서 협력 단계의 부분적 구현으로 평가할 수 있다. 장점은 전 세계 지식 공유 네트워크로서 혁신적 아이디어와 지역별 경험이 풍부하다는 것이며, 단점은 이러한 정보가 개별 사례 모음에 그치기 쉽고 체계적 의사결정 도구와의 연계는 약하다는 점이다.

3) CoastAdapt (호주)

CoastAdapt는 호주의 국립기후적응연구시설(NCCARF)이 2017년 경 개발한 연안지역 적응 지원 플랫폼이다. 이 플랫폼의 특징은 특정 사용자(연안 의사결정자)를 겨냥하여 종합적인 적응 의사결정 지원체계를 갖추었다는 점이다. CoastAdapt는 연안지역 지방정부 담당자들이 기후변화 (특히 해수면 상승) 위험을 평가하고 적절한 대책을 수립하도록 돕는 것을 목적으로 한다.

주요 기능을 보면, 우선 지역별로 기후정보 조회와 취약성 진단을 할 수 있는 도구가 있다. 사용자가 자기 지역을 입력하면 해당 해안의 해수면 상승 예상치, 인구·자산 노출도 등이 나오고, "높음/중간/낮음" 등의 위험도가 제시된다. 다음으로 적응대책 라이브러리에서 비슷한 지역의 사례와 대안을 찾아볼 수 있다.

그리고 C-CADS라는 Coastal Climate Adaptation Decision Support 프로세스 가이드가 있어서, 사용자가 단계별로 무엇을 해야 하는지 따라할 수 있도록 설계되어 있다. C-CADS는 문제 정의부터 실행까지 7단계 프레임워크로, 각 단계마다 CoastAdapt 내 관련 도구나 정보를 링크해준다. 또한 CoastAdapt에는 온라인 포럼(CoastExchange)이 있어서, 사용자들이 질문을 올리고 전문가 패널이 답변하며 지방정부 간 네트워크를 구축하도록 돕는다.

종합하면 CoastAdapt는 정보 제공 + 결정절차 안내 + 사용자 상호교류를 모두 포함하는 꽤 통합적인 의사결정지원시스템이다. 참여 수준으로는 "관여(Involve) 70% + 협의 30%" 정도로 볼 수 있다. 사용자가 자기 상황을 입력하고 맞춤 정보를 얻으며, 포럼에서 의견을 나누지만, 실제 협력이나 공동결정까지는 이루어지지 않는다. 이는 이 플랫폼이 기본적으로 전문가 주도 하에 현장 실무자를 지원하는 도구로 만들어졌기 때문이다.

장점은 대상 사용자에 특화된 유용한 콘텐츠와 툴을 묶어 일관성 있는 사용자 경험을 제공한다는 것이고, 단점은 일반 시민 등 공공의 직접 참여 요소가 제한적이라 거버넌스 변혁까지 이끌기는 어렵다는 점이다. 그럼에도 CoastAdapt는 참여지향 의사결정지원시스템의 모범 사례로 자주 언급되며, 실제로 해당 플랫폼 개발시 이해관계자의 참여가 설계부터 이루어졌다는 점에서도 의의가 크다 (NCCARF 2015; 2017; 2019).

이 외에도 미국의 Climate Resilience Toolkit, 영국의 UK Climate Change Risk Assessment 웹 포털, 캐나다의 ClimateData.ca 등 여러 플랫폼이 있지만, 대체로 위 세 사례의 스펙트럼 안에 분류될 수 있다. 사례 비교의 시사점은, 어느 한 플랫폼도 참여의 모든 수준을 포괄하지는 못하고 각기 강조점이 다르다는 것이다. Climate-ADAPT는 지식의 깊이와 신뢰성, weADAPT는 커뮤니티 형성과 경험 공유, CoastAdapt는 사용자 맞춤 설계와 절차 지원에서 두각을 나타낸다. 궁극적인 참여 기반 의사결정지원시스템을 위해서는 이들 강점을 모두 융합할 필요가 있다.

2. 국내 사례

우리나라에서는 그동안 기후변화 적응정보를 제공하거나 평가도구를 운용하는 시스템들이 일부 개발되어 왔다. 그러나 참여 기반 의사결정지원시스템으로서 충분히 기능했다고 평가되는 사례는 드물다. 본 장에서는 국내 주요 시도들을 살펴보고, 구조적 한계를 분석한다.

1) 국가 단위 취약성 평가도구 (VESTAP, MOTIVE)

환경부와 국립환경과학원 산하 국가기후위기적응센터(KACCC)는 2010년대 초반부터 지자체의 기후취약성 평가를 돕는 VESTAP(Vulnerability assessment Tool to build Adaptation Plan)이라는 웹 기반 도구를 개발·배포하였다. VESTAP은 기초·광역 지자체가 법정 기후변화 적응대책 세부계획을 수립할 때 활용하도록 제작된 것으로, IPCC AR4의 취약성 개념(노출-민감도-적응능력)에 따라 각 지자체별 지표값을 산정해주는 기능이 핵심이다. 예컨대 인구밀도, 고령자 비율, 재해위험지수 등 지표를 자동으로 불러와 취약성 지수를 계산하고 지도로 시각화해준다(오관영 등 2016).

이 도구는 공무원에게 유용한 자료를 제공하여 적응계획의 과학적 근거를 강화하는 데 기여했으나, 주민이나 다른 이해당사자의 참여와는 무관하게 설계되었다. 대부분 기능이 전문가에 의해 사전에 구축된 지표와 알고리즘대로 작동하며, 사용자 입력은 제한적으로만 허용된다. 결국 VESTAP은 데이터 중심 의사결정지원시스템으로서 역할은 했지만, 참여 플랫폼으로는 자리잡지 못했다. 더구나 제공된 결과를 가지고 지역에서 구체적 대책을 도출하거나 실행으로 옮기는 연결고리가 약했다는 평가도 있다. 이는 참여의 부재뿐 아니라, 시스템이 평가 단계에서 멈춰 계획 수립·이행까지 연계되지 못한 구조적 한계에서 기인한다.

VESTAP과 같이 MOTIVE(Model Of inTegrated Impact and Vulnerability Evaluation of climate change)는 지자체의 기후변화 적응정책 수립을 지원하기 위한 도구로서, 부문 간 상호연계성을 고려해 건강, 물, 농업, 산림, 생태, 해양, 수산 등 다양한 분야의 기후변화 영향과 취약성을 정량적으로 통합 평가할 수 있도록 설계되었다. VESTAP이 주로 취약성 평가와 기초·광역 지자체의 적응대책 수립 초기 단계에서 활용되는 반면, MOTIVE는 고차원 수준의 과학적 데이터와 분석 결과를 바탕으로 적응계획의 정책적 근거를 강화하는 데 주안점을 둔다(홍제우 등 2020).

MOTIVE의 핵심 기능은 (1) 다부문 간 통합적 기후변화 취약성 평가, (2) 고해상도 시공간 지역 맞춤형 정보 제공, (3) 경제 손실 및 리스크 지표 산출, (4) 사용자 맞춤형 데이터 접근 및 활용 지원(예: 일반인과 전문가 영역을 분리한 데이터 활용 기능), (5) 과학적 근거 기반 지자체 기후변화 적응대책 지원이 있다(송영일 등 2020). MOTIVE는 VESTAP 대비 과학적 정교성과 부문 간 통합성에서 상당한 진전을 이뤘지만, VESTAP와 마찬가지로 참여적 거버넌스와 지역사회 기반 적응이라는 측면에서는 여전히 한계를 보인다. 기후변화 적응이 단순히 과학적 분석에 기반한 기술적 문제가 아니라 지역사회의 사회경제적 맥락과 주민들의 일상적 실천이 결합되어야 하는 복합적 과제임을 고려할 때, VESTAP와 MOTIVE 등과 같은 정보제공 중심의 의사결정지원시스템들이 어떻게 지역 주민의 참여와 결합될 수 있을지에 대한 심도 있는 고민이 필요하다(백지원 등 2024).

2) 지자체 협의체 기반 적응지원

2010년대 후반부터 일부 지방자치단체에서는 지역 적응협의체 또는 리빙랩을 구성하여, 다양한 이해관계자에게 정보를 공유하고 의견을 수렴하는 방식의 기후적응 거버넌스를 실험적으로 도입하기 시작하였다. 국내 지자체들은 기후변화 적응대책 수립 이후 산·학·연 전문가, 시민사회 등과 함께 분기별 회의 또는 간담회 형식으로 의견을 교환하고, 정책 우선순위 설정 등에 제한적으로 참여를 유도한 바 있다(진상현 2024). 이 과정에서 프리젠테이션 자료나 현장 답사 등을 활용했으나, 온라인 의사결정지원시스템 툴이 지원되지는 않았다.

사실 우리나라에는 지자체들이 자체적으로 활용할 수 있는 종합 적응지원 플랫폼이 부재한 실정이다. KACCC가 국가 기후변화 적응포털 웹사이트를 통해 적응정보를 제공하고는 있으나, 이는 주로 보고서나 통계자료의 아카이브 성격이 강하다.

적응계획 수립 과정에서 주민이나 이해관계자가 참여할 수 있는 공식 경로도 미비하다. 앞서 언급한 협의체들도 법적 필수사항이 아니라 임의로 운영되는 경우가 많고, 참여범위도 제한적이었다. 종합하면, 한국의 적응 의사결정 지원은 데이터 제공(VESTAP, MOTIVE)과 부분적 거버넌스 시도(협의체)로 나뉘어 진행되었을 뿐, 이를 통합한 참여형 의사결정지원시스템으로 발전하지는 못했다.

3) 실행과 모니터링의 단절

국내 적응대책의 가장 큰 약점으로 실행 부족과 사후평가 미흡이 지적된다. 계획 수립단계에서 많은 대책을 나열하지만, 정작 실행률이 낮고 성과평가가 이루어지지 않아 계획이 반복되는 경향이 있다(명수정 외 2013; 김진아·윤순진 2014; 송영일 2019). 이러한 배경에는 실행단계에서 시민참여나 민관협력이 제대로 구조화되지 않은 문제가 자리한다.

일부 지자체는 적응협의체를 구성해 이행 모니터링을 한다고 보고하지만, 협의체 회의록 등을 살펴보면 정기보고를 듣는 수준에 머물러 실질적 평가·환류로 이어지지 못한다. 이는 실행 단계에서 활용할 의사결정지원시스템 또는 체계가 부재하기 때문이다. 예컨대 앞서 제시한 피드백 모듈 같은 것이 없으니, 담당 부서가 분절적으로 사업을 추진하고 끝나버리면, 주민들이 느끼기에 "뭔가 했다고는 하는데 효과를 모르겠다"는 반응이 나온다. 한국의 적응정책은 아직 결과 중심으로 전환되지 못했고, 의사결정지원시스템 또한 초기 계획 수립용에 그치는 실정이다.

4) 참여 기능의 결여

한국에서 기후 정책 분야에 IT 기술 활용은 주로 정보 플랫폼 또는 홍보 앱 형태로 나타났다. 예를 들어 기상청이나 환경공단에서 제공하는 기후변화 체험 학습 앱이나 탄소발자국 계산 웹사이트 등은 시민들에게 기후변화의 심각성을 알리고 행동요령을 제시하는 일방향 도구다. 이러한 노력은 인식 제고 측면에서는 의미가 있으나, 의사결정 참여로 연결되지는 않는다.

예산참여나 정책참여를 위한 정부의 일반 포털(e.g., 국민참여혁신플랫폼)이 존재하지만, 기후적응이라는 특수 영역에 집중된 참여 창구는 없었다. 이는 정부와 전문가 위주의 정책틀에서 벗어나지 못한 결과로 해석된다. 또한 중앙정부 차원의 가이드라인이 정량평가 위주로 구성되어 있어, 질적인 참여과정의 중요성에 대한 인식이 부족했던 측면도 있다(정휘철 등 2022). 그 결과, 많은 지자체가 적응대책을 수립하면서 형식적 주민의견 수렴(계획 공람 및 의견접수) 정도만 거치는 경우가 다반사였다.

요컨대, 국내 기후적응 의사결정지원시스템의 현주소는 "데이터는 있으나 사람은 없다"로 요약될 수 있다. 즉, 상당한 과학데이터와 평가도구는 마련되어 왔지만, 이를 주민과 이해관계자가 함께 활용하며 의미있는 결정을 내리는 체계가 부재했던 것이다. 이러한 구조적 한계를 해결하려면, 앞서 살펴본 국제사례의 장점을 참고하여 참여 수준을 의도적으로 높인 의사결정지원시스템 설계가 필요하다.

한국은 IT 인프라나 국민의 디지털 활용 능력이 매우 높은 편이므로, 오히려 기술적 준비도는 충분하다. 중요한 것은 정책의지와 설계 방향이다. 다음 장에서는 앞서 비교한 사례들을 토대로, 한국형 참여 기반 의사결정지원시스템을 구현한다면 어떻게 참여 수준별 분류와 평가가 이루어질 수 있는지를 모색한다.

3. 참여 수준 분류와 평가

지금까지 살펴본 바와 같이, 현 단계에서 협력 이상 수준의 사례는 찾기 어려웠다. 특히 공동결정 단계는 기후적응 영역에서는 선구적 시도가 없었다.

[표 2]

참여 수준	사례 유형	국제 사례	국내 사례
알림	정보 제공 중심	EU Climate-ADAPT	KACCC 적응포털, VESTAP
협의	의견 청취 중심	영국 2017년 기후위험평가 관련 시민의견 조사 (온라인 설문 등)	일부 지자체 적응협의체에서의 의견 청취 관행
관여	공동 분석 참여	호주 CoastAdapt (관여/협의 혼합형)	부산 EBL 사업 내 시민 워크숍 참여 (시범적 관여 수준)
협력	공동 설계 지향	weADAPT (협력 지향 지식 공유 플랫폼)	유사 사례 없음
공동 결정	공동 결정 권한	일부 시민예산제나 시민회의가 기후대응 일반 영역에서 가능 사례로 간주됨	사례 없음

이는 기후적응 정책이 여전히 정부 주도로 이루어져 왔고, 시민에게 최종 결정권을 위임하는 데 대한 제도적 준비가 부족하기 때문이다.

보다 상세한 평가를 위해, 앞서 제시한 참여 수준별 의사결정지원시스템 요소(역할, 정보, 도구, 디자인)를 기준으로 각 사례를 비교해 보면 다음과 같다. Climate-ADAPT의 경우, 역할은 정보수용자에 국한, 정보는 과학보고서와 데이터 위주, 도구는 검색/조회 기능 중심, 디자인은 전문가 친화적. 이런 특성 때문에 정작 지역공동체 수준에서는 활용도 제약이 크다. 이에 대한 평가로, Climate-ADAPT는 신뢰성 높은 중앙지식 레퍼토리로서 가치는 크지만 지역 맥락화와 참여 유도 측면에서는 한계가 있다는 결론을 내릴 수 있다.

CoastAdapt는 역할 측면에서 지방의사결정자를 관여자로 세팅하고 약간의 주민 의견을 수렴하지만, 최종 권한은 사용자(공무원)에게 있다. 정보는 지역 맞춤형 데이터와 사례 중심으로 제공되어 실제 상황에 밀착. 도구는 적응경로 가이드, 포럼 등 비교적 다양. 디자인은 사용자 친화와 전문성의 균형을 추구. 종합 평가하면, CoastAdapt는 참여지향 의사결정지원시스템의 모범으로, 관여 수준은 높으나 협력 수준(이해관계자 공동설계)은 부분적이었다는 점이 관찰되었다. 예컨대 주민이 직접 정책결정을 설계하는 도구는 없었고, 포럼도 정보 교환 정도였다. 그럼에도 불구하고, 이 플랫폼으로 인해 호주 연안 지방정부들의 적응역량이 크게 강화되었다고 평가된다. 이는 맞춤형 정보와 절차 지원만으로도 참여 효과를 어느 정도 낸 사례로 볼 수 있다.

weADAPT는 특이하게도 정부나 특정 조직이 아닌 커뮤니티 주도 사례다. 역할은 모든 사용자가 지식공유 협력자로 설정되고, 정보는 현장 사례와 노하우 등 실용지식이 다량 축적. 도구는 포럼, 맵 등 있으나 의사결정 절차 지원은 없음. 디자인은 개방성과 유연성을 극대화. 평가하면, weADAPT는 협력적 학습 플랫폼으로서는 성공적이지만, 이것이 곧 현실 정책결정으로 이어지게 하기는 어렵다. 플랫폼에서 자율적으로 학습한 개인이 자기 조직에서 영향력을 행사하는 2차 효과를 기대할 뿐이다. 따라서 weADAPT를 정부 주도의 의사결정지원시스템과 연계해 보완적 관계로 활용할 수 있을 것이다.

국내의 VESTAP나 적응협의체는 참여 수준이 낮아, 미흡한 부분이 많다. 역할은 공무원/전문가 한정(주민 역할 없음), 정보는 정량지표 중심(맥락 부족), 도구는 평가결과 출력 정도(상호작용 제한), 디자인은 기술자 관점(일반인 접근 어려움). 따라서 한국 사례들의 설계 성숙도는 아직 낮은 단계로 평가된다.

이러한 비교분석을 토대로, 위 사례 표 2를 기준으로 참여 수준별 성숙도 매트릭스를 구성해볼 수도 있을 것이다. 예를 들어, 알림수준은 한국이 국제 수준에 근접하게 구현(e.g., 기상청/환경부 정보 제공) 되었으나, 협의수준은 중간 정도(일부 의견청취 있음, 체계화는 부족), 관여수준은 미흡(거의 시도 안 됨), 협력/공동결정은 전무. 반면 국제적으로는 협의/관여 수준 사례까지 일부 있고, 협력 수준도 제한적 형태로나마 나타난다.

결론적으로, 한국에서 시급한 것은 관여 단계 이상의 의사결정지원시스템 도입이라고 생각된다. 주민과 다양한 이해당사자가 시나리오 분석이나 대안 평가 과정에 참여하도록 지원하는 도구부터 시작해야 한다는 뜻이다. 이는 기술적으로 그리 복잡하지 않을 수 있다. 예컨대 간단한 시나리오 체험이나 참여형 모듈만 도입해도 관여 수준에서는 큰 진전이 된다. 물론 동시에 협력 단계에 해당하는 거버넌스 구축도 병행되어야 한다. 그러나 한 번에 최고 단계를 구현하려 하기보다는, 단계적 접근이 현실적일 것이다.

VI. 제언: 참여의 구조화

기후위기의 복잡성과 불확실성 앞에서, 참여적 의사결정은 선택이 아니라 필수다. 그리고 그 참여를 효과적으로 구현하기 위해서는 리빙랩을 참고하고, 이를 위한 의사결정지원시스템에 참여 개념을 구조적으로 내재화해야 한다. 단순히 사람들을 모아놓는다고 참여가 제대로 이루어지는 것이 아니며, 구조화된 프로세스와 도구가 뒷받침될 때 지속가능한 참여와 학습, 그리고 실행이 가능하다는 점을 잊어서는 안된다.

"참여를 구조화한다"는 말은 곧 권한 부여를 체계화한다는 뜻이기도 하다. 주민에게 무엇을 얼마나 맡길 것인지 명확히 하고, 그에 필요한 정보를 제공하며, 결과를 책임 있게 수용하는 일련의 체계를 갖춘다는 의미다. 이러한 체계가 없으면, 참여는 구호에 그치고 실행은 지연된다. 불행히도 과거 많은 기후적응 계획들이 책장에서 먼지만 쌓인 이유가 여기에 있었다. 참여를 구색 맞추기로만 하고 실제 결정과 집행은 관행대로 하다 보니, 혁신은 일어나지 않고 시민의 신뢰도 얻지 못한 것이다.

하지만 우리는 여러 국내외 사례에서 희망의 단서를 발견하고 있다. 호주의 연안지역 담당자는 의사결정지원시스템을 통해 과학정보와 현장지식을 결합하여 실천적 계획을 수립했고, 유럽의 도시들은 리빙랩에서 시민과 함께 실험하며 정책을 개선했다. 국내에서도 작은 규모지만 리빙랩이 운영된 곳에서는 주민들이 이전보다 적극적으로 시책을 받아들이고 동참하는 모습을 보였다. 참여가 곧 실행으로 이어진 것이다.

이 장에서 제안하는 참여 수준 기반 의사결정지원시스템 모델은 이러한 성공들을 한데 묶어 상호보완적 시스템으로 이해될 수 있다. 이 시스템은 궁극적으로 기술적 설계뿐만 아니라 사회적 설계까지 포함해야 한다. 기술을 만드는 것은 상대적으로 쉽지만, 사람들의 마음과 관계를 움직이는 것은 더디다. 참여 과정에서 갈등과 실패도 있을 수 있고, 기대만큼 효과적이거나 효율적이지 않을 수 있다. 그러나 구조화된 참여는 이러한 난관을 해결할 수 있는 최선의 '민주적' 방법이다. 구조화되어 있다는 것은, 문제가 생겼을 때 돌아볼 기준이 있다는 뜻이고, 이는 투명한 문제해결을 가능케 한다.

1. 리빙랩 기반 기후적응 의사결정의 기술적 설계

지금까지의 내용을 종합해서, 실무자가 활용할 수 있는 참여 수준 기반 의사결정지원시스템 설계 가이드라인을 개략적으로 제안하면 다음과 같다.

1) 체크리스트

아래 표 3은 의사결정지원시스템 설계·운영 시 점검해야 할 사항을 참여 수준별로 체크리스트 형식으로 정리한 것이다. 이 체크리스트는 각 참여 수준별로 실무적 질문들을 포괄하여, 프로젝트 시작 시와 중간중간 점검할 수 있도록 한 것이다. 예컨대, 의사결정지원시스템 구축팀은 "우리 시스템이 협력 단계까지 가려 하는데, 채팅기록이 제대로 남는가? 합의 형성 도구는 있는가?" 등을 이 표를 통해 꼼꼼히 따져볼 수 있다. 체크리스트는 일종의 품질관리 도구로도 활용된다. 실제 운영 시, 참여자들로부터 "정보가 너무 어려웠다"는 피드백이 나오면 이는 관여 단계의 체크리스트 항목(쉬운 언어/시각화 제공) 미흡으로 식별하여 개선하는 식이다.

[표 3]

참여 수준	주요 체크 항목
공통	- 목표 참여 수준이 명확히 설정되었는가? - 주요 이해관계자 그룹이 파악되고 참여 계획이 수립되었는가? - 사용하는 데이터의 신뢰성과 출처가 확인되었는가? - 개인정보 보호 대책이 마련되었는가?
알림	- 제공할 정보가 최신이며 정확한가? - 쉬운 언어와 시각화(인포그래픽 등)가 활용되었는가? - 웹 접근성 지침을 포함한 정보 접근성이 확보되었는가? - 모바일 환경에서의 지원이 가능한가? - 정기적인 정보 업데이트 계획이 수립되었는가?
협의	- 의견수렴 채널(설문, 게시판 등)이 마련되었는가? - 질문 설계가 명확하고 이해하기 쉬운가? - 수렴된 의견의 분석 방법이 존재하는가? - 의견에 대한 반영 또는 응답 계획이 안내되었는가? - 참여자에게 피드백과 감사 표시가 제공되며, 결과가 공유되었는가?
관여	- 시나리오 또는 모델 사용법에 대한 안내 자료가 마련되었는가? - 참여자 대상의 사전 교육 또는 튜토리얼이 제공되었는가? - 인터랙티브 도구의 반응 속도와 성능이 적정한가? - 불확실성 등으로 인한 오해 가능성에 대한 충분한 설명이 포함되었는가?
협력	- 다자간 동시작업 기능(예: 문서 공동편집)이 테스트되었는가? - 편집 충돌 등 협업 과정의 문제 해결 로직이 구현되었는가? - 토론 및 채팅 기록이 저장/검색 가능한가? - 의제 설정 및 합의 도출을 지원하는 보조 기능(투표, 정리 등)이 포함되었는가?
공동 결정	- 인증과 보안 체계(예: 1인 1표 확인 시스템)가 갖추어졌는가? - 법적 구속력 확보 방안(예: 조례 제정)이 마련되었는가? - 결정 과정의 투명한 공개(라이브 스트리밍, 회의록 등)가 이루어졌는가? - 결정 이후 책임소재와 실행 계획이 명확하게 설정되었는가?

2) 설계 흐름도

이 연장선상에서, 의사결정지원시스템 개발 주기의 흐름에 참여와 기술 요소를 접목한 주요 단계는 아래와 같다.

- A. 요구분석: 지역 이슈 및 참여자 분석 → 목표 참여 수준 결정 → 성공 지표 설정. (결과: 설계방향 개략 수립)
- B. 공동설계: 이해관계자 워크숍 열어 의사결정지원시스템에 바라는 기능 브레인스토밍 → 모듈 및 기능 우선순위 도출 → 프로토타입 설계. (결과: 시나리오, 목업 작성)
- C. 개발 및 테스트: 모듈 단위 개발 → 내부 테스트 (기능, 보안 등) → 소규모 사용자 그룹(시범 리빙랩 참여자) 대상으로 사용성 테스트 실시 → 피드백 반영 개선.
- D. 실행: 시스템 배포 → 실제 리빙랩 프로젝트에서 활용 → 운영 중 모니터링 (참여율, 오류, 피드백 수집).
- E. 평가 및 향상: 사후에 참여자 설문조사, 성과지표(예: 결정 만족도, 학습향상도 등) 평가 → 다음 버전 개선사항 도출 → 다시 요구분석 단계로.

이 흐름도의 핵심 메시지는, 사용자 참여가 설계 전체 과정에 걸쳐 있다는 점이다. 특히 A~B단계에

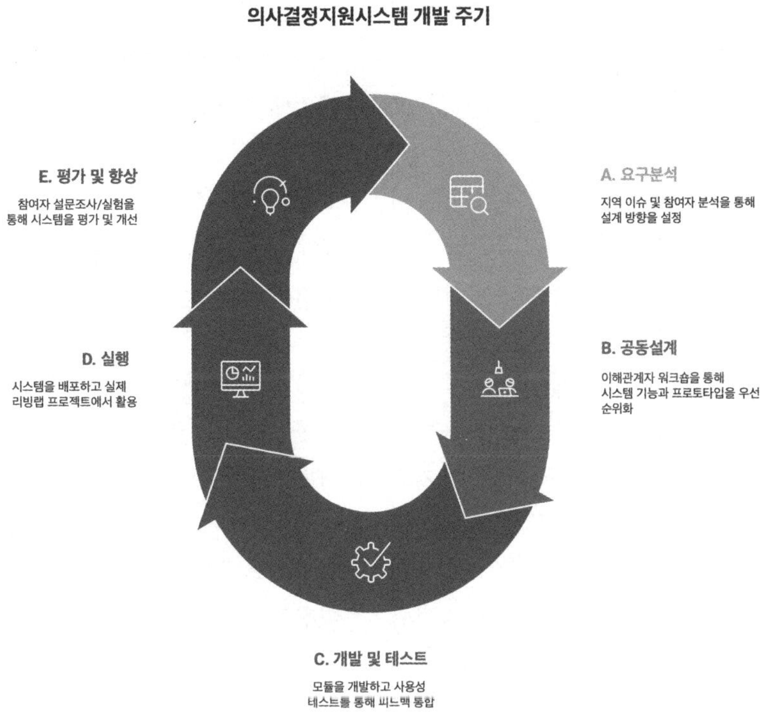

[그림 7] 기후적응 의사결정지원시스템의 개발 흐름 (필자 작성)

서 잠재 사용자들의 의견을 듣고 설계에 반영하는 공동설계(co-design) 절차를 강조한다. 또한 개발 이후에도 E단계의 평가를 통해 다시 개선으로 이어지는 지속적 개선 프로세스를 갖추는 것이 중요하다. 이는 일반 소프트웨어 공학의 사용자 중심 설계와 애자일 개발 원칙을 따른 것이지만, 기후적응 의사결정지원시스템의 맥락에서는 참여자들이 곧 정책과 사회 영향까지 미치는 파트너라는 점에서 더욱 가치가 크다.

마지막으로, 윤리적 고려사항도 가이드라인에 포함된다. 참여과정에서 생길 수 있는 대표성의 문제(어느 계층의 목소리가 더 크게 반영되는가), 디지털 격차(고령층·저소득층의 참여 어려움), 데이터 오용 위험 등을 사전에 인지하고 예방책을 마련해야 한다. 예를 들어, 의사결정지원시스템 접근이 어려운 계층을 위해 오프라인 참여 채널을 병행한다든지, 알고리즘 편향이 없는지 점검하는 것이다. 이러한 사회적 설계까지 포함되어야 진정한 포괄적 참여가 구현될 수 있다.

2. 리빙랩 기반 기후적응 의사결정의 사회적 설계

한편, 앞선 사례 비교를 통해 얻은 교훈은 세 가지로 정리할 수 있다. 첫째, 참여 수준을 명시적으로 목표화해야 한다. 둘째, 정보기술과 거버넌스 설계를 함께 고려해야 한다. 셋째, 국내외 네트워크 활용이 중요하다. 국제 플랫폼(Climate-ADAPT, weADAPT 등)과 연계를 강화하면 검증된 자료와 툴을 공유받아 초기 시행착오를 줄일 수 있다. 이를 종합적으로 고려할 때, 높은 참여 수준을 고려한 기후적응 의사결정지원시스템을 안착시키기 위해서는, 개별 프로젝트 차원을 넘어 제도적 뒷받침이 이루어져야 한다.

1) 전 주기 참여 의무화

우선 법·제도적으로 기후변화 적응계획 수립 시 전 과정에 걸친 이해관계자 참여를 의무화할 필요가 있다. 현재는 계획 수립 초기의 의견수렴이나 최종 공람 정도만 규정되어 있을 뿐, 실행·평가 단계 참여에 대한 규정은 미흡하다. 이를 강화하기 위해 기후변화 대응법 등 관련 법령에 "적응대책의 수립, 이행, 평가 각 단계별로 시민, 전문가, 관련 기관의 참여를 위한 조치를 취해야 한다"는 조항을 명시할 수 있다.

이러한 제도는 의사결정지원시스템 도입의 당위성을 높이고 예산 확보를 정당화해준다. 예컨대, 영국의 경우 기후변화법에 근거하여 5년마다 국가 적응프로그램 수립시 시민사회 자문기구의 검토를 받도록 하고, 이는 자연스럽게 참여 플랫폼 개발로 이어졌다(Howarth et al. 2018). 우리나라도 국가단위 적응 정보 통합플랫폼을 구축하려는 움직임이 있는데, 여기에 참여 기능을 포함하도록 설계 방향을 잡아야 한다.

2) 리빙랩 운영 지원체계

리빙랩 방식의 프로젝트는 일반 행정절차와 다르므로, 이를 뒷받침하는 지원조직과 예산체계가 필요하다. 예를 들어 지자체에 리빙랩 코디네이터를 두고, 의사결정지원시스템을 활용한 참여프로세스를 전문적으로 설계·운영하도록 할 수 있다. 또한 중앙정부 차원의 지원센터를 통해 지침, 교육, 컨설팅을 제공함으로써 지역 간 역량 차이를 메울 수 있다.

현재 KACCC 등에서 일부 역할을 하지만, 보다 참여 전문성에 초점을 맞춘 전담팀이 바람직하다. 이들은 의사결정지원시스템의 기술적 관리뿐 아니라, 지역 리빙랩 참가자 교육, 갈등 중재 등의 역할도 맡는다. 예산 측면에서는 리빙랩 기반 적응사업에 대해 인센티브를 제공할 필요가 있다. 참여과정을 충실히 거친 계획에 추가 예산을 배정한다든지, 우수 사례 포상 등을 통해 동기를 부여한다. 이는 참여의 질을 높이는 선순환을 가져올 것이다.

3) 표준 의사결정지원시스템 프레임워크 배포

전국 지자체가 각자 의사결정지원시스템을 개발하는 것은 비효율적이고 격차를 초래할 수 있다. 대신, 중앙에서 표준화된 의사결정지원시스템 프레임워크를 개발해 공개하고, 지역이 이를 커스터마이징하여 쓰도록 하는 전략이 유효하다. 앞서 제시한 모듈 구조를 바탕으로, 핵심 공통모듈(위험지도, 평가도구 등)은 중앙에서 개발·업데이트하고, 지역별 모듈(지역 고유 이슈, 지역 커뮤니티 포럼 등)은 지자체가 추가할 수 있게 한다.

이를 위해 오픈소스 형태로 플랫폼을 제공하거나 클라우드 SaaS 형태로 서비스하는 방법도 고려해볼 수 있다. 국가 차원의 통합 플랫폼을 구축하되, 사용자 경험은 지역별로 특화되도록 두 단계 구조를 취하는 것이다. 이때 중앙 플랫폼은 데이터 허브와 백엔드 엔진 역할을 하고, 지역 포털은 프론트엔드로 지역주민 친화 UI를 제공하는 방식이 될 수 있다. 이러한 이중 구조는 지역 주도의 느낌을 주면서도 중앙의 전문성을 활용할 수 있는 모델이다.

4) 교육과 문화 조성

기술과 제도가 마련되더라도, 결국 그것을 활용하는 것은 사람이다. 공무원, 전문가, 시민 모두에게 참여형 의사결정지원시스템의 가치와 사용법을 알리는 교육이 필수적이다. 공무원들에게는 과거의 권위주의적 정책결정 방식을 넘어서 코디네이터로서의 역할을 강조하고, 시민들에게는 적극적으로 의견을 내고 학습할 수 있는 기회를 준다. 예컨대 전국 단위로 기후적응 리빙랩 경진대회를 열어 의사결정지원시스템 활용 모범사례를 공유하거나, 지역별로 시민 기후학교를 운영해 의사결정지원시스템 훈련을 하는 방식이 가능하다.

또한 참여과정을 투명하게 공개하여 성공 스토리를 홍보함으로써, 참여가 정책변화를 이끌어낼 수 있다는 믿음을 시민사회에 심어줄 필요가 있다. 이러한 문화가 자리잡으면, 의사결정지원시스템은 단순한 도구를 넘어 민주적 협치의 상징으로 인식될 것이다.

종합하면, 리빙랩 기반 의사결정지원시스템의 제도화는 규범의 변화(참여 의무화), 조직의 변화(지원체계 구축), 기술의 공유(표준 플랫폼), 인식의 향상(교육/문화)이라는 네 축을 통해 추진되어야 한다. 이 중 하나만 소홀해도 실효성은 떨어질 수밖에 없다. 특히 법·제도와 기술 인프라는 탑다운으로 비교적 빨리 갖춰질 수 있으나, 문화와 인식 변화는 시간이 걸린다. 따라서 장기적 안목으로 지속적인 노력이 요구된다.

참고문헌

웹사이트

Adaptation Scotland - Tools and Resources: https://www.adaptationscotland.org.uk/

CAKE: Climate Adaptation Knowledge Exchange: https://www.cakex.org/

CoastAdapt: Guidance for Climate Adaptation in Australia's Coastal Regions: https://coastadapt.com.au/

Climate Resilience Toolkit: https://toolkit.climate.gov/

ClimateData.ca: Canada's Climate Data Portal: https://climatedata.ca/

Climate-ADAPT: European Climate Adaptation Platform: https://climate-adapt.eea.europa.eu/

UK Climate Change Risk Assessment: https://www.gov.uk/government/publications/uk-climate-change-risk-assessment-2022

weADAPT: The Collaborative Platform on Climate Adaptation: https://www.weadapt.org/

VESTAP: https://nier.go.kr/vestap/

MOTIV: http://motive.kei.re.kr/

국문

김진아·윤순진. 2014. “광역지자체의 기후변화 적응계획 평가: 계획요소와 수립과정을 중심으로.” 『한국사회와 행정연구』, 25(2): 29-51.

명수정·심창섭·정휘철·황선훈. 2013. 『기후변화 적응정책 이행의 효과성 제고 방안』. 서울: 한국환경정책·평가연구원.

백지원·김지연·노순아·박찬·김수련·김재욱·진형아·오윤영·서도현·유명수. 2024. “지방 기후위기 적응대책 수립 지원을 위한 영향· 취약성 평가도구 연계· 통합 활용 방안에 관한 연구: 건강 부문을 중심으로.” 『한국기후변화학회지』, 15(5-2): 831-843.

송영일. 2019. “기후변화 적응정책의 방향과 개선 과제.”, 「보건복지포럼」, 2019(3): 32-42

오관영·이명진·한도은. 2016. “기초 및 광역지자체 기후변화 취약성 평가를 위한 웹기반 지원 도구 (VESTAP) 개발.” 『한국지리정보학회지』 19(1): 1-11.

정휘철·신지영·박진한·유인상·신용희. 2022. 『중장기적 적응전략 마련을 위한 기후위험 및 적응 평가체계 연구』. 세종: 한국환경연구원.

진상현. 2024. "기후변화 대응 관련 광역지방자치단체의 유형 및 특성 분석: 군집분석 및 지수분해분석을 중심으로." 『한국정책과학학회보』 28(2): 77-104.

홍제우·유인상·정휘철·송영일·박진한·장훈·정봉우·이현준. 2020. “기후변화 영향·취약성 평가도구의 현재와 미래.”, <한국기상학회> 학술대회 논문집.

영문

Arnstein, Sherry R. 1969. “A Ladder Of Citizen Participation.” *Journal of the American Institute of Planners* 35 (4): 216-24. https://doi.org/10.1080/01944366908977225.

Baldwin, Carliss Y., and Kim B. Clark. 2000. *Design Rules, Volume 1: The Power of Modularity*. Cambridge, MA: MIT Press.

Bammer, Gabriele. 2019. “Key issues in co-creation with stakeholders when research problems are complex.” *Evidence & Policy* 15(3): 423-435. https://doi.org/10.1332/174426419X15532579188099.

Bammer, Gabriele. 2020. “Stakeholder Engagement in Research: The Research-Modified IAP2 Spectrum.” Integration and Implementation Insights (January). https://i2insights.org/2020/01/07/research-modified-iap2-

spectrum/.

Bammer, Gabriele. 2021. "Stakeholder Engagement Primer: 4. Options for Engagement." Integration and Implementation Insights (November). https://i2insights.org/2021/11/04/options-for-engagement/comment-page-1/.

Bergvall-Kåreborn, Birgitta, and Anna Ståhlbröst. 2009. "Living Lab: An Open and Citizen-Centric Approach for Innovation." *International Journal of Innovation and Regional Development* 1(4): 356-370. https://doi.org/10.1504/IJIRD.2009.022727.

Bodin, Örjan. 2017. "Collaborative Environmental Governance: Achieving Collective Action in Social-Ecological Systems." *Science* 357(6352): eaan1114. https://doi.org/10.1126/science.aan1114.

Cash, David W., William C. Clark, Frank Alcock, Nancy M. Dickson, Noelle Eckley, David H. Guston, Jill Jäger, and Ronald B. Mitchell. 2003. "Knowledge Systems for Sustainable Development." *Proceedings of the National Academy of Sciences* 100(14): 8086-8091. https://doi.org/10.1073/pnas.1231332100.

Dellmuth, Lisa, and Maria-Therese Gustafsson. 2023. "Legitimacy in the Trans-Scalar Governance of Climate Adaptation." *Npj Climate Action* 2(2). https://doi.org/10.1038/s44168-023-00036-7.

Haasnoot, Marjolijn, Jan H. Kwakkel, Warren E. Walker, and Judith ter Maat. 2013. "Dynamic Adaptive Policy Pathways: A Method for Crafting Robust Decisions for a Deeply Uncertain World." *Global Environmental Change* 23(2): 485-498. https://doi.org/10.1016/j.gloenvcha.2012.12.006.

Hall, N. 2017. What is adaptation to climate change? Epistemic ambiguity in the climate finance system. *Int Environ Agreements* 17, 37-53. https://doi.org/10.1007/s10784-016-9345-6

Howarth, Candice, Sian Morse-Jones, Katya Brooks, and Andrew P. Kythreotis. 2018. "Co-producing UK Climate Change Adaptation Policy: An Analysis of the 2012 and 2017 UK Climate Change Risk Assessments." Environmental Science & Policy 89: 412-420. https://doi.org/10.1016/j.envsci.2018.09.010

International Association for Public Participation (IAP2). 2018. "IAP2 Public Participation Spectrum." Accessed August 2, 2025. https://iap2.org.au/resources/spectrum/.

Lebel, Louis, Albert Salamanca, and Chayan Kallayanamitra. 2017. "The Governance of Adaptation Financing: Pursuing Legitimacy at Multiple Levels." *International Journal of Global Warming* 11(2): 145-167. https://doi.org/10.1504/IJGW.2017.082181.

National Climate Change Adaptation Research Facility (NCCARF). 2015. "Coastal Climate Risk Management Tool: Development Plan." Gold Coast: NCCARF. https://nccarf.edu.au/wp-content/uploads/2019/04/Development-Plan-030815.pdf.

National Climate Change Adaptation Research Facility (NCCARF). 2019. "What is adaptation to climate change?" CoastAdapt Factsheet, March 12, 2019. https://nccarf.edu.au/wp-content/uploads/2019/05/What-is-adaptation-to-climate-change_-_-CoastAdapt.pdf.

Nesti, Giorgia. 2018. "Co-production for Innovation: The Urban Living Lab Experience." *Policy and Society* 37(3): 310-325. https://doi.org/10.1080/14494035.2017.1374692.

Prager, Katrin. 2016. "Is Co-Creation More Than Participation?" Integration and Implementation Insights (July 28). https://i2insights.org/2016/07/28/co-creation-or-participation/.

Reed, Mark S., Anna C. Evely, Georgina Cundill, Ioan Fazey, Jayne Glass, Adele Laing, Jens Newig, Brad Parrish, Christina Prell, Chris Raymond, and Lindsay C. Stringer. 2010. "What Is Social Learning?" *Ecology and Society* 15(4): r1. https://doi.org/10.5751/ES-03564-1504r01.

Song, Kyungho, and Seong-Bhin Yang. 2025. "Integrating Citizen and Stakeholder: Mapping Platforms and Decision Support Systems for Climate Adaptation." Conference presentation, EGU General Assembly 2025, Vienna, Austria, April 30. https://doi.org/10.5194/egusphere-egu25-2426.

Tengö, Maria, Eduardo S. Brondizio, Thomas Elmqvist, Pernilla Malmer, and Marja Spierenburg. 2014. "Connecting Diverse Knowledge Systems for Enhanced Ecosystem Governance: The Multiple Evidence Base Approach." *Ambio* 43(5): 579-591. https://doi.org/10.1007/s13280-014-0501-3.

van Herk, Sebastiaan, J. S. Rijke, Chris Zevenbergen, and Richard Ashley. 2012. "Governance of Integrated Flood Risk Management to Deliver Large Scale Investment Programmes: Delivery Focused Social Learning in The Netherlands." In F. Klijn and T. Schweckendiek (eds.), *Comprehensive Flood Risk Management: Research for Policy and Practice*, Proceedings of the 2nd European Conference on Floodrisk Management FLOODrisk2012, 1187-1198. CRC Press / Balkema - Taylor & Francis Group.

Voytenko, Yuliya, Kes McCormick, James Evans, and Gabi Schliwa. 2016. "Urban Living Labs for Sustainability and Low Carbon Cities in Europe: Towards a Research Agenda." *Journal of Cleaner Production* 123: 45-54. https://doi.org/10.1016/j.jclepro.2015.08.053.

제6장

리빙랩 실현화

신상범, 이태동

I. 들어가며

시민들은 점점 더 혁신적인 방식으로 복잡하고 근본적인 사회·경제적 문제에 대응하며 지속 가능한 환경을 조성하기 위해 노력하고 있다. 이들은 문제를 직접 인식하고, 아이디어를 도출하며, 실험을 설계하고 수행하는 한편, 정부, 기업, 학계, 시민사회 단체와 협력하여 실현 가능한 해결책을 모색하는 방식으로 더욱 적극적으로 참여하고 있다. 리빙랩(Living Labs, LLs)은 혁신을 촉진하는 가장 보편적이고 영향력 있는 접근 방식 중 하나로, 학계, 실무자, 정책결정자들 사이에서 점점 더 큰 주목을 받고 있다. 리빙랩은 혁신을 위한 플랫폼 역할을 하며, 다양한 방식의 협업을 통해 사용자와 공동 창조자로서 사람들을 개발 과정 전반에 통합함으로써 새로운 제품, 시스템, 서비스, 프로세스를 개발할 수 있도록 한다. 또한, 리빙랩은 사람들이 복잡한 현실 환경 속에서 새로운 아이디어, 시나리오, 프로세스, 시스템, 개념 및 창의적인 해결책을 탐색, 검토, 실험, 테스트 및 평가할 수 있도록 공동의 공간과 네트워크를 제공한다(JPI Urban Europe 2013).

기존 리빙랩 관련 연구는 리빙랩의 효과성, 혁신적 영향(Schuurman et al. 2016), 거버넌스 구조(Kronsell and Mukhtar-Landgren 2018), 시민과학의 역할(Veeckman and Temmerman 2021), 사용자 참여(Lipp et al. 2023), 실험실 기반 연구의 성공 요인, 그리고 참여자 간 권력 관계(Hakkarainen and Hyysalo 2013) 등 다양한 주제를 다루고 있다. 또한, 리빙랩은 혁신을 촉진하는 동시에 지속가능성을 향상시키는 유효한 접근 방식으로 인정받고 있다(Compagnucci et al. 2021; von Wirth et al. 2019).

그러나 지금까지 간과되어 온 핵심적인 문제 중

하나는 리빙랩의 실험 이후 단계이다. 리빙랩은 특정 문제를 중심으로 실험이 진행되는 형태로 운영된다는 점에서 일시적 성격을 가진다. 실험을 위한 도구로서의 리빙랩은 개인의 프로젝트 참여 동기를 자극하지만, 리빙랩 프로젝트의 일시성은 지속적으로 문제가 제기된다. 특정 리빙랩에는 다양한 행위자들이 참여하며, 이들은 특정 문제를 해결하기 위해 협력한다. 그러나 실험이 완료된 후, 많은 경우 리빙랩은 일회성의 프로토타입을 만드는 데 그치며, 혁신 효과가 지속될 수 있는 안정적인 기반을 형성하지 못한다. 그렇다면, 왜 일부 실험 결과는 보다 안정적이고 체계적인 방식으로 활용되며, 유사한 문제에 확장 적용되는 경우가 있는 것일까?

본 연구에서는 한국의 리빙랩 사례를 분석하여 실험 이후 단계를 탐색하고 연구한다. 우리는 한국에서 성공적으로 실행된 리빙랩 프로젝트 7건을 선정하여, 실험 완료 이후 수행된 활동들을 분석하였다. 이 사례들은 모두 2020년 정부 기관이 공모한 리빙랩 프로젝트에 제안서를 제출하고, 경쟁 입찰 과정에서 선정된 팀들이 수행한 프로젝트에 해당한다. 정부의 리빙랩 지원 기관들은 실험 이후 단계에서 7개 팀 모두를 적극적으로 지원했음에도 불구하고, 이들 프로젝트의 결과가 체계적으로 활용된 사례는 3건에 불과했다.

우리는 리빙랩 실험에서 개발된 프로토타입이 실험 이후 단계에서 보다 안정적으로 추가적인 혁신을 촉진하는 조건을 분석할 때, 이를 리빙랩의 "실현"이라는 개념으로 정의할 것을 제안한다. 7개 사례에 대한 실증적 분석을 바탕으로, 우리는 리빙랩의 실현을 보다 구체적으로 유지(프로토타입의 지속적 활용), 심화(추가 실험을 통한 프로토타입의 개선), 확산(실험 결과를 다른 지역이나 사용자에게 적용)이라는 세 가지 요소로 정의할 수 있음을 발견했다. 이러한 세 가지 속성은 개별적으로 나타날 수도 있고, 순차적인 과정으로 이어질 수도 있다. 또한, 추가적인 혁신이 이루어진 세 가지 사례 모두에서 대학이 리빙랩 실현에 중요한 역할을 수행했다는 점을 발견했다. 특히, 대학은 실험 이후 단계에서 리빙랩의 결과물을 상업화하기 위해 특허를 획득하거나 스타트업을 설립하는 과정에서 핵심적인 지원을 제공했다.

본 연구는 리빙랩 연구 분야에 세 가지 핵심적인 기여를 한다. 첫째, 기존 연구들은 리빙랩과 관련된 다양한 핵심 주제들을 다루고 있지만, 실험 이후 단계에 대한 학술적 논의는 아직 충분히 이루어지지 않았다. 일부 연구에서는 리빙랩의 지속 가능성에 영향을 미치는 제도적 요인을 분석했지만, 주로 효과적인 관리 모델 및 전략과 같은 실험 과정 자체에 초점을 맞추었다. 둘째, 본 연구는 "실현"이라는 개념을 새롭게 추가하고, 실험 이후 단계에서 리빙랩 프로젝트가 실현되는 최소 세 가지 방식을 제시함으로써 이론적 가치를 제공한다. 셋째, 본 연구는 한국 사례를 분석함으로써 기존 리빙랩 연구의 실증적 범위를 확장한다. 리빙랩에 관한 연구는 활발하게 이루어지고 있지만, 대부분의 연구는 유럽과 북미를 중심으로 진행되어 왔다. 반면, 비서구 지역, 특히 동아시아에서의 리빙랩 연구는 아직 초기 단계에 있다.

II. 리빙랩: 문헌 검토

1. 혁신 촉진자로서의 리빙랩

리빙랩은 시민들이 모여 지역의 문제를 함께 해결하는 방식으로 혁신을 촉진하는 새로운 접근법이다. 비록 리빙랩이 주로 시민 주도로 운영되지만, 다층적인 구조를 가지며 제도적 지원도 포함된다. 대학과 연구 기관은 지식과 기술적 지원을 제공하며, 정부와 민간 기업은 재정 및 행정적 지원을 담당한다(Evans et al. 2015). 이와 더불어, 시민사회 조직과 같은 중간 매개 기관도 리빙랩 프로젝트를 지원하는 데 중요한 역할을 한다 (Mukhtar-Landgren et al. 2019).

리빙랩은 체계적으로 구성된 사용자 창조 방식을 활용하며, 공공기관, 시민, 연구 공동체, 그리고 다양한 상업적 이해관계자 간의 지식 교류를 촉진하는 사용자 중심의 개방형 혁신 생태계이다. 리빙랩의 가장 중요한 요소는 “실험”이며, 실험은 “(1) 특정한 도구와 참여자를 구성하여, (2) 변화를 유도하고, (3) 그 변화를 측정하는 과정”을 의미한다(Karvonen and van Heur 2014: 384). 효과적인 실험이 이루어지기 위해서는 자유로운 아이디어 교환이 필수적이며, 연구 및 개발 단계에서부터 피드백 수집, 적용, 평가, 실현에 이르기까지 전 과정에서 수평적인 소통과 참여가 이루어져야 한다.

리빙랩은 단순히 실험실 내 연구에 국한되어서는 안 된다. 이를 실험실 수준에서 확장하지 못할 경우, 혁신 창출을 위한 다양한 이해관계자들의 창의적인 노력이 무의미해질 수 있다(Hakkarainen and Hyysalo 2013). 따라서 변혁적 시스템 접근법 내에서, 특정 지역이나 소규모 실험 단계에서 이루어진 리빙랩 프로젝트는 더 넓은 범위로 확장될 수 있으며, 궁극적으로 실질적인 제품, 서비스, 혹은 제도로 실현될 수 있다(Lee et al. 2014; Von Wirth 2019). 본 연구는 기존 문헌에서 간과된 연구 공백을 보완하기 위해, 리빙랩 실험이 실현 가능한 결과로 발전하는 구체적인 조건을 분석하고, 특히 대학이 실현 과정에서 수행하는 역할에 초점을 맞추고자 한다.

2. 한국의 리빙랩

리빙랩은 서구에서 시작되었으며, 그 발전 역시 주로 서구에서 이루어져 왔다. 리빙랩은 사회적 변화와 기타 다양한 변화를 이끌어내는 참여적이고 상향식 접근 방식에 기반한 유럽 및 북미의 전통에서 비롯되었으며, 이로 인해 주로 해당 지역 국가들에서 조직되어 왔다. 그러나 이후 라틴아메리카와 동아시아를 포함한 비서구 지역으로 확산되었으며, 많은 비서구 지역의 리빙랩들이 유럽 리빙랩 네트워크(ENoLL, European Network of Living Labs)에 가입하였다. 리빙랩은 공공-민간-시민 간 협력을 기반으로 하는 사용자 중심의 개방형 혁신 시스템이기 때문에, 다양한 지역, 문화, 정치·제도적 환경, 경제적 조건에서도 실현될 수 있다. 예를 들어, 효과적인 리빙랩 활동을 위해서는 민주적 정치 환경이 유리한 조건으로 여겨지는 것이 일반적이지만, 일부 연구에서는 비민주적 정치 체제에서도 리빙랩이 성공적으로 설계 및 운영될 수 있음을 보여주고 있다. 또한, 개발도상국에서도 리빙랩 실험이 성공적으로 수행되는 사례가 많다(Hooli et al. 2015).

한국에서는 2010년대 초반, 중앙정부가 리빙랩을 새로운 사회 혁신 기제로 도입하였다. 초기에는 과학기술정보통신부와 산업통상자원부가 한국 내 리빙랩의 도입과 확산을 공동으로 주도하였다. 이는 리빙랩이 포용적 혁신을 위한 시민 주도형 모델이라기보다는, 사용자 중심의 기술 혁신을 촉진하기 위한 국가 전략의 일부로 인식되었음을 시사한다. 그러나 2010년대 중반 이후, 행정안전부가 중앙 및 지방정부 차원에서 리빙랩 구축을 추진하기 시작하면서 리빙랩 확산을 주도하는 핵심 부처가 되었다.

유럽 도시들의 리빙랩 경험과 유럽 리빙랩 네트워크(ENoLL)는 한국의 리빙랩이 참고한 주요 모델이었다. 그러나 유럽의 리빙랩과 달리, 한국의 리빙랩은 실제 설계 및 실행 과정에서 하향식으로 운영되며, 중앙정부 주도로 진행되는 경향이 있다. 한국의 리빙랩에서는 시민, 중앙 및 지방정부, 대학, 시민사회 단체, 활동가 그룹, 기업이 핵심적인 참여자로 간주된다. 이들 중에서도 정부가 가장 중요한 참여자로, 거의 모든 사례에서 주요 재정 지원을 제공하는 주체이다. 한국의 대부분의 리빙랩은 중앙 및 지방정부가 정기적으로 개최하는 공모전을 통해 기획, 설계, 실행된다. 중앙정부 차원에서 주요 리빙랩 공모전을 주관하는 부처는 과학기술정보통신부와 행정안전부이다. 일부 지방정부는 시장이나 지방의 지도자가 리빙랩에 관심을 갖고 이를 운영할 예산을 확보한 경우, 자체적으로 공모전을 개최하기도 하지만, 이들 지방정부가 제공하는 재정 지원 규모는 중앙정부보다 상당히 적은 편이다. 대학 역시 리빙랩을 정규 학술 프로그램이나 지역사회 기반 학습 프로그램의 일환으로 운영하고 있다. 그러나 리빙랩 실험을 수행하기 위해 대학들은 교육부가 제공하는 산학협력기금을 활용하거나, 기타 정부 재정 지원을 신청하는 경우가 많으며, 자체 재원을 활용하여 산업-대학 협력을 촉진하기도 한다. 결과적으로, 한국의 리빙랩은 서구의 리빙랩과 달리, 대부분 정부 주도로 운영되며(혹은 최소한 정부와 밀접하게 연계된 형태로 운영), 주로 정부 재원을 통해 운영되는 프로그램이다.

한국의 리빙랩 모델은 정부 주도의 혁신 방식이 가지는 장점과 한계를 모두 보여준다. 가장 큰 장점은 안정적이고 예측 가능한 재정 지원이 제공된다는 점이다. 이로 인해 시민, 기업, 대학, 활동가들이 공모전에 체계적으로 준비할 수 있으며, 이러한 환경 속에서 한국의 리빙랩은 최근 몇 년간 빠르게 성장해 왔다. 한국 리빙랩 네트워크(KNoLL, Korean Network of Living Labs)는 2017년에 설립되었으며, 이후 다양한 지역 및 대학 네트워크가 구축되었다. 현재 한국에서는 매년 수백 건의 크고 작은 리빙랩 실험이 수행되고 있으며, 그 결과물은 글로컬(glocal) 문제, 즉 글로벌하면서도 지역적인 문제를 해결하는 데 활용되고 있다.

동시에, 정부 주도 시스템의 가장 큰 한계는 지원 가능한 자금의 규모, 리빙랩 운영 조건, 지출의 유연성, 그리고 실험 기간 등에 있어 상당한 제약이 있다는 점이다. 이는 모든 요소가 공모전을 주관하는 주최 기관(정부 부처)에 의해 사전에 결정되기 때문이다. 이러한 제한은 지원자들이 선택할 수 있는 핵심 주제, 적용 분야, 그리고 혁신 프로젝트의 범위를 크게 제한한다. 예를 들어, 실험 기간이 100일로 정해지고 지원금이 1천만 원으로 엄격히 제한되어 있을 경우, 공모전 참가자들은 해당 예산 내에서 실험을 계획하고 정해진 기간 안에 실험을 완료해야 한다. 실험이 진행되는 동안 어떤 결과가 도출될지와 관계없이, 주어진 조건에 맞춰 실험을 마무리해야 한다는 점에서 유연성이 부족하다. 이러한 구조로 인해, 참가자들은 보다 시급하고 중요한 지역 문제보다 실현 가능성이 높고 관리하기 쉬운 문제(리빙랩 주제)에 집중하는 경향이 있다. 결국, 공모전의 사전 설정된 범위에 맞지 않는다는 이유로 보다 중요한 문제나 해결하기 어려운 문제들이 배제되는 결과를 초래할 수 있다. 또한, 이러한 재정 지원 기회를 접하는 주체는 일반 시민보다 지역 활동가나 프로젝트 기획자들인 경우가 많아, 상대적으로 소수의 경쟁자들이 반복적으로 공모전에 참여하는 경향이 있다. 만약 지원금 규모가 특히 클 경우, 지방정부는 보다 조직적이고 전문적인 방식으로 공모전에 대비할 수 있으며, 이는 경쟁 입찰을 제출하는 데 필요한 자원을 보다 쉽게 확보할 수 있도록 한다.

결론적으로, 한국의 리빙랩은 대부분 정부가 주

관하는 공모전을 통해 시작되며, 프로젝트 기간과 지원금 규모가 사전에 결정되어 있으며 협상이 불가능하다. 프로젝트가 성공적으로 수행된 이후, 참가자들은 실험 결과를 지속적으로 활용할 것인지, 아니면 설정된 목표를 달성한 후 프로젝트를 종료할 것인지 선택해야 한다. 만약 실험 결과를 지속하기로 결정할 경우, 추가적인 실현을 위해 필요한 자원을 독자적으로 확보해야 한다. 이는 초기 공모전에서 제공된 재정 및 행정 지원이 이미 소진된 상태에서 이루어져야 하기 때문이다. 리빙랩에 참여하는 이들이 이러한 과정을 수행하면서 필연적으로 직면하는 어려움을 고려했을 때, 일부 참가자들은 실험 결과를 실현할 방법을 찾기도 하지만, 많은 경우 추가적인 실현을 시도하지 않거나 필요한 자원을 확보하지 못해 실패하게 된다.[1]

III. 연구 방법

1. 경험적 연구를 통한 개념화

실험 이후 단계의 리빙랩에 대한 기존 연구가 부족하기 때문에, 우리는 실증적 연구를 통해 개념을 정립하고 이를 바탕으로 실험 완료 후 어떤 과정이 진행되는지를 학문적으로 심화하는 개념적 틀을 개발한다. 먼저, 리빙랩 실현이라는 개념을 간단히 설명한다. 이는 리빙랩 실험에서 개발된 프로토타입이 안정적이고 체계적으로 활용되는 경우를 의미한다. 이러한 프로토타입은 단순히 일회성 해결책으로서의 역할을 마친 후 사라지는 것이 아니라, 정책으로 제도화되거나, 제품으로 시장화되거나, 혹은 다른 문제에 적용될 수도 있다. 이후 우리는 다양한 실현 사례를 탐색하고 이를 분류 및 유형화하여, 실현이라는 개념을 보다 구체적이고 체계적으로 재정의한다. 이러한 실증적 분석을 바탕으로, 우리는 효과적인 실현 과정에서 공통으로 나타나는 세 가지 요소—유지, 심화, 확산—가 존재한다고 제시하며, 이를 통해 성공적인 리빙랩 프로젝트의 실험 이후 결과가 어떻게 지속적으로 활용되는지를 분석할 수 있다. 이 세 가지 실현 요소는 개념적으로 일반화가 비교적 가능하며, 한국 외의 다른 리빙랩 사례를 분석하는 데에도 적용될 수 있다.

2. 비교 사례 연구 방법

우리는 일곱 개 사례의 비교 분석을 수행하여, 일부 리빙랩 프로젝트가 성공적으로 실현되었으며 (위에서 정의한 개념에 따라), 다른 프로젝트는 그렇지 못한 이유를 규명하고자 한다. 본 연구에서 분석한 한국의 리빙랩 사례들은 실현 및 비실현의 대표적인 사례로서 학문적으로 중요한 연구 자료를 제공한다. 이는 리빙랩 연구 전반과 특히 실험 이후(post-experiment) 단계에 대한 연구에 있어 유의미한 사례로 작용한다. 앞서 언급했듯이, 한국의 리빙랩 프로젝트는 일반적으로 정부가 주관하는 공모전을 통해 진행된다. 이러한 공모전 방식으로 운영되는 리빙랩은 공공적이고 공식적인 성격을 가지므로, 연구자들은 각 팀이 공모전에 제출한 제안서나 리빙랩 주관 기관이 발행하는 최종 보고서와 같은 공식 문서를 참조하여 프로젝트의 전 과정을 추

----

1 단기적 접근의 한계를 극복하기 위해, 최근 행정안전부가 운영하는 지역 문제 해결 플랫폼(Local Problem-Solving Platforms)은 진행 중인 프로젝트의 지속적 운영을 위한 별도의 공모 분야를 신설하였다. 만약 특정 리빙랩 프로젝트가 종료되었지만 참여자들이 실험을 지속하기를 원할 경우, 해당 기금에 지원할 수 있다. 이 지원금은 실험 이후(post-experiment) 단계로 접어든 프로젝트 팀에게만 제공되며, 지원을 희망하는 팀들은 일반적인 입찰 과정을 통해 경쟁하게 된다. 선정된 팀은 추가적인 시간을 부여받고, 실험을 지속적으로 수행할 수 있도록 재정적 지원을 받는다.

적할 수 있다. 리빙랩 주관 기관은 선정된 리빙랩 팀을 프로젝트 전반에 걸쳐 관리 및 지원하며, 리빙랩 프로젝트 운영 경험이 있는 전문가들로 구성되어 있다. 이들은 일반적으로 리빙랩 팀이 제안된 실험을 완료하는 데 집중하도록 조언하는 한편, 실험이 완료된 이후에 수행할 수 있는 후속 활동에 대해서도 고려할 것을 권장한다. 이러한 지원 구조는 한국에서 리빙랩 프로젝트가 실현될 가능성을 높이는 요인으로 작용한다. 본 연구에서 분석한 사례들 중 일부는 성공적으로 실현되었으며, 반면 여러 사례는 실현되지 못했다. 이에 따라 본 연구는 리빙랩 실현을 촉진하거나 저해하는 주요 요인이 무엇인지 탐구하지만, 특히 실현 과정에서 대학이 수행하는 역할에 초점을 맞추어 분석한다.

3. 데이터 수집

우리는 두 가지 방법을 통해 데이터를 수집하였다. 먼저, 각 팀이 공모전의 예선 및 본선에서 제출하고 발표한 제안서와, 실험 완료 후 강원혁신포럼에 제출한 최종 보고서를 검토하였다. 또한, 강원혁신포럼에서 발행한 지역 문제 해결 플랫폼 핸드북 2020도 참고하였다. 이 핸드북은 리빙랩 팀들이 수행한 실험의 과정과 결과에 대한 상세한 정보를 포함하고 있으며, 강원혁신포럼 웹사이트에서 공개적으로 접근할 수 있다. 둘째, 우리는 2021년 7월과 8월에 모든 7개 팀의 팀장과 해당 기관(주최 기관)의 직원 두 명을 대상으로 반구조화 인터뷰를 진행하여 1차 실증 데이터를 수집하였다. 이 중 다섯 명의 팀장과는 대면으로 만나 인터뷰를 진행했으며, 실험이 성공적으로 완료된 이후 프로젝트를 추가적으로 발전시키기로 결정한 이유(혹은 발전시키지 않기로 한 이유)에 대해 질문하였다. 또한, 실험 이후 단계에서 발생한 변화—예를 들어 팀 구성의 변동이나 실험 단계와 실험 이후 단계의 차이를 구분하는 요인—에 대한 정보를 요청하였다. 두 명의 팀장과는 이메일을 통해 동일한 질문을 전달하고 응답을 받았다. 이와 함께, 기관의 직원 두 명을 두 차례에 걸쳐 대면 인터뷰하였다. 이들은 7개 팀의 리빙랩 프로젝트 전반에 대한 가장 포괄적인 접근 권한과 지식을 보유하고 있었다. 실험이 진행되는 동안, 이들은 모든 팀을 최소 주 1회 이상 직접 만나 프로젝트 진행 상황을 모니터링하였다. 우리는 팀장들에게 했던 질문과 동일한 질문을 이들에게도 제시하였으며, 팀장 인터뷰에서 수집한 데이터와 대조하여 교차 검증을 수행하였다. 두 인터뷰 데이터(팀장과 기관 직원) 간에는 높은 일관성이 있었으며, 실현을 촉진하거나 저해하는 요인에 대한 주요 내용에서 큰 차이는 발견되지 않았다.

4. 리빙랩 사례

본 연구는 행정안전부가 2020년 주관한 지역 문제 해결 플랫폼 중 강원도에서 개최된 강원혁신포럼(GIF, Gangwon Innovation Forum)의 최종 지방 공모전에서 선정된 7개의 리빙랩 사례를 분석하였다. 해당 공모전은 2020년 6월에 시작되었으며, 강원도 주요 도시에서 예비 오픈 테이블 토론과 워크숍이 개최되었다. 최종 공모전은 2020년 8월에 열렸으며, 결선에는 20개 이상의 팀이 참가하여 각자의 사례를 발표하였다. 각 발표에서는 문제 정의, 해결책 제안, 실험 계획, 예상 결과, 예산 내역 등을 포함한 개요가 제시되었다. 최종적으로 7개 팀이 선정되었으며, 각 팀은 약 1천만 원을 배정받아 100일 동안 실험을 진행할 기회를 부여받았다.

표 1은 선정된 7개의 리빙랩 사례를 요약한 것이다. 모든 사례에서 실험은 2020년 9월에 시작되어 2020년 12월에 종료되었다. 100일간의 실험이 끝

난 후, 각 팀은 결과를 강원혁신포럼과 행정안전부에 보고하였다. 실험 기간 동안, 해당 리빙랩의 주최 기관은 지역 비영리 단체로서 참가자들이 실험을 원활하게 수행할 수 있도록 지원하였으며, 실험과 관련된 전문 지식이나 경험을 보유한 공공 기관과 팀을 연결해 주었다. 예를 들어, 특정 팀이 건강 문제와 관련된 실험을 수행하는 경우, 같은 지역에 위치한 국민건강보험공단과 같은 공공 기관과 협력할 수 있도록 연계하였다. 또한, 주최 기관은 7개 팀을 감독하며, 프로젝트가 중단되거나 실패하는 것을 방지하기 위해 정기적인 회의를 진행하였다.

7개 팀이 집중한 연구 분야는 건강 문제, 환경, 청년층의 시민 참여, 고령층의 사회복지, 교통 안전 등 다양한 범위를 포함하고 있었다. 각 팀은 특정 문제를 선정하고 그 원인을 분석한 후, 혁신적인 해결책을 개발하고 그 실행 가능성을 평가하기 위한 실험을 설계하였다. 실험이 진행되어 프로토타입이 제작되면, 해당 해결책이 원래의 문제에 적용되었다. 해결책이 성공적으로 작동하는 것으로 판단될 경우, 실험은 완료된 것으로 간주되었으며, 일부 사례에서는 해결책이 지속적으로 활용되었다. 표 1에서 볼 수 있듯이, 해결책이 도입된 이후에는 명확한 차이가 나타났으며, 실험 전후의 분석을 통해 실험이 실현 가능하고 혁신적인 해결책을 제공하는 데 성공했음을 확인할 수 있었다.

[표 1] 사례 요약

<table>
<tr><th>팀</th><th>분야</th><th>실험 요약</th></tr>
<tr><td>1</td><td>건강 (정신건강)</td><td>문제: 청년 세대의 불안정한 정신 건강은 특히나 열악한 취업 기회와 불확실한 미래 경제 상황에서 비롯된 스트레스에 의해 심화된다.
해결책: 청년층을 대상으로 자가 진단 키트를 개발하여 적용한다.
청년들이 이 키트를 활용해 신속하게 자신의 정신 건강 상태를 점검할 수 있도록 하였다. 만약 진단 가능한 문제가 발견되면, 해당 개인이 심리 치료를 받을 수 있도록 전문가와 연결되었다.
<table><tr><th>개입 전</th><th>개입</th><th>개입 후</th></tr><tr><td>경제적 요인으로 인한 정신 건강 문제</td><td>자가 진단 및 심리 치료</td><td>문제 완화</td></tr></table></td></tr>
<tr><td>2</td><td>환경 (재활용)</td><td>문제: COVID-19 팬데믹 기간 동안 대량으로 폐기된 마스크가 막대한 양의 폐기물을 발생시켰다.
해결책: 마스크를 폴리프로필렌(PP) 원료로 전환하여 재활용한다.
학생들은 안전 프로토콜을 준수하며 사용된 마스크를 수거한 후, 이를 소독하여 PP 원료로 변환하였다. 이 PP 원료를 활용해 "비접촉 키(touch-free key)"라는 장치를 제작하였다. 이 장치는 장애인을 포함한 사용자들이 문을 열거나 엘리베이터 버튼을 보다 쉽게 누를 수 있도록 설계되었으며, 제작된 키는 지역의 장애인들에게 기부되었다.
<table><tr><th>개입 전</th><th>개입</th><th>개입 후</th></tr><tr><td>사용된 마스크로 인한 폐기물 증가</td><td>업사이클링</td><td>폐기물 감소 및 장애인 지원</td></tr></table></td></tr>
</table>

<table>
<tr><td>3</td><td>환경 (해변 쓰레기)</td><td>문제: 일부 지역에서 해변 쓰레기의 양이 급격히 증가하고 있다. 연구팀이 거주하는 해변 도시에서는 해변 쓰레기가 지역 환경을 위협할 뿐만 아니라, 해변의 미관을 해쳐 관광객 수가 감소하면서 지역 상점 운영에도 부정적인 영향을 미치고 있다.
해결책: 해변 정화 활동을 수행하는 자원봉사자들에게 인센티브를 제공한다.
연구팀은 정기적인 해변 정화 활동 행사를 조직하고, 참가자들에게 인센티브로 지역 음식점과 카페에서 사용할 수 있는 쿠폰을 제공하였다.
<table>
<tr><th>개입 전</th><th>개입</th><th>개입 후</th></tr>
<tr><td>해변 쓰레기 다량 발생</td><td>인센티브 기반 자원봉사 캠페인</td><td>해변 쓰레기 감소</td></tr>
</table></td></tr>
<tr><td>4</td><td>시민 참여 (청년층)</td><td>문제: 청년층 사이에서 정치적 무관심이 널리 퍼져 있으며, 공공 생활에 대한 참여가 부족하다. 지역 사회의 공공 생활과 관련하여, 청년들이 의견과 정보를 교환할 수 있는 온라인 또는 오프라인 플랫폼이 존재하지 않는다.
해결책: 청년들이 지역 정치, 시민 및 지역사회 행사, 그리고 지역 노동시장에 대한 아이디어와 정보를 공유할 수 있는 온라인 및 오프라인 플랫폼을 구축한다.
팀은 오프라인 신문을 발행하고 온라인 방송 채널을 운영하였다. 이 미디어를 통해 지역 정치 활동, 지역 사회의 행사 및 모임, 그리고 일자리 정보 등을 제공하였다.
<table>
<tr><th>개입 전</th><th>개입</th><th>개입 후</th></tr>
<tr><td>청년층의 사회적 고립</td><td>의견 및 정보 공유 플랫폼 구축</td><td>청년층의 사회적 연결 증가 및 고립 감소</td></tr>
</table></td></tr>
<tr><td>5</td><td>복지 (노인층)</td><td>문제: 노후화된 경로당 건물은 고령자의 무릎 건강을 악화시킬 수 있다. 한국의 모든 농촌 지역에는 독립적인 경로당 건물이 존재하지만, 대부분 온돌 난방 시스템이 설치되어 있어 이용자들이 바닥에 앉는 경우가 많다. 이는 무릎 건강에 부정적인 영향을 미친다.
해결책: 경로당을 개조×보수한다.
경로당을 새롭게 설계하고, 싱크대와 식탁을 설치하였다. 이를 통해 이용자들은 바닥에 앉는 대신 소파에 앉아 식탁에서 식사를 할 수 있게 되었으며, 무릎 건강을 보호할 수 있었다.
<table>
<tr><th>개입 전</th><th>개입</th><th>개입 후</th></tr>
<tr><td>고령자의 무릎 통증 및 부상 악화</td><td>경로당 개조×보수</td><td>무릎 통증 및 부상 감소 기대</td></tr>
</table></td></tr>
<tr><td>6</td><td>환경 (일회용 용기)</td><td>문제: COVID-19로 인해 일회용 음식 배달 용기의 사용량이 급격히 증가하면서, 한국 내 플라스틱 폐기물이 급증하였다.
해결책: 다회용 용기 공유 센터를 설립하고, 일회용 컵과 접시 사용을 줄인다.
배달 용기를 수거, 세척, 소독한 후 지역 음식점에 다시 공급하여 재사용할 수 있는 시스템을 구축하였다.
<table>
<tr><th>개입 전</th><th>개입</th><th>개입 후</th></tr>
<tr><td>플라스틱 폐기물 증가</td><td>용기 재활용 시스템</td><td>플라스틱 폐기물 감소</td></tr>
</table></td></tr>
<tr><td>7</td><td>안전 (전동 킥보드)</td><td>문제: 전동 킥보드 이용자들이 헬멧을 착용하지 않는 경우가 많아 심각한 부상과 사망 사고가 증가하고 있다. 법적으로 전동 킥보드 이용자는 헬멧을 착용해야 하며, 미착용 시 벌금이 부과된다. 그러나 대부분의 이용자들은 여전히 헬멧을 착용하지 않고 있다.
해결책: 사용자가 특정 지역에서 무료로 헬멧을 쉽게 대여하고 공유할 수 있는 헬멧 공유 서비스 시스템을 구축한다.
이를 캠퍼스에서 시범 운영하였다. 캠퍼스 내외에 총 다섯 곳의 헬멧 공유 센터를 설치하였으며, 이용자들은 스마트폰을 통해 무료로 헬멧을 대여할 수 있도록 하였다.
<table>
<tr><th>개입 전</th><th>개입</th><th>개입 후</th></tr>
<tr><td>사망 및 부상 사고 증가</td><td>헬멧 공유 시스템</td><td>사망 사고 및 부상 감소</td></tr>
</table></td></tr>
</table>

IV. 리빙랩의 실현

1. 사례 분석

실증 분석 결과, 전체 7개의 리빙랩 프로젝트 중 3개가 초기 실험 이후 실현 단계를 거친 것으로 나타났다. 우리는 세 가지 사례 모두에서 대학이 프로젝트의 실현을 가능하게 하는 중요한 역할을 수행했다는 점을 발견하였다. 이 세 팀은 2020년 공모전에 처음 참가했을 당시 모두 대학생들로 구성되어 있었으며, 이에 따라 리빙랩 전 과정과 실험 이후 단계에서 대학으로부터 전반적인 지원을 받을 수 있었다. 반면, 나머지 4개 팀은 학생이 아닌 일반 시민들로 구성되어 있었다.

첫 번째로 실현된 리빙랩은 정신 건강 문제 해결을 위해 솔루션을 개발한 1팀의 프로젝트였다. 이 팀은 사회 문제 해결을 위한 실험을 기획하고 수행하는 캡스톤 디자인 수업(capstone design course)의 일부로 협력하였다. 이들은 특히 대학생을 포함한 청년층이 경제적 스트레스와 심리적 압박으로 인해 정신 건강 문제를 자주 경험한다는 사실을 발견하였다. 이에 따라, 청년층, 특히 학생들이 자신의 정신 건강 상태를 직접 측정할 수 있는 자가 진단 키트(self-test kit)를 개발하기로 결정하였다. 팀은 학생들과 다른 청년들에게 이 키트를 제공하였고, 이를 통해 그들 스스로 정신 건강 상태를 점검할 수 있도록 하였다. 만약 자가 진단 결과에서 특정한 정신 건강 문제가 의심될 경우, 정신 건강 전문가와 상담할 기회가 제공되었으며, 개인적인 정신 건강 문제를 논의할 수 있도록 지원되었다. 실험의 모든 단계가 완료된 후, 팀은 실험이 성공적이었다고 보고하였다. 이는 처치 이전과 이후의 청년들 사이에서 측정 가능한 변화를 확인할 수 있었기 때문이었다. 보고된 정신 건강 문제의 수가 감소한 것으로 나타났다. 이러한 실험 과정에서 팀은 대학 내부(심리학과 교수진)와 외부(시 정신 건강 지원 센터)의 전문가들로부터 지도와 지원을 받았다.

실험이 성공적으로 완료된 후, 팀은 프로젝트를 확장 가능한 비즈니스 모델로 발전시키기 위해 스타트업을 설립하였다. 2022년 1월 기준, 이들은 자가 진단 키트 및 상담 서비스를 제공하는 기업으로서 정부에 준사회적 기업(예비 사회적 기업)으로 등록되었다. 실험 이후 단계에서, 대학은 창업을 육성하기 위해 필요한 전문가 지식 및 기술적 지원뿐만 아니라 멘토링을 제공하며 팀을 지원하였다. 대학 내 진로 개발 부서와 산학 협력 부서가 이러한 지원을 제공할 수 있었으며, 이를 통해 팀은 리빙랩 실험이 종료된 이후에도 프로젝트를 지속할 수 있었다.

두 번째 리빙랩 실현 사례는 2팀의 프로젝트로, 대학생들이 지역 내에서 사용된 마스크를 수거하여 이를 폴리프로필렌(polypropylene)으로 변환한 후 재활용하여 장애인들이 사용할 수 있는 장치를 제작한 사례였다. 이 프로젝트의 원래 목적은 사용된 마스크에서 발생하는 플라스틱 폐기물을 줄이는 것이었으며, (재활용 없이) 플라스틱 폐기물을 줄이는 유일한 방법은 플라스틱 생산 자체를 줄이는 것이었다. 그러나 팀은 COVID-19 팬데믹이 진행 중인 상황에서 마스크 생산량을 줄이는 것이 불가능하다는 점을 인식하고, 실험을 통해 사용된 마스크를 업사이클링하고 재활용을 통해 폐기물을 줄이는 방안을 설계하였다. 실험 과정에서 팀은 지역 기업, 시 정부, 장애인 단체, 그리고 지역 환경 운동 단체와 협력하였다. 장애를 가진 참여자들은 마스크에서 코 와이어와 귀걸이 끈을 제거하는 작업을 맡았다. 실험이 완료된 후, 팀은 업사이클링된 제품(장애인들이 문을 열거나 엘리베이터 버튼을 누를 수 있도록 돕는 비접촉 키)을 장애인들에게 기부하였다.

활동이 완료된 후, 팀은 대학 내 창업 동아리로 재편성되었으며, 리빙랩 실험과 활동을 지속할 수 있도록 대학으로부터 지속적인 지원을 받았다. 이를 통해 사용된 마스크를 지역 노인들을 위한 안경으로 변환하는 새로운 제안을 만들 수 있었다. 이 단계에서 팀(이 시점에서는 동아리)은 노인 빈곤이라는 지역의 새로운 문제에 집중하였다. 팀원들은 안경 제조업체와 협력하여 노인들을 위한 돋보기를 제작하였다. 동아리는 이 프로젝트를 성공적으로 완료하였으며, 2021년 12월에 돋보기를 지역 노인들에게 기부하였다. 이후 팀은 다른 지역 문제를 발굴하고, 기존의 마스크 재활용 프로젝트와 연계된 해결책을 개발하려고 시도하고 있다. 2022년 5월 기준, 팀은 장애가 있는 지역 주민들을 위해 폐마스크를 활용한 등반 보조 도구 제작을 목표로 하는 새로운 프로젝트를 준비 중이다. 이들은 야외 활동용 장비를 생산하는 지역 기업과 협력 네트워크를 구축하였다. 또한, 팀은 다양한 분야(기업, 비정부기구, 대학생, 고등학교 교사, 환경 보호 단체)의 사람들로부터 연락을 받았으며, 리빙랩을 통해 얻은 경험과 지식을 공유하였다. 이를 통해 마스크 재활용 프로젝트가 다른 지역과 분야로 확산되는 계기가 마련되었다. 현재까지 한국에서 10개 이상의 기관이 마스크 재활용에 참여하고 있다.

대학의 재정 지원, 교육, 전문가 상담 등의 지원은 리빙랩이 지속될 수 있도록 하는 데 결정적인 역할을 하였으며, 팀이 프로젝트에서 습득한 원칙, 과정, 교훈을 다른 문제에 적용할 수 있도록 도왔다. 대학은 창업을 촉진하는 학생 동아리를 육성할 수 있는 체계를 잘 갖추고 있으며, 이 시스템을 통해 팀은 프로젝트를 지속할 기회를 얻을 수 있었다. 또한, 대학은 학생들이 특허를 출원하고 기업을 설립할 수 있도록 전문가의 지도와 맞춤형 조언을 제공함으로써 중요한 역할을 수행하였다. 이러한 지원은 확산 과정에서도 핵심적인 역할을 하였다. 학생들의 리빙랩 활동과 관련된 정보는 온라인에서 제공되며, 이를 통해 리빙랩에 대한 정보와 아이디어가 전국적으로 공유될 수 있다. 대학은 이 사례를 적극적으로 홍보해 왔으며, 이는 대학이 학생의 창의력을 증진하고 기업가 정신을 장려하는 학술 기관으로서의 명성을 높이는 데 기여하였다.

세 번째 리빙랩 실현 사례는 7팀의 프로젝트로, 헬멧을 착용하지 않은 전동 킥보드 이용자들의 사망 사고 증가 문제를 해결하는 데 초점을 맞추었다. 팀은 대학 캠퍼스에서 헬멧 공유 시스템을 실험적으로 운영하며 그 효과를 검증하고자 하였다. 캠퍼스 내 여러 곳에 헬멧 공유 센터를 설치하고, 모든 학생들이 이 서비스를 이용할 수 있도록 하였다. 100일 후, 팀은 헬멧 착용률이 증가했으며, 학생들의 헬멧 착용에 대한 인식도 보다 긍정적으로 변화했음을 확인하였다. 실험이 완료된 후, 팀은 동일한 솔루션을 적용하기 위해 여러 편의점과 계약을 체결하였다. 지역 편의점 앞에 헬멧 공유 센터를 설치하여 헬멧 대여 서비스를 제공한 결과, 헬멧 이용자 수가 증가하였을 뿐만 아니라, 편의점의 매출도 증가하는 효과가 나타났다. 이에 따라 팀은 이 개념을 기반으로 스타트업을 설립하기로 결정하였으며, 2022년 5월 기준, 해당 기업은 준사회적 기업으로 등록되었다.

표 2는 이 세 개의 리빙랩 프로젝트가 실현된 과정을 개괄적으로 정리하며, 실험 이후 단계에서 대학이 수행한 중요한 역할을 강조한다. 1팀과 7팀은 리빙랩 프로젝트를 완료한 후 스타트업을 설립하였으며, 이 기업들은 준사회적 기업으로 등록되어 정부로부터 재정 지원을 받았다. 일정 기간이 지나면 정부의 재평가를 거쳐 정식 사회적 기업으로 전환될 가능성이 있다. 2팀은 공식적으로 대학 내 창업 동아리로 등록되었으며, 일부 재정 지원과 더불

[표 2] 실현(realization) 사례

	유지	심화	확산	대학의 역할
1팀 (정신건강)	프로젝트가 스타트업으로 지속됨			교육 지원(지속적인 참여 의지 함양) 운영 지원(스타트업 설립을 위한 행정 지도) 재정지원(스타트업 운영을 위한 지원) 시설 제공(회의 및 토론 공간 마련)
2팀 (사용된 마스크 재활용)	프로젝트가 창업 동아리로 지속됨	동아리는 사회 문제 해결을 위한 다른 제품과 서비스를 개발하도록 회원들에게 도전 과제를 부여함	혁신이 다른 지역과 분야로 확산됨	교육 지원(지속적인 참여 의지 함양) 네트워크 지원(동아리와 산업 및 지역 조직 간 연결) 운영 지원(특허 출원 지원) 재정 지원(새로운 실험 수행 지원) 시설 제공(실험 공간 제공)
7팀 (헬멧)	프로젝트가 스타트업으로 지속됨			교육 지원(지속적인 참여 의지 함양) 운영 지원(스타트업 설립을 위한 행정 지도) 시설 제공(회의 및 토론 공간 마련)

어 법률 및 행정적 지원을 대학으로부터 받게 될 예정이다.

세 가지 사례 모두에서, 정부와 대학으로부터의 안정적인 재정 지원은 실험이 종료된 이후에도 프로젝트와 아이디어를 계속 발전시킬 수 있었던 결정적인 요인이었다. 예를 들어, 사용된 마스크 재활용 프로젝트(2팀)의 경우, 새로운 재활용 제품을 생산하기 위해 새로운 사출 금형을 제작해야 했으며, 이에 필요한 자금은 대학에서 지원하였다.

더 나아가 대학은 리빙랩 실현을 가능하게 하는 핵심적인 역할을 수행하였다. 대학은 리빙랩 참가자들에게 재정 지원, 교육, 컨설팅, 인적 자원 연결, 그리고 물리적 시설을 제공하였으며, 참가자들은 이를 효과적으로 활용하여 실험 이후 단계에서 지속적인 지식 창출을 촉진할 수 있었다. 인터뷰 과정에서 세 팀 모두 대학의 지원이 실험을 성공적으로 수행하는 데 결정적이었으며, 실험 결과를 실현하는 데 큰 영향을 미쳤다고 명확히 밝혔다. 1팀과 7팀은 대학이 제공한 행정 지원(가이드라인 제공 및 맞춤형 조언)의 도움을 받아 스타트업을 설립하고 준사회적 기업으로 등록할 수 있었다. 한국의 대학들은 일반적으로 산학 협력 전담 부서를 운영하고 있으며, 이 부서는 학생들이 특허를 출원하고 등록하며, 스타트업을 창업하고 법적 절차를 관리할 수 있도록 돕는다. 2팀 또한 대학의 산학 협력 부서로부터 다양한 지원을 받았다. 이 부서는 창업 동아리 활동을 지원하며, 학생들을 지역 기업 및 공공 기관과 연결하여 파트너십을 구축하도록 장려함으로써 리빙랩 실험을 더욱 발전시킬 수 있도록 도왔다. 대학이 제공한 지원 중 가장 중요한 요소 중 하나는 교수진과 연구진의 조언과 지도였다. 캠퍼스 내 교수 및 연구진들은 팀원들의 질문과 문제를 해결하는 데 도움을 주었으며, 실험실과 도서관과 같은 연구 자원에 접근할 수 있도록 지원하였다. 또한, 특정 문제와 해결책과 관련된 데이터를 제공하거나 적절한 자료를 추천하는 역할도 수행하였다. 실현에 성공한 세 팀 모두 대학 교수들과 지속적인 회의를 진행하였으며, 전문적인 조언을 받았다.

반면, 다른 팀들은 자신들의 대학으로부터 지원을 받았더라면 리빙랩을 실현할 가능성이 더 높았을 것이라고 밝혔다. 이들이 리빙랩 프로젝트를 실현하는 데 있어 가장 큰 장애물은 재정 지원의 부족이었다. 또한, 준사회적 기업으로 등록하기 위한 행정 절차나 새로운 재정 지원 기회를 찾는 방법에 대한 전문가의 조언을 얻을 기회도 제한적이었다. 이 문제를 해결하기 위해, 6팀의 리더는 지역 대학에 연락하여 리빙랩 실현을 보장하기 위한 협력 프로젝트를 구축할 것을 제안하였다. 실현에 이르지 못한 팀들은 프로젝트를 지속적으로 발전시키려는 동기가 상대적으로 낮았으며, 이는 프로젝트 외에 본업과 같은 시급한 업무를 병행해야 했기 때문이었다. 5팀의 리더는 지역 정부가 실험을 통해 성공적인 결과를 얻은 프로젝트(예: 경로당 개보수)들을 더욱 진지하게 검토하고, 이러한 프로젝트의 실행을 인접한 지방까지 확대해야 한다고 주장하였다. 그는 본래 다른 직업을 가지고 있었으며, 사회 문제를 해결하기 위한 방안을 개발하고 이를 전국적으로 확장 가능한 공식 정책과 실천으로 전환하여 장기적이고 안정적인 약속으로 만들고자 하는 것이 그의 본래 목표였다.

실험 이후에도 리빙랩 개발을 지속한 세 팀과 실험이 완료된 후 프로젝트가 중단된 팀들 간의 차이는 적어도 부분적으로는 한국의 리빙랩 환경에서 대학이 실현 과정에서 중요한 역할을 수행하는 점에서 비롯되었다. 즉, 대학이 지속적인 혁신을 지원하는 정도가 팀마다 크게 달랐기 때문이다. 대학은 다양한 방식으로 리빙랩 실현을 촉진할 수 있다. 현재 한국의 대학 교육 프로그램은 리빙랩 실현과 관련된 이론적 지식뿐만 아니라 실무적 지식도 함께 제공하고 있다. 대학 강의뿐만 아니라 대학-산업 협력을 통해 학생들은 리빙랩 실험 이후에도 지속적으로 실현할 수 있는 역량과 의지를 키울 수 있도록 지식과 탐구력을 배양한다. 대학에서는 창업, ESG(환경, 사회, 지배구조), 사회적 기업 설립과 관련된 강의를 제공하여 리빙랩 참가자들이 협력하고 창업을 시도하도록 장려한다. 이는 실험 이후 단계에서도 리빙랩 활동을 지속할 수 있도록 필요한 역량을 함양하기 위한 것이다. 특히, 지역 사회 및 기업과 긴밀한 관계를 구축한 대학들은 스타트업 멘토링이나 사회 혁신 교육을 제공하여 실험이 완료된 이후에도 리빙랩이 실현될 가능성을 높일 수 있다. 한국의 대학들은 지식 교류 및 습득뿐만 아니라, 산업-학계 협력 네트워크에 대한 접근성을 제공하며, 특허 출원 지원, 신규 사회적 기업 등록에 대한 가이드라인 제공, 추가적인 재정 지원 기회, 창업 동아리 지원, 회의 및 실험을 위한 공간과 같은 시설 이용 기회도 함께 제공한다.

2. 리빙랩 실현을 이해하기 위한 개념적 틀 구축

우리의 실증 분석을 바탕으로, 리빙랩 실현을 이해하기 위한 개념적 틀을 개발하였다. 일반적으로 리빙랩은 아이디어에서 시작하여 공동 설계, 실험, 프로토타입 공동 창조, 그리고 최종적으로 실현으로 이어지는 누적적 과정을 거쳐 진행된다. 실험 단계에서 리빙랩은 세 가지 단계를 거치며 진행된다: 실험 전, 실험, 실험 이후 단계(그림 1 참고). 첫 번째 단계는 실험 전 단계로, 참가자들이 문제를 식별하고 잠정적인 해결책을 개발하는 과정이다. 이 개념화 과정과 아이디어를 교환하고 발전시키는 과정 속에서 리빙랩 실험이 구상된다. 리빙랩의 핵심 목적은 다른 형태의 문제 해결 절차와 달리 혁신적인 아이디어를 창출하는 것이다. 이는 단순히 해결책을 찾는 것이 아니라, 지역 문제 해결을 위해 가치와 규범에 대한 새로운 합의를 형성하는 과정을 포함한다(Lipp et al. 2023). 앞서 언급했듯이, 시민과 조직이 모여 자유롭게 의견과 통찰을 공유할 수 있는 활발한 공론장은 혁신적인 아이디어 창출의 필수적인 선행 조건이다.

두 번째 단계는 실험 단계이다. 이 단계는 (1) 실

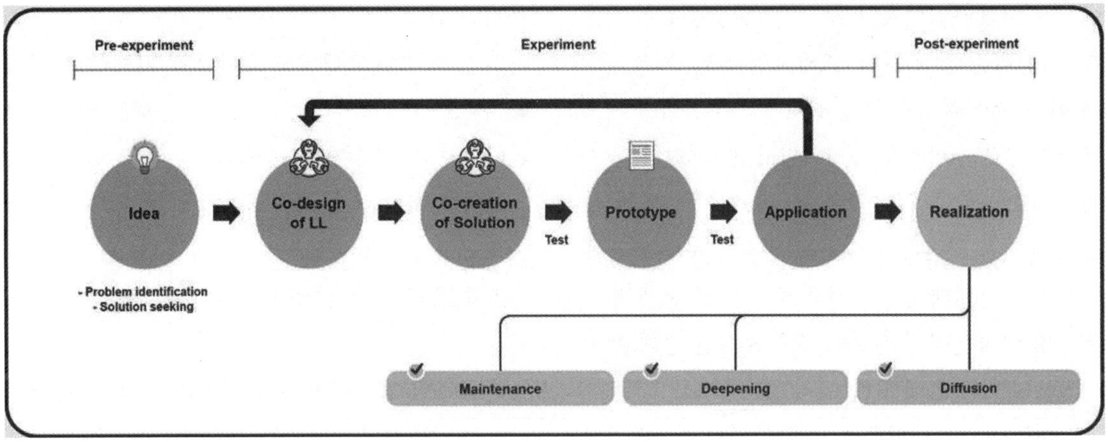

[그림 1] 리빙랩 실현화의 단계

험 공동 설계, (2) 프로토타입 공동 창조, (3) 프로토타입 테스트, (4) 프로토타입을 실제 문제에 적용하거나 다른 이해관계자들과 함께 수정하는 과정으로 구성된다. 전통적인 실험과 비교할 때, 리빙랩 실험은 사용자와 함께 처치(실험 도구 또는 개입 방법)를 설계하는 특징을 가지며, 이를 공동 창조(co-creation)라고 한다. 사용자는 프로토타입을 제작한 후, 이를 실제 환경에서 적용하고 테스트한다. 이후, 프로토타입을 기반으로 한 최종적인 해결책이 문제에 적용된다. 이러한 과정은 실질적인 혁신과 가치 창출로 나아가는 발판 역할을 할 수 있다.

세 번째 단계는 추가적인 실험을 통해 리빙랩이 달성한 결과를 실현하는 과정이다. 참가자들은 실험 단계에서 생성된 기술 혁신이나 아이디어를 바탕으로 특허를 출원하거나 새로운 사업을 시작할 수 있다. 본 논문에서는 리빙랩 실현을 실제 환경에서 유지, 심화, 확산하는 과정으로 정의한다. 우리는 프로토타입이 실현된 세 가지 사례를 대상으로 실험 이후 단계를 면밀히 분석하였다. 공동 창조를 통해 목표한 결과를 성공적으로 달성했다고 해서 반드시 실현이 보장되는 것은 아니며, 프로토타입 개발이 실험 단계에서 종료되는 경우도 많다.

리빙랩의 결과물은 경제적, 사회적, 개인적 삶에 다양한 방식으로 스며들 수 있다. 리빙랩 실험을 통해 오랫동안 지속된 사회적 문제에 대한 혁신적인 해결책이 도출될 수 있으며, 이는 다른 지역으로 확산, 공공정책으로 제도화, 상업화되는 등 다른 분야에 적용될 수 있다. 또한, 실험 과정 중 예상치 못한 시점에서 혁신적인 결과물이 나타날 수도 있으며, 이는 실험을 새로운 방향으로 이끌어 스타트업 창업이나 특허 출원을 촉진하는 계기가 되기도 한다. 이는 실험 이후 단계가 실험 단계만큼이나 중요한 역할을 하며, 어떤 의미에서는 새로운 출발점으로 작용할 수 있음을 시사한다. 우리는 실현이 실험 이후 단계에서 이루어지거나 혹은 실패할 수도 있다고 본다.

실현되지 않은 리빙랩이란 본질적으로 프로토타입이 실질적으로 활용되지 않는 경우를 의미한다. 프로토타입이 효과적이라 하더라도, 자원, 거버넌스, 사용자 참여와 관련된 제약이 리빙랩 실험을 확대하는 과정에서 도전 과제로 작용할 수 있다(Da Schio et al. 2019). 유지는 프로토타입이 지속적으로 활용되는 상태를 의미하며, 즉 실험이 완료된 이후에도 프로토타입이 실제로 작동하는 경우를 말한다. 리빙랩은 정책 수립, 스타트업 창업, 커뮤니티나 학생 단체 설립을 통해 참가자들이 실험을 지속적으로 수행하는 경우 유지된다고 볼 수 있다. 참가자들은 프로토타입을 기반으로 비즈니스 모델이나 정책 제안을 개발하고, 이를 실질적인 문제 해결에 안정적이고 체계적으로 적용한다. 이를 통해 프로토타입은 혁신적인 상품이나 구체적인 정책 개입 수단으로 자리 잡게 된다.

심화는 프로토타입을 실제 환경에서 개선하거나 지속적인 실험을 통해 발전시키는 과정을 의미한다. 리빙랩의 심화 과정에는 기술적 해결책의 업그레이드, 추가적인 모델 개발, 혹은 프로토타입(또는 다른 버전)을 유사하지만 새로운 문제에 적용하는 것이 포함될 수 있다. 초기 실험이 완료된 후, 참가자들은 새로운 실험이나 수정된 실험을 수행하여 프로토타입의 새로운 버전을 개발하게 된다.

확산은 실험과 해결책이 다른 지역이나 다른 사용자들에 의해 실제로 적용되는 과정을 의미한다. 유지, 심화, 확산은 각각 별개의 개념이지만, 동일한 공간에서 동시에 발생할 수도 있다. 다른 지역의 리빙랩 참가자들은 동일한 실험을 수행하고 이를 발전시키며, 프로토타입을 자신들의 지역에 적용할 수 있다. 또한, 각 지역의 특수한 필요에 맞게 실험 설계를 수정할 수도 있다. 심화와 확산이 이루어지기 위해서는 유지가 선행되어야 한다. 리빙랩은 본질적으로 해결책을 찾는 데 초점을 맞춘 메커니즘이며, 개방적이고 유동적인 방식으로 운영된다.

프로토타입이 성공적으로 개발되었다는 것은 기술적으로 보았을 때 만족스러운 실험 결과를 의미하지만, 사회적 문제에 대한 효과적인 해결책임에도 불구하고 지속적으로 개선되거나 다른 지역이나 분야로 확장되지 않는 단기적인 프로토타입이 많이 존재한다. 이러한 측면에서 리빙랩 실현은 추가적인 실험, 지식 축적 및 지식 이전을 수반하며, 이러한 실험 이후 활동을 통해 확장 가능하고, 전이될 수 있으며, 창의적이고 효과적인 해결책이 개발된다. 아래에서 논의하듯이, 대학은 이러한 과정을 가능하게 하는 데 중요한 역할을 할 수 있다.

3. 리빙랩 실현의 핵심 조건

리빙랩이 효과적으로 실현되기 위해서는 어떤 조건이 갖춰져야 하는가? 실현 가능성을 높이는 요인은 무엇인가? 리빙랩이 실현되기 위해서는 다음과 같은 요건이 충족되어야 한다. 첫째, 실무자들이 리빙랩을 실현하려는 의지를 가져야 한다. 둘째, 확산과 심화가 이루어지기 위해서는 강력하고 촉진적인 거버넌스가 필수적이다(Kronsell 2018). 셋째, 특허 출원과 같은 기술적 지원이 필요하다(Canzler et al. 2017). 넷째, 지속적인 실험을 지원할 수 있는 안정적인 재정적 기반이 확보되어야 한다(Schuurman et al. 2016). 다섯째, 팀원들이 협력하여 확산 및 심화 과정을 추진할 수 있는 공간이 마련되어야 한다(Frantzeskaki et al. 2018).

리빙랩 실현 의지와 관련하여, 리빙랩의 실험적 특성을 고려했을 때, 성공적인 프로토타입이 실현을 보장하는 것은 아니므로, 사용자들은 처음부터 실현을 목표로 삼고 그 과정에서 발생할 수 있는 도전 과제들을 인식해야 한다. 최종 사용자들의 무관심과 더불어, 리빙랩을 주도하는 이들이 프로토타입을 개발하고 개선하는 데 소극적인 태도를 보이는 것은 프로젝트 실현을 저해하는 요인이 될 수 있다(Hakkarainen and Hyysalo 2013). 대학은 (리빙랩 참가자로서) 학생들이 프로젝트를 지속할 수 있도록 교육 및 기술 지원을 제공하여 동기를 부여할 수 있으며, 이러한 지원은 참가자들이 실현을 달성하는 데 필요한 기술과 지식을 갖추는 데 도움이 된다.

정부(중앙 및 지방)는 리빙랩 팀이 실험을 확장할 수 있도록 인센티브를 제공할 수 있으며, 이를 위해 성공적인 2차 실험을 수행하는 팀에게 공공-민간-시민 협력 구축을 위한 보상을 제공할 수 있다. 기업 또한 리빙랩 팀과 새로운 협력을 구축하여 프로토타입을 더욱 발전시키는 데 중요한 역할을 할 수 있다.

행위자들이 공존하며 협력할 수 있는 플랫폼의 정치적 운영 방식은 여기서 거버넌스로 정의된다. 효과적인 거버넌스는 지식이 수평적으로 교환되도록 하고, 우수한 아이디어가 즉시 가시화되도록 함으로써 리빙랩의 실현 가능성을 높인다. 협력적 거버넌스는 리빙랩 활동을 촉진하고, 해결책이 제도화되거나 상업화되거나 정책으로 실행될 수 있도록 장려할 수 있다. 이는 모든 참가자들이 문제 해결 과정을 직접 경험하고, 반복적인 실험과 참여를 통해 가치 있는 경험을 축적할 수 있기 때문이다. 이러한 집단적 경험의 결과로, 참가자들의 지식과 역량이 프로토타입을 개선하는 과정에 활용된다. 특히 리빙랩의 거버넌스가 최적의 네트워크 형성을 가능하게 할 때, 보다 폭넓고 심층적인 지식 기반이 해결책에 반영될 수 있어 실현 가능성이 더욱 높아진다. 리빙랩 참가자 네트워크는 비슷한 관심을 가진 사람들과 조직들이 정기적으로 만날 수 있도록 하고, 체계적으로 조직된 네트워크는 지방 정부나 시민사회 조직 내에 관련 부서나 태스크포스를 신설하는 것을 촉진할 수도 있다. 리빙랩 실현을 적극적으로 지원하는 다양한 조직(예: 리빙랩 기관)들은 리빙랩 팀이 혁신적인 문제 해결을 위한 거버넌스 프레임워크를 구축할 수 있도록 지원하거나, 프로젝트를 발전시킬 수 있는 추가적인 네트워킹 기회를 제공할 수도 있다. 대학 캠퍼스 역시 리빙랩 실현을 위한 효과적인 플랫폼이 될 수 있다. 대학은 다양한 교육 자원과 연구 네트워크에 대한 개방적인 접근을 제공하기 때문이다.

세 번째 실현 조건은 기술적 지원의 존재이다. 리빙랩의 핵심 가치는 시민 참여이며, 리빙랩은 여러 이해관계자들이 실험 과정에 참여하고 기여할 기회를 제공하는 것을 목표로 한다. 리빙랩의 중요한 특징 중 하나는 사용자가 직접 아이디어를 창출하고, 데이터를 수집하며, 정보에 접근하고 공유하는 것이다(Canzler et al. 2017). 시민 과학은 시민 참여를 통해 과학적 지식이 생성되는 것을 의미한다. 스마트폰과 다양한 웨어러블 기기와 같은 최신 기술의 발전은 시민 과학을 활성화시키고 연구자와 시민 간의 격차를 좁혀왔다. 시민 과학을 강화하는 기술적 지원은 사용자들이 공동 창조 과정에 적극적으로 참여할 수 있도록 하며, 시민들은 단순한 데이터 수집과 분석뿐만 아니라 중요한 데이터 제공 및 평가적 통찰을 제공하는 역할도 수행하게 된다(Veeckman and Temmerman 2021). 최신 기술에 대한 접근성은 아이디어와 프로토타입의 확산과 심화를 촉진하며, 기술을 효과적으로 활용할 수 있도록 지원하는 것은 리빙랩 참가자들이 실험 이후 단계에서 스타트업 창업이나 기타 파생 활동을 수행하는 데 필요한 데이터와 기술을 습득하는 데 도움이 될 수 있다. 대학 및 민간 기업과 같은 이해관계자 조직은 리빙랩 팀이 실험 결과를 심화하고 확산할 수 있도록 핵심적인 기술을 제공할 수 있다.

네 번째 실현의 전제 조건은 적절하고 신뢰할 수 있는 재정 지원에 대한 접근성이다. 재정적 자원은 단순히 실험과 해결책 개발을 위한 것이 아니라, 초기 개념 개발과 문제 정의에도 필요할 수 있다(Schuurman et al. 2016). 외부 재정에 대한 의존은 프로젝트가 진행되는 과정에서 추가적인 자금이 필요해질 가능성이 있기 때문에, 프로젝트의 원래 목표를 달성하는 데 방해가 될 수도 있다. 프로토타입을 실현하는 과정에서는 소규모 리빙랩 실험을 위한 초기 자금보다 훨씬 더 많은 재정 지원이 요구될 수 있으며, 유지, 확산, 심화를 위해서는 신뢰할 수 있는 재정적 기반이 필요하다. 리빙랩에 참여하는 세 주요 이해관계자 조직은 리빙랩 팀이 프로젝트를 실현할 수 있도록 새로운 재원 확보를 지원할 수 있다. 지방정부는 예산의 일부를 프로젝트 실현을 위한 재정 지원 기금으로 할당할 수 있으며, 대학은 산업-학술 협력 활동을 위해 배정된 일부 재원을 리빙랩 실현에 재할당할 수 있다. 이는 리빙랩 실현이 본래 산업-학술 협력의 궁극적인 목표와도 일치하기 때문이다.

리빙랩 공동체 구성원들이 협력하고 유대감을 형성할 수 있는 물리적 공간을 확보하는 것은 실현을 위한 다섯 번째 필수 조건이다. 이는 모든 사회적·정치적 공동체의 핵심 요소이기도 하다. (물리적인) 정치적·사회적 공간에서는 시민(리빙랩의 경우, 사용자)이 소통하고, 규칙을 만들며, 의사 결정을 내리고, 갈등을 조정하며, 문제 해결에 참여할 수 있다. 공공 영역의 일부로서 공간을 형성하는 규범과 원칙은 자유로운 공적 담론을 촉진하고, 시민사회를 강화하며, 민주적 참여를 확대하고, 사회 변화를 위한 제도 개혁 또는 창출을 가능하게 한다. 이러한 요소들은 리빙랩 공간에서도 반드시 갖추어져야 한다. 공공 영역 내에서 사람들이 경험하는 의미, 소속감, 그리고 연결성은 실험을 혁신으로 전환하는 데 기여할 수 있으며, 사람들 간의 유대감을 강화하는 역할을 한다(Frantzeskaki et al. 2018). 많은 지방정부는 시민들이 협력하여 실험하고 지식을 교류할 수 있도록 창의적 공간을 제공한다. 민간 기업 또한 자체 연구실을 보유하고 있으며, 이를 공유하기도 한다. 대학 또한 학생과 시민이 서로 교류할 수 있는 공간을 제공한다. 이러한 공간들은 리빙랩을 공식화하고 제도화하며 실현 가능성을 높이는 역할을 한다. 이를 통해 참가자들은 리빙랩에 대한 소속감을 갖고 더욱 적극적으로 참여하게 된다.

V. 마치며

리빙랩은 혁신을 촉진하는 새로운 접근 방식으로, 공동 창조자들이 협력하여 아이디어, 제품, 서비스 등을 설계하고 실험하며 긴급한 사회적 문제를 해결하는 데 초점을 맞춘다. 그러나 리빙랩의 산출물이 실현되지 않는다면(즉, 혁신 효과가 초기 실험 단계 이후 멈춘다면), 리빙랩의 장기적인 영향은 상당히 제한적일 수 있다. 본 연구는 리빙랩 실현의 핵심 조건을 보다 깊이 이해하고자 하였으며, 실험 이후 단계에서 한국의 7개 리빙랩 사례를 탐색하였다. 이 단계에서는 리빙랩 프로토타입을 체계적이고 측정 가능한 방식으로 유지, 확산, 심화하는 것을 목표로 한다. 이 연구는 리빙랩 실현 과정에서 핵심적으로 작용하는 개념적 틀을 제공하며, 리빙랩 실현의 주요 전제 조건을 다음과 같이 규명하였다. 즉, 리빙랩 리더가 추가적인 실험을 수행하려는 의지, 효과적인 거버넌스 체계(파트너, 참가자, 사용자 간), 기술적 지원, 재정적 지원, 그리고 실험을 수행하고 지식을 교류하며 실현을 촉진할 수 있는 물리적 공간의 제공이 필요하다. 또한, 본 연구는 리빙랩 실현에서 세 가지 주요 조직—대학, 정부, 민간 기업—이 중요한 역할을 수행할 수 있음을 발견하였다. 실현에 성공한 세 개의 리빙랩 사례를 분석한 결과, 한국에서는 대학이 리빙랩 실현에 있어 핵심적인 역할을 한다는 점이 확인되었다. 이는 대학이 실현을 위한 여러 필수 조건과 자원, 즉 관련 교육, 네트워크, 기술 및 재정 지원, 실험 및 회의를 위한 공간 등을 제공할 수 있기 때문이다. 7개 리빙랩 사례 분석 결과, 대학의 지원을 충분히 받은 리빙랩은 실현에 성공하였으며, 그 해결책이 유지, 확산, 심화되는 경향을 보였다. 물론 대학의 지원 부족이 실현되지 않은 팀들의 유일한 장애 요인이라고 단정할 수는 없지만, 실현에 실패한 모든 팀들은 대학의 추가 지원이 있었더라면 실현 가능성이 크게 향상되었을 것이라고 응답하였다. 이는 다른 두 주요 조직이 리빙랩 실현에서 중요한 역할을 하지 않았다는 의미는 아니다. 대학은 학생 주도형 리빙랩을 지원할 동기가 비교적 강할 수 있지만, 향후 한국의 리빙랩 실현을 더욱 효과적으로 추진하기 위해서는 대학, 정부, 기업이 결합하여 체계적인 협력을 구축하는 것이 필요할 것이다.

본 연구는 리빙랩 실현을 이해하는 데 도움이 되는 단순하면서도 설명력 있는 개념적 틀을 개발함으로써 기존 문헌에 기여하였다. 리빙랩 실현을 촉진하는 핵심 요인으로는 교육적 지원 제공, 유용한 네트워크 접근성, 재정적 지원 확보, 기술적 접근성 등이 포함된다. 이러한 자원을 제공하는 데 있어 대학이 가장 중요한 역할을 수행하는 기관으로 부각되었다(Compagnucci et al. 2021; Evans et al. 2015). 실제로 현재 대학들은 리빙랩 실현을 촉진하기 위해 많은 자원을 할당하고 있다. 본 연구에서 분석한 7개의 한국 리빙랩 사례를 통해, 실험 단계에서는 NGO, 기업, 정부 기관과 같은 지원 조직들이 리빙랩에 핵심 자원을 제공하는 역할을 했지만, 실험 이후 단계에서는 대학이 지식과 연구 역량을 활용하여 리빙랩 실현을 주도하는 핵심 기관으로 기능한다는 점이 확인되었다.

향후 연구에서는 본 연구가 제시한 리빙랩 실현을 이해하기 위한 개념적 틀을 바탕으로, 하위 구성요소를 추가하거나 실증 연구를 수행하여 각 개념이 실제 맥락에서 어떻게 작용하는지를 밝혀야 한다. 또한, 유지, 심화, 확산의 조건이 어떻게 다를 수 있는지에 대한 연구가 더욱 필요하다. 본 연구는 리빙랩 실현을 보다 심층적으로 이해하기 위한 연구 클러스터 형성의 출발점이 될 수도 있으며, 보다 넓은 사례를 활용하여 실험 이후 단계를 분석하는 연구가 진행된다면, 더욱 혁신적이고 변화 유도적인 실험실을 구축하는 데 기여할 수 있을 것이다.

추가적으로, 다양한 시기와 분야, 그리고 맥락에서 리빙랩 사례를 포함함으로써 리빙랩 실현 연구를 더욱 강화할 수 있을 것이다. 리빙랩 실현의 패턴과 조건은 문화적 또는 제도적 맥락에 따라 다르게 나타날 수 있다. 예를 들어, 유럽, 미국, 기타 지역에서의 리빙랩 실현 과정과 한국 사례를 비교한다면, 실험 이후 단계에 대한 우리의 이해를 더욱 확장할 수 있을 것이다.

실현과 상업화와 같은 유사 개념을 비교하는 것도 향후 연구에서 의미 있는 방향이 될 것이다. 이러한 향후 연구에서의 노력은 사례 선정의 한계를 극복하고, 결과의 일반화 가능성을 높이는 데 기여할 수 있을 것이다.

참고문헌

Canzler, W., F. Engels, J-C. Rogge, D. Simon, A. Wentland. 2017. "From 'living lab'to strategic action field: Bringing together energy, mobility, and Information Technology in Germany." *Energy Research & Social Science* 27: 25-35. https://doi.org/https://doi.org/10.1016/j.erss.2017.02.003

Companucci, L., F. Spigarelli, J. Coelho, C. Duarte. 2021. "Living labs and user engagement for innovation and sustainability." *Journal of Cleaner Production.* 289, 125721.

Da Schio, N., B. van Heur, and K. Boussauw. 2019. How to anticipate constraints on upscaling inclusive Living Lab experiments. Smarter Labs projects 2016-2019. Report JPI Urban Europe.

Evans, J., R. Jones, A. Karvonen, L. Millard, J. Wendler. 2015. "Living labs and co-production: university campuses as platform for sustainable science." *Current Opinion in Environmental Sustainability* 16: 1-16. https://doi.org/https://doi.org/10.1016/j.cosust.2015.06.005

Frantzeskaki, N., F. van Steenbergen, and R. C. Stedman.

2018. "Sense of place and experimentation in urban sustainability transitions: the Resilience Lab in Carnisse, Rotterdam, The Netherlands", *Sustainability Science* 13(4): 1045-1059. https://doi.org/10.1007/s11625-018-0562-5

Hakkarainen, Louna, and Sampsa Hyysalo. 2013. "How Do We Keep the Living Laboratory Alive? Learning and Conflicts in Living Lab Collaboration." *Technology Innovation Management Review*, 3(12): 16-22.

Hooli, L., J.S. Jauhiainen, and K. Lahde. 2016. "Living Labs and Knowledge Creation in Developing Countries: Living Labs as a Tool for Socio-Economic Resilience in Tanzania." *African Journal of Science Technology Innovation Development* 8(1): 61-70.

JPI Urban Europe. 2013. "Urban living labs by JPI Urban Europe. Vienna: JPI Urban Europe." Accessed June 26, 2022. https://jpi-urbaneurope.eu/app/uploads/2018/ 01/ Urban-Living-Labs-info-sheet-draft-171123- version-8.2-PRINT.pdf.

Karvonen, Andrew, and Bas van Heur. 2014. "Urban Laboratories: Experiments in Reworking Cities." *International Journal of Urban and Regional Research* 38(2): 379-392.

Kronsell, Annica, and Dalia Mukhtar-Landgren. 2018. "Experimental governance: the role of municipalities in urban living labs." *European Planning Studies* 26(5): 988-1007.

Lee, T., T. Lee, and Y. Lee. 2014. "An Experiment for Urban Energy Autonomy in Seoul: One Less Nuclear Power Plant Policy." *Energy Policy* 74: 311-318.

Lipp, B., M. Baudrin, C. Cuevas-Garcia, F. Pepponi, M. Rozwadowska, S. Tsui. 2023. "Co-creating end-user roles. Understanding the new variety of user involvement in public sector innovation." *Science and Public Policy* 50(1): 146-159. DOI: https://doi.org/10.1093/scipol/scac050

Mukhtar-Landgren, D., A. Kronsell, Y. Voytenko Palgan, and T. von Wirth. 2019. "Municipalities as enablers in urban experimentation." *Journal of Environmental Policy & Planning* 21(6): 718-733. https://doi.org/10.1080/1523908X.2019.1672525

Schuurman, D., L. De Marez, and P. Ballon. 2016. "The Impact of Living Lab Methodology on Open Innovation Contributions and Outcomes." *Technology Innovation Management Review* 6(1): 7-16.

Veeckman, Carina. and Laura Temmerman. 2021. "Urban Living Labs and Citizen Science: From Innovation and Science towards Policy Impacts." *Sustainability* 13(2): 526.

Von Wirth, T., L. Fuenfschilling, N. Frantzeskaki, L. Coenen. 2019. "Impacts of Urban Living Labs on sustainability transition: Mechanics and strategies for systematic change through experimentation." *European Planning Studies* 27(2): 229-257.

제2부

리빙랩 적용 사례

제7장

광역 지방정부 정책 의제 발굴을 위한 리빙랩 활용 방안

—인천광역시 무더위쉼터 리빙랩 운영 사례—

정연경, 김가영

I. 들어가며

2024년은 지구 평균 온도가 1.55℃ 상승하며 기상 관측 이래 가장 높은 기온을 기록했고, 우리나라도 2024년 여름철 전국 평균 기온이 25.6℃로 1973년 이후 최고치를 경신하는 등 폭염이 심화되고 있다(WMO 2024; 기상청 보도자료 2024.9.5.). 폭염은 온열 질환과 사망에 이르게 할 수 있는 재난으로, 세계보건기구(WHO)는 폭염을 21세기 인명피해를 가장 많이 불러올 요인으로 지목한 바 있다. 국내에서도 온열 질환자가 매년 증가하는 추세이며, 정부는 2018년부터 폭염을 자연 재난으로 포함하여 폭염 종합대책을 수립하고 있다.

폭염 대응정책의 하나로 무더위쉼터가 운영되고 있으며, 많은 지자체에서 기후적응 대책으로 '무더위쉼터 운영 및 확대'를 추진하고 있다(강지윤 외 2020; 류지은 외 2024). 무더위쉼터는 "대다수 시민을 대상으로 단기적으로 가장 큰 효과를 기대할 수 있는" 폭염 대응 시설이지만(김기욱 2019, 14), 무더위쉼터가 폭염 대응시설로서 제대로 역할을 하고 있는가에 대한 문제가 지속해서 제기되어 왔다. 대표적으로 무더위쉼터의 다수는 경로당 등 노인시설로 일반인의 이용이 어려우며, 행정복지센터 등 공공시설은 업무 시간 외 이용시간이 제한되고, 쉼터 공간이 분리되어 있지 않아 현실적으로 이용이 어렵기 때문이다. 폭염이 일상화된 상황에서 모든 시민이 쉽고 편리하게 이용할 수 있는 무더위쉼터의 필요성이 점점 더 높아지고 있다.

무더위쉼터는 시민들이 폭염 시 이용할 수 있는 시민 생활 편의 시설로서 무더위쉼터의 개선 방안 도출을 위해 시민 참여와 역할이 중요하다. 광역 지방정부에서 무더위쉼터와 같이 폭염 대응을 위한 정책 의제 발굴에 있어 리빙랩(Living Lab)은 유용한 도구가 될 수 있다. 리빙랩은 실제 생활 현장에서 사용자(시민)와 생산자(기업, 지방정부 등)가 공동으로 혁신을 만들어가는 실험/실증하는 방식이다(Ballon et al. 2005; Følstad 2008; Voytenko et al. 2016). 시민들이 실제 생활 속에서 경험하는 문제점을 발견하고, 정책 개선에 필요한 아이디어를 발굴하는 데 효과적인 방법론이기 때문이다. 특히, 시민 모니터링은 리빙랩의 가장 기초적인 단계로서, 현황을 파악하고 개선점을 도출하는 데 중요한 임무를 수행한다.

이 글에서 정책 의제 발굴 과정에서 리빙랩 활용 방안을 모색하기 위해 인천광역시 무더위쉼터 리빙랩 운영 사례를 살펴본다. 인천광역시는 내륙, 도서, 도시, 농어촌, 원도심, 신도시 등 다양한 폭염 취약 환경을 포함하고 있어, 무더위쉼터의 현황과 개선점을 다각적으로 파악할 수 있다. 구체적으로 시민 모니터링을 통해 무더위쉼터의 정보 접근성, 홍보 및 인지, 이용 편리성, 기능 적합 여부, 개선 사항 등을 조사하여 솔루션을 공동 창조(co-creation)하기 위한 문제 정의 과정과 아이디어 구상 과정을 살펴보고, 이를 바탕으로 광역 지방정부의 정책 의제 발굴을 위한 리빙랩 활용 방안을 제시하고자 한다.

II. 폭염 실태와 정부의 대응 현황

1. 폭염으로 인한 건강 피해 현황

우리나라는 폭염 기간 온열 질환자 발생 현황을 모니터링하고 신속히 정보를 공유함으로써 국민의 주의를 환기하고 예방 활동을 유도하여 건강 피해의 최소화를 도모하기 위해 「온열 질환 응급실 감시체계」를 운영하고 있다(질병관리청, 2024). 2010년 처음 전산시스템으로 구축하고, 온열 질환자 신고현황을 2011년부터 감시하기 시작하였다. 전국의 약 500개 응급실 운영 의료기관을 내원한 환자 중 열사병, 열탈진, 열경련 등 온열 질환자 또는 온열 질환 추정 사망자가 발생하면 '질병보건통합관리시스템'에 참여 의료기관에서 직접 신고하도록 하고 있다. 참여 의료기관에서 관할 보건소, 관할 시·도, 질병관리청으로 신고 보고 체계를 갖추었고, 질병관리청은 이 내용을 검토하여 매일 통계 정보를 게시한다. 「온열 질환 응급실 감시체계」의 운영 기간은 65일(2011년 7월 1일~9월 3일), 98일(2012년 6월 1일~9월 6일), 105일(2015년 5월 24일~9월 5일), 114일(2018년 5월 20일~9월 10일)로 해마다 길어졌다. 2021년부터 5월 20일부터 9월 30일까지를 '폭염 종합대책' 기간으로 정하고, 이에 맞춰 134일 동안 감시체계를 운영하고 있다.

2024년 여름은 폭염일수가 30.1일로, 폭염으로 인한 온열 질환자가 4,526명, 폭염 추정 사망자가 48명이었던 2018년의 폭염일수 31일에 이어 역대 두 번째로 더웠다. 특히 열대야 일수가 24.5일로 상위 1위를 기록하면서, 온열 질환자가 3,704명, 온열 질환 추정 사망자가 34명에 이르렀다. 폭염으로 인한 온열 질환 감시체계 신고자료는 폭염 발생 시 건강 피해를 줄일 수 있는 예방·관리 정책 수립의 기초자료로 활용되고 있다. 참여 의료기관은 온열 질환을 열사병, 열 실신, 열경련, 열탈진, 열 부종 등으로 주요증상을 바탕으로 구분하여 신고한다. 질병관리청(2024)에 따르면, 2024년에는 온열 질환자 중에는 열탈진이 2,060명(55.6%)으로 가장 큰 비중을 차지했으나, 사망 신고 사례 총 34명 중 추정 사망 사인은 열사병이 94.1% 비중을 보였다. 사망 발생 장소는 실외 28명(82.4%), 실내 6명(17.6%)이었다.

2011년부터 2024년까지 누적 온열 질환자 수는 총 24,834명인데, 온열 질환 발생이 증가하는 시기는 9주~13주로, 누적 전체의 68.3%(16,967명)에 해당한다. 특히 가장 많은 환자 발생 분포를 나타내는 시기인 8월 초순인 11~12주는 누적 전체의 35.5%(8,755명)가 발생했다. 2024년에도 같은 기간에 전체 온열 질환자 발생(3,703명) 중 35%(1,295명), 전체 사망자의 절반을 넘는 52.9%(18명)가 발생했다. [그림 1]은 폭염으로 인한 온열 질환자 발생 주별 신고현황을 히트맵(Heat map)으로, 데이터의 행렬의 값을 색상으로 표현하여 시각적으로 표현하였다. 이 그림은 폭염 감시체계의 운영 기간(5월 20일~9월 30일)을 20주의 행과 2011년부터 2024년까지 연도의 열의 행렬 형태를 가지고 있다. 이 데이터 행렬 구조에서 각각의 셀은 온열 질환자 수에 따라 색상의 붉은 정도가 다르게 설정되어 있어 환자 수가 많을수록 진한 색상으로, 환자 수가 적을수록 밝은 색상으로 표시된다. 히트맵을 통하여 온열 질환자 수의 발생 패턴 및 경향을 한눈에 파악할 수 있어 건강 피해가 집중된 시기에 적극적인 정책이 필요함을 시사한다.

2. 무더위쉼터의 개념과 정책 현황

우리나라 지방정부의 「폭염 피해 예방 조례」에서는 "무더위쉼터"를 "폭염에 취약한 사람들이 무더위를 피해 쉬어 갈 수 있도록 시장·군수·구청장이 지정한 쉼터"라고 정의하면서, 폭염 취약계층을 「재난 및 안전관리 기본법」의 안전 취약계층으로 한정하여 보고 있다. '폭염 취약계층'은 어린이, 노인, 장애인, 저소득층 등 신체적·사회적·경제적 요인으로 인하여 재난에 취약한 사람으로 정의하며, '폭염 취약계층'을 무더위쉼터의 이용 대상으로 정하고 있다. 반면, Widerynski et al.(2017)은 '무더위쉼터(Cooling Center)'는 "극심한 더위 동안 피난처와 안전을 제공하기 위해 지정된 장소로, 일반적으로 냉방시설을 갖춘 건물"로 정의하고 있으며, 이용 대상을 한정하지 않는다. 이용 대상을 한정하지 않고, 누구나 이용할 수 있는 무더위쉼터로의 전환은 2025년 4월 개정한 「무더위쉼터 지정 및 운영·관리 지침」 에서도 확인할 수 있다. 이는 무더위쉼

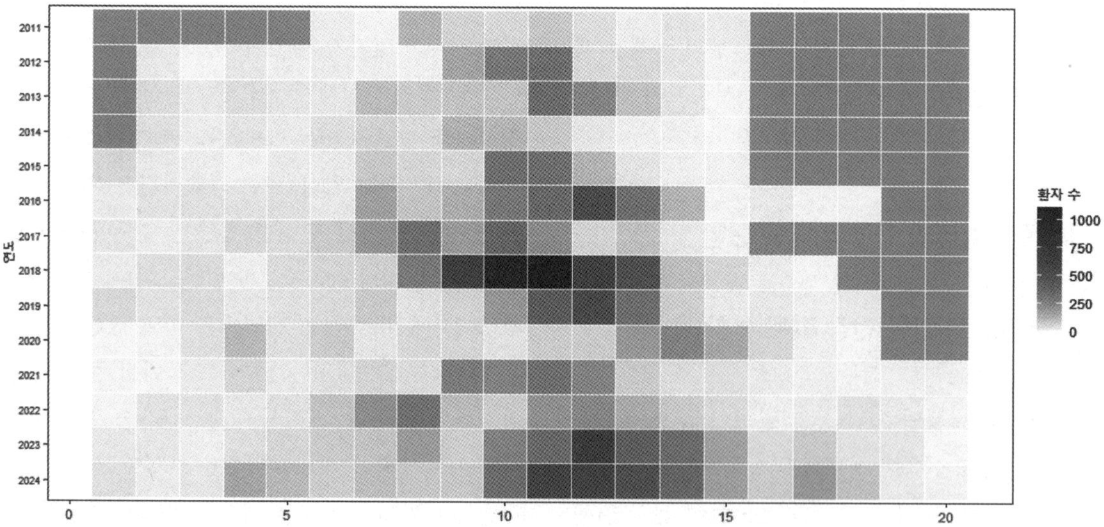

[그림 1] 폭염으로 인한 온열 질환자 발생 주별 신고 현황 히트맵(Heat map)
자료: 질병관리청, 「폭염으로 인한 온열 질환 신고 현황 연보」, 각 연도. 바탕으로 저자 작성

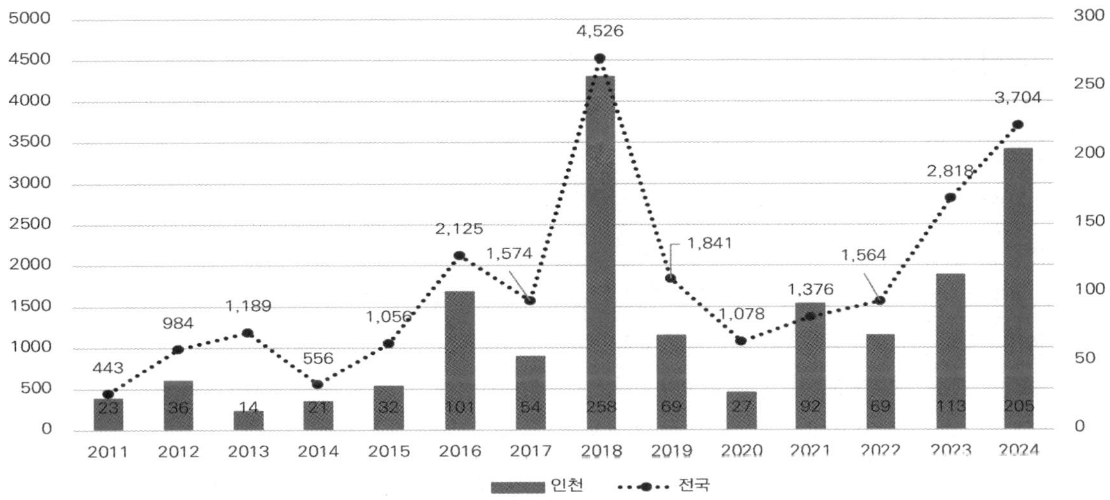

[그림 2] 폭염으로 인한 온열 질환자 발생 현황(2011~2024)
자료: 질병관리청, 「폭염으로 인한 온열 질환 신고 현황 연보」, 각 연도. 바탕으로 저자 작성

터를 "여름철 폭염으로 인한 온열질환 예방 등을 위하여 일시적으로 더위를 식힐 수 있는 시설"로 새롭게 정의하고, 무더위쉼터 이용 대상을 '국민 누구나' 이용할 수 있는 시설과 '특정 이용 대상' 시설로 구분하였다.

2018년 폭염으로 4,526명의 온열 질환자가 발생하면서, 행정안전부는 폭염을 '자연 재난'으로 규정하고, 폭염 특보가 발효된 지역에서 발생한 인명피해를 「폭염 인명피해 판단 지침」에 따라 지원하고 있다(행정안전부 보도자료, 2018.12.3.). 또한, 폭염 발생 시 행동 요령으로서 '무더위쉼터 이용'을 권장하고 있고, 특히 외부에 외출 중인 경우나 자택에 냉방기가 설치되어 있지 않은 경우, 가장 더운 시간에는 인근 무더위쉼터로 이동하여 더위를 피하도록 안내하고 있다. 무더위쉼터의 정보를 확인할 수 있는 경로로서 안전디딤돌 앱, 시군구 홈페이지 등을 제시하고, 그 위치를 '평소'에 확인토록 하고 있다. 전국 무더위쉼터의 위치, 시설명, 이용 가능 인원, 이용 가능 시간 등 관련 정보는 등 '국민재난안전포털'에서 확인할 수 있고, 데이터도 '재난안전데이터 공유플랫폼' OpenAPI 및 다운로드로 제공하고 있다. 대표적인 폭염 대응시설로서 무더위쉼터는 「무더위쉼터 운영·관리 지침」에 따라 지방자치단체별로 운영 기준을 마련하여 관리하고 있다.

인천광역시는 내륙, 도서, 도시 및 농·어촌, 원도심과 신도시의 공존 등 다양한 폭염 취약 환경에 설치된 무더위쉼터를 확인할 수 있다. 인천 지역 특성에 따라 개별 무더위쉼터의 형태는 달리 볼 수 있음에도, 아래 [그림 2]와 같이 질병관리청의 '폭염으로 인한 온열 질환 감시체계' 보고자료에서 도출한 '폭염으로 인한 온열 질환자'는 연도별 폭염일수의 증감에 따라 건강 피해가 영향을 받고 있으나 인천광역시와 전국에서 유사하게 발생하였다. 인천광역시 무더위쉼터는 지역의 다양한 개별 특성을 가지면서도 동시에 보편성을 띠고 있어 무더위쉼터 시민 모니터링의 결과를 전국적으로 적용 가능하다는 이점이 있다.

III. 무더위쉼터 문제 정의를 위한 시민 모니터링 결과

폭염은 사회·경제적 요인에 따라 취약성이 다르게 나타나며(엄지연·윤수진, 2015), 지역별 기후 특성과 적응도에 따라 피해 양상이 달라질 수 있다(박재은 외 2016). 이에 폭염 대응정책의 효과 또한 지역별 사회경제적·물리적 환경에 따라 다르게 나타날 수 있다(양희진·윤희연 2019). 폭염 대응시설로서 무더위쉼터도 지역의 사용자(시민)에 따라 다르게 나타날 수밖에 없다.

폭염이 일상이 되고, 점점 장기화하는 상황에서 무더위쉼터가 모든 시민에게 실질적인 도움을 제공하기 위해서는 운영 현황에 대한 면밀한 점검과 개선이 필요하다. 특히, 정책의 실질적인 수요자인 시민의 관점에서 무더위쉼터를 평가하고 개선 방향을 모색하는 것이 중요하다. 리빙랩은 시민들이 실제 생활 환경에서 정책에 참여하고, 문제점을 발굴하며, 해결 방안을 함께 모색하는 혁신적인 접근 방법이다. 리빙랩의 가장 근본적인 특징은 단순히 사용자의 의견을 수렴하는 것을 넘어, 시민, 연구자, 기업, 정부 등 다양한 이해관계자들이 혁신의 솔루션을 공동 창조(Co-creation)한다는 점이다(Voytenko et al. 2016). 특히, 시민 모니터링은 리빙랩의 핵심 요소로서, 시민들이 직접 무더위쉼터를 방문하여 정보 접근성, 이용 편리성, 시설 기능, 개선 사항 등을 평가하는 과정이다. 리빙랩을 통해 솔루션을 공동 창조(Co-creation)하기 위해서는 이해관계자들 간에 문제를 공동 진단하고 정의하는 과정이 필수적이다. 시민 모니터링을 통해 수집된 데이터와 분석 결과는 무더위쉼터에 대한 이해관계자 간의 문제 정의를 위한 기초자료로 활용될 수 있다.

1. 시민 모니터링 조사 항목

무더위쉼터 이용의 장애 요인과 문제점으로 무더위쉼터 위치 등 정보 부족과 및 접근 어려움(강지윤 외, 2020; 채여라 외, 2016), 홍보 및 인지 부족(엄지연·윤순진 2015), 이용시간 및 공간 이용의 불편함 등 이용 불편(채여라 외 2016; 강지윤 외 2020;엄지연·윤순진 2015), 온도 등 무더위쉼터의 기능 부적합 등이 제기되고 있다. 무더위쉼터 시민 모니터링 조사 항목은 정보 접근성, 접근성과 인지성, 이용 편의성, 무더위쉼터 기능, 개선 필요 사항을 조사 항목으로 설정하였다.

조사 항목에 대한 구체적인 내용을 살펴보면 다음과 같다. 첫째, 폭염 시 이용할 수 있는 무더위쉼터에 대한 위치 등 정보가 부족하다는 점이다. 행정안전부에서는 안전디딤돌 앱을 통해 인근 무더위쉼터의 위치를 확인할 수 있도록 정보를 제공하고 있다. 그러나 안전디딤돌 앱의 정보의 부정확성이 지속해서 제기되어 왔다. 따라서 안전디딤돌 앱에서 제공하고 있는 무더위쉼터 정보가 정확한지 아닌지를 정보 접근성 측면의 조사 항목으로 설정하였다. 둘째, 안전디딤돌 앱을 통해 무더위쉼터를 검색해서 찾아가더라도 무더위쉼터에 표지판이 없으면 무더위쉼터로 인지하는 데에 어려움이 있다(엄지연·윤순진 2015). 인지성 측면에서 무더위쉼터 안내판 여부, 방문 시 무더위쉼터로 인지할 수 있는지를 설정하였다. 셋째, 무더위쉼터는 이용 시간 한정과 비회원 이용 제한 등의 이용 제약, 업무공간에 설치되어 있어 휴게 공간 부족 등 이용 편의성에 관해 지적받아 왔다. 따라서 이용 편의성 측면에서 안내, 물품, 휴게 공간 등에 대한 이용 편의성을 항목으로 설정하였다. 넷째, 또한 무더위쉼터는 더위를 피할 수 있는 공간으로 무더위쉼터로서 기능하기 위해서는 적정 온도가 중요하다. 무더위쉼터 기능

[표 1] 시민 모니터링 조사 항목

항목	내용	문헌
안전디딤돌 앱 정보 접근성	무더위쉼터 정보(위치 등) 정확 여부	
인지성	무더위쉼터 안내판 여부 방문할 때 무더위쉼터 인지 가능 여부	강지윤 외 2020, 엄지연·윤순진 2015, 채여라 외 2016
이용 편의성	폭염 시 이용 편리성 (안내, 물품, 공간 등)	
무더위쉼터 기능	온도 등 기능 적합 여부	-
개선 필요 사항	주관식 기재	-

측면에서 온도를 항목으로 설정했다. 마지막으로 무더위쉼터 개선 필요 사항을 자유롭게 써넣도록 설계하였다. [표 1]은 무더위쉼터 조사 항목 및 주요 내용이다.

2. 무더위쉼터 현황 파악 방법

무더위쉼터 현황을 파악하기 위해 현장 조사와 시민 FGI(Focus Group Interview)를 활용하였다. 현장 조사는 시민 모니터링 방법을 활용하였다. 시민 모니터링은 이용자인 시민들이 직접 현장을 방문하여 조사를 진행한다는 점에서 무더위쉼터 현황에 대한 객관적 자료를 수집하는데 유용한 방법이다. FGI는 질적 연구 방법으로 연구 참여자들의 경험, 의견, 인식 등 질적인 자료를 수집하고 분석한다. 연구 참여자들 간의 상호작용을 통해 다양한 관점과 의견을 얻을 수 있고, 한 연구 참여자의 의견이 다른 연구 참여자들에게 영향을 주고 새로운 아이디어를 촉발할 수 있다. 시민의 무더위쉼터에 대한 경험과 인식을 파악하고, 시민 모니터링 결과에 대한 심도 있는 질적인 해석을 가능하게 하는 장점이 있다.

시민 모니터링은 연구 참여자 4명이 사전에 무더위쉼터 현황 및 모니터링 방법에 대해 교육을 받고, 2024년 7월 27일부터 8월 4일까지 실내·외 무더위쉼터를 직접 방문하여 조사지를 활용하여 기록하는 방식으로 진행하였다. 조사 기간은 폭염으로 인한 건강 피해가 집중된 시기로 설정하였다. 조사 지역은 인천광역시 10개 군·구 중 강화군과 옹진군을 제외한 8개 구를 대상으로 하였다. 모니터링 대상

[그림 3] 안전디딤돌 앱 화면 및 무더위쉼터 정자 사진
자료: 연구참여자 촬영(2024년 7월 30일)

[표 2] 연구 방법 및 연구 참여자

조사 방법	일정	ID	소속	성별(나이)
시민 모니터링 (현장 조사)	2024.7.27. ~ 8.4.	A	인천 둘레길 둘레지기	남(73세)
		B	인천 둘레길 둘레지기	남(55세)
		C	인천 둘레길 둘레지기	남(62세)
		D	인천시민	여(59세)
시민 FGI	2024.9.6.	A	인천 둘레길 둘레지기	남(73세)
		B	인천 둘레길 둘레지기	남(55세)
		C	인천 둘레길 둘레지기	남(62세)

무더위쉼터는 총 55개소로 실내 27개소, 실외 28개소이다. 안전디딤돌 앱을 활용하여 검색한 지점에서 표시되는 무더위쉼터를 대상으로 진행하였다.

시민 FGI는 시민 모니터링에 참여한 연구 참여자 3명을 대상으로 2024년 9월 6일 2시간 동안 진행하였다. 그 무더위쉼터 시민 모니터링 결과를 공유하고, 조사 결과에 대한 의견과 현장에서 경험했던 내용과 개선 방안 등에 대해 집단 토론을 진행한 결과를 정리하였다.

3. 모니터링 대상 무더위쉼터 현황

모니터링 대상 무더위쉼터는 총 55개소로 실내 27개소, 실외 28개소를 조사하였다. 지역별로 남동구 7개소, 부평구 10개소, 동구 7개소, 미추홀구 10개소, 연수구 4개소, 계양구 5개소, 서구 7개소, 중구 5개소를 대상으로 하였다. 무더위쉼터의 유형은 실내 무더위쉼터는 노인시설 9개소, 주민센터 9개소, 금융기관 5개소, 기타 4개소이며, 실외 무더위쉼터는 정자 9개소, 공원 17개소, 나무 그늘 1개소, 교량 하부 1개소이다. 모니터링 대상 무더위쉼터 현황은 [표 3]과 같다.

4. 무더위쉼터 시민 모니터링 및 FGI 결과

무더위쉼터 시민 모니터링 결과를 안전디딤돌 앱 정보 접근성, 무더위쉼터 인지성, 무더위쉼터 이용 편의성, 무더위쉼터 기능 적합성, 개선 사항 등 5가지 측면으로 분석하였다. 또 모니터링에 참여한 시민 대상 FGI를 통해 모니터링 결과에 대한 세부적인 내용과 의견을 추가하여 분석하였다.

1) 안전디딤돌 앱 정보 정확성 측면

안전디딤돌 앱에서 제시하고 있는 무더위쉼터 정보의 정확성을 확인했을 때 일치가 85.5%(47개소), 불일치 14.5%(8개소)로 나타났다. 다만, 앱에서 표시하는 정보는 무더위쉼터 '주소' 정보로서, 현장 조사자는 무더위쉼터의 정보 정확성을 확인하기 위해서 '길 안내' 기능을 제공하는 별도의 지도 앱을 사용해야 했다. 연구 참여자 C는 단순 정보만을 제공하는 현재 안전디딤돌 앱의 활용도가 떨어짐을 지적하였다. 이에 기존의 지도 앱과의 무더위쉼터 정보 연동을 제안하였다. 연구 참여자 B는 정보 정확성을 확인하는데도 기존 앱을 활용하는 것이 신속하다고 지적했다.

> "그 앱(안전디딤돌 앱)을 사용해서 정확도를 체크해(조사해) 달라고 그랬으니까 저는 그걸 띄워놨었던 거고, 실질적으로는 네이버 지도 앱을 더 이용했어요. (내가 있는 현재) 정확한 위치를 확인할 수 있었고, 이쪽(무더위쉼터)으로 가는 몇 분 걸리나 그런 걸 명확하게 판단할 수 있으니까. 찾아가고 싶은 데를 정확하게 체크를 할 수 있는 거죠. 근데 이 그 전용 앱에서는 그런 건 안 되고 위치(정보)만 있으므로. 제 생각에는 '그거(안전디딤돌 앱)를 쓰는 것도 나쁘지 않지만, 일반적으로 시민들이 가장 많이 활용하고 있는 거(앱)에 연동하는 게 더 좋지 않을까'라는 생각이 들었습니다."
>
> - 연구 참여자 C

[표 3] 모니터링 대상 무더위쉼터 현황

지역	빈도 (개소)	비율(%)
남동구	7	12.7
부평구	10	18.2
동구	7	12.7
미추홀구	10	18.2
연수구	4	7.3
계양구	5	9.1
서구	7	12.7
중구	5	9.1
총계	55	100

구분		빈도 (개소)	비율(%)
유형	실내	27	49.1
	실외	28	50.9
실내 종류	노인시설	9	33.3
	주민센터	9	33.3
	금융기관	5	18.5
	기타	4	14.8
실외 종류	정자	9	16.4
	공원	17	30.9
	나무 그늘	1	1.8
	교량 하부	1	1.8

"처음 (안전디딤돌) 앱을 깔기 시작하면서 같이 공감했습니다. 네이버(지도 앱)가 잘 되어 있더라고요. (시민 모니터링) 시작하기 전에 (다른 현장 조사자가) '네이버 검색이 더 빠르다'라고 얘기하시더라고요. 저도 '그게 빠르네'라는 느낌을 받았습니다." - 연구 참여자 B

무더위쉼터 위치가 안전디딤돌 앱에서 제시하고 있는 위치와 다르거나(1개소), 실외 무더위쉼터가 실내 무더위쉼터로 안내되거나(2개소), 안전디딤돌 앱에 주소 표기가 없거나, 업종이 변경되었지만, 반영이 되지 않고 있는 것으로 나타났다. 연구 참여자 C는 정보가 실시간으로 업데이트되지 않아 정보의 신뢰성이 떨어짐도 지적하였다.

"작년도에는 명확하게 쉼터로 지정돼 있었던 건데 업그레이드가 안 되는 것 같아요. 현재는 관리가 안 됐다는 게 거기서 딱 느낌이 와서 내가 이 (안전디딤돌) 앱을 무조건 신뢰하면서 따라갈 수 없다는 생각이 들더라고요." - 연구 참여자 C

2) 무더위쉼터 인지성

무더위쉼터 안내판은 해당 시설이 무더위쉼터 여부를 인지하는 데에 중요한 역할을 한다. 모니터링 대상 무더위쉼터는 '안내판 있음(57.7%, 30개소)', '안내판 없음(42.3%, 22개소)'으로 나타났다. 무더위쉼터 유형별 안내판 여부를 살펴보면, 실내 무더위쉼터는 '안내판 있음(81.5%, 22개소)', '안내판 없음(14.8%, 4개소)'으로 조사되었으나, 실외 무더위쉼터는 '안내판 있음(28.6%, 8개소)', '안내판 없음(64.3%, 18개소)'으로 실외 무더위쉼터의 다수가 안내판이 설치되어 있지 않은 것으로 조사되었다. 무더위쉼터로 지정되었지만, 제대로 관리되지 않고 있거나, 무더위쉼터로 지정되었는지도 모르고 있어 오히려 현장 조사자 연구 참여자 C가 담당자에게 무더위쉼터를 설명하기도 했다.

> "(무더위쉼터에) 입간판이 구석에 있는데 거기 담당자가 '(무더위쉼터인지) 모르겠는데요'라는 경우가 태반이었어요. 되려 우리가 원래 이런 거(무더위쉼터) 설명을 해주고 나서, '거기 앉아서 쉬시다 가세요' 이런 식으로. 우리가 그 사람(담당자)에게 설명해 주고 온 경우가 있습니다." - 연구 참여자 C

안전디딤돌 앱을 활용하여 무더위쉼터에 도착했을 때 무더위쉼터 인지 가능 여부는 가능 49%(25개소), 불가능 51%(26개소)로 나타났다. 무더위쉼터 유형별로 실내 무더위쉼터는 인지 가능 74.1%(20개소), 인지 불가능 22.2%(6개소)로 조사되었으며, 실외 무더위쉼터는 인지 불가능 71.4%(20개소), 인지 가능 17.9%(5개소)로 조사되어 무더위쉼터를 인지하는데 안내판 여부가 시민들이 무더위쉼터 여부를 인지하는 데에 중요한 요소임을 확인할 수 있다. 특히 실외 무더위쉼터의 경우, B는 폭염 속에서도 즉각적으로 무더위쉼터인지 알 수 있으려면 '누가 봐도' 알아볼 수 있게 눈에 잘 띄는 큰 현수막이 필요함을 강조하였고, 연구 참여자 A도 '멀리서도' 볼 수 있는 무더위쉼터 안내판에 대해 언급했다.

> "홍보는, 누가 봐도 쉽게 접근이 되어야 하는데. 전혀 인지하기가 힘든 거죠. 그런 데다가 일부 (현수막이) 붙어 있는 구간은 너무 작아요. 이게 현수막이 너무 작아서 눈에 띄지도 않아요."
> - 연구 참여자 B

> "(홍보 입간판이) 그냥 요만해요. 사실 (가까이) 지나가는 사람만 보지 그거(안내판)를 어디 멀리서 볼 수 있는 곳이 없어요." - 연구 참여자 A

안내판이 부착되어 있더라도 건물 외부에 설치되어 있지 않고, 실내만 있거나, 도로변과 거리가 있는 경우는 해당 장소를 무더위쉼터로 인지하는데 어려움이 있으므로 무더위쉼터를 인지할 수 있도록 안내판 설치 위치 등에 대한 개선이 필요하다.

3) 무더위쉼터 이용 편의성

무더위쉼터 이용 편의성은 무더위쉼터 안내 및 이용 물품 배치 여부로 정의하였다. 실내 무더위쉼터의 89.1%(21개소)는 무더위쉼터 안내, 냉방시설, 생수, 의자 등이 배치된 것으로 나타났으며, 그 외 냉방시설, 생수, 의자 배치 5.5%(3개소), 냉방시설, 의자 배치 1.8%(1개소), 의자 배치 1.8%(1개소) 등으로 나타났다. 조사 결과 실내 무더위쉼터는 무더위쉼터 안내, 냉방시설, 생수, 의자 배치 등을 통해 시민들이 무더위쉼터 이용 시 이용 편의성을 강화하기 위한 기본적인 조치를 한 것으로 나타난다. 다만 연구 참여자 A와 C는 노인정 등 일반 시민이 접근하기 어려운 실내 무더위쉼터는 회원제로 운영되고 있는 등 누구나 이용하기 어려움을 지적한다. 또 공공기관에 설치된 무더위쉼터도 별도의 쉼터 공간으로 구분되지 않으면 편하게 쉴 수 없다고 강조한다.

> "경로당에 가 보면은 (무더위쉼터 시설이) 잘 되어 있습니다. 깨끗하게 해서. 근데 그게 다 회원제로 되어 있더라고요. (회원 명단) 이름이 쫙. (중략) 동사무소에 가도 사실 아주 시원해요. 실내가 넓으면 괜찮은데, 실내가 좁은데 과연 무더위쉼터라고 해서 민원인과 엉켜 가지고 있을 때 과연 다른 사람들이 와서 쉴 수 있을까." - 연구 참여자 A

"노인정 같은 데가 대표적으로 시설은 잘되어 있잖아요. (중략) 사실은 외부인이 쓰기는 거의 불가능한 거예요. (중략) 관계자가 아니거나 아니면 인근 지역 사람이 아닌 사람은 이용한다는 건 거의 불가능한 거고. 공공기관도 그렇고 별도 공간이 구획되지 않는다면. 쉬는 사람이 진짜 마음 놓고 쉴 수 있는 데는 거의 없다고. 야외 공간에서 정자 빼고는 없다는 거죠." - 연구 참여자 C

실외 무더위쉼터의 62.5%(15개소)는 안내, 냉방시설, 생수, 의자 등이 배치되어 있지 않은 것으로 나타나 났으며, 그 외 냉방시설(선풍기) 설치 25.0%(6개소), 생수(냉장고) 제공 8.3%(2개소)로 나타났다. 실외 무더위쉼터의 경우 무더위쉼터의 이용 편의성을 위한 기본적인 관리가 되지 않고 있으나, 일부 무더위쉼터의 경우 선풍기, 생수 냉장고, 관리인 배치를 통해 무더위쉼터의 이용 편의성을 강화하기 위해 노력하고 있는 것으로 파악되었다. 그러한 노력에도 불구하고 연구 참여자 C는 생수 냉장고를 운영하기 어려움에 대해서도 지적한다. 실외 무더위쉼터의 경우, 실외 무더위쉼터의 이용 편의 강화를 위한 관리 방안을 마련할 필요가 있다.

"(무더위쉼터에) 냉장고가 있더라고요. 근데 싹 비어 있어. 그래서 우리가 사진을 찍으려고 했더니 담당자가 '사실은 물이 다 있었는데 오전에 다 빠져버렸다'라는 얘기를 하는 거예요. 그냥 보면 1~2시간이면 다 끝나 버리는 거죠. 그러면 문제가 뭐냐면 거기 거주민이나 인근 지역 사람만 이용하게 되는 거. 만약에 (지나) 가다가 너무 더운데 그런 사람들은 인근 지역 아니니까 못 받는 거니 의미가 없는 거죠." - 연구 참여자 C

4) 무더위쉼터 기능 적합성

무더위쉼터는 폭염을 피할 수 있는 장소로 무더위쉼터의 온도는 무더위쉼터의 기능 관련 중요한 요소이다. 모니터링 대상 무더위쉼터의 무더위쉼터 기능 적합성은 적합 64.7%(33개소), 부적합 33.3%(17개소)로 나타났다. 무더위쉼터 유형별로 살펴보면, 실내 무더위쉼터의 경우 적합 92%(25개소), 부적합 3.7%(1개소)로 조사되었으며, 실외 무더위쉼터는 적합 28.6%(8개소), 부적합 57.1%(16개소)로 조사되었다. 다수의 실외 무더위쉼터는 폭염 대응시설로서 기능이 적합하지 않은 것으로 확인되며, 이는 실외 무더위쉼터는 선풍기, 생수 등 냉방 용품이 비치되어 있지 않아 폭염 시 외부 온도와 차이가 없기 때문이다. 다만, 연구 참여자 B는 무더위쉼터로 지정된 장소가 아니라, 나무 그늘이 있고 바람이 부는 곳에서 무더위를 피하는 시민들을 직접 만나기도 했다. 냉방시설이 비치되지 않았더라도 나무 그늘이나 바람길에 있는 무더위쉼터는 바람이 통하고, 그늘이 형성되어 더위를 식혀주는 역할을 하고 있어 실외 무더위쉼터 지정 시 바람길 정보를 활용하는 것이 필요하다.

"공원 같은 경우는 정자를 (무더위쉼터로) 지정을 해놨는데 그 정자를 가보면 거기서 쉴 수 있는 공간이 아니에요. 거기(무더위쉼터)는 그냥 찜통인 거예요. 바람이 전혀 안 들어오는 그래서 이분들이 어디서 쉬시나 봤더니, 그 위에 나무 그늘에 주변 노인들이 계신 거예요. 근데 그 길이 바람이 부니까 (시원하더라고요). 바람이 자연스럽게 부는 곳." - 연구 참여자 B

5. 무더위쉼터 현황 공동 진단 및 문제 정의

인천광역시 폭염 대응 정책 의제 발굴을 위해 무더위쉼터 시민 모니터링을 통해 총 55개소 무더위쉼터를 시민이 직접 방문하여 관찰하였으며, 실내와 실외로 나뉘어 용도와 접근성에 따라 다양한 유형이 확인되었다. 모니터링 결과, 첫째, 안전디딤돌 앱의 정보는 전반적으로 높은 정확성을 보였으나, 일부 정보의 불일치와 실시간 업데이트 부족으로 신뢰성이 떨어지는 점이 확인되었다. 둘째, 안내판의 부재나 인지 가능성이 낮은 실외 무더위쉼터의 관리가 미흡하여, 시민들이 무더위쉼터를 식별하기 어려운 상황이 발생했다. 셋째, 내부 시설의 편의성이 향상된 실내 무더위쉼터와 달리, 많은 실외 무더위쉼터는 기본적인 냉방 장비나 편의 시설이 부족하여 기능적 측면에서 부적합한 것으로 나타났다.

IV. 무더위쉼터 정책 재설계를 위한 의제 발굴 : 아이디어 구상

무더위쉼터 시민 모니터링 결과, 실내 무더위쉼터 개선 사항은 외부 홍보 강화 51.9%(41개소), 무더위쉼터 공간 분리 11.1%(3개소), 위치 변경 7.4%(2개소), 내부 홍보 강화 3.7%(1개소)로 나타났다. 실외 무더위쉼터는 안내판 설치 70.8%(17개소), 선풍기 설치 10.7(3개소), 바람길 고려 위치 지정 3.7%(1개소)의 순으로 나타났다. 폭염 대응시설로서 무더위쉼터의 기능과 역할을 강화하기 위해서는 실내·외 무더위쉼터 모두 시민들이 무더위쉼터를 쉽게 인지할 수 있도록 외부 홍보와 안내판 설치 등 홍보 강화를 우선하여 고려할 필요가 있다. 연구 참여자 B는 지정된 무더위쉼터에는 이용하는 사람이 적은데, 물놀이 시설 인근에는 사람들이 모이고 더위를 피하고 있어서 무더위쉼터와 물놀이 시설의 연계를 제안하였다. 또 미술관, 박물관 등 전시시설도 무더위쉼터로 지정할 것을 제안하였다. 연구 참여자 C는 폭염 기간에 집중에서 활용하는 무더위쉼터의 특성을 고려하고, 지역의 수요를 고려한 다양한 유형의 무더위쉼터가 필요함을 강조하였다.

> "공원이 (규모가) 큰 곳들은 대부분 물놀이 시설이 있어요. 거기에는 사람들이 가족 단위로 많이 오세요. 그 옆에 텐트를 치고 먹거리 가지고 와서 쉬면서 놀거든요. 그래서 물놀이장과 무더위쉼터를 같이 이용할 수 있는 곳이 있어야 하지 않나. 또 미술관이 너무 잘 돼 있어요. 너무 시원해. 그리고 가운데다가 의자를 딱 평상처럼 만들어 놨어요. (중략) 그리고 안내하시는 분이 '여기는 무더위쉼터입니다. 쉬고 가세요.'라고 안내를 해준 거예요. 그러니까 들어가도 불편하지 않은 거예요." - 연구 참여자 B

> "시장에 있는 (무더위) 쉼터를 보면 거기가 별도 공간을 활용하는데. 쉼터 자체가 기껏해야 1년 중에 1~2달밖에 활용 안 하니까 그 시설을 이제 복합 용도로 사용하고 있더라고요. (중략) 지역마다 파악해서. 특히 동구는 보면 연령층이 높은 사람이 많으면 그거 맞는 쉼터 운영 방법이 있을 이렇게 해야지, 무조건 똑같은 방법으로 운영한다는 건 문제가 있어요." - 연구 참여자 C

시민 모니터링 결과를 토대로 참여 시민들이 제시한 의견을 종합하여 무더위쉼터의 개선 방안에 대한 아이디어를 종합하면 다음과 같다. 첫째, 정보 접근성 측면에서 안전디딤돌 앱의 정보 정확성은 높으나, 길 찾기 연동 부재로 활용도가 제한적이다. 폭염 시 안전디딤돌 앱의 길 찾기 서비스 연동 등 기능 개선을 통해 정보 접근성을 높여야 한다. 둘째, 인지성 측면에서 실외 무더위쉼터의 안내 부족이 심각하다. 실내뿐 아니라 실외 무더위쉼터 안내판 기준 마련 및 보강을 통해 시민 인지도를 높여야 한다. 셋째, 실내 무더위쉼터의 편의성은 높으나, 경로당 회원제 이용, 민원 업무공간 공동 이용 등은 이용 제한 요인으로 작용한다. 폭염 심한 시기에는 공간 분리 등 이용 편의성을 강화해야 한다. 넷째, 실외 무더위쉼터는 외부 온도와 차이가 없어 기능이 미흡하다. 온도 차이 없는 실외 쉼터는 지정 해제 등 정비가 필요하며, 바람길, 나무 그늘 정보 활용 등 재지정을 고려해야 한다. 다섯째, 무더위쉼터 실태조사를 바탕으로 운영·관리 가이드라인을 마련하고 기능 강화를 위한 재정 투입이 필요하다. 기초지자체별 편차를 줄이고 폭염 대응시설로서 기능을 강화하는 것이 중요하다.

V. 광역 지방정부 정책 의제 발굴을 위한 리빙랩 활용 방안

이 글에서는 폭염 심화 및 장기화 추세에 대응하여 인천광역시 무더위쉼터의 운영 현황을 조사하고 개선점을 도출하고자 시민 모니터링 기반의 리빙랩 방법론 활용 사례를 소개하였다. 무더위쉼터 시민 모니터링 기반 리빙랩을 통해 무더위쉼터의 현황과 문제점에 대한 공동 진단과 문제 정의를 통해 다양한 이해관계자들이 개선 방안에 대해 아이디어를 구상함으로써 광역 지방정부 정책 의제 발굴을 위한 리빙랩의 유용성을 확인하였다. 이는 광역 지방정부가 리빙랩을 활용하여 기존 정책의 문제점을 진단하고, 정책 의제를 발굴하여 정책 개선에 반영할 수 있음을 시사한다.

광역 지방정부에서 정책 의제 발굴을 위해 리빙랩 활용 방안을 단계별로 소개하고자 한다.

1단계, 리빙랩을 활용하여 추진하고자 하는 정책 의제에 대해 기본 현황과 주요 현안을 분석한다. 폭염 대응을 위한 무더위쉼터 정책 의제를 발굴할 경우 광역 지방정부 폭염 현황 및 건강 피해 현황, 광역 지방정부 폭염 관련 주요 정책 및 및 주요 현안, 폭염 관련 대응 부서 및 주요 이해관계자 등에 대해 조사 분석하는 것이 필요하다.

2단계, 정책 의제의 주요 현안에 대한 현장 조사, 이해관계자 간담회 등을 통해 현황과 문제점, 개선 방안을 도출하고, 세부 과제에 대해 이해관계자들과 문제 정의를 위한 구체적 자료를 생산한다. 현장 조사 등 공동 진단 결과를 바탕으로 시민, 행정(광역, 기초), 전문가 등 이해관계자가 참여하여 정책 의제에 대한 문제를 정의하고, 해결 방안을 논의한다. 예를 들어 이 글에서 소개한 시민 모니터링을 통해 현장 조사 자료를 생산하거나, 기존 자료를 활용할 수 있다.

3단계, 정책 의제에 대한 문제 정의를 바탕으로 이해관계자들과 정책 개발이 필요한 부분에 대해 아이디어를 구상한다. 제안된 아이디어를 토대로 리빙랩 시범 사업 유형(안)에 관해 이해관계자 의견 수렴을 통해 의제를 확정한다.

4단계, 확정된 의제에 대해 리빙랩 시범 사업을 기획한다. 특히, 의제 특성, 이해관계자, 참여 기초자치단체 등을 분석하여 다음 연도 1~4월까지 시범 사업을 설계하고, 7~8월 시범 사업을 실행할 수 있도록 사업 계획서 작성한다.

앞서 언급했듯이, 리빙랩은 실제 생활 현장에서 사용자(시민)와 생산자(기업, 지방정부 등)가 공동으로 혁신을 만들어가는 실험/실증하는 방식이다(Ballon et al. 2005; Følstad 2008; Voytenko et al.

2016). 시민들이 실제 생활 속에서 경험하는 문제점을 발견하고, 정책 개선에 필요한 아이디어를 발굴하는 데 효과적인 방법론이다. 향후 광역 지방정부가 주체가 되어 정책 의제 발굴 과정에서 리빙랩을 적극적으로 활용하여 시민의 편익을 증진하고, 실행가능한 정책을 개발할 수 있기를 기대한다.

참고문헌

강수와, 김진주, 전수민, 한진희, 김유미. 2024. "폭염 취약성과 노인인구를 고려한 무더위 쉼터 입지 연구: 서울시 행정동에 대한 공간 분석." 『한국기후변화학회지』, 15(6): 1001-1022.

강지윤, 허종배, 박봉철, 김기욱. 2020. "폭염 인식 조사를 통한 폭염 적응력 향상 방안: 부산지역 노인 및 무더위쉼터 이용객을 중심으로." 『국토연구』: 79-92.

구유성, 김자은, 김지숙, 이성호. 2015. "폭염 취약성평가를 통한 도시의 적응능력 향상." 『한국지역개발학회지』, 27(5): 331-347.

권채영, 김진은, 이미희, 김도우. 2020. "Landsat 기반 도시 내 열 환경을 고려한 울산지역 무더위쉼터 입지평가 방법론 연구". <한국통신학회> 학술대회 논문집.

김권·엄정희. 2018. "열취약성 평가를 통한 열환경 개선 정책 제시-대구광역시를 사례로." 『한국지리정보학회지』, 21(2), 1-23.

김기욱. 2019. "폭염 지역균형 고려한 무더위쉼터 확충과 열대야쉼터 등 폭염 대책 필요." 『부산발전포럼』, 8-17.

김대수, 박종철, 채여라. 2020. "취약계층을 고려한 무더위쉼터 개선 방안." 『환경정책』, 28(2): 211-230.

김원빈, 천호진, 주용진. 2023. "AHP를 이용한 서울시 무더위쉼터의 매시업 서비스 구현방안." <대한공간정보학회> 학술대회.

남상혁, 김성곤, 신세계(2020). "지역·연령별 위험도 및 취약도를 고려한 폭염 대응 무더위쉼터 네트워크 지도 구축." <대한토목학회> 학술대회.

류지은, 조경두, 부찬종, 이경일. 2024. "지역 특성을 고려한 무더위쉼터의 입지특성 분석 및 평가 모델 개발." 『환경영향평가』, 33(4): 143-154.

배민기. 2013. 『소리없는 살인자 폭염, 충청북도 폭염대책 강화가 필요하다』. 충북연구원.

서용훈, 배성윤, 정송희(2021). "국지 온도를 고려한 서울특별시 공공 무더위쉼터 접근성 분석: 고령층을 중심으로." <대한지리학회> 학술대회 논문집.

성지훈·이기림(2023). "폭염취약지역 도출 및 온도저감시설 적지분석: 대구광역시를 기반으로." 『대한공간정보학회지』, 31(3): 69-78.

송교욱. 2013. "폭염에 취약한 계층을 위한 긴급대책." 『BDI 정책포커스』, (207): 1-16.

송선교. 2024. "인턴기자가 뛴다 서울 돈의동 쪽방촌의 고단한 여름나기 _ "선풍기 틀어봤자 더운 바람만… 무더위쉼터와 쿨링 포그로 견뎌"."『월간중앙』: 198-201.

양희진·윤희연. 2019. "도시 폭염 대응정책의 성과 효율성." 『도시행정학보』, 32(1): 31-45.

엄지연·윤수진. 2015. "저소득 노인계층에 대한 폭염대응대책 연구 : 서울시 관악구를 중심으로." 『공간과 사회』, 25(4): 319-344.

유혁균, 홍제우, 구혜윤, 하태우, 박종찬, 박종혁. 2021. "폭염 중점관리지역 선정 및 도심지 모니터링 연구." <한국기상학회> 학술대회 논문집.

장영근, 이시경. 2019. "기후변화로 인한 폭염 취약계층 지원 정책에 대한 사례연구 - 대구시 노인계층을 중심으로-." 『Crisisonomy』, 15(10): 43-60.

조진희, 이채연, 배민기, 오후. 2018. 『미시적 도시공간의 폭염취약지역분석을 통한 정책적 대응방안』. 충북연구원.

질병관리청. 2024. 『2024 폭염으로 인한 온열 질환 신고현황 연보』.

최혜림·한우석. 2021. "의료 취약성을 고려한 폭염 재해 취약성 분석 및 취약지역의 특성 도출." 『국토연구』: 63-79.

최훈혁, 이병철, 강정은. 2024. "부산광역시 무더위쉼터 서비스권역과 지역 폭염 취약 특성과의 관계 분석." 『한국지역지리학회지』, 30(4): 465-485.

한진영, 김성민, 김현우, 이재준, 방철한. 2023. "한국기상산업기술원 데이터기반행정: 폭염대응 정책 사례." <한국기상학회> 학술대회 논문집, 부산.

Ballon, P., Pierson, J., & Delaere, S. 2005. "Test and experimentation platforms for broadband innovation: Examining European practice." Available at SSRN 1331557.

Díaz, J., Jordán, A., García, R. et al. 2002. "Heat waves in Madrid 1986-1997: effects on the health of the elderly." *IAOEH* 75, 163-170. https://doi.org/10.1007/s00420-001-0290-4

Følstad, A. 2008. "Living labs for innovation and development of information and communication technology: a literature review." *The Electronic Journal for Virtual Organizations and Networks*. 10.

Voytenko, Y., McCormick, K., Evans, J., & Schliwa, G. 2016. "Urban living labs for sustainability and low carbon cities in Europe: Towards a research agenda." *Journal of cleaner production*, 123, 45-54.

Widerynski, Stasia et al. 2017. *Use of cooling centers to prevent heat-related illness: summary of evidence and strategies for implementation*. CDC.

기상청 보도자료, 2024.9.5. "2024년 여름철 기후 특성". https://www.kma.go.kr/kma/news/press.jsp?bid=press&mode=view&num=1194405&page=3&

기상청 보도자료, 2024.10.8. "2024년 9월 기후 특성" https://www.kma.go.kr/kma/news/press.jsp?bid=press&mode=vie

w&num=1194411&page=3&
행정안전부 보도자료, 2018.12.3. "「폭염 인명피해 판단 지침」 마련, 폭염 피해자 지원 실시 - 올해 7월 1일 이후 발생한 폭염 피해자부터 소급 지원 -" https://www.mois.go.kr/frt/bbs/type010/commonSelectBoardArticle.do?bbsId=BBSMSTR_000000000008&nttId=67360#none

제8장

기초자치단체 기후적응 리빙랩:
2024년 서대문구 에어컨 실외기 차양막 지원 사업 리빙랩

김현, 윤나리, 이수경

I. 들어가며: 서대문구 실외기 차양막 지원 사업 리빙랩 시행 배경

오늘날 기후변화는 더 이상 미래의 위험이 아닌 현실의 문제로 다가오고 있다. 특히 국내에서는 극한 폭염과 극한 호우 등 이상기후 현상이 일상화되면서 우리 사회의 기후적응 역량에 대한 근본적인 점검이 필요한 상황이다. 이러한 기후변화로 인한 예상치 못한 이상기후는 일상생활 뿐만 아니라 산업계에도 심각한 영향을 미치고 있으며, 2022년 극한 호우로 인한 포스코 제철소의 침수 사태는 기후적응의 필요성을 단적으로 보여주는 사례라 할 수 있다.

기후변화에 대응하기 위한 접근 방법은 크게 완화(mitigation)와 적응(adaptation)으로 구분할 수 있다. 완화가 온실가스 배출을 줄여 기후변화의 근본 원인을 해결하는 것이라면, 적응은 이미 진행되고 있는 기후변화의 영향을 최소화하고 이에 대응할 수 있는 능력을 키우는 것이다. 현재 이미 나타나고 있는 이상기후 현상에 대비하고 이에 적응할 수 있는 방안을 마련하는 것이 시급한 과제가 되었다.

이러한 필요성에 따라 정부는 기후변화 대응을 위한 「제3차 국가 기후변화 적응 대책(2021-2025)」을 수립하여 실행하고 있으며, 지방자치단체는 이 국가 계획에 조응하여 「기후변화 적응 대책 세부시행계획」을 세우고 있다. 기초자치단체들은 이러한 계획 아래 주민들이 변화된 기후환경에 적응할 수 있도록 다양한 사업을 진행하고 있다. 대표적으로 폭염에 대비하기 위해 무더위 쉼터와 그늘막, 쿨루프 설치를 지원하고 있으며, 저층 침수 위험 지역에 대해서는 차수판 설치 지원 등을 실시하고 있다.

서대문구 역시 「제2차 서대문구 기후변화 적응

대책 세부시행계획(2021-2025)」을 수립하여 체계적인 기후적응 정책을 추진해 왔다. 이 계획에서는 건강 부문, 산림생태계 부문, 재난재해 부문, 물관리 부문, 기타 부문으로 나누어 기후변화 적응 대책을 수립했다. 특히 에너지 부문의 경우 신재생 에너지 보급 사업을 중점적으로 추진해왔다.

이에 더해, 2023년부터 서대문구청은 폭염에 대한 주민의 적응능력을 강화할 수 있는 방안으로 에어컨 실외기 차양막 지원 사업에 관심을 가져왔다. 실제로 극한 폭염이 빈번해지면서 폭염에 대한 주민 대응 능력 향상 사업의 일환으로 에어컨 실외기 차양막을 보급 및 설치하는 사업이 동작구청, 영등포구청 등 다른 기초자치단체에서 실시되고 있었다. 이 사업의 담당 부서인 서대문구청 녹색에너지팀(이하 녹색에너지팀)은 이 사업의 타당성 검토와 사업 설계를 연세대학교 기후적응 리빙랩 연구사업단의 서대문 리빙랩 팀(이하 연세대 서대문 리빙랩 팀)과 함께 리빙랩 방식으로 진행했다. 연세대 기후적응 리빙랩 사업단은 2023년 서대문구청과 기후적응 리빙랩을 시범 운영하기로 MOU를 체결했고, 이러한 협약을 바탕으로 추진된 첫번째 시범 사업이었다. 이 장에서는 실외기 차양막 지원 사업 리빙랩의 진행과정을 살펴본다.

II. 리빙랩의 준비와 기획

리빙랩 준비 단계에서는 리빙랩 대상이 되는 기후적응 사업에 대한 예비조사를 실시하고, 이를 바탕으로 리빙랩 운영계획 및 운영 기반을 구축한다. 사업 예비조사에는 기후적응 사업의 목적, 사업의 법적 근거, 현행 기후적응 사업의 현황과 문제점 분석 등이 포함된다. 서대문구 실외기 차양막 지원 사업 리빙랩의경우 서대문 리빙랩 팀과 녹색에너지팀으로 구성된 리빙랩 추진단이 3월 5일 워크샵을 개최하여 사업을 검토했다. 에어컨 실외기 차양막 지원 사업은 서대문구에서는 도입되지 않았지만, 타 지자체에서 선례가 있는 사업이었기 때문에 사업 검토는 타 지자체 사례를 중심으로 이루어졌다. 사례 검토 과정에서 가장 문제가 된 것은 법적 근거와 효과성에 대한 검증 문제였다. 우선, 이 사업은 타 기초지자체에서 단독으로 실행한 예산 사업이었기 때문에 조례상 근거가 필요했다. 검토 결과, 서대문구의 경우 예산 사용의 법적 근거가 되는 내용이 조례에 포함되어 있지 않다는 사실이 확인되었다. 또한, 실외기 차양막의 절전 효과에 대한 객관적 검증 역시 부족하다는 점도 예비 조사에서 파악되었다.

이러한 예비 조사에서 파악된 내용을 바탕으로 리빙랩 운영 계획과 기반을 구축했다. 이를 위해 우선 리빙랩의 이해관계자를 파악하고, 그 중에서 핵심 이해관계자를 선별했다. 기후적응 리빙랩은 다양한 이해관계자가 함께 참여하여 기후적응 문제를 정의하고 해결 방안을 공동으로 개발하는 참여기반 실험이다. 따라서 운영계획 수립 단계에서 리빙랩에 누가, 어느 정도 규모로 참여할 것인지 잠정적으로 파악하는 과정이 필요하며, 나아가 이해관계자 중 리빙랩에 초기부터 참여할 핵심 이해관계자를 선별해야 했다. 리빙랩 추진단은 3월 19일 2차 워크숍에서 이해관계자 리스트를 작성하여 참여 대상을 파악했다. 당시 논의된 이해관계자는 거주 유형별 일반 주민(아파트, 연립/빌라, 단독주택), 에너지 취약계층(영유아, 노약자), 기후대응서비스 업무 담당 공무원, 사회복지사, 에너지 효율 진단 전문가, 실외기 차양막 시공업체 등이었다. 다만, 서대문구청에서는 지원 사업이 취약계층에 한정되는 사업이 아니라 구민 전체를 대상으로 하는 사업을 선호했다.

이러한 선호를 반영해서 일반주민, 담당공무원, 진단전문가, 시공업체 담당자가 리빙랩에 관계되는 이해관계자로 규정되었다. 이러한 이해관계자 중 리빙랩에 초기부터 참여할 핵심 이해관계자를 선별했다. 일반주민의 경우 실제 경험이 있는 주민을 찾는 것이 중요했다. 에어컨 실외기 차양막을 설치해 본 적이 있고, 차양막 지원 사업에 참여해본 경험이 있는 주민을 섭외하기 위해 성대골에너지자립마을의 주민 A에게 참여를 요청했다. A는 성대골에너지자립마을의 주민으로 여러 활동을 해온 경험이 있어 에너지 관련 사업에 대한 이해도가 높았다. 또한, 타 지자체에서 실외기 차양막 지원 사업은 에너지 효율 진단사업 또는 에너지 진단 프로그램 참여를 조건으로 제공되었기 때문에 서대문구청에서도 유관부서의 협력이 필요했다. 이러한 이유에서 서대문구청의 기후변화대응팀과 환경관리팀에서 기후모아앱과 에코마일리지 제도를 담당하는 공무원에게도 참여를 요청했다. 실외기 차양막의 효과성 검증과 관련한 전문가로는 정림건축 그린테크팀의 김정아 박사가 참여했다. 또한 2010년대 중반 실외기 차양막의 초기 개발을 담당했던 적정기술 협동조합의 전 이사장에게도 도움을 받았다.

리빙랩의 진행을 실질적으로 관리할 관리 주체는 연세대 서대문팀이 담당했다. 관리 주체는 단순히 실무집행을 넘어 전반적인 운영 총괄 역할을 하는데, 이는 전담 조직이나 인력이 필요한 업무이다. 관리 주체를 구성하는 방식은 리빙랩 추진 부서의 인력 활용, 리빙랩 추진 부서에 추가 인력 배치, 별도의 관리 지원 조직 선정(외부 위탁) 등의 방식이 있다. 실외기 차양막 지원 사업 리빙랩의 경우 연세대 서대문팀에서 리빙랩 관리를 전담하고, 녹색에너지팀과 협의하면서 진행하는 방식을 택했다. 리빙랩 사업 기간은 총 약 10개월로 계획되었다. 리빙랩 진행을 준비하는데 있어 중요한 이슈는 핵심 이해관계자 워크숍의 운영 방식을 결정하는 것이었다. 운영 방식은 모든 핵심 이해관계자가 한자리에 모여 논의하는 '전체 워크숍'과, 주제별로 해당되는 핵심 이해관계자와 리빙랩 추진팀이 논의하는 '이슈별 분과 워크숍'이 있다. 실외기 차양막 지원 사업 리빙랩의 경우 이슈별로 해당되는 핵심 이해관계자를 초청해서 논의를 진행하는 방식을 선택했다.

III. 공동창조(1): 문제 공동 진단

연세대 서대문팀이 리빙랩 관리를 전담하고 서대문구 녹색에너지팀과 함께 4월부터 문제에 대한 공동 진단이 본격적으로 진행되었다. 정림건축 그린테크팀의 김정아 박사와의 워크숍이 4월 17일에 개최되었으며, 여기서는 차양막의 효과성에 대한 검토가 주를 이루었다. 우선, 에어컨 실외기 차양막 사업을 진행한 타 지자체에서도 차양막 효과성 검증은 별도로 이루어지지 않았다는 것을 파악했다. 기존의 연구와 실험 결과도 살펴본 결과, 실외기 주변의 공기 전체 온도를 낮출 수 없는 상태에서 실외기 단독 차양막 설치만으로는 절전효과를 크게 볼 수 없는 것으로 나타났다. 하지만 직사광선이 냉방효율을 약 10% 정도 저하시키기 때문에 직사광선에 노출된 창문형 에어컨 등의 경우 차양막을 추천하는 것으로 드러났다. 다만, 이 연구는 해외의 연구 결과였고, 한국에서 개발된 에어컨 실외기 차양막을 실생활 맥락에서 검증한 결과는 아니었다.

또한, 실외기의 전력 효율은 실외기 관리 상태와 연관되어 있다는 점이 지적되었다. 실외기 관리 상태는 화재 발생의 원인이기도 하면서 전력 효율에도 영향을 미친다는 것이다. 따라서 에어컨 실외기 차양막 설치와 함께 실외기에 대한 관리가 필요하다는 문제가 제기되었다. 실외기의 청소 상태와 에어컨 결선 부위 점검 등 실외기 관리가 병행된다면 안전 관리 효과와 함께 에너지 절약 효과도 높일 수 있을 것으로 논의되었다.

5월에는 타 지자체의 차양막 지원 사업에 참여했던 적이 있는 성대골에너지자립마을 주민 인터뷰를 통해서 현황과 문제를 살펴보았다. 이 인터뷰와 추가조사를 통해 실외기 차양막이 2010년대 중반 서울시 적정기술 개발의 일환으로 개발되었고, 당시 서울시 역점 사업으로 차양막 보급이 진행되었던 배경을 알 수 있었다. 예를 들어, 에코 마일리지 사은품으로 차양막을 제공한 경우도 있었다. 이 당시 적정기술 개발 일환으로 실외기 차양막을 개발했던 적정기술 협동조합의 전 이사장에게서 당시 개발 현황과 결과에 대해서도 들을 수 있었다. 그에 따르면, 차양막을 개발해서 국가공인 검사업체에 의뢰해서 절전 효과를 측정했지만, 결과에서 유의미한 절전 효과가 나타나지 않았다고 한다. 전 이사장 측은 실험 방식에 문제가 있었다고 주장했다.

한편, 2023년 이후 타 지자체에서 실외기 차양막 설치 사업을 진행하는 과정에서의 문제점도 구체적으로 밝혀졌다. 타 지자체의 경우, 실외기 차양막은 환경부가 실시하는 에너지 진단사업과 연계해서 진행되었던 것을 발견했다. 환경부 주관 에너지 진단사업에 참여할 경우 사은품이 제공되는데, 이에 구청에서 구비를 투입해서 진단사업 참여의 사은품으로 실외기 차양막을 제공했다. 하지만 대외적 차원에서는 진단 사업 사은품이 아니라 폭염 대비 지원 사업으로 홍보 및 배포되었다. 그 결과, 구민은 폭염 대비 용품으로 실외기 차양막을 신청해서 지원받고, 사후에 진단 사업 사은품으로 알게 되어서, 실제 에너지 진단 사업을 추진하는데 문제가 있었다는 것을 파악했다.

2010년대 실외기 차양막 설치 사업이 진행되기도 했던 성대골에너지자립마을에서 차양막 설치 과정의 다양한 의견도 접할 수 있었다. 성대골에너지자립마을에서 차양막 지원 사업을 실시하는 과정에서 주민들의 수용성이 예상외로 낮았다. 이는 차양막이 발화물질이 될 수도 있다는 우려가 있었고, 또한 에너지 절약 효과가 실제 있는지에 대한 의문이 있었기 때문이다. 당시 차양막 지원 사업을 하는 과정에서 오히려 에어컨 실외기 관리가 더 문제가 된다고 인식되었다. 특히, 당시 상가 실외기에서 화재가 나서 큰 사건이 되었다. 이런 문제를 해결하고자 실외기 청소 사업을 진행했고, 상가 입주자들에게도 좋은 평가를 받았던 것을 전해들을 수 있었다.

이러한 내용을 바탕으로 추가 조사 결과, 실외기에서 발생하는 더운 공기가 외부로 적절히 배출되지 않을 경우, 화재 발생 가능성이 있다는 것을 확인했다(박재성 & 공하성 2019). 2017년 연구에 따르면, 3년간 화재 신고 146건 중 93건이 실외기의 화재일 정도로 실외기 과열 등으로 인한 화재 사고 예방의 중요성이 컸다(최승복 & 최돈묵 2017). 또한, 실외기를 청소하여 내부에 이물질이 없는 경우 과열 가능성이 적어 실외기 기능의 효율을 높이는데 도움이 된다는 의견도 얻을 수 있었다.

마지막으로, 기후변화대응팀 기후모아앱 담당자, 환경관리팀 에코마일리지 제도 담당자와 함께 실외기 차양막 지원 사업과 연계할 수 있는 프로그램으로서 기후모아앱과 에코마일리지 제도의 가능성과 문제점에 대해 검토했다(5월 7일). 워크숍에서 개인 회원이 가입하는 에코마일리지의 경우 서대문 구민의 가입자 중 약 10% 정도가 활발히 활동하고 있다는 것을 알게 되었다. 그에 반해 다수의 가입자는 활동이 저조하고, 에코마일리지 제도 참여 이후에도 에너지 사용량에 큰 변화가 없음을 발견했다. 따라서 에코마일리지의 신규 가입과 차양막 지원을 연동시킬 수도 있지만 이미 참여하고 있는 회원들의 참여를 활성화하는 방안으로 사용하는 것도 좋다는 의견이 많았다.

또한, 서대문구청에서 운영하는 탄소중립 실천 앱인 기후모아앱이 차양막 지원 사업과 연계될 수 있는지에 대해서도 논의되었다. 기후모아앱은 다양한 탄소 중립 활동 미션이 포함되어 있으며, 필요에 따라 새로운 활동 미션이 추가될 수 있었다. 이런 점에서 차양막 지원 사업과 연동 가능성이 있지만, 다만 이 앱은 탄소중립 프로그램이어서 기후적응을 포함시킬 수 있을지 그 방법에 관한 논의가 필요하다는 의견이 교환되었다.

IV. 공동 창조(2): 솔루션 공동 개발

1. 아이디어 구상

이해관계자와 함께 문제를 발굴하고 나면, 이에 대한 솔루션을 함께 개발하는 과정을 밟게 된다. 이는 우선 아이디어를 구체화하는 것으로 시작된다. 리빙랩 추진팀은 문제를 발굴하면서 동시에 이해관계자들과 해결 방안에 대해서도 논의를 진행했다. 특히, 5차에서 8차 워크숍 기간(5월 21일-7월 23일) 동안 문제 발굴 과정에서부터 논의된 다양한 아이디어들을 구체화하고 정리하는 과정을 거쳤다. 그 결과 [표 1]과 같이 문제와 해결 방안이 구상되었다.

[표 1] 서대문구 에어컨 실외기 차양막 지원 사업의 문제점과 해결 방안

문제	상세 내용	해결 방안
법적 제약	- 기초자치단체에서 물품 제공은 선거법에 저촉될 우려가 있음. 이 사업을 기 실행 중인 기초자치단체의 차양막 제공은 에너지조례에서 온실가스 진단 등 사업에 참여한 주민에게 사은품을 제공할 수 있다는 조항을 근거로 진행됨. 서대문구청의 경우 에너지 조례에 이 해당 조항이 없기 때문에 조례 개정 없이 사업을 진행할 수 없음	- 조례 개정이 필요하고, 이를 위해선 1) 효과성 검증 필요, 2) 기존 사업과 같이 형식적 연계 프로그램 이외 실질적으로 주민의 에너지 절약/기후적응을 권장할 수 있는 프로그램 필요
형식적 연계 프로그램	- 기초자치단체에서 시행되는 기존 사업의 경우, 차양막 제공이 강조되고 실제 조례상에서 강조되는 온실가스 진단이나 에너지 진단 사업의 경우 형식적인 절차에 불과한 경향이 있음	- 대안으로 에어컨 실외기 관리 활동 구상
실수요자가 제대로 반영되지 않은 차양막 지원 기준	- 기존 사업의 경우, 일반인을 대상으로 한 경우 선착순 지원을 받아서 지원하고 있음. 주민들의 주거환경이나 설치 환경 등에 따라 실제 차양막이 효과가 없을 수도 있음. 하지만 실제 필요와 무관하게 주민들이 필요하면 제공하는 방식으로 진행되고 있음	- 실외기 차양막은 실생활의 다양한 환경에서 다른 효과를 보이는지 확인
차양막 전력 절감 효과 미검증	- 기존 사업의 경우, 실외기 차양막이 실제 전력 절감 효과가 있는지 검증하지 않았음. 따라서 정책 사업의 효과에 관한 확인 없이 진행됨	- 실생활 맥락 실험을 통해 전력 절감 효과 검증
차양막 개인 설치 시 생길 수 있는 문제 미확인	- 기초자치단체에서 제공받은 차양막을 개인이 직접 설치 시 안전사고가 생길 경우 책임 소재의 문제가 있음 - 기존 사업의 경우, 일부 대상의 경우 기초자치단체에서 직접 설치해주는 경우도 있었음	- 실생활 맥락 실험을 통해 설치 과정의 문제점 파악

2. 실생활 맥락 실험

1) 실생활 맥락 실험의 주제와 질문 구체화

기후적응 리빙랩에서 아이디어를 구상해서 프로토타입을 설계하는 과정에서 단순히 문서나 토론을 통해 실현 가능성을 따지는 것만으로는 충분하지 않은 경우가 발생한다. 즉, 사용자의 실제 생활환경 속에서 아이디어가 작동하는지를 확인하는 실험이 필요할 수 있다. 에어컨 실외기 차양막 지원 사업 리빙랩은 아이디어를 구체화하는 과정에서 위에서 언급되었듯이 실생활 맥락에서 주민이 참여하는 실험의 필요성을 인식했다. 따라서 리빙랩 추진팀은 실험을 진행하기 위해 실험에서 검증할 실험 주제와 질문을 검토했고, 결과는 [표 2]와 같다.

2) 실험 참가자(주민연구원)의 모집

실생활 맥락 실험에 참여할 주민은 서대문구 구민을 대상으로 했고, 총 30명을 모집했다. 실험은 주거 형태에 따른 전력 사용량 변화를 측정하기 위해 거주 유형에 따라서 인원을 할당해서 모집했다. 거주 주택의 유형은 1) 빌라/연립 유형, 2) 주택 유형, 3) 아파트 유형으로 나누었고, 가장 많은 거주 유형일 것으로 생각되는 아파트 유형에 15명을 할당했다. 빌라/연립 유형 및 주택 유형의 인원수는 15명을 반으로 나눈 7-8명을 무작위 추첨으로 돌려 어떤 유형을 얼마만큼 뽑을지 정했다.

주민연구원의 자격 조건은 폭염 대비 에어컨 관리에 관심있는 서대문구 구민 중 (1) 에어컨 사용기간 3년 이상 (2) 실외기 설치 위치가 13:00-15:00 사이 직사광선에 노출되는 위치에 있고, (3) 실외기 청소 및 실외기 차양막 설치가 가능한 위치인 경우, 이상 3가지 조건을 충족하고 있는 주민을 대상으로 했다. 주민연구원 모집을 위해 5월 28일부터 서대문구청 홈페이지에 모집 공고를 냈지만, 초기에는 지원자가 소수에 그쳤다. 이에 더 많은 참여를 유도

[표 2] 에어컨 실외기 차양막 사업 리빙랩 실험 주제

문제	해결 방안	공동 실험 주제와 질문
법적 제약	- 조례 개정이 필요하고, 이를 위해선 1) 효과성 검증 필요, 2) 기존 사업과 같이 형식적 연계 프로그램 이외 실질적으로 주민의 에너지 절약/기후적응을 권장할 수 있는 프로그램 필요	- 아래의 실험 주제가 모두 적용됨
형식적 연계 프로그램	- 대안으로 에어컨 실외기 관리 활동 구상	- 개인이 실외기 관리(청소)를 할 수 있는가? - 실외기 관리는 주민들에게 효용감이 있는가? - 구청에서 개인의 실외기 관리 활동을 위해 제공할 수 있는 매뉴얼에는 어떤 내용이 포함되어야 할까?
실수요자가 제대로 반영되지 않은 차양막 지원 기준	- 실외기 차양막은 실생활의 다양한 환경에서 다른 효과를 보이는지 확인	- 주거 형태(아파트, 단독주택, 연립/빌라)에 따라서 실외기 차양막의 효과는 다른가?
차양막 전력 절감 효과 미검증	- 실생활 맥락 실험을 통해 전력 절감 효과 검증	- 차양막이 에어컨 전력 사용량을 절감하는 효과가 있는가?
차양막 개인 설치 시 생길 수 있는 문제 미확인	- 실생활 맥락 실험을 통해 설치 과정의 문제점 파악	- 연령이나 성별에 관계없이 차양막을 쉽게 설치할 수 있는가? - 차양막 설치가 어려운 환경은 무엇일까? - 안전상의 문제는 없는가?

2024년 서대문구-연세대 에어컨 실외기 차양막 리빙랩
참여 주민(주민연구원) 모집 안내

연세대학교 기후적응리빙랩 사업단은 서대문구청과 협력하여 구민의 여름철 폭염 적응을 돕기 위한 에어컨 실외기 차양막 설치 사업 관련 현장 연구를 진행합니다. 이 사업에 참여할 구민을 다음과 같이 모집합니다.

1. 모집개요
○ 신청기간 : **2024. 5. 28. ~ 2024. 6. 30.**
○ 응모자격 : 폭염 대비 에어컨 관리에 관심있는 서대문구민 중,
1) 에어컨 사용기간이 **3년 이상**
2) 에어컨 실외기가 13:00-15:00 사이 **직사광선 노출**
3) 실외기 청소 및 실외기 차양막이 설치 가능한 위치인 경우

에어컨 실외기 차양막	차양막 설치된 모습	실외기 청소 모습

○ 모집인원 : 30명(아파트 거주자 15명, 빌라/단독 거주자 15명)
○ 선정방법 : 응모자격에 맞는 지원자를 60명까지 선착순으로 받아서 추첨 선발
※ 지원자가 많을 경우 조기 마감될 수 있으며, 주민연구원으로 추첨 선발되지 못한 30명 지원자에게도 에어컨 실외기 차양막 제공 (설문조사 참여 필요)
○ 접수방법
- 이메일:
- 우편: 서울특별시 서대문구 연세로 50 연세대학교 연희관 105호
- 직접 방문: 서대문구청 기후환경과 녹색에너지팀

2. 주민 연구원 활동내용
○ 활동기간: 2024. 08월 중
○ 활동내용

구분	일시 및 시간	주요내용	운영방식
사전 교육 활동	**8월10일(토) 오전**	사업 참여를 위한 기후적응 관련 교육 참석	- 대면 교육 - 1회 활동
기후적응 활동(1)	**8월10일(토) 오후**	개인 소유 에어컨 실외기 청소 관련 활동	- 실외기 청소 및 차양막 설치와 전력량 계측 관련 활동을 개별 주거지역에서 가이드라인에 따라 각자 실시한 이후 카카오톡을 통해 활동 보고 및 토론 참여 - 각각 1회씩 활동
기후적응 활동(2)	**8월17일(토) 12:00~15:00**	개인 소유 에어컨 실외기 차양막 설치 및 전력사용량 측정 관련 활동	

※ 각 활동 당 소요 시간은 3시간 정도 예상되며, 전체 활동(3회) 모두 참여하면 활동수당(15만원)이 지급됨
※ '기후적응활동'의 경우 우천시 일시 및 시간에 변동이 생길 수 있음

[그림 1] 주민연구원 모집 공고 세부 내용

하기 위해 6월 10일 오전 11시경 서대문구 주민 대상으로 구청의 시스템을 이용해서 모집 안내 문자메시지를 발송했다. 문자메시지 발송 직후부터 지원 문의 전화가 폭발적으로 증가해서 당일 오후 모집을 조기 마감했다. 모집 기간 동안 이메일로는 약 150건의 신청 메일이 접수되었고, 서대문구청에 직접 신청서류를 제출한 사람도 약 20명 정도였다. 총 약 100명 이상의 지원자가 에어컨 차양막 리빙랩 사업에 참여 의사를 밝혔다. [그림 1]은 구청 홈페이지에 게시되었던 모집 안내문이다.

3) 주민연구원의 구성 현황

최종적으로 빌라/연립 유형의 주민연구원 8명, 단독주택 유형 주민연구원 7명, 아파트 유형 주민연구원 15명으로 총 30명의 주민연구원을 모집하였다. 빌라/연립 유형의 평균 나이는 48.13세, 단독주택 유형의 평균 나이는 58세, 아파트 유형의 평균 나이는 54.07세이며, 전체 평균 나이는 53.40세로 예상보다 30대의 참여 비율이 높았다. 한편, 남성은 13명(43.33%), 여성은 17명(56.67%)으로 여성의 비율이 더 많기는 하지만 많은 차이가 나지는

[표 3] 주민연구원 모집 유형 및 인원 현황

모집 유형		모집 인원
주민연구원	빌라/연립 유형	8명
	단독 주택 유형	7명
	아파트 유형	15명
	총 30명	

않았다.

주민연구원은 서대문구 총 14개 행정동 가운데 13개 지역에서 선발되어서 서대문구 전 지역에서 주민들이 참여할 수 있었다. 남가좌 2동에서 6명으로 가장 많이 참여했고, 그 다음으로는 홍제3동에서 5명이 참여했고, 홍은 1동과 천연 3동이 3명으로 그 다음으로 많이 참여했다. 나머지는 모두 1명 또는 2명이 참여했다.

4) 실생활 맥락 실험 진행 과정 및 결과(1): 에어컨 실외기 청소

주민연구원이 실생활 맥락에서 실외기 관리(청소 및 점검) 활동을 할 수 있도록 실외기 청소 가이드라인을 먼저 작성했다. 청소 가이드라인은 서울시에서 에어컨 및 실외기 청소를 전문으로 하는 여러 업체를 검토해서 최종적으로 싹케어를 자문업체로 선정했다. 청소법은 연세대 서대문구 리빙랩팀에서 초안 작성 후 자문업체의 피드백을 받는 형식으로 진행했고, 수정 과정에서 실외기 구조에 관한 내용과 청소에 필요한 도구를 추가하고 물호스 사용 유무에 따른 청소법을 구분했다. 이렇게 작성된 매뉴얼을 바탕으로 주민들이 참고할 수 있는 실외기 청소 안내 동영상을 제작했다. 주민의 거주 형태와 환경에 따라 실외기 청소 방식이 달라질 수 있다는 점을 고려해서 안내 동영상은 물 청소를 하는 경우와 그렇지 않은 경우로 구분해서 가이드라인을 작성했다.

8월 10일(토요일) 오전에는 주민연구원 대상 오리엔테이션을 서대문구청 대회의실에서 개최하여 실외기 청소 활동에 대한 안내를 대면으로 진행했다. 이 과정에서 매뉴얼에 따라서 실외기 관리 및 청소 방법을 단계별로 설명했다. 그 후 오후부터 매뉴얼에 따라 실외기 청소를 실시하고, 2시 30분에서 2시 50분까지 실외기 관리 매뉴얼에 대한 활동 피드백을 정리해서 보고하도록 했으며, 오후 3시에서 4시까지 실외기 관리 방법에 대해 토의하는 시간을 가졌다.

실험 직후 주민연구원의 의견을 바로 청취하고, 서로 의견 교환을 할 수 있도록 연세대 서대문팀은 모든 진행을 온라인 플랫폼(카카오톡)을 이용해서 진행했다. 애초에 줌(zoom)과 같은 플랫폼을 이용해서 원격화상회의도 구상했지만, 다양한 연령대의 주민들이 참여하는 관계로 접근성을 높이기 위해 모든 연령대에서 편하게 사용할 수 있는 카카오톡 오픈채팅방을 활용해서 의견을 교환했다. 주민연구원은 일차적으로 실외기 관리 활동을 실시한 후 실외기 청소 전후 사진과 활동 피드백을 오픈채팅방에 올리도록 했다. 그 후, 오픈채팅방에서 주민연구원들의 의견을 듣기 위해 서대문팀이 사전에 준비한 질문 5가지를 제시하고, 이 질문을 중심으로 주민연구원들에게 자유롭게 의견을 올리도록 했다.

주민연구원은 피드백에서 실외기 위치의 경우, 대부분 베란다에 위치하고 옥상에 위치한 참가자가 일부 있다고 보고했다. 주택 외부 및 마당에 위치한 참가자는 거의 없었다. 청소 방법은 소수의 참가자만이 물 호스로 청소를 진행했고, 대부분이 물호스 없이 물걸레만을 사용해서 청소했다. 공통으로 제기된 문제점은 접근성, 안전성, 청소 범위 제한, 주변 환경 고려였다. 고층 아파트의 경우 실외기에 접근이 어렵고 실외기 주변 공간이 협소하여 청소 활동 자체가 쉽지 않은 경우가 있었다. 안전성의 경우, 고층에서 청소 시 추락 위험이 있고 물 사용 시 전기 안전에 대한 우려가 있는 주민들이 있었다. 청소 범위의 제한은, 베란다 외부 거치대에 설치된 경우, 실외기의 모든 면을 청소하는 것이 어렵고 팬 커버 분해의 어려움을 겪어 내부 청소가 불가능한 경우가 많았다. 주변 환경 고려로는 다세대 주택의 경우 물청소 시 주변 이웃에 대한 피해 우려가 있었다.

주민연구원 활동을 통해 새롭게 파악된 사실은 배선 부분의 관리와 점검의 중요성이 간과되고 있다는 것, 실외기 청소 시 전기 안전에 대한 우려가 있어 적절한 교육이 필요하다는 점, 다세대 주택의 경우 물청소 시 이웃에 대한 피해 우려가 있어 대안적 청소 방법이 필요하다는 점이었다. 또한, 실외기의 위치와 환경(예: 베란다 내부, 비 노출 여부, 보호 커버 사용 등)에 따라 청결 상태가 크게 달라질 수도 있음이 확인되었다.

한편, 주민연구원 활동에서 제시된 개선 방안 또는 문제 해결 방안으로는 안전 교육과 적절한 도구 제공의 필요성이 제안되었다. 실외기 청소 시 안전 교육이 필요하고, 환경에 적합한 청소 도구를 준비해야 한다는 것이었다. 예를 들어, 화분용 물통, 청소기 헤드, 휴대용 송풍기, 키보드 청소 스프레이 등이 제안되었다. 실외기 관리 매뉴얼을 개선하는 과정에서 이상의 다양한 대안적 청소 도구가 포함되는 것이 필요하다.

5) 실생활 맥락 실험 진행 과정 및 결과(2): 에어컨 실외기 차양막 설치

8월 10일 대면 오리엔테이션 활동 진행 시 차양막 제품을 이용한 시연 활동을 통해 차양막 설치 방법을 설명하고 실외기 차양막 설치 안내문 역시 제공했다. 17일 오후 미리 공지된 시간표에 따라 주민연구원 자택에서 개별적으로 실외기 차양막 설치를 진행했다. 주민연구원은 진행 과정을 오픈 카톡방에 사진으로 제출하면서 진행했다. 실외기 차양막 설치 활동 진행 후 총 4가지 질문을 제시하고, 이를 바탕으로 주민연구원들이 자유롭게 오픈채팅방에서 논의할 수 있도록 했다. 주민연구원 활동 결과 대부분 주민연구원이 오리엔테이션에서 제공된 설치 관련 교육 내용이 충분했다고 평가했다. 또한, 개별적으로 실외기 차양막을 설치하는 것에 큰 어려움이 없음이 확인되었다. 현장에서 실습하는 것의 필요성이 여러 주민에 의해 언급되었다. 주민연구원 활동으로 새롭게 발굴된 문제는 주거 환경에 따라 차양막 설치에 어려움(협소한 실외기실, 고층 아파트의 외부 베란다 등)이 있을 수 있다는 것이었다.

6) 실생활 맥락 실험 진행 과정 및 결과(2): 차양막 설치 전후 전력 사용량 측정

8월 10일 실외기 차양막을 설치하는 시점에서 차양막의 전력 절전 효과를 검증하는 실생활 맥락 실험을 실시하였다. 차양막의 효과성을 검증하는 다양한 방법이 있지만, 실험에 사용하는 차양막이 탈부착이 불가능한 점 등을 고려해서 차양막 설치 전후의 전력 사용량을 비교하는 방식으로 실험을 진행했다. 직사광선이 가장 강해서 차양막의 필요성이 높은 정오에 약 30분간 차양막 없이 에어컨을 가동해서 전력 사용량을 측정하고, 약 30분간 가동 중단 후 실외기 차양막을 설치해서 재차 30분간 에어컨 사용 시 전력 사용량을 측정했다. 가능한 동일한 실험조건을 구현하기 위해 에어컨 가동 시 냉방온도는 26도로 설정하도록 했다. 구체적인 실험 과정은 [표 4]와 같이 구성되었다.

주민연구원은 실험을 진행하는 과정에서 실시간

[표 4] 차양막 설치 활동 타임라인

시간	전력사용량 계측	차양막설치
12:00~ 12:10	계측기 셋팅 및 설치	
12:10~ 12:40	30분간 전력사용량 측정	실외기 차양막 설치 준비 및 조립
12:40~ 13:00	1차 측정 결과 사진 촬영 결과보고(단톡방이용) * 실외기 그릴에 분무기 뿌리기	실외기 차양막 설치(증빙사진 촬영)
13:00~ 13:30	30분간 전력 사용량 측정	차양막 설치 과정의 문제점 발굴 및 정리
13:30~ 13:50	2차 측정 결과 사진 촬영 결과보고(단톡방이용)	전력 계측 과정의 문제점 발굴 및 정리
14:00~ 15:00	토론 및 의견공유	

으로 측정된 내용을 SNS 플랫폼 단체 대화방에 업로드했고, 그 이후 실험 과정에서의 문제점 등에 대해 의견을 교환했다. 29명의 주민연구원이 실험에 참가했지만, 그 중 7명의 실험에서는 측정 기기 사용 과정에서 측정 오류가 발생했다. 결과적으로 22명의 실험 데이터가 수집되었다.

실험 결과 1차의 평균 전력 사용량에 비해 2차가 평균 －0.0011kWh 감소한 것으로 확인되었다. 차양막의 전력 저감 효과는 평균 변화량(1차 사용량 － 2차 사용량)/1차 전력 사용량으로 측정하였다. 1차와 2차가 차양막 설치를 제외하고 거의 동일한 조건이었다는 가정 하에서 평균 변화량은 차양막의 효과로 규정하고, 1차 전력사용량에서 평균 변화량이 차지하는 비중을 분석해서 저감 효과를 측정했다. 그 결과, 변화율은 -0.25%로 확인되었다. 차양막의 전력 저감 효과가 약 0.25%라는 것으로, 이 수치는 실외기 차양막의 전력 저감 효과가 0.1%라는 기존 연구 수치와 비슷한 것으로 나타났다.

다만, 거주 유형별로 구분하면 [표 5]와 같이 다른 결과가 나왔다. 아파트의 경우 평균 변화량은 -0.044kWh로, 차양막의 전력 저감 효과는 8.91%로 매우 높게 나왔다. 이에 반해서, 연립/빌라와 단독주택의 경우 평균 변화량이 +0.042kWh로 오히려 전력 사용량이 더 높게 나왔고, 전력 저감 효과 역시 -10.27%로 저감 효과가 없었던 것으로 확인되었다. 아파트의 경우, 실외기 차양막의 효과가 통계적으로도 유의미한지 확인하기 위해 t-검정을 실시했다. 결과는 t-통계량은 2.07이고, p-값은 0.065였다. p-값이 0.05보다 약간 크므로 유의수준 0.05에서는 차양막이 전기절약 효과가 있었는지 유의미하지 않다고 할 수 있다. 그러나 p-값이 0.065로 유의수준에 근접해 있다. t-검정에서 강력한 통계적 결론이 나오지 않은 것은 샘플 크기가 영향을 미쳤을 수 있다고 보았다. 따라서 실질적 차이를 확인할 수 있는 효과 크기(effect size)를 분석하기 위해 Cohen's d의 효과 크기를 분석했다. 그 결과, 효과크기는 －0.63으로 중간 정도의 음의 효과 크기를 나타냈다. 이는 차양막 설치 후 전기사용량이 감소했고, 그 감소 정도는 실질적으로 전기 사용량을 줄이는 중간 정도의 효과를 냈다는 것을 의미한다.

3. 리빙랩의 실험 결과와 에어컨 실외기 차양막 지원 사업 설계

연세대 서대문구 리빙랩팀은 주민연구원과 함께한 실생활 맥락 실험을 바탕으로 에어컨 실외기 차양막 지원 사업에서 참고할 수 있는 다음과 같은 내용을 확인했다. 우선, 이 실험을 통해 에어컨 실외기 차양막 지원 사업에 대한 주민의 필요성이 파악되었다. 차양막 지원 사업에 다수의 주민들이 적극적으로 지원하면서 신청이 문자메시지로 홍보

[표 5] 거주 유형별 전력 사용 변화량 통계

아파트		
구분	1차	2차
평균	0.498 kWh	0.454 kWh
표준편차	0.512 kWh	0.478 kWh
중앙값	0.194 kWh	0.094 kWh
평균 변화량	-0.044 kWh	
변화율(%)	-8.91%	

연립/빌라, 단독		
구분	1차	2차
평균	0.410 kWh	0.452 kWh
표준편차	0.194 kWh	0.237 kWh
중앙값	0.377 kWh	0.381 kWh
평균 변화량	+0.042 kWh	
변화율(%)	10.27%	

한 당일 단시간에 마감되었다. 이 과정에서 지원자들의 상당수가 차양막 지원 사업의 필요성을 피력하였다. 또한, 주민연구원 역시 실험 활동에 참여하면서 차양막 사업의 필요성에 공감을 표했다. 특히 실외기 차양막 설치 전·후 전기사용량 변화 측정 활동을 한 이후 사업의 필요성에 대한 의견을 피력했다.

둘째로, 차양막은 거주 유형별로 효과성이 다른 것으로 확인되었다. 거주 유형을 구분하지 않을 경우 차양막의 전력 저감 효과는 미미했지만, 아파트와 단독/연립/빌라를 구분했을 경우, 아파트에서는 전력 저감 효과가 상대적으로 높았다. 차양막 설치 후 전기 사용량이 감소했고, 그 감소 정도는 실질적으로 전기 사용량을 줄이는 중간 정도의 효과를 냈다고 해석할 수 있다. 이러한 결과를 고려하면 차양막 지원 사업에서 효과성이 높은 것으로 파악된 거주 형태의 주민을 대상으로 하는 것이 필요하다고 평가된다. 물론, 이러한 결과는 표본수가 적어서 통계적 유의미성을 확실하게 검증하기 위해서는 차후에 추가 실험이 필요한 것으로 보인다.

셋째, 에어컨 실외기 차양막 설치의 경우 주민이 개별적으로 설치하는데 문제가 없는 것으로 확인되었다. 29가구의 주민들이 다양한 실생활 맥락에서 실외기 차양막을 직접 설치했고, 30대에서 70대까지 다양한 연령대 주민들이 실험에 참여했다. 대다수의 경우 차양막 설치에 큰 어려움은 없었으며, 자가로 설치할 수 있었다. 다만, 상대적으로 설치가 어려운 상황들도 확인했으며, 이 경우 설치 과정의 자세한 안내 등이 있으면 더 좋을 것으로 판단된다.

마지막으로, 에어컨 실외기 차양막 지원 조건으로 주민의 실외기 관리(청소 및 점검) 활동 프로그램을 포함시키는 방안에 대해, 주민의 실외기 관리는 에너지 효율/이용 합리화를 위한 적절한 활동으로 실험을 통해 평가되었다. 이러한 프로그램 참여를 조건으로 차양막 지원 사업을 실시할 경우, 에너지 효율성도 증가할 뿐만 아니라, 주민의 에너지 시민성도 함양할 수 있을 것으로 평가되었다.

V. 실외기 차양막 지원 사업 리빙랩 운영: 기초지자체 기후적응 사업에의 시사점

기후적응 리빙랩은 공동창조 이후 실현화 단계가 남아있는데, 실현화의 경우 리빙랩을 실시한 기초자치단체에서 사업을 정식으로 편성해서 실행하는 '유지(maintenance)'와 이 사업을 실행하는 과정에서 추가적 실험과 피드백을 통해 개선해가는 '심화(deepening)', 그리고 타 지자체로 전파하는 '확산(diffusion)'이 있다. 실외기 차양막 지원 사업 리빙랩은 서대문구청의 내부 판단에 따라 정식 예산사업으로 편성되지는 않았다. 하지만 서대문구청과 연세대 서대문 리빙랩팀이 공동으로 진행한 실외기 차양막 지원 사업 리빙랩은 기초지자체에서 기후적응 사업을 진행하는 과정의 문제점과 해결방안에 대해 다음과 같은 시사점을 제공한다.

첫째, 이 사례는 이상기후로 인해 기초지자체에서 기후적응에 해당되는 새로운 사업을 시행하려고 하지만 하향식(Top-down) 방식이 가진 문제점과 리빙랩적 접근 방식의 필요성을 명확히 보여준다. 기존의 타 지자체 실외기 차양막 지원 사업에서 나타난 법적 근거 부족, 효과성 검증 부재, 시민 수용성 문제 등은 정책 담당자들이 충분한 현장 검토 없이 사업을 추진했을 때 발생할 수 있는 전형적인 문제들이다. 이와 달리, 리빙랩 방식을 통해 다양한 이해관계자들과 함께 문제를 진단하고 해결 방안을 모색함으로써 보다 실효성 있는 정책 설계가 가능하다는 점을 보여준다.

둘째, 기후적응 사업을 추진하는 실무 부서에서 리빙랩 방식으로 사업을 진행하는 구체적인 방법론을 제시했다. 우선, 실무관리주체를 명확하게 규정할 필요가 있다는 점이다. 이 리빙랩의 경우 연세대 서대문 리빙랩팀이 전담 관리 역할을 맡고 녹색에너지팀이 협력하는 방식으로 명확한 역할 분담이 이루어졌다. 이러한 전담 조직의 존재는 리빙랩의 체계적 운영과 지속적 관리를 위해 필수적이다. 또한, 리빙랩은 탄력적으로 현장 상황에 맞게 평가되고 적용될 필요가 있다는 점도 확인되었다. 실무부서와 관리주체의 판단에 따라 워크숍 운영방식(전체 워크숍 vs 이슈별 분과 워크숍)을 적절히 선택하고, 예상치 못한 문제가 발생했을 때 유연하게 대응하는 것이 중요하다.

셋째, 주민연구원의 참여 과정에서 다양한 활동과 의사소통 방식을 적용할 수 있다는 점을 보여주었다. 특히 SNS 플랫폼을 통한 실시간 소통과 피드백 수집은 다양한 연령대의 주민들이 편리하게 참여할 수 있는 효과적인 방법이었다. 이는 기존의 오프라인 중심 주민참여 방식의 한계를 보완하고, 실생활 맥락에서 즉각적인 의견 교환을 가능하게 했다.

넷째, 실생활 맥락 실험의 중요성과 실효성을 확인했다. 단순한 이론적 검토나 해외 사례 분석만으로는 파악하기 어려운 한국의 주거환경 특성, 주민들의 실제 사용 패턴, 거주 유형별 효과 차이 등을 실험을 통해 구체적으로 확인할 수 있었다. 특히 아파트와 단독/연립/빌라 간의 차양막 효과 차이는 실생활 맥락 실험이 아니었다면 발견하기 어려운 중요한 발견이었다.

마지막으로, 이 리빙랩은 기후적응 사업이 단순한 기술적 해결책 제공을 넘어 시민의 에너지 시민성 함양으로 확장될 수 있는 가능성을 보여주었다. 실외기 관리 프로그램과 차양막 지원 사업의 연계를 통해 주민들이 능동적인 에너지 관리 주체로 성장할 수 있는 기회를 제공했다. 이는 기후적응 정책이 일회성 지원에 그치지 않고 지속적인 행동 변화를 유도하는 방향으로 설계되어야 함을 시사한다. 이러한 시사점들은 향후 기초지자체에서 기후적응 사업을 기획하고 실행할 때 리빙랩 접근방법을 적용하는 데 있어 실용적인 가이드라인을 제공할 수 있을 것이다.

참고문헌

김현·김가영·이예영·최지은·이태동. 2025.『기후적응리빙랩 가이드북』.
관계부처합동. 2020.『제3차 국가 기후변화 적응대책(2021-2025)』.
서대문구. 2020.『제2차 서대문구 기후변화 적응대책 세부시행계획

(2021-2025)』.
박재성·공하성. 2019. “화재예방을 위한 에어컨실외기의 자동개폐시스템.” 『예술인문사회 융합 멀티미디어 논문지』 9(6): 665-672.
최승복·최돈묵. 2017. “화재사례를 통한 에어컨의 화재위험성 연구.” 『한국화재소방학회 논문지』 31(5): 70-77.
ElSherbini, Ahmed Ibrahim & Gopal Prasad Maheshwari. 2010. “Impact of shading air-cooled condensers on the efficiency of air-conditioning systems.” *Energy and Buildings*. 42(10): 1948-1951.

※ 이 장은 환경부 R&D 사업인 <리빙랩 기반 지역 기후변화 적응경로와 공간 계획 및 주체별 의사결정지원 시스템 개발>의 1단계 보고서에서 서대문구 기초지자체 리빙랩 파트의 내용을 바탕으로 작성되었다.

제9장

기업의 기후적응 공시 리빙랩:
기후적응 공시지표 개발과 검증

이태동, 이희섭, 이경호, 이예영

I. 들어가며

기후위기는 이제 기업 경영환경에 구조적이고 지속적인 영향을 미치는 핵심 요인으로 자리 잡았다. 전 지구적인 기온 상승, 기후 재난 빈도 증가, 생태계 불안정성, 해수면 상승 등은 단순히 환경적 문제가 아니라, 공급망 차질, 사업지 연쇄피해, 재무건전성 훼손, 투자유치 곤란 등으로 이어지는 실질적인 기업 리스크로 현실화되고 있다. 이러한 기후위기에 대응하기 위해 ESG(Environmental, Social, Governance) 경영의 필요성이 더욱 강조되고 있으며, 이 중에서도 환경(E) 영역에서의 기후변화 대응이 기업 지속가능성의 핵심 축으로 작동하고 있다. 그러나 지금까지의 ESG 공시 흐름은 대부분 '기후변화 완화(mitigation)'—즉 탄소배출 저감, 에너지 효율 개선, 탄소중립 등—에 집중되어 있으며, '기후변화 적응(adaptation)'에 대한 기업의 대응 수준이나 공시 항목은 상대적으로 미흡하다. 기후적응이란 현재 또는 미래의 기후변화로 인한 위험에 대해 기업이 사전적 또는 사후적으로 대응하는 전략적 활동을 의미하며, 물리적 리스크 회피뿐 아니라 기회 창출의 관점에서도 중요한 개념이다. 그럼에도 불구하고, 기후적응의 개념적 정의, 측정 가능성, 비교가능성, 공시의 정량·정성적 기준은 아직 국제적으로도 표준화되지 않았으며, 국내 기업의 대응 역시 초기 단계에 머무르고 있다.

국제적으로는 TCFD(Task Force on Climate-related Financial Disclosures), ISSB(International Sustainability Standards Board), ESRS(European Sustainability Reporting Standards), ISO 14090/14091 등의 기준이 기후위기 대응을 비재무 정보공시의 필수요소로 규정하고 있으며, 이 중 일부는 기후적

응을 위험관리 또는 전략 항목으로 포함하고 있다. 그러나 이러한 기준들 역시 기후적응 활동의 구체적 정의, 세부지표화, 이행평가 기준 등에서는 여전히 미비한 점이 많으며, 기업 현장에서의 적용 가능성 또한 낮은 실정이다.

국내에서도 ESG 공시 의무화 논의가 확대되고 있음에도 불구하고, 대부분의 제도와 프레임워크는 온실가스 감축 성과에 편중되어 있으며, 실제 기후영향에 대응하거나 회복탄력성을 구축하는 기업의 '기후적응 노력'은 측정 및 공시 대상에서 소외되어 있다. 이는 곧 기업이 수행하는 다양한 적응 활동이 외부 이해관계자에게 적절히 전달되지 못하거나, 평가 및 인센티브 체계에 반영되지 못하는 문제로 이어진다.

이러한 문제의식에 기반하여 이 글에서는 기업의 기후적응 활동을 명확히 개념화하고, 이를 공시 가능한 형태의 지표로 정형화하는 것을 핵심 목적으로 한다. 특히 기존 국제기준과의 정합성을 확보하면서도, 국내 기업들이 실제로 활용할 수 있고 자율적으로 적용할 수 있는 지표 체계를 마련함으로써 기후적응 공시의 제도화 기반을 마련하고자 한다. 이를 위해 저자들은 다양한 산업군의 기업들을 대상으로 리빙랩 방식의 실증적 접근을 시도하였다. 이 과정에서 기업의 기후적응 활동 범주를 구조화하고, 공시지표 후보군을 도출하였으며, 이에 기반해 공시체계를 개발·정비하였다.

이 글의 구성은 다음과 같다. 제2장에서는 ESG 담론의 발전과 공시의무화 흐름 속에서 기후적응이 왜 주목받아야 하는지를 정리하며, CSR(Corporate Social Responsibility)과 지속가능경영 개념의 역사적 전개를 고찰한다. 또, 기존 국제기준(TCFD, ISSB S2, ESRS E1, ISO 14090·14091 등)의 구조와 내용을 검토하고, 그리고 기존 공시에 어떤 한계가 있는지를 분석한다. 제3장에서는 기존의 다양한 기후적응 개념의 한계를 소개하고 기업의 기후적응 개념을 정리한다. 제4장에서는 기업에 맞춤화된 기후적응 공시체계 개발을 위한 리빙랩 개념과 특성을 소개한다. 제5장에서는 기업 기후적응 공시를 위해 실제 기업 리빙랩 플랫폼을 개발하여 기후변화 적응의 프레임워크를 구성하고, 산업별 적용 가능성과 세부 구성요소를 설명한다. 마지막으로 제6장에서는 개발된 공시지표체계의 정책적·제도적 활용 가능성과 향후 연구 및 실행방향에 대해 제언한다.

결론적으로, 이 글은 기업의 기후적응을 '보이지 않는 전략'에서 '보이는 공시'로 전환하기 위해 리빙랩을 통해 개발한 실천적 프레임워크를 제시하여, 향후 국내외 ESG 제도 설계, 기업의 기후위기 대응 전략, 지속가능성 평가체계 등에 유의미하게 기여하려 한다. 나아가 저자들은 기업 기후적응 공시 지표를 개발하여 한국 기업들이 국제 공시환경 변화에 효과적으로 대응하고, 기후리스크에 대한 체계적 관리를 통해 회복탄력성과 경쟁력을 강화할 수 있는 실질적 토대를 제공하고자 한다.

II. 기업의 ESG 트렌드와 공시 의무화

1. 기업의 사회적 책임성(Coporate Social Responsiblity)과 ESG 보고서

기업의 사회적 책임(Corporate Social Responsibility; CSR) 개념은 18세기 산업혁명 시기 성공한 기업가들의 개인적인 자선 활동에서 시작되었다. 당시 기업가들은 사회적 기여를 주로 개인의 윤리적 의지에 기반한 자선 행위로 인식했다. 19세기 말과 20세기 초, 앤드루 카네기(Andrew Carnegie), 존 록펠러(John D. Rockefeller), 헨리 포드(Henry Ford)와 같은 미국의 거대 기업가들은 막대한 재산을 출연하여 개인 및 가족 재단을 설립하며 자선사업에 큰 영향을 미쳤다. 한국에서도 구한말과 일제강점기에 민족 인재 양성을 위한 교육 사업 등 기업가 개인 차원의 자선이 시작되었다.

CSR에 대한 본격적인 논의는 1920년대부터 1960년대까지 경제 대공황과 같은 사회적 불안정 속에서 심화되었다. 이 시기 컬럼비아대 법학전문대학원의 아돌프 벌(Adolph A. Berle)은 기업을 주주의 사유물로 보아 주주 중심 경영을 강조한 반면, 하버드대 법학 교수 메릭 도드(E. Merrick Dodd)는 기업의 목적이 주주 이윤을 넘어 노동자에게 안정적인 일자리를 제공하고 사회에 기여해야 한다고 주장하여, '벌-도드 논쟁(Berle-Dodd debate)'이 벌어졌다. 이는 이해관계자 경영 이론의 초석이 되었으나, 당시에는 주주 중심 경영이 우세하여 기업 차원의 사회적 책임보다는 기업가 개인의 자선 활동이 주를 이루었다. 1950년대에 들어서자 Bowen(1953)이 "경영자가 사회의 가치에 부합하는 결정을 내리고 행동해야 한다"고 주장하며 기업의 사회적 책임을 윤리적이고 규범적인 경영 원칙으로 제시했다. 이후 1970~80년대에는 Carroll(1979)의 CSR 4단계 모델(경제적, 법적, 윤리적, 자선적 책임)이 등장하며 CSR의 구조적 틀이 잡혔다. 이 모델은 기업의 사회적 책임을 다층적이고 균형적인 의무로 이해하게 하는 데 기여했다.

1990년대부터는 글로벌화와 함께 다국적 기업의 사회적 책임 문제가 부각되면서 CSR 개념이 본격적으로 확산되기 시작했다. 기업의 행동이 사회·환경에 미치는 영향에 관해 관심이 커지면서 CSR은 경영 전략과 기업 이미지 관리의 중요한 요소로 자리 잡았다. 특히 2000년대 초 '지속가능한 발전(sustainable development)' 개념이 국제사회에서 널리 확산되면서, CSR은 단순한 사회 공헌을 넘어 기업의 지속가능성 확보를 위한 전략적 수단으로 진화했다. UN Global Compact(2000)와 같은 국제 협약도 이러한 흐름에 힘을 보탰다. 이처럼 CSR은 시대 흐름에 따라 윤리·자선적 책임에서 경영 전략화, 그리고 글로벌 규범 연계로 발전해왔으며, ESG(Environmental·Social·Governance)는 이러한 CSR의 연장선에서 투자자 관점의 리스크·성과 관리의 틀로 정교화된 개념이라고 할 수 있다.

ESG(환경·사회·지배구조)는 CSR과 목표는 유사하지만 출발점과 접근 방식에서 차이가 있다. ESG 개념은 1987년 UN 세계환경개발위원회(WCED)가 발표한 '우리 공동의 미래(Our Common Future)' 보고서에서 논의가 본격화된 '지속가능발전' 개념에 뿌리를 두고 있다. 이 보고서는 미래 세대의 필요를 저해하지 않으면서 현재 세대의 필요를 충족시키는 개발을 강조하여, 환경 문제에 대한 인식이 기업 경영에 통합되는 중요한 계기를 마련했다. 이후 'ESG'라는 용어는 2004년 UNGC(유엔글로벌콤팩트)의 '배려하는 자가 승리한다(Who cares, wins)' 보고서에서 비재무적 성과의 세 가지 핵심 영역을 정의하는 의미로 처음 등장했다. 이는 기업의 지속가능성을 평가하는 프레임워크가 보다 체계화되고 통합되기 시작했음을 알리는 중요한 이정표라고 할 수 있다.

ESG는 기업의 지속가능성을 평가하는 틀로서, 기업 경영 활동을 환경(E), 사회(S), 지배구조(G) 세 가지 관점에서 측정 가능하고 표준화된 지표로 파악한다. 이러한 ESG 평가 결과는 투자 의사결정의 지표로 활용되므로 기업 입장에서도 ESG 성과를 높이는 것이 중요해졌다. CSR이 기업 내부의 자발적 책임 윤리에서 출발했다면, ESG는 금융시장과 투자자의 요구에서 촉발되었다는 점이 큰 차이이다. 또한 ESG는 CSR 활동을 포괄하면서도, 보다 광범위한 지속가능성 전략(예: 기후변화 대응 전략, 공급망 인권 관리 등)을 포함하고 있고 측정과 공시를 중시한다는 특징이 있다.

이처럼 2000년대 이후 CSR 개념을 토대로 지속가능경영 담론이 발전하고, ESG라는 용어가 확산되면서 기업들의 지속가능성 보고 관행에도 변화가 나타났다. 초기에는 기업들이 사회공헌보고서 또는 지속가능성보고서 형태로 CSR 활동과 환경·윤리 경영 성과를 선별적으로 공개했다. 그러나 2010년대 중반 이후 많은 기업들이 글로벌 표준에 맞춘 연례 지속가능경영보고서 발간을 보편화하기 시작했다. KPMG의 국제 설문에 따르면 2022년 기준 전세계 주요 대기업의 약 96%가 지속가능성(ESG) 보고를 시행하고 있으며, 우리나라에서도 대기업 대다수가 이러한 보고 체계를 갖추고 있다. 특히 제조업 분야의 대기업들(삼성전자, 현대자동차, 포스코 등)은 이미 GRI(Global Reporting Initiative)나 SASB(Sustainability Accounting Standards Board)와 같은 국제 공시 기준을 준용한 지속가능경영보고서를 매년 발간해 왔고, 그 안에 기후변화 대응, 산업안전, 윤리경영 등 핵심 이슈에 대한 성과와 계획을 상세히 기술해왔다. 이처럼 CSR에서 ESG로의 진화는 기업의 지속가능성 노력이 자발적·사회적 책임 이행 수준에서 전략적·투자지향적 경영 요소로 격상된 역사적 흐름으로 볼 수 있다.

2. 기후 공시 체계와 기존 공시의 한계

1) ESG 체계와 기업 기후변화 적응 국제 공시

기업의 공공적 책무성 강화 요구에 따라 ESG가 기업에서 중요한 전략 방향 중 하나가 되면서 ESG 정보 공시 프레임워크로 대표되는 국제 공시 기준에 관한 관심이 높아졌다. 현존하는 기후 관련 국제 공시 기준은 어떤 구조와 기준으로 구체화되었을까? 여기서는 ESG 공시 체계와 기업의 기후변화 대응과 관련된 국제표준인 ISO 14090-14091, TCFD, ISSB, ESER E1의 프레임워크와 상호관계를 기후 적응을 중심으로 살펴본다.

ESG는 기업이 지속가능한성장과 사회적 책임을 실현하기 위해 환경(Environment), 사회(Social), 지배구조(Governance) 측면에서 비재무적 가치를 중시하는 경영 원칙이다. ESG 공시는 단순한 비재무 정보 보고를 넘어, 기업의 지속가능성과 사회적 책임을 규범화하는 글로벌 거버넌스 메커니즘으로 작동하고 있다. 이 가운데 환경(E) 분야는 기후변화 대응, 탄소배출 저감, 자원 및 폐기물 관리 등 친환경 경영 원칙을 말한다. 이 원칙들에서는 '기후변화 적응(adaptation)'이 '기후변화 완화(mitigation)'와 함께 핵심 하위 체계로 독립적 위상을 확보하고 있으며, 국제 표준들의 수립과 보편화 과정을 통해 제도화되고 있다(Hahn et al, 2015). 2022년 기준으로 글로벌250 기업의 96%가 기업보고서에서 ESG 이슈를 다루고 있다(KPMG, 2022). 과거 기업의 환경 공시는 주로 온실가스 감축을 중심으로 이루어졌으나, 2019년 ISO 14090(기후변화 적응 프레임워크), 2021년 ISO 14091(기후 리스크 평가지침) 등 국제표준화기구(ISO)의 연속적 발표를 기점으로, 기후 적응이 기업 경영의 전략적 관리 대상이 되기 시작했다(ISO, 2019). ISO는 1947년 설립되어 전세계 193개국에 회원을 두고 있는 세계최초의 국가표준 제정 기구이다. 조직 리스크 관리, 성과개선, 비용절감, 지속가능성 보장을 지원하기 위한 표준의 개발, 인증, 심사 및 교육 전문기관인데, 2015년 ISO 14001 개정을 통해 환경경영시스템(EMS)의 프레임워크를 제시했고, 이 후 2019년의 ISO 14090에 이어 2021년 ISO 14901을 발표했다. ISO 14001이 환경경영기준으로서 조직의 오염물질 배출이나 자원 사용 등을 파악·관리하는 감축(완화)에 초점을 두고 있다면 ISO 14090은 기후변화 적응 프레임워크로서, 조직이 기후변화로 인한 영향을 이해하고 효과적으로 적응할 수 있는 관리체계 구축을 위한 표준을 제시하고 있으며 ISO 14901은 기후변화 리스크 평가지침으로서 조직이 기후변화 관련 물리적 리스크 취약성 평가와 영향분석 기법을 상세히 규정하여 기업으로 하여금 데이터 기반의 전략 수립을 가능하게 한다 (ISO, 2021)

한편, 2017년 금융안정위원회(FSB) 주도하에 구축된 기후변화 관련 재무정보 공개 협의체(TCFD)는 기후 리스크의 재무적 영향을 11개 공시항목으로 지정, 공개할 것을 권고했다. TCFD의 공시 프레임워크는 4대 핵심요소를 거버넌스, 전략, 리스크 관리, 지표 및 목표로 선정하고 11개 공시지표를 제시, 기후 리스크의 재무적 정량화를 촉진했다 (TCFD, 2017). 특히 이 프레임워크는 기후 시나리오 분석을 통해 조직의 전략적 회복력(scenario resilience)을 사전적으로 평가하고 공시할 것을 권고함으로써, 기후 적응의 중요성을 재무적 판단의 핵심 변수로 부각시켰다.

이후, 국제지속가능성기준위원회(ISSB)는 2021년 IFRS S2(국제회계기준재단 기후관련 공시 기준)를 발표했는데 TCFD의 4대 핵심영역과 11개 권고 공시항목을 그대로 채택하되, 구체성이 강화된 것이었다. 보강된 내용은 첫째, 정보 공개의 구체성을 강화하여 기후리스크 기회 식별 및 우선순위화 과정, 리스크 평가에 필요한 입력 파라미터, 리스크와 기회 관리 과정의 변화 내역 등을 공개할 것을 요구하고 있으며, 둘째, 산업별 맞춤 지표 공시를 요구한다. 셋째, Scope 3 배출량과 탄소권 등을 추가 공시하도록 하여 공급망 등에서의 간접 배출량과 탄소권 사용 계획, 목표달성 진전 상황 등의 상세 지표를 요구한다(IFRS Foundation, 2023). 특히 기후변화 적응은 이 기준 내에서 기후변화 완화와 대등한 공시 영역으로 분류되며, 적응 계획, 물리적 리스크 대응 전략, 공급망 복원력 강화, 이해관계자

[표 1] ISSB의 IFRS S2의 핵심 영역과 공시항목 (출처: IFRS; 저자 다시 정리)

영역	공시 권고항목
지배구조	1. 이사회가 기후 관련 위험 및 기회에 대해 감독하는 방식 2. 경영진이 기후 관련 위험 및 기회를 평가·관리하는 역할
전략	3. 조직의 사업, 전략, 재무계획에 미치는 기후 관련 위험 및 기회 4. 기후 관련 위험 및 기회가 사업, 전략, 재무계획에 미치는 영향 5. 기후 관련 위험 및 기회에 대한 전략적 회복력(시나리오 분석 등)
리스크 관리	6. 조직이 기후 관련 위험을 식별·평가하는 프로세스 (자산노출도, 공급망 취약성 등) 7. 조직이 기후 관련 위험을 관리하는 프로세스 8. 기후관련 위험 관리가 조직의 전반적 위험 관리와 어떻게 통합되는지
지표 및 목표	9. 기후 관련 위험 및 기회를 평가·관리하기 위해 사용하는 지표 10. Scope 1, 2, 3 온실가스 배출량과 관련 전환 및 물리적 리스크 11. 기후 관련 목표 및 성과 지표

협력 등과 관련한 질적·양적 정보의 보고를 요구한다. FSB는 2023년 TCFD 권고안이 ISSB 표준에 의해 더 구체적으로 완전 통합되었으므로 TCFD를 해산한다고 발표, 2024년부터 기업은 ISSB 표준만 충족하면 된다고 했다. 〈표 1〉은 ISSB의 IFRS S2의 핵심 영역과 공시 항목을 보여준다.

한편 유럽은 2023년 기업지속가능성보고지침(Corporate Sustainability Reporting Directive; 이하 CSRD)의 실행표준으로 ISSB와 유사한 ESRS E1(유럽지속가능성보고기준의 기후변화기준)을 선포했다. ESRS E1은 기후완화와 기후적응 모두를 포괄하는 공시 요구사항을 명확히 규정하고 있는데, ①기후변화 적응 정책 수립 및 실행 ②적응 실행 조치와 자원 배분 ③적응 관련 목표와 성과 ④ 전환계

[표 2] ESRS E1의 9대 기후변화 대응 공시지표 (출처: EFRAG; 저자 다시 정리)

	공시지표	주요 내용
E1-1	기후변화 완화 전환계획 (Transition plan)	파리협정(1.5℃ 목표) 및 넷제로(2050년) 달성을 위한 과거, 현재, 미래 감축 노력 및 전환 전략, 석탄·석유·가스 노출도
E1-2	정책 (Policies)	기후변화 완화 및 적응 관련 정책의 존재, 범위, 실행 현황
E1-3	실행 및 자원 (Actions and Resources)	정책 목표 달성을 위한 주요 실행 조치(감축·적응)와 자원(재원, 인력 등) 배분 및 이행 현황
E1-4	목표 (Targets)	감축 및 적응 관련 구체적 목표(정량·정성), 목표 달성 진전도, 파리협정 부합성, KPI 등
E1-5	에너지 소비 및 믹스 (Energy consumption and mix)	총 에너지 사용량, 에너지 효율 개선, 석탄·석유·가스 노출도, 재생에너지 비중 등
E1-6	온실가스 배출량 (GHG emissions)	Scope 1, 2, 3 및 총 배출량(절대량), GHG Protocol 기준 적용
E1-7	GHG 제거 및 크레딧 (GHG removals and carbon credits)	탄소제거(흡수), 탄소상쇄 프로젝트, 탄소배출권 활용 내역
E1-8	내부 탄소가격 (Internal carbon pricing)	내부 탄소가격제 도입 여부, 적용 방식, 경영 의사결정 반영 현황
E1-9	재무적 영향 (Financial effects)	물리적·전환 리스크 및 기후 관련 기회가 재무상태(매출, 자산, 비용 등)에 미치는 예상 영향

획 내 적응 전략 및 복원력 분석 ⑤물리적·전환 리스크 평가 및 대응 전략 ⑥적응 실행의 재무적 영향 및 효과성 등을 투명하게 공시할 것을 기업에게 요구한다(EFRAG, 2022). ESRS E1의 9대 공시지표는 〈표 2〉와 같다.

ESRS E1의 다른 특징은 기업이 기후변화에 미치는 영향(inside-out)과 기후변화가 기업에 미치는 영향(outside-in)을 모두 평가하고 공시하도록 한 점과 본사뿐 아니라 공급망, 하청, 유통 등 가치사슬 전체를 포괄하고 있으며 EU 택소노미, SFDR, EBA 등 EU 정책과 연계된 공시를 요구한다는 점이다. 가장 최근에 작성되었으며 광범위하게 활용될 것으로 보이는 기후변화 적응 공시체계인 ISSB(IFRS S2)와 ESRS E1을 비교해 보면 다음 〈표 3〉과 같다.

정리해보면 ISO 14090-14901은 기후적응계획 수립과 리스크 평가 방법을 과정 중심으로 제시하고 환경경영시스템인 ISO14001과 연계해 적용하도록 권고하고 있다. ISO 14090-14901 지표의 산업별 사용 실태를 보면 ISO 14090-14901은 인프라, 도시계획, 농업, 에너지 등 실물경제 기반 산업에서 물리적 리스크와 적응 전략 수립을 위해 사용되고 있다. TCFD에 기초한 ISSB는 기후 리스크의 재무적 영향을 공개하는데 초점을 두고 있으며 검증을 의무화했다는 특징이 있다. 산업별로 보면 금융, 보험, 상장사, 다국적 기업, 에너지·제조업 등 재무적 영향이 큰 산업에서 활용되고 있으며 투자자의 입장이 강조되었다고 볼 수 있다. 2024년 기준으로, 30개국 이상이 ISSB 표준 도입을 추진(전 세계 GDP의 57%, 시가총액 40% 이상)하고 있다(IFRS, 2024). 한편 기후변화로 인한 물리적·전환 리스크 평가와 인프라 투자와 복원력 강화 등의 적응 전략에 초점을 둔 ESRS E1은 EU 규제 준수를 위한 실행조치와 재무적 세부성을 강조하고 있으며 데이터 공시를 의무화하고 있다.

이러한 국제표준들은 ESG 공시체계와 긴밀히 연결되어 있으며, 이는 단순한 회계나 기술 규범을 넘어서는 함의를 지닌다. ESG 공시체계는 민간 부문에 대한 글로벌 규범 확산의 핵심 도구이자, 기업을 규범 네트워크(global normative network) 안으로 편입시키는 제도적 메커니즘이다(Green, 2014). ESG 공시체계의 환경영역 지표들은 ISSB나 ESRS E2 등에서 확장되고 구체화되었으며 기후 공시체

[표 3] 기후변화 공시 지표 - ISSB(IFRS S2)와 ESRS E1 비교
(출처: 저자 작성)

구분	ISSB(IFRS S2)	ESRS E1
공시구조	- 4대 핵심요소: 지배구조, 전략, 위험관리, 지표 및 목표	- 9대 Disclosure Requirement(전환계획, 정책, 실행·자원, 목표, 에너지, GHG, 탄소권, 내부탄소가격, 재무영향 등)
적응정책	- 기후 리스크(물리적·전환) 대응을 위한 정책 및 관리체계 공시 - 적응 관련 경영진·이사회 역할	- 기후변화 적응 정책의 존재, 범위, 실행 현황(E1-2) - 공급망, 가치사슬 전반의 적응 정책 포함
적응 실행 (실행 및 자원)	- 적응 실행계획(인프라 투자, 기술 도입 등) 및 자원 배분 - 실행 조치의 진전도(정성·정량)	- 적응 실행 조치 및 자원(예산, 인력, 기술 등) 배분(E1-3) - 공급망·사업장별 적응 실행 현황
적응 목표	- 기후 리스크 적응 관련 정량·정성 목표 - 목표 달성 진전도 및 성과지표(KPI)	- 적응 관련 목표 및 달성 진전도(E1-4) - 파리협정 부합성, 중장기 목표(예: 복원력 강화, 피해 감소 등)
복원력 (Resilience)	- 시나리오 분석을 통한 사업모델·전략의 복원력 평가 - 다양한 기후 시나리오하 적응 전략 공개	- 전환계획(Transition plan)에 적응 전략 포함(E1-1) - 복원력(Resilience) 분석 및 실행 결과 공시
리스크 평가	- 물리적 리스크(홍수, 폭염 등) 및 전환 리스크(정책, 시장 등) 식별·평가 - 위험관리 프로세스 공개	- 물리적·전환 리스크 평가 및 적응 전략(E1-9) - Double materiality (기업→환경, 환경→기업) 관점 반영
성과 및 재무적 영향	- 적응 실행의 재무적 영향(현금흐름, 자본비용 등) 정량·정성 공시 - 적응 조치의 효과성	- 적응 실행의 재무적 영향(E1-9) - 시나리오별 재무 영향, KPI 등 구체적 수치 공시
배출량 (GHG 등)	- Scope 1, 2, 3 온실가스 배출량 공시 - 배출량 감축과 별개로 적응 조치와의 연계 설명	- Scope 1, 2, 3 배출량(E1-6), 에너지 믹스(E1-5), 탄소권(E1-7), 내부탄소가격(E1-8) 등도 적응과 연계 공시
강조점	- 투자자 중심, 재무적 영향·회복력(Resilience) 강조 - 산업별(SASB) 맞춤 지표 통합	- EU 규제 부합, 더블 마테리얼리티(내부·외부 영향) 강조 - 완화와 적응을 동등하게 공시, 정책·실행·성과 세분화

계가 더 이상 비재무 정보의 부수적 보고가 아니라, 기업을 글로벌 규범 네트워크(Global Normative Network) 내에 통합시키는 장치로 기능하고 있음을 보여준다. 특히 기후 적응 공시가 ISSB, ESRS E1 등에서 별도의 공시항목(Disclosure Requirement)으로 제시되면서, 기업의 자율성과 공공 책임성이 충돌하고 병존하는 '반(半)공공적' 정책 영역이 형성되고 있다(Kramarz & Momani, 2013).

2) 국제 기후 적응 공시 표준의 한계

ESG의 환경요소에 뿌리를 두고 발전되어 온 기후변화 관련한 기존의 정보 공시 프레임워크는 ISSB나 ESRS E1 외에도 탄소정보공개프로젝트(CDP), 지속가능발전목표(SDGs), 글로벌리포팅이니셔티브(GRI) 등, 다양하여 기업들은 때로 선택의 어려움을 겪기도 한다. G2000 기업의 ESG 정보공시 프레임워크 사용을 분석한 모리나·임준석(2023)은 G2000 기업들은 평균 4개 이상의 정보 공시 프레임워크를 사용하는 '혼합형 보고 현상(Goswami et al,, 2023)'을 보이고 있는데, 이런 현상은 보고의 파편화와 혼란을 야기하여 '공허한 위험관리(Power, 2009)'에 머물 수 있다고 경고했다. 정보 공시 프레임워크 표준화의 중요성이 힘을 얻는 대목이다. 더욱이 프레임워크 대부분이 기업의 ESG 경영전체를 다루고 있어 기후변화 부문의 비중이 낮다. CDP는 기후변화를 다루고 있지만 온실가스배출 정보 중심이어서 기후변화 적응 관련 프레임워크로 보기에는 무리가 있다. 저자들이 선택한 ISSB와 ESRS E1 공시 프레임워크는 상대적으로 기업의 기후 적응 부문을 많이 다루고 있는 편이다. 기업의 기후 적응과 관련해서 정보 공시 프레임워크가 아직 구체성이나 통합성 면에서 개발의 초기단계에 있어 기업의 적용이나 적용한 결과의 비교평가에 한계가 있다고 생각된다. 따라서 지역별·

산업유형별로 상이한 기업들이 공통적으로 사용할 수 있는 기후 적응에 방점을 둔 정보공시 프레임워크를 개발하여 기후완화 프레임워크와 함께 보다 통합적인 기후변화 대응을 선도할 필요가 있다.

그런데 기후변화 적응 정책을 기업경영의 핵심 요소로 통합하기 위해서는 기업이 이해하는 언어로 표현되는 기후변화 보고 프레임워크가 필요하다. 지금까지의 기업 ESG 정보공시 프레임워크에 기반한 공시지표를 가장 많이 활용한 산업분야는 금융인데, 이는 기업 정보 공시를 통해 기업의 지속가능성과 기회창출을 가늠하여 투자 결정의 자료로 삼았기 때문이다. 즉, 재무 보고 기준 및 비재무 정보 공개 규정을 기반으로 구성된 프레임워크는 기후변화가 기업의 재무 성과에 미치는 영향을 이해하는데 필요한 정보를 제공하게 되며, 이를 통해 기업은 기후변화 리스크를 관리, 또는 기회를 포착할 수 있는 유용한 도구를 확보함으로써(UNFCCC, 2023) 기후변화 적응 노력을 강화하게 될 것이기 때문이다.

산업분야별로 좀 더 들여다보면 금융업 외, 농업, 임업, 수산업 등 1차 산업 분야의 기후변화 적응 프레임워크 활용이 비교적 활발하다. 세계농업기구(FAO)는 농업기업이 적응 관련 정보를 공시할 때 활용할 수 있는 지침과 우선순위 영역을 제공하고 있고(FAO, 2011), 2017년 TAAS(Tracking Adaptation in Agricultural Sectors)와 FAO의 공동보고서가 나왔고, UNEP도 적응 기술의 우선순위 선정 기준, 정보시스템 구축, 정책연계 등 농업기업의 적응공시와 관련된 실무지침을 제공한다. 국내에서는 한국농촌경제연구원(2015)의 연구가 있다. 이에 비해 제조업 분야에서의 기후적응 공시 프레임워크는 2025년부터 자산 2조원 이상의 코스피 상장사들의 ESG 공시 의무화에 따라 3장에서 다룬 TCFD(이후 ISBB로 전환) 기준을 반영한 KSSB의 '지속가능성공시기준서 제2호'가 구축 중이며 산업별로 기상정보 시스템, 적응 협의체, 위험도 평가 도구 등 실무적 프레임워크와 도구가 별도로 사용되고 있어, 제조업 분야에서 공유될 수 있는 기후적응 정보 공시 프레임워크 개발이 시급하다.

특히 다양한 국제 기후 적응 공시 프레임워크 역시 공시 항목을 제안하고 있으나 아직까지는 가이드라인으로서의 특성이 강하고 직접 기업이 대입하여 기후 위기 대응과 적응 전략의 성과를 평가하기에는 구체성이 부족하여 투자자 유인효과에 대해서도 확신하지 못하는 것으로 보인다. 국제적인 정보공시 프레임워크를 보면 구체적인 보고표준(standards)을 제공하는 경우와 전반적인 보고원칙(principle)을 제공하는 경우로 나뉜다(모리나·임석준, 2023). 보고표준은 직접·간접·기타간접 온실가스 배출과 같이 구체적이고 상세한 기준 또는 지표로 구체적인 수치로 공시되는데 비해 보고원칙은 객관적·구체적 지표라기보다 기업의 환경 및 사회적 정보공개를 위한 지배구조 등 특정 주제에 대한 기업의 방향성을 제시한다. 기후변화 완화 노력은 보고표준의 대표격인 온실가스 배출량과 같이 구체적이고 객관적으로 비교가능한 정량적 지표가 제시된 한편, 기후변화 적응은 대부분이 정성적 성격의 보고원칙으로 이루어져 있다.

정성적 성격의 공시체계는 기업이 기후 리스크를 어떻게 인식하고 평가하여 관리하는지에 대한 서술적·질적 정보를 중심으로 구성된다. 반면 정량적 지표는 기후 리스크와 적응 성과를 수치로 계량화하여 측정 ·비교할 수 있도록 만들어진다. 그런데 정성적 지표는 기업의 전략, 정책, 실행력 등 내러티브적 정보를 제공하지만, 객관적 비교나 계량적 성과 측정에는 한계가 있고, 정량적 지표는 객관적 비교와 국제적 표준화에 유리하지만, 데이터 산정 기준·범위의 불일치, 데이터 부족, 장기적 효과의 계량화 곤란 등 문제점이 있다. 현재의 기업 기후변화 적응 공시 프레임워크는 정성적 지표가 대다수를 차지하고 정량적 지표의 한계가 뚜렷하여 이런 상황은 개별 기업이나 산업체가 실제 자신들에게 닥칠 실질적 기후 리스크와 적응 성과를 평가하는데 장애요인으로 작용한다.

현재 권고되고 있는 정량적 지표도 몇 가지 문제점을 내포하고 있다. 우선 데이터 신뢰성 및 비교가능성이 부족한데, 온실가스 배출량 등 주요 정량 데이터의 연결기준 공시비율이 낮고 Scope 3 배출량도 일부 범주만 공개되는 등 정보의 불완전성이 높으며, 데이터 산정 방식, 범위, 기준이 기업과 국가마다 달라 국제적 비교와 평가의 일관성 문제가 있다(서울시 녹색산업지원센터, 2024). 둘째, 실질적인 기후 영향 평가의 한계로서 데이터 공개가 제한적이어서 기업의 실제 기후 영향이나 적응 효과를 정확히 평가하기 어렵고 선언적 공시에 그칠 위험이 있다. 또한 예산 집행액 등 일부 지표는 투입 중심이어서 실제 피해 저감이나 복원력 향상 등 결과의 인과관계가 불명확할 수 있다는 지적이다(김미래 등, 2022). 셋째, 정량화 문제와 데이터 가용성 문제인데, 일부 적응 성과(예: 생태계 복원, 사회적 복원력 등)는 정량화가 어렵고, 관련 데이터가 부족하거나 장기적 관측이 필요하며 미래 기후리스크의 불확실성, 지역별 특수성 등으로 인해 정량적 예측의 신뢰도가 낮을 수 있다(김아라 외, 2023). 이처럼 정량적 지표 개발이 어려운 주요 원인으로는 기후적응의 정의와 성공 기준에 대한 국제적 합의 부족, 다양한 산업·지역별 맥락에 따른 적응 방식의 차이, 장기적이고 복합적인 영향 구조, 그리고 신뢰할 만한 데이터의 부족이 지적된다. 개선 노력으로 OECD는 정책 도입·이행 지표와 함께 실제 취약성 감소나 복원력 향상 등 결과 중심의 평가 프레임워크를 제시하고 있으며 정성적 담론과 정량적 지표를 결합한 혼합형(Mixed-method) 평가 접근이 확산되고 있다.

III. 기업의 기후적응 개념

1. 기후적응 개념 및 관련 적응 지표

1) 통일된 기후적응 개념 부재

기후변화 적응은 아직 발생하지 않은 기후변화의 영향에 대응하기 위해 현재의 시스템을 관리, 조정, 개선한 유연한 접근방식을 의미(이태동 외. 2021)한다. 〈표 4〉은 IPCC, UNDP, UNFCCC와 같은 국제기구 중심의 다자 협의체에서 채택한 기후변화 적응의 개념적 정의이다. 먼저, IPCC에서는 기후적응을 기후변화로 인한 피해를 관리하면서 이를 새로운 기회로 삼는 행동 혹은 일련의 과정으로 보았고, UNFCCC는 '실제 및 예상 기후 자극의 영향에 대응하여 생태적·경제사회적 체계를 조정하는 행위'로 정의한다. 영국 기후영향 프로그램(UK Climate Impacts Programme; 이하 UK CIP)은 기후변화 적응을 ① 변화하는 기후로 인한 위험 인식, ② 그 위험과 관련된 부정적 영향을 감소하거나 관리할 의사결정, ③ 이를 긍정적으로 이용할 기회 찾기로 구체화하여 정의한다(UK CIP, 2003; Lee et al., 2020 재인용). 이와 같은 기후변화 적응 개념의 다양성은 기후변화 완화와 달리 적응에는 여러 측면이 존재하여 통일된 정의를 내리기 어렵다는 것을 보여주는데, 기후변화 적응이 기후변화로 인한 피해를 최소화하거나 이를 새로운 기회로 활용하는데 중점을 둔다는 점은 공유되는 특성이다(고재경, 2011; 이태동 외, 2020).

[표 4] 국내외 기후변화 적응 개념(출처: 국가기후위기적응정보포탈 외.)

순번	기관	정의
01	IPCC (Intergovernmental Panel on Climate Change, 기후변화에 관한 정부간 패널)	실제로 일어나고 있거나, 일어날 것으로 예상되는 기후 자극과 기후 자극의 효과에 대응한 자연, 인간 시스템의 조절작용. 기후변화의 결과로 발생하는 새로운 기회를 활용하여 기회로 삼는 행동 또는 과정을 포괄함.
02	UNDP (United Nations Development Programme, 유엔 개발 계획)	기후변화 현상에 수반된 결과를 완화, 대처하고 이용하는 전략을 강화, 개발, 실행하는 과정
03	UNFCCC (United Nations Framework Convention on Climate Change, 유엔 기후변화협약)	지역사회와 생태계가 변화하는 기후 조건에 대응할 수 있도록 하는 모든 행동
04	UKCIP (UK Climate Impacts Programme)	기후변화에 관련된 손해와 그 손해에 따른 위험을 감소시키고 이익을 파악하는 과정, 혹은 그 과정에서 나온 미래 기후 조건에 영향을 미치는 결과물
05	기후위기 적응 정보 포털	기후위기에 대한 취약성을 줄이고 기후위기로 인한 건강피해와 자연재해에 대한 적응역량과 회복력을 높이는 등 현재 나타나고 있거나 미래에 나타날 것으로 예상되는 기후위기의 파급효과와 영향을 최소화하거나 유익한 기회로 촉진하는 모든 활동
06	기후기술법 제2조	현재 나타나고 있거나 미래에 나타날 것으로 예상되는 기후변화의 부정적인 영향을 최소화하거나 기후변화를 유익한 기회로 촉진하는 활동

2) 기업의 기후적응 개념

기업의 기후적응은 무엇을 말하는가? 기업의 기후적응은 공공부문 중심의 전통적 적응 개념과 구별된다. 공공부문은 대규모 인프라 구축, 재해 대응 체계 수립 등 사회 전체의 회복력을 높이는 데 주력하는 반면, 민간부문인 기업은 자산 보호, 공급망 안정성 확보, 비즈니스 연속성 유지, 새로운 기회 창출에 중점을 둔다(Tompkin & Eakin, 2012). Averchenkova 외.(2016)는 기업의 기후적응을 "기후 및 그 영향에 대해 기업이 실제 또는 예상되는 변화에 대응하여 사업 전략, 운영, 관행 또는 투자 결정을 조정하는 과정"으로 정의하며, 기존 위험관리의 확장으로 이해할 수 있으나, 기후변화의 특수성을 반영한 새로운 접근이 필요하다고 지적한다. Hossain & As-Saber(2024)는 IPCC(2007)의 정의를 인용하면서, 기후적응을 "기후 자극 또는 그 영향에 대한 자연 또는 인간 시스템의 조정 과정으로, 해를 줄이거나 이로운 기회를 활용하는 것"이라 정의한다. Linnenluecke 외(2013)는 기후적응을 조직과 개인의 인지, 행동, 태도까지 포함하는 전사적·전략적 조정 과정으로 보며, 단순 기술적 조치가 아닌 기업 문화와 사회적 맥락 속에서 일어나는 총체적 변화로 정의하였다. 이처럼 기업의 기후적응은 '리스크 완화'로서의 소극적 대응부터, '전략적 전환'과 '기회 창출'로서의 적극적 대응까지 다양하게 정의되며, 각 정의는 기업의 정책·제도 맥락, 위험 인식 수준, 이해관계자 압력 등에 따라 달라진다. 따라서 기후적응 개념은 단일한 정답이 아닌, 기업의 산업 특성, 지리적 조건, 공급망 구조 등을 반영한 다층적 맥락화된 개념으로 이해되어야 한다.

본 연구에서는 기업의 기후적응을 "기후변화의 현재와 미래의 영향에 대해 기업이 리스크를 관리하여 피해를 완화시키고, 시장가치 창출 기회로 촉진하는 과정과 활동"으로 정의한다. 이러한 정의는 기업의 기후적응을 단순히 위기에 대한 대응 수준에 머무는 것이 아니라, 적극적인 전략 수립과 실행을 통해 새로운 기회를 모색하는 활동으로 확장한다는 점에서 의의가 있다. 기후변화 적응에 대한 기업의 참여 수준을 검토해 보면 대개 '리스크 인식-리스크 평가-리스크 관리'의 세 단계로 진행된다. 기업들은 대체로 기후변화가 자신의 사업에 미칠

위험을 인식하고 현재와 미래의 기후변화 영향을 평가하려 시도하고 있으나 위험을 인지한 모든 기업이 평가를 시행하고 대응하는 것은 아니다.

이는 한편으로는 많은 기업이 지역화된 기후 예측이나 위험 데이터를 의미 있게 해석할 수 있는 도구가 부족하여 어려움을 겪고 있기 때문이다(Agrawala et al., 2011). 선도적인 기업들은 예측 계획, 시나리오 분석능력을 통해 적응 전략에 투자하고 있으나(Beermann, 2011; Gustafsson 외., 2022), 금융, 보험 또는 기술 전문 지식에 대한 접근성이 부족한 개발도상국의 중소기업과 기업에게는 자원 제약이 더욱 크다(Crick et al., 2017). 다른 한편으로는 많은 기업에서 기후 위험에 대한 경영진 차원의 책임이 부족하다(Beermann, 2011; Hennes 외., 2024). 일부 기업은 실질적인 후속 조치 없이 상징적인 적응 계획만 보고하기도 한다(Gustaffson et al, 2022). 기후 적응을 주류화하기 위해서는 기업 거버넌스 시스템, 즉 이사회 차원의 감독, 기업 리스크 관리와의 통합, 부서 간 조정이 필수적이다(Hennes et al., 2024).

특히 기후적응을 평가할 수 있는 기업의 적응은 현실적으로는 자율적인 반응보다는 정책 중심의 제도적 대응에 가깝다(UN Global Compact, 2015). TCFD, ISSB, ESRS E1과 같은 기후변화 공개 프레임워크의 중요성이 드러나는 지점이다. 기업의 사회적 책임 투자에 대한 기준 등이 연성적 규제로 작동한다는 지적처럼(임석준·모리나, 2022) 기후변화 관련 공시 프레임워크는 기업의 기후변화 관련 리스크와 적응 능력의 투명성을 의무화할 뿐만 아니라 규제적 성격을 통해 기업의 기후 적응 학습과 행동을 촉진하기도 한다. 표준화된 공시 체계는 단순한 보고 도구가 아니라 투자자의 기대와 장기적인 위험 감소를 일치시키는 인센티브 구조로 작용할 수도 있다(Agrawala 외, 2011; Gustafsson 외, 2022). 이러한 프레임워크는 기후변화 시나리오 기반 위험 평가, 전략 공개, 적응 진행 상황에 대한 메트릭을 점점 더 요구하고 있다. 정리하면, 기업의 기후 적응 노력은 기후 리스크와 대응 필요성 인식, 국제기구의 기준, 실무 적용 사례 등을 통해 점차 구체화되고 있으며, 단순한 리스크 관리 및 대응이라는 개념을 넘어 기회 창출까지 포괄하는 이윤창출적 개념으로 이해되면서 규범으로서의 의미도 갖추어 가고 있다.

IV. 기업의 리빙랩 활용 사례

1. 리빙랩 개념 및 특성

전통적인 연구 모델은 통제된 환경에서 참가자들을 대상으로 기술적 완결성을 추구하는데 집중해왔다. 그러나 이러한 폐쇄적 혁신은 급변하는 시장의 요구와 실제 사용자 경험을 충분히 반영하지 못한다는 한계성을 가지고 있다. 이 때문에 기업들은 닫힌 실험실의 문을 열고 혁신의 현장을 '삶의 공간'으로 확장하기 시작한다. 리빙랩(Living Lab)은 실제 생활환경에서 다양한 이해관계자들—주민, 기업, 공공기관, 연구기관 등—이 함께 참여하여 새로운 제품, 서비스, 시스템을 공동으로 개발하고 실험하는 사용자 중심의 개방형 혁신 플랫폼이다(Paskaleva & Cooper, 2021). 말 그대로 기업이 생활 환경에서 최종 사용자인 시민-지역사회와 함께 문제를 정의하고 해결책을 공동 창출하고 함께 피드백을 통해 혁신에 도달하는 패러다임이라 할 수 있다. 이는 사용자를 단순히 피드백을 제공하는 수동적 객체로 보는 것을 초월하여, 혁신 과정 전반에 공동으로 참여하는 능동적 주체로 끌어들이는 것으로, 전통적인 실험에 대한 근본적 관점 전환을 의미한다. 해당 개념은 2000년대 초 유럽을 중심으로 확산되었으며, 특히 정보통신기술(ICT), 스마트시티, 제조업, 모빌리티, ESG 등 다양한 기업·산업분야에서 활발하게 활용되어 왔다(Følstad, 2008).

리빙랩은 실제 생활환경에서 사용자가 직접 참여하여 기술, 제품, 서비스, 사회 시스템 등을 공동으로 개발하고 반복적으로 실험하는 개방형 혁신 플랫폼으로, 다음 네 가지 핵심 요소를 포함하고 있다(Eschenbächer et al., 2011; Shin, 2019; Paskaleva & Cooper, 2021) .

1. 공동 창조(Co-creation): 사용자와 개발자가 동등한 관계로서 이해관계자들이 직접 문제를 정의하고 해결방안을 개발하고 다시 수정하는 모든 과정에 함께 참여한다
2. 사용자 중심 참여(User-centric Participation): 사용자가 수동적 수용자가 아닌 능동적 공동 창조자로 참여하는 개방형 혁신 플랫폼이다
3. 실제 생활 환경(Real Life Environment): 통제된 실험실이 아닌 이해관계자의 일상 공간(도시, 주거 시설, 학교 등)에서 실험하여 현실 적합성이 향상된다
4. 다중 이해관계자 참여(Multi-stakeholder Participation): 기업인, 시민, 연구기관, 정부 등 다양한 직접적 이해관계자들이 각자의 전문성과 자원을 투자하는 형태이다

이러한 핵심 요소들은 리빙랩을 단순한 특정 기술 또는 제품의 테스트베드(Testbed)와 명확히 구분 짓는다. 테스트베드가 주로 개발된 기술의 성능을 검증하는 데 초점을 맞추는 반면, 리빙랩은 기술 개발 이전 단계인 '문제 정의'부터 사용자가 깊숙이 개입하여 '왜 이 기술이 필요한가'라는 근본적인 질문에 답을 찾아가는 과정 그 자체를 중시한다. 즉, 사용자는 수동적 피실험자가 아닌, 혁신의 방향을 결정하는 '적극적 창조자(Co-creator)'로서의 역할을 수행한다. 그렇기에, 리빙랩은 전통적인 실험 방식과는 달리, 직접적 이해관계자들이 기술의 수동적 소비자가 아닌 능동적 창조자로 참여하여 제품 및 서비스의 품질과 수용성을 높이는 실험이자 플랫폼이라 볼 수 있다(Canevari-Luzardo, 2020). 결론적으로 리빙랩은 지역 주민과 밀착된 문제해결을 통해 사회적·환경적 가치 창출이 가능하며, 공공기관과의 협업을 통해 실증적이고 지속가능한 혁신을 도출하는 접근이다.

2. 기업 리빙랩의 특징과 활용 필요성

기업이 리빙랩을 활용할 경우 기존의 폐쇄형 혁신 모델에서 벗어나, 다양한 외부 자원과 아이디어를 유입하는 개방형 혁신(Open Innovation) 전략을 구현할 수 있다(Eschenbächer, Thoben, & Turkama, 2011). 이러한 리빙랩의 특성과 그로부터 도출되는 기업의 전략적 활용 필요성은 다음과 같이 정리할 수 있다.

첫째, 사용자 참여 기반의 공동 개발이다. 기업은 제품 또는 서비스를 개발함에 있어 최종 사용자들과 공동으로 문제를 정의하고 해법을 탐색한다. 이 과정은 전통적인 시장조사나 인터뷰를 넘어 실제 사용자들이 제품 개발에 실질적으로 개입함을 의미한다(Rodrigues & Franco, 2018). 이는 기술-시장 간 괴리를 해소하고 제품의 시장 적합성과 수용성을 높이는 데 기여한다(Linnenluecke, Griffiths, & Winn, 2013).

둘째, 실증 기반 검증이 이루어진다. 기업은 실험실이 아닌 실제 사용 환경(real-life context)에서 서비스나 기술을 검증할 수 있으며, 이는 조기 문제점 파악과 개선에 큰 도움을 준다(Paskaleva & Cooper, 2021). 이러한 과정은 개발 리스크를 줄이고 불필요한 자원 낭비를 방지하며, 전체 개발 사이클을 단축

시키는 효과가 있다(Eschenbächer et al., 2011).

셋째, 다주체 협업이 핵심이다. 기업 리빙랩은 단일 기업 내 부서 간 협력뿐 아니라, 고객, 공급자, 지역사회, 공공기관 등 다양한 이해관계자들과의 네트워크를 전제로 한다. 이를 통해 기술뿐 아니라 사회적 수용성(social acceptability)까지 고려한 혁신이 가능하며, 이는 기업의 ESG(환경·사회·지배구조) 경영과도 자연스럽게 연계된다(Canevari-Luzardo, Berkhout, & Pelling, 2020; Canevari-Luzardo, 2020).

넷째, 반복적 실험과 피드백 중심의 개발이다. 리빙랩에서는 제품 개발이 일회성 활동이 아니라 반복적 실험(iteration)과 피드백 루프를 통해 점진적 완성도를 높이는 방식으로 이루어진다(Eschenbächer et al., 2011). 이와 같은 지속적 피드백 구조는 숨겨진 사용자 니즈를 발견하고, 이를 기반으로 새로운 시장을 창출하며, 기존 제품과는 차별화된 공동 가치를 형성하는 데 도움을 준다(Rodrigues & Franco, 2018).

3. 기업 리빙랩 사례

아래 〈표 5〉는 국내외 기업의 리빙랩 사례를 특성에 따라 정리한 것이다.

1) SK텔레콤 - 대구 IoT 리빙랩 사례

SK텔레콤은 2016년 대구시와 협력하여 세계 최초로 도시 전역에 사물인터넷(IoT) 전용망인 'LoRa' 네트워크를 구축하였다. 이는 도시 전체를 리빙랩으로 전환해 IoT 기술 기반의 스마트시티 솔루션을 실증하기 위한 전략이었다. 시민과 스타트업이 자유롭게 기술을 실험하고 협력할 수 있도록 'T 오픈랩'을 개설하고, 가스 검침, 주차, 미세먼지 측정 등의 체감형 서비스를 공동 개발하였다. 약 900억 원 규모의 SKT 투자와 대구시의 정책적 뒷받침이 결합되었으며, 규제 완화, 시민참여, 스타트업 지원이 선순환 구조를 이뤘다. 이는 공공-민간-시민 간 협력적 혁신 플랫폼의 전형을 보여주는 사례이다.

2) 북촌 한옥마을 IoT 리빙랩 사례

서울시 북촌은 관광객 증가로 인한 생활 민원 문제를 겪고 있었다. 이에 서울시, SK플래닛, 시민단체, 스타트업이 협력하여 IoT 센서, 앱 기반 관광 관리 시스템을 개발하였다. 주민은 직접 기술 수용성과 실효성에 대해 피드백을 제공하고, 기업은 이를 기반으로 서비스를 조정하였다. 리빙랩은 단순한 기술 실증을 넘어 도시 문제 해결과 공동체 연계형 혁신 모델로 발전하였다.

3) 한국에자이 - 환자 중심 헬스케어 리빙랩 사례

한국에자이는 치매 환자와 가족의 삶의 질 향상을 위한 'D-LAB 리빙랩'을 운영하였다. 환자, 보호자, 의료진, 사회복지사 등 다양한 이해관계자가 초기 기획 단계부터 참여하였고, 애플리케이션, 커뮤니티 프로그램 등 다양한 솔루션을 공동 설계하였다. 사용자의 경험을 관찰하고 공감하며 함께 해결책을 도출하는 진정성 있는 접근 방식이 높은 수용성과 사회적 평판 제고로 이어졌다. 이는 기업의 ESG 전략과 연계된 사회문제 해결형 리빙랩 사례로 평가받는다.

4) 삼성전자 - 뉴욕 '삼성 837' 체험형 리빙랩 사례

삼성전자는 미국 뉴욕에 판매 기능 없이 오직 체험만 가능한 '삼성 837'을 구축하였다. VR, AR, IoT 등 최신 기술을 문화, 예술과 결합하여 방문객이 자유롭게 체험할 수 있도록 구성했으며, 계절 및 이벤트에 맞춰 콘텐츠를 주기적으로 갱신한다. SNS 공유, 체류 시간, 기술 반응 등 사용자 데이터를 수집

[표 5] 국내외 기업 리빙랩 사례

구분	기업명	목적	운영 방식/특징	핵심 참여자	데이터 유형	성과 및 성공 요인
국내	SK 텔레콤	도시 전체 IoT 실증 및 스마트시티 실험	대구 전역 LoRa망 구축, 오픈랩 통한 개방형 실증, 시민 체감형 서비스 개발	지자체 스타트업 시민	서비스 사용량 환경 센서 데이터	IoT 전국망 확대, 스타트업 육성, PPP 협력 기반
국내	서울시/ 북촌	관광 민원 문제 해결을 위한 IoT 기반 관광 관리	센서 및 앱 기반 관광 흐름 조절 시스템 구축, 주민 참여형 피드백 반영	시청 기술기업 주민	사용자 이동 패턴 민원 데이터	주민 수용성 향상, 도시문제 해결형 모델 구축
국내	한국 에자이	치매 환자 삶의 질 향상 및 ESG 실현	치매 리빙랩(D-LAB), 환자 중심 서비스 공동 설계 및 실증	환자 보호자 의료진	행동관찰 인터뷰 설문	사회적 평판 개선, 환자 중심 서비스 혁신
해외	삼성 전자	브랜드 체험 및 사용자 반응 데이터 확보	VR/AR/IoT 체험형 공간, 문화 이벤트 연계 콘텐츠 반복 갱신	소비자 콘텐츠 디자이너	체류 시간 SNS 공유 기술 반응	브랜드 이미지 강화, 데이터 기반 제품 기획
해외	현대 자동차	미래 모빌리티 기술 및 생산 공정 검증	유연 생산 셀 시스템, 앱 기반 차량 설계 실험	고객 연구기관 스타트업	주문 사양 생산 효율성 만족도	스마트 제조 혁신, 동남아 전략 거점 확보
해외	Unilever	현지 여성 대상 위생용품 개발	커뮤니티 기반 공동 설계, 사용성 실증, 문화 맥락 반영	여성 사용자 NGO 디자이너	제품 사용성 가격 반응	사용자 친화 제품 출시, 신뢰 기반 공동 설계
해외	Cova da Beira	농식품 서비스의 사용자 수용성 검증	ICT 기반 농업 서비스 개발, 실사용자 중심 피드백	ICT 기업 지역대학 농업 종사자	서비스 사용 로그 참여자 의견	도시 창업 생태계 조성, 기술 수용성 확보
해외	EU (APOLLON)	중소기업 ICT 서비스 혁신 실험	유럽 각국 리빙랩 연계, 공동 설계·실증·상용화 지원	EU 기관 중소기업 시민	사용자 피드백 실증 결과	상용화 성공, 범유럽 리빙랩 모델 정립

하여 향후 제품 기획에 반영하고 있다. 판매가 아닌 브랜드 경험을 중심으로 설계된 이 리빙랩은 삼성의 '혁신적 브랜드' 이미지를 공고히 하는 데 기여하였다.

5) 현대자동차그룹 - 싱가포르 HMGICS 사례

현대차는 싱가포르 주롱에 '글로벌 혁신 센터(HMGICS)'를 설립하여 미래 모빌리티와 스마트 제조를 실증하고 있다. AI, IoT, 로보틱스 기술을 접목한 스마트 팩토리에서 사용자는 앱을 통해 차량을 설계하고, 생산 로봇이 이를 반영하여 생산하는 '유연 생산 셀 시스템'을 시험 중이다. 난양공대 등 현지 연구기관 및 스타트업과 개방형 공동 프로젝트를 수행하며, 싱가포르 정부의 규제 완화와 전략적 입지가 성공 요인으로 작용하였다.

6) Unilever - 남아시아/아프리카 위생 리빙랩

유니레버는 남아시아와 아프리카 지역 여성들을 대상으로 위생용품을 공동 개발하는 리빙랩을 운영하였다. 현지 커뮤니티와 협력하여 제품 사용성, 문화 수용성, 가격 민감도 등을 평가하였고, 그 결과 현지 수요에 맞는 제품이 출시되었다. 사용자와

의 신뢰 기반 협업, 문화 맥락 고려, 공동 설계 방식이 리빙랩 성공의 핵심 요인으로 분석된다.

7) Cova da Beira Living Lab - 포르투갈

포르투갈의 중소도시 Cova da Beira에서는 ICT 기업, 지역 대학, 시민이 참여하여 농업 및 식품산업 중심의 스마트 서비스를 공동 개발하였다. 실사용자 기반 피드백을 통해 시장성과 기술 수용성을 검증하였으며, 도시 창업 생태계 조성에 크게 기여하였다

8) APOLLON 프로젝트 - 유럽연합

EU는 다양한 국가의 중소기업을 대상으로 리빙랩 네트워크(APOLLON)를 구성하여 ICT 서비스 혁신을 실험하였다. 각국 기업은 사용자와 함께 공동 설계, 실증, 피드백 수집 과정을 반복하며 신제품을 개발하였고, 일부는 성공적으로 상용화되었다. 이는 범유럽형 리빙랩의 구조적 가능성을 보여주는 사례이다.

V. 기업 기후적응 공시를 위한 리빙랩 구축 및 운영

1. 기업 지후적응 리빙랩 플랫폼

1) 기업의 기후변화 적응 공시체계 개발 리빙랩 플랫폼

저자들은 기후변화 적응 정보 공시 프레임워크 개발을 위한 연구방법으로서 리빙랩(Living Lab) 접근법을 활용하였다. 리빙랩을 선구적으로 실험했던 ENoLL에 따르면 리빙랩이란 '체계적인 공동창조의 접근방법에 입각한 사용자 중심의 개방적 혁신 에코시스템으로서 실생활의 맥락에서 조사연구와 혁신 과정을 통합시킨 것'이다(Cuomo, 2022). 리빙랩은 '사용자가 함께 혁신을 만들어 간다(co-creation)'는 접근 방법으로(이태동 2019), 사용자가 기술/정책/캠페인/프로젝트 등을 함께 만들어 갈 때, 기술/정책 수용성이 높아질 가능성이 크다. 리빙랩은 객체에 머물렀던 사용자를 주체화하는 방법으로, 특정한 문제에 대해 실질적 이해관계자가 '함께 혁신'을 만들고, 실험을 통해 '데이터와 증거'에 기반해서 해결방안을 도출한다는 특성이 있다.

저자들이 선택한 리빙랩은 연구기관 주도형 리빙랩으로, 대학, 연구소, 고등교육기관 등 연구 기능을 보유한 기관이 혁신 활동을 주도하는 형태로서 기존의 서비스나 상품 개발 및 사회문제 해결에 초점을 둔 모델과 달리 기술 개발과 연구 결과의 활용에 중점을 둔다. 연구기관 주도형 리빙랩의 전형적인 연구개발(R&D) 주기는 아이디어 발굴, 아이디어 구체화, 그리고 개발 및 활동 단계로 구성되며, 연구개발 성과는 다른 프로젝트의 기초자료로 활용되거나 새로운 프로그램과 연계되어 혁신의 선순환 구조를 형성한다. 이번 연구에서는 기업인 대상 리빙랩 플랫폼을 개발하여 기후적응 지표 프레임워크를 개발하고자 하였다. 해당 플렛폼은 모집 후 선별→교육→공동창조→전문가 피드백을 순차적으로 진행하여 시공간의 제한에도 다양한 분야의 이해관계자들과 함께 솔루션을 도출하고자 노력하였다.

저자들은 기업의 ESG 담당자 및 기후변화 관련 기업 종사자와 기업 일선의 전문가 등으로 리빙랩 공동연구자를 SNS를 통해 모집하여 직군별 ESG 담당자 10명을 선별하였다. 기업인 대상 리빙랩은 1기와 2기로 나누어 각 5명씩 배치하여 운영하였으며, ESG 담당자 세션 이후로 관련 전문가들에게 피드백을 받아 수정·보완 하였다. 본 연구의 리빙랩

[표 6] 리빙랩 참여자 특성

세션구분	구분	성함	소속	분야
제1차 리빙랩	1-1	조○○	SK사회적가치연구원	연구
	1-2	김○○	마스턴투자운용	투자
	1-3	조○○	삼성전자	제조
	1-4	이○○	Green Ethos Lab	컨설팅
	1-5	김○○	씨티그룹	금융
제2차 리빙랩	2-1	서○○	포스코 인터네셔널	무역
	2-2	윤○○	GS에너지	에너지
	2-3	최○○	OB맥주	식음료(음료)
	2-4	이○○	케익드라마	식음료(음식)
	2-5	명○○	디아이랩	인공지능

참여자의 특성은 다음 〈표 5〉와 같다.

리빙랩 공동창출 세션에서는 연구진이 그동안의 사례와 문헌연구에 기반하여 기후 적응 관련 주제들을 제시한 후 연구진과 기업 공동연구자들이 제공된 주제와 자료들에 기반해서 솔루션을 공동 창조해 나가는 방식을 취했다. 전체 과정에서 진행된 주제는 다음과 같다.

- 기후변화 적응 개념 인식 정도
- 기업의 기후변화 적응에 대한 생각
- 기존 기업 기후변화 공시 프레임워크에 대한 친숙성과 생각
- 새로운 기업 기후 적응 프레임워크 개발시 고려해야 할 내용
- 이를 반영한 연구진의 프레임워크 안에 대한 적절성 의견
- 개발된 프레임워크의 지표화에 대한 의견

2) 기후변화 적응 개념 인식 정도와 기업의 기후변화 적응에 대한 이해

리빙랩 공동연구자들은 첫 모임에서 연구진과 기후변화 적응 개념 및 기업에서의 기후변화 적응에 대한 이해에 대해 논의했다. 공동연구자들은 ESG 업무 경험이 있음에도 불구하고 기후변화와 관련하여 완화, 온실가스 감축, 전환 정도로 이해하고 있었고 이들에게 적응은 익숙하지 않은 용어였다. 기후변화 적응과 완화의 차이를 잘 모르겠다거나 적응보다는 물리적 리스크라는 용어가 익숙하고 기업에서 적응이라는 용어 자체를 별로 사용하지 않는다고 지적했다.

> "완화 또는 감축은 기업에서 많이 사용하고 있으나, 적응이라는 개념은 물리적 리스크라는 단어로 많이 사용되는 것 같다."
>
> (조○○, SK사회적가치연구원)

연구진의 기후변화 적응 강의를 수강한 후에 진행된 기업의 기후변화 적응 논의에서도 완화와 적응의 경계가 기업 입장에서는 불분명할 수 있다고 보았고 특히 적응이라는 용어가 추상적이어서 직관적으로 와 닿지 않는다는 반응이었다.

> "공부할수록 경계가 불명확한 것으로 느껴집니다. 적응은 감축에 비해 직관적으로 와닿지 않는 개념인 것 같다." (최○○, OB맥주)

공동연구자 다수는 레퍼런스가 부족해서 정량적 측정 수단이 있는 감축 위주로 기업 ESG 보고서를 작성하게 될 것이며 적응의 한 영역인 회복력(resilience) 조차도 현장에서는 감축의 수단으로 이해되고 있다고 했다. 기업은 현재까지는 이해관계자들이 완화를 강조하고 있기 때문에 기후변화 완

화를 위해 인프라 구축 등 많은 비용을 투자하고 있어서 개념 자체가 모호한 기후변화 적응에 대비할 준비가 되어있지 않다고 했다.

기업이 기후변화 적응 전략을 도입하도록 하려면 적응 개념을 명확히 하고, 글로벌 시장에서 공유 가능한 글로벌 표준을 제대로 만드는 것이 중요한데, 기업에서는 이윤이 가장 중요하다는 점을 고려해서 기후 리스크 관리가 실패했을 때의 비용과 기후 리스크를 대비하는 비용을 정확하게 진단해서 제시해야 한다는 의견에 동의가 높았다. 즉 이윤과 연결지어야 기업이 기후변화 적응에 적극적으로 임할 수 있는 의지가 생길 것이라고 하여 객관적인 수치화를 통해 구체적 비용으로 설득할 방안이 필요한 것으로 정리되었다.

3) 기존 프레임워크 평가와 적응 프레임워크 개발시 고려해야 할 내용

리빙랩 공동연구자들은 대개 소속 기업에서 이미 기업 ESG 보고서 등을 작성하는 업무를 경험했거나 하고 있는 사람들이어서 새로운 기후변화 관련 공시 프레임워크 개발에 대해 양가적 감정을 보여주었다.

> "건드려야 할 것이 많다는 느낌이 든다. 특히 책임 구조에 대한 문제가 있다. 해당 사건들이 발생했을 때 누가 책임질 것인지에 대한 문제가 정말 어려울 것 같다." (조○○, 삼성전자)

공동연구자들은 이미 너무 많은 국제 표준, 즉 기존의 ESG나 완화 관련 글로벌 프레임워크가 존재하므로 어느 프레임워크가 자신의 기업에 적합한지, 또는 복수의 프레임워크를 어떻게 조합할 것인지 분석하고 결정하는 것을 복잡하게 여겼다. 공시 프레임워크가 기업의 지속가능성을 위한 분석과 평가라기보다 일을 위한 일이 될 때도 있으며 ESG 트렌드도 너무 빨리 변화하기 때문에 어려움을 겪는다고도 했다. 공동연구자들은 KSSB를 통해 정부의 방향이 구체적이고도 명확하게 제시된 후 새로 적응에 방점을 둔 공시 프레임워크와 지표가 만들어져야 혼란이 적다고 보았다. 또, 글로벌한 환경에서 통용될 수 있는 공통의 프레임워크가 개발되어야 한다고 했다. 기업의 이윤 추구는 세계시장을 대상으로 하고 있어서 미국, 유럽 등 주요 교역대상국의 수요에 민감해야 한다는 것이다. 또 다른 공동연구자는 기업 입장에서 탄소 감축을 해야 한다는 규범적 명제는 있지만 현실적으로는 먼저 시작하는 기업은 일단 손실을 본다는 생각을 하고 있으므로 손실을 최소화할 수 있는 접근이 요구된다고 했다. 특히 기후변화 적응이 공시 지표화 되었을 때 기업에 기후변화 적응 전략의 유무를 묻는 것이 아니라 이를 지수화하여 점수를 매기는 방식이 된다면 지표자체를 매우 부담스럽게 생각할 것이고, 따라서 항목을 간소화할 필요가 있다고 우려했다. 한 공동연구자는 기업 입장에서는 '가이드라인은 도움, 공시는 위협'으로 받아들여진다고 지적하고, 공시의 발화 주체도 중요하고, 산업군의 차이와 가중치도 고려할 것을 요구했다.

2. 기업 기후변화 적응 프레임워크 구성

1) 기존 기후적응 지표체계 분석: ND-GAIN과 VESTAP 사례

연구진은 리빙랩 공동연구자들과의 공동작업의 결과를 반영하여 기업 기후변화 적응 공시 프레임워크의 장기적 목적을 기후위기에 효과적으로 대응함으로써 기업의 지속가능성과 새로운 기회 창출을 통한 이윤 확대로 보았다. 해당 목적 달성을 위해 리빙랩 공동연구자들과 전문가 모두 기업의 기후 적응 내용을 대분류-중분류-소분류의 3개 수준으로 구분하는데 이해가 일치되었다. 대분류는 기업의 극단적 기후 발생시 노출될 기후 리스크와 이를 극복할 수 있는 기업의 대응능력으로 이분했다. 기업의 기후 리스크와 기후 적응력이라는 두 개의 분류기준은 기업의 기후변화 적응 노력이 기후위기로 인한 물리적 리스크와 공시라는 제도적 압력 및 기업의 조직 내 거버넌스와 인적·물적 자원 등 적응 역량이라는 두 가지 힘의 상호작용 차원에서 설명된다는 이론적 기반과도 합치된다. 기업의 기후변화 적응은 홍수, 폭설, 한파 등으로 피해에 직면했기 때문이기도 하지만 ESG, ISSB, ESRS E1 등 국제표준의 권고 또는 의무화 조항 등, 제도적 압력이 큰 유인이라는 사실은 부정할 수 없기 때문이다(Hennes et al., 2024). 기후 적응 프레임워크의 공시는 투자자와 소비자에게 자신들의 기후변화로 인한 리스크가 무엇이며 이 리스크에 어떻게 잘 대응하고 있는지 적응 역량을 투명하게 공개함으로써 신뢰를 얻고 새로운 기회를 창출할 수 있는 방편으로 의미를 가져야 한다.

이와 같은 효과를 기대하려면 기업 기후 변화 적응 프레임워크와 이에 기반한 최종 지표들의 객관성, 비교가능성과 투명성 강화가 필수적이다. 공시지표는 전 세계 국가에 적용 가능한 보편적 데이터와 방법론을 사용하여 리빙랩 공동연구자들의 지적처럼 글로벌 적용성을 갖추어야 하고, 투명성과 공개성을 위해 데이터의 출처와 산정방식이 명확한 시계열 데이터가 제공되어야 한다. 또 각 지표가 실제 적응 행동이나 정책과 연계될 수 있도록 설계하고 단위 환산 및 비교가능성을 높일 필요가 있다. 리빙랩 공동연구자들도 기업은 현재 자신들이 당면한 기후 취약성이 무엇인지, 그리고 이러한 기후 취약성에 대해 얼마나 준비되어 있는지를 구체적으로 파악, 평가하여 미래의 기후변화 리스크를 줄일 수 있으려면 어떤 측면에서 적응역량을 어느 만큼 키워야 하는지를 가능한 한 구체적인 비용으로 산출하기를 원한다고 지적했다. 따라서 연구진은ESG의 큰 틀 안에서 ISSB 나 ESRS E1 등 국제 공시에서 말하는 리스크 인식과 평가 프로세스를 보다 객관적으로 평가할 수 있는 정량 지표체계 작업이 가능하도록 프레임워크를 짜야 한다는 과제에 직면하게 되었다. 이 부분에서 연구진은 검토 끝에 기후 적응과 관련된 대표적인 정량 지표체계로는 ND-GAIN(노트르담 글로벌 적응 이니셔티브)과 한국환경정책평가연구원 국가기후변화적응센터에서 제공하는 기후변화 취약성 평가 지원 도구인 VESTAP을 참조했다.

ND-GAIN은 기후변화 적응 분야에서 국가 및 도시 단위의 취약성(Vulnerability)을 기후노출도와 기후위기 민감성으로 구분하여 수치화된 지표를 활용, 산출하고 있다. 또한 기후변화에 대한 준비도(Readiness) 평가 역시 수치화된 국제적 지표 및 도구를 개발·제공하여 국가별 순위를 제시하기도 한다. ESRS E1이나 ISSB 가 미시적이고 실행 중심의 적응 성과 평가에 강점이 있다면 ND-GAIN은 거시적 ·구조적 적응 영량 평가에 강점이 있다. 과학적 데이터에 기반한 까닭에 ND-Gain은 적응 전략 수립을 위한 핵심 도구로 평가받는다. ND-GAIN의 특징은 글로벌 비교 가능성과 표준화인데, 표준화된 점수체계(0~100점)를 통해 국가 간 비교가 용이하다. 또 모든 데이터를 공개, 검증할 수 있도록 하고 1995년부터 시계열 데이터를 제공하여 장기 추세 분석이 가능하다. 이미 ESRS E1이 기후적응 관련하여 요구하는 Scope 3(공급망) 리스크 공시 시 ND-GAIN의 국가별취약성 점수를 근거하고 있어, 이들 국제적 기업 공시체계와 연계할 수 있다는 장점도 있다. 연구진은 기업의 기후변화 적응 국제 공시 표준과 협응하되, 데이터의 투명성과 구체성을

[표 7] ND-GAIN과 VESTAP 비교

ND-GAIN		VESTAP	
변수명	**변수 정의**	**변수명**	**변수 정의**
준비도 (readi- ness)	- 국가가 기후변화 적응을 위해 투자를 활용할 수 있는 역량 - 경제적 준비도, 거버넌스 준비도, 사회적 준비도 세 가지 구성요소로 구성 - 세 구성요소 점수를 합산한 값의 평균치	적응역량	- 기후변화의 영향을 완화하거나 이에 대응할 수 있는 지역사회의 능력을 의미 - 정책적, 기술적 대응 능력, 지역 경제력 등을 포함
취약성 (vulnerab-ility)	- 기후재해로 인해 인간사회가 부정적인 영향을 받을 가능성 - 식량·물·건강·생태계 서비스·인간 정주·인프라 여섯 가지 구성요소로 구성되고, 각 부문점수 합계의 평균치 - 각 부문 점수는 기후노출(exposure), 민감성(sensitivity), 적응 역량(adaptive capacity)을 측정하는 여섯 가지 지표의 평균으로 계산 - 각 부문 점수는 0~1사이의 값을 가짐	기후노출도	- 특정 지역이 기후변화로 인해 직면하는 위험의 정도 - 극한기후 요소(기온, 강수량, 상대습도 등) 또는 극한기후 현상 기반 지수를 통해 측정 - 기후변화로 인한 영향을 받을 수 있는 인구·인프라·경제활동 등을 평가
		기후민감성	- 기후변화로 인한 지역사회와 시스템의 취약성을 나타냄 - 인구의 사회적, 경제적 특성을 포함하고 특정 극한기후 위험요소에 대한 취약성을 평가

강화할 수 있는 공시체계 개발에 ND-GAIN의 정량화 틀을 도입하고자 했다.

한편 기후변화 취약성 평가도구인 VESTAP은 기후노출도, 기후민감성, 적응역량의 세가지 변수를 활용하여 지역사회의 기후변화 취약성을 산출한다. 지표로는 각기 기상청, 통계청, 국립환경과학원 등으로부터 받은 자료를 행정구역 단위로 변화시켜 사용한다. ND-GAIN과 VESTAP의 분류체계를 정리하면 〈표 7〉과 같다.

〈표 7〉에서 보듯이 ND-GAIN과 VESTAP은 변수들의 유사성이 높다. ND-GAIN의 취약성-준비도라는 틀의 취약성에는 노출도(Exposure), 민감도(Sensitivity), 적응 역량(Adaptive Capacity)의 세 가지가 있고, 준비도 지수(Readiness Index)는 경제적 역량(투자 유치), 거버넌스(정책 효율성), 사회적 역량(교육·기술)의 세 측면이 지수화되어 있으며 VESTAP에 비해 준비도 개념의 심도가 높다. 이와 같은 '취약성-준비도'프레임워크는 글로벌 기후 재정 지원의 우선순위 설정에 필수적이라고 평가받고 있어 앞서의 ESRS, ISSB 등의 국제표준과 중요한 영역을 공유하고 있는 것으로 나타났다.

2) 기후적응 공시 프레임워크

연구진은 이론적 기반과 리빙랩에서 공유된 글로벌 스탠다드, 추후 개발할 지표의 정량화 가능성, 간편성 등을 고려하여 기업의 '기후 위험 – 기후 적응력'이라는 2개의 범주를 설정하고 기후위험은 기후 노출도와 민감도로, 기후적응력은 준비도와 대응도로 대분류를 구성했다. 중분류와 소분류에서는 글로벌 기후 적응 공시 프레임워크 (ISSB, ESRS E1 등)의 내용을 분석하여 항목을 선정했다. 〈표 8〉은 리빙랩 공동창조 과정을 통해 본 연구에서 제안하는 기업 기후적응 정보 공시 체계이다.

연구진이 제작한 기업 기후적응 정보공시 프레임워크는 리빙랩 공동연구자들과 다시 논의, 피드백을 받는 단계를 밟았다. 정보공시 프레임워크는

[표 8] 기업 기후적응 정보 공시체계 안(案)

대분류		중분류	소분류
기업 기후위험 (Corporate Climate Risk)	기후노출도 (Climate exposure)	물리적 리스크	기후리스크 모델링
			기후영향평가
		이행적 리스크	정책/법률 리스크
			시장/평판 리스크
	민감도 (Climate sensitivity)	인프라 민감도	인적 인프라
			물리적 인프라
		기업 가치사슬 민감도	공급망 민감도
			매출 민감도
기업 기후적응력 (Corporate Climate-Adaptation Capacity)	준비도 (Readiness)	리스크완화 및 관리	기후적응 인식
			녹색인프라 구축 및 운영
			시스템효율 향상
		가치창출	사회적가치창출
			시장가치창출
		기후적응 실사	적응영향평가
			ESG투자규모
			기후리스크 재무적 대응계획
	대응도 (Responsiveness)	기후재난대응역량	비상소통체계
			기후재난피해관리
			직원안전관리
		경영 거버넌스	사내규정 및 이사회 역할
			이해관계자 참여
			기후공시

추후 개별지표 생산으로 이어져야 하므로, 현재의 프레임워크가 구체적인 지표화과정에 적합한지에 대한 리빙랩 공동연구자들의 의견 수렴 과정이 전개되었다. 공동연구자들은 기본적인 대분류 체계가 기업이 이해하기에 더욱 간편하다는 점에 동의했으나 현재의 소분류 항목이 가능한 한 비용으로 계산될 수 있게 지표화 되어 리스크 요인들이 비용으로 산출되고 기업의 기후적응력에 따라 얼마나 비용이 감축되었는지 알 수 있도록 해야 한다고 지적했다.

"기업이 움직일 수 있는 것으로 비용을 줄일 수 있는 것을 고려하면서 지표를 만들어야 할 것 같습니다. 즉, 수치화해서 어떻게 비용으로 나타낼 것인지가 중요할 것 같습니다."

(명○○, 디아이랩)

리빙랩 공동연구자들의 피드백과 이에 대한 논의를 거쳐, 연구진은 도출된 기업의 기후위험과 적응역량은 다음과 같은 방식으로 계량화하고자 하였다. 기업 기후적응(Corporate Climate Adaptiveness)은 크게 기업 기후위험(CCV)와 기업 기후적응 역량(CCAC)으로 구성되어 있으며, CCV는 기후노출도와 민감도를 가중합한 후, 준비도와 대응도를 가합한 CCAC를 차감하는 방식으로 산출된다.

이러한 방식은 산업별 특성과 기업 규모를 고려하여 가중치를 조정할 수 있으며, 기업 간 비교 가능성과 시간에 따른 개선 추이를 모두 분석할 수 있도록 설계하였다. 이외, 개발된 기업 기후적응 공시 프레임워크에 대한 논의와 검토 리빙랩 세션에서 물리적 리스크의 소분류인 기후리스크 모델링의 비용 과다가 지적되었고, 물리적 리스크 평가가 기후 데이터와 지역을 연결했을 때 시공간 해상도 등 데이터 문제에 직면할 가능성 때문에 난관이 있을 것이라는 지적도 있어 후속절차가 될 프레임워크의 구체적 지표화 진행과정에서 연구진들의 검토가 요구되었다.

VI. 나가며: 기업 기후적응 공시체계 개발의 함의

본 연구는 기후변화의 대응 주체로서의 기업에 주목한다. 기후변화 완화는 그간 국가, 지자체, 그리고 기업이 공통된 대응 주체로 온실가스 감축이라는 단일한 목표를 실천하기 위해 다양한 전략이 시도되고 있다. 특히 기업의 경우, 완화는 탄소국경세 등 시장에서의 실질적 규제가 강화되면서 기업의 기후변화 완화 노력이 국제적 공시 체계를 통해 투명하게 공개되는 경향이다. 반면 기후 변화 적응은 정부와 지자체의 대응 외 기업은 상대적으로 적극적인 참여를 보이지 않았으나, 심각해지고 있는 극한 기후로 인해 기업의 손실과 피해가 늘어나면서 기업의 지속가능성과 이윤 창출을 예측하는 중요한 정보로 공개되어야 한다는 투자자들의 요구에 기후변화 적응에 대한 대응이 요구되고 있다.

저자들은 상대적으로 모호하고 광범위한 기후변화 적응 분야에서 기업의 역할에 주목하여 기업의 적응 공시 프레임워크를 제안했으며, 후속연구로서의 기업 기후적응 공시 지표 개발을 위한 기초연구이기도 하다. 공시 프레임워크는 문헌 연구와 기존의 글로벌 기후적응 프레임워크 분석 및 기업 이해당사자들과의 리빙랩을 통해 '기업의 기후위험-기후 적응력'을 기준으로 대분류-중분류-소분류의 항목으로 공동창조 되었다. 후속연구인 지표개발이 완성되면 이 체계를 통해 기업은 효율적으로 기후변화 적응정보를 공시할 수 있으며, 투자자 및 이해관계자들은 보다 명확하고 신뢰할 수 있는 정보를 바탕으로 의사결정을 할 수 있게 된다. 특히 본 체계는 KSSB는 물론 TCFD, ISSB 등 국제 기준에 부합하여, 향후 글로벌 투자자 대상 정보공개 의무 이행에도 도움이 될 것으로 기대된다.

연구 의의로는 첫째, 기존 연구가 단일 이론(예: ERM 확장)에 집중한 반면, 본 연구는 적응 역량 이론과+제도적 압력 이론을 결합해 다차원적 분석을 수행했으며 기업 기후적응 공시를 기업의 기후위험과 적응력 두 가지 영역으로 대분류하고, 네 가지 중분류와 14개의 소분류로 체계화함으로써 이론적 근거를 확보했다. 둘째, 선행연구의 정성적 권고를 넘어 ISO 14090·14091과의 연계를 통해 검증 가능한 지표 체계를 제시했으며, 특히 ISSB, ESRS E1 등 국제 기준을 검토, 상호연계된 공시체계를 제시함으로써, 완화 뿐만이 아니라 적응과 관련하여 국내 기업들이 향후 글로벌 투자자 대상 정보 공개 의무 이행에도 실질적 도움이 될 것이다. 또한 기업의 기후적응 수준이 투명하게 공시됨에 따라, 녹색금융 유치, 정책적 인센티브 획득, 사회적 신뢰 증대 등 다양한 부가적 효과도 기대할 수 있다. 셋째, 리빙랩 연구방법을 도입, 이론적 모델과 현장 적용성 간 괴리를 줄였다는 의의가 있다. 이론적 모델과 현장 적용성 간의 괴리를 최대한 줄일 수 있도록 연구자와 사용자(기업)가 참여하는 리빙랩 공동창조 과정을 실행하여 공시 프레임워크의 현장 적용가능성을 높이고자 한 것이다. 후속적으로 본 연구의 프레임워크에 기반한 기업 기후적응 공시의 구체적 지표(indicator)에 대한 정의와 측정, 우선 순위에 대한 연구가 필요하다. 향후 기후적응 수치화와 우선 순위 연구를 통해 동종 기업간 상호 평가를 수행하여 기업의 현황을 평가할 수 있을 뿐만 아니라 발전 방향성을 점검할 수 있을 것이다.

참고문헌

고재경. 2011."지방자치단체 기후변화 취약성 유형 및 적응방안 연구: 경기도 사례를 중심으로" 『한국사회와행정연구』 22(2):93-118.

김미래·박진한·송영일·박찬. 2022. "생태계 부문의 기후변화 적응 갭 분석." 『한국기후변화학회지』 (13)3: 373~382.

김아라·송영일·박진한. 2023. "기후변화 적응 대책의 리스크 저감효과 분석 방법론 개발." 『한국기후변화학회지』 14(6): 819~826.

이태동·류소현·박재영. 2019. "리빙랩(living lab)을 활용한 환경 에너지 정치 교육." 『사회과학논집』 50(2): 1~19.

임석준·모리나. 2022. "미국과 중국 기업의 사회적 책임: 재방문." 『국제정치연구』 25(1): 275~297.

모리나·임석준. 2023. "어느 장단에 춤을 추어야 할까?: ESG 공시 기준 경쟁과 기업의 딜레마." 『21세기정치학회보』 33(4): 27~50.

Agrawala, Shardul, Maëlis Carraro, Nicholas Kingsmill, Elisa Lanzi, Michael Mulan, and Guillaume Prudent-Richard. 2011. "Private sector engagement in adaptation to climate change: Approaches to managing climate risks." *OECD Environment Working Papers* (39). OECD Publishing. https://doi.org/10.1787/5kg221jkf1g7-en

Averchenkova, Alina, Florence Crick, Adriana Kocornik-Mina, Hayley Leck, and Swenja Surminski. 2016. "Multinational and large national corporations and climate adaptation: Are we asking the right questions?" *Centre for Climate Change Economics and Policy Working Paper No. 275.* https://www.lse.ac.uk/granthaminstitute

Beermann, M. 2011. "Linking corporate climate adaptation strategies with resilience thinking." *Journal of Cleaner Production* 19(8): 836-842. https://doi.org/10.1016/j.jclepro.2010.10.017

Bowen, H. R. 1953. *Social responsibilities of the businessman.* Harper & Row.

Canevari-Luzardo, L. 2020. "Climate change adaptation in the private sector: Application of a relational view of the firm." *Climate and Development* 12(3): 216-227. https://doi.org/10.1080/17565529.2019.1613214

Carroll, A. B. 1979. "A three-dimensional conceptual model of corporate performance." *Academy of Management Review* 4(4): 497-505. https://doi.org/10.5465/amr.1979.4498296

Crick, F., Jenkins, K., & Surminski, S. 2017. "Strengthening insurance partnerships in the face of climate change: Insights from climate risk insurance initiatives in the Caribbean." Grantham Research Institute on Climate Change and the Environment. https://www.lse.ac.uk/granthaminstitute/publication

EFRAG. 2022. European Sustainability Reporting Standards (ESRS): Exposure Drafts. European Financial Reporting Advisory Group. https://www.efrag.org

Eschenbächer, J., Thoben, K. D., & Turkama, P. 2011. "Support of collaborative processes in living labs by the example of the co-creation of ambient assisted living services." *International Journal of Product Development* 13(1), 1-13. https://doi.org/10.1504/IJPD.2011.038232

Følstad, A. (2008). "Living labs for innovation and development of information and communication technology: A literature review." *Electronic Journal for Virtual Organizations and Networks 10*(Special Issue on Living Labs): 99-131.

Goswami, M., Schaltegger, S., & Herzig, C. 2023. "Managing institutional complexity in sustainability reporting: A study of corporate responses to multiple frameworks." *Business Strategy and the Environment* 32(1): 112-130. https://doi.org/10.1002/bse.3120

Green, J. F. 2014. *Rethinking private authority: Agents and entrepreneurs in global environmental governance.* Princeton University Press.

Gustafsson, K. M., Hay, A., & Zeyen, A. 2022. "Private adaptation to climate risk: Evidence from the world's largest mining company." *Business Strategy and the Environment* 31(6): 2497-2512. https://doi.org/10.1002/bse.3026

Hahn, R., Reimsbach, D., & Schiemann, F. 2015. "Organizations, climate change, and transparency: Reviewing the literature on carbon disclosure." *Organization & Environment*, 28(1): 80-102. https://doi.org/10.1177/1086026615575542

Hegerl, G. C., Zwiers, F. W., Braconnot, P., et al. 2007. "Understanding and attributing climate change." In S. Solomon et al. (Eds.), *Climate Change 2007: The Physical Science Basis*. Contribution of Working Group I to the Fourth Assessment Report of the IPCC (pp. 663-745). Cambridge University Press.

Hennes, E., Pattberg, P., & Widerberg, O. 2024. "Facing the storm: Developing corporate adaptation and resilience action plans amid climate uncertainty." *Business Strategy and the Environment*. https://doi.org/10.1002/bse.3512

Hossain, M., & As-Saber, S. N. 2024. "Business strategies and climate change adaptation." *Business Strategy and Development*. https://doi.org/10.1002/bsd2.264

IFRS Foundation. 2023. IFRS S2 Climate-related Disclosures. International Financial Reporting Standards (IFRS) Foundation. https://www.ifrs.org/issued-standards/ifrs-sustainability-standards

IFRS Foundation. 2024. Jurisdictional adoption of ISSB Standards. International Financial Reporting Standards (IFRS) Foundation. https://www.ifrs.org

IPCC. 2007. Climate Change 2007: Synthesis Report. Contribution of Working Groups I, II and III to the Fourth Assessment Report of the Intergovernmental Panel on Climate Change. IPCC.

ISO. 2015. "ISO 14001:2015 Environmental management systems - Requirements with guidance for use." *International Organization for Standardization*. https://www.iso.org/standard/60857.html

ISO. 2019. "ISO 14090:2019 Adaptation to climate change - Principles, requirements and guidelines." *International Organization for Standardization*. https://www.iso.org/standard/68507.html

ISO. 2021. ISO 14091:2021 Adaptation to climate change - Guidelines on vulnerability, impacts and risk assessment. *International Organization for Standardization*. https://www.iso.org/standard/68508.html

Kramarz, T., & Momani, B. 2013. "The accountability of international organizations: A conceptual framework." *Global Governance* 19(1): 1-18. https://doi.org/10.1163/19426720-01901002

Linnenluecke, M. K., Griffiths, A., & Winn, M. I. 2013. "Firm and industry adaptation to climate change: a review of climate adaptation studies in the business and management field." *Wiley Interdisciplinary Reviews: Climate Change* 4(5): 397-416. https://doi.org/10.1002/wcc.214

Paskaleva, K., & Cooper, I. 2021. "Innovation platforms and city regions: The role of living labs." In D. Evans, N. Karvonen, & A. Raven (Eds.), *The experimental city* (pp. 171-192). Routledge.

Power, M. 2009. "The risk management of nothing." *Accounting, Organizations and Society* 34(6-7): 849-855. https://doi.org/10.1016/j.aos.2009.06.001

Rodrigues, M., & Franco, M. 2018. "The use of living labs as a co-creation strategy to support innovation in small and medium enterprises (SMEs)." *Revista de Gestão* 25(1): 114-134. https://doi.org/10.1108/REGE-11-2017-008

Shin, D. H. 2019. "How living labs foster open innovation: Mechanisms of strategic control, perceived benefit, and social capital." *Telematics and Informatics* 45(101273). https://doi.org/10.1016/j.tele.2019.101273

TCFD. (2017). "Recommendations of the Task Force on Climate-related Financial Disclosures." *Task Force on Climate-related Financial Disclosures*. https://www.fsb-tcfd.org/publications

Tompkins, E. L., & Eakin, H. (2012). "Managing private sector adaptation to climate change: Evidence from the insurance industry." *Global Environmental Change* 22(1): 140-150. https://doi.org/10.1016/j.gloenvcha.2011.11.008

제10장

지역공동체 숲(Community Forest)

캐나다 BC주 Harrop-Procter 지역

김가영

I. 들어가며

오늘날, 기후변화와 전 지구적 환경 위기는 자연과 인류 모두에게 심각한 도전 과제를 던지고 있다. 특히 산림은 기후 위기 대응과 생물다양성 유지, 수자원 보호 등 다양한 생태계 서비스를 제공하는 중요한 자원으로서, 변화하는 환경에 대한 적응과 관리의 필요성이 더욱 커지고 있다. 이러한 위기 속에서 지속가능한 산림관리를 실현하기 위해서는, 과거의 일방적이고 기술 중심적인 방식에서 벗어나, 지역사회의 적극적인 참여와 이해관계자 간 공동창조(Co-creation)의 새로운 패러다임이 요구된다.

이 글은 지역주민과 이해관계자가 직접 의사결정에 참여하고 협력함으로써, 그들의 경험과 지식을 바탕으로 실질적인 위험평가와 대응 방안을 마련하는 '지역공동체 숲(Community Forest)' 사례를 중심으로 탐구한다. 오늘날 기후변화로 인한 산불, 가뭄, 생태계 교란 등 여러 위협이 증가하는 가운데, 지역 행위자가 협력하면 산업과 정부, 과학자, 지역민이 함께 사회적 자본과 기술을 구축하여 지속가능성을 모색할 수 있다(FAO 2024, 30). 이러한 과정은 단순히 전문가의 개입이나 수동적인 정책 시행에 머무르지 않으며, 주민 주도의 문제 인식과 해결이 근간을 이룬다.

특히, 캐나다 BC주의 해롭-프록터(Harrop-Procter) 지역공동체 숲은 왜 설립되었는지, 어떻게 운영되고 있으며, 어떤 방식으로 지속가능한 발전의 공동창조와 실험, 즉 '리빙랩' 역할을 수행하는지에 대해 살펴볼 필요가 있다. 수동적인 수용 방식을 넘어, 주민들이 주도하여 문제를 인식하고 해결 과정을 실험하며, 변화하는 환경에 능동적으로 적응하는 커뮤니티 기반 산림관리 모델 사례를 통해, 공동창조와 주민 참여가 현대 산림관리와 기후적응에서 얼마나 중요한 역할을 하는지 조명하고자 한다.

II. 기후위기 시대의 숲

세계 육지 표면의 약 41억ha(31%)는 숲으로, 그 절반 이상은 러시아, 브라질, 캐나다, 미국, 중국 등 5개국에 집중되어 있다(FAO 2024, 6). 캐나다의 산림은 전 국토의 40%이상을 차지하는데, 전 세계 신선한 물의 20%가량을 공급하고, 약 14만 종 이상의 생물의 서식지를 제공한다(서현덕 외 2013, 1). 산불은 숲 생태계에서 자연스러운 요소이지만, 기후변화로 인해 그 빈도, 심각성 및 규모가 증가하고 있다. 기후변화로 인해 캐나다 기후의 극한 고온 현상을 더 자주 발생할 것으로 예상되고, 이는 폭염의 심각성을 증가시키고, 가뭄과 산불 위험을 높이게 된다. 산불은 목재 공급, 서식지 및 생물다양성, 탄소저장, 수질 조절, 산사태 방지는 물론 인근 커뮤니티에 제공하는 문화적, 사회적 가치 등 숲의 다양한 생태계 서비스를 위협한다(Lulham et al. 2023). 2023년에는 북반구에서 산불이 기록적으로 증가

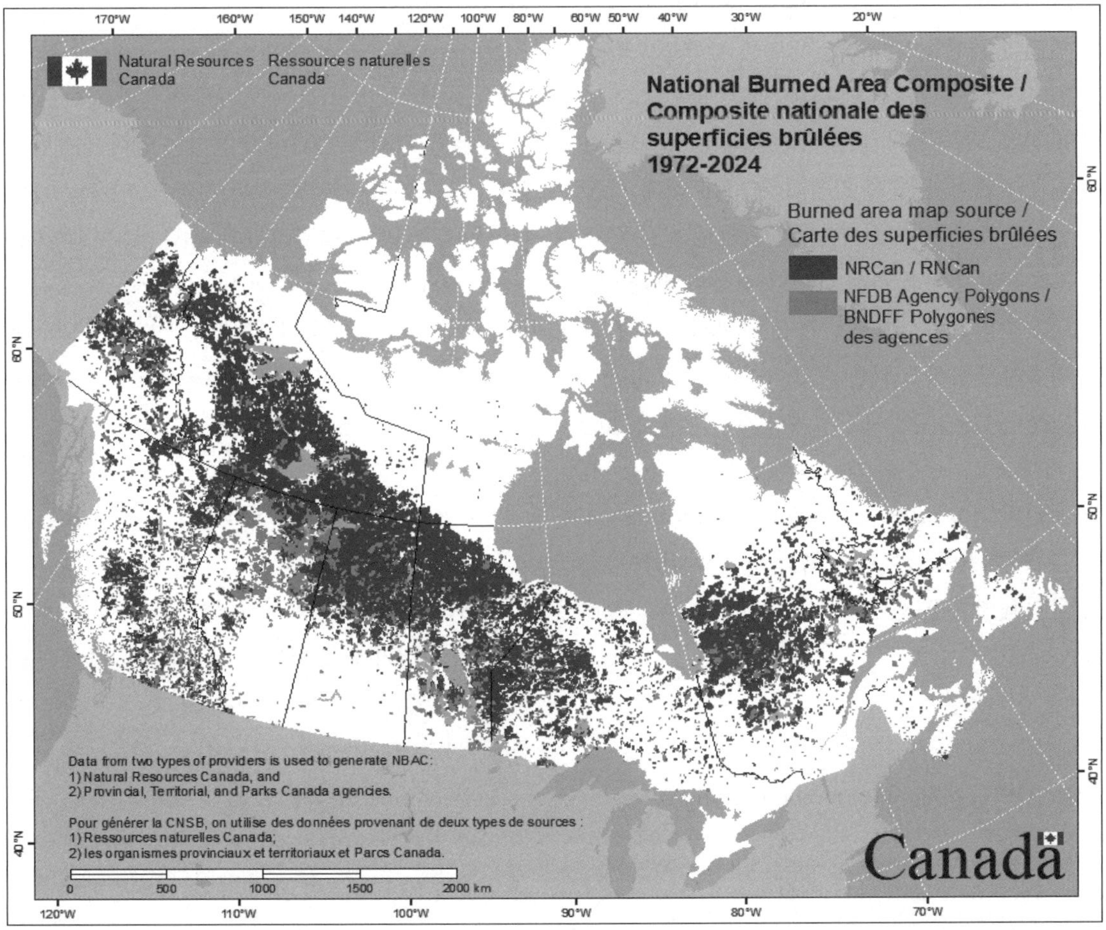

[그림 1] 캐나다 산불 지역 합성도(1972-2024)
자료: Canadian National Fire Database (CNFDB).

하였는데, 캐나다에서는 약 6,868건의 산불이 발생해, 1,460만 ha를 태웠으며, 이는 20년 평균의 5배를 초과하는 수준이다(FAO 2024, 9). 산불의 경제적 피해도 클 수 있는데, 2016년 발생한 Fort McMurray 산불로 인한 보험손실만 약 40억 달러에 달했다(Lulham et al. 2023, 16). 산불과 연기로 인한 사회적, 정신적, 신체적 건강 영향은 산불 인접 지역은 물론이고 먼 지역에 모두 영향을 미친다.

[그림 1]은 1972년부터 2024년까지 산불로 소실된 지역을 합성한 지도로, 산불 문제가 캐나다 전역에 얼마나 큰 영향을 미치고 있는지를 볼 수 있다. 이에 캐나다 산불 전략(Canadian Wild land Fire Strategy: CWFS)은 산불의 사회적, 친환경적, 경제적 면면의 균형을 도모하는 새로운 전략을 수립하였다. 이 전략에서는 재난 방지, 재난 대책, 초기 진화와 진압, 회복 등과 관련한 총체적 위기 관리 업무를 통합하여 산불의 원인과 결과에 대해 다루고 있다(서현덕 외 2013, 8). 이러한 산불 전문 부서의 통합적인 전략을 통해 캐나다 정부의 적극적인 의지를 확인할 수 있다. 산불을 넘어서 기후변화에 적응하기 위한 노력은 「Canada in a Changing Climate(2023)」 종합보고서에서 자세하게 소개한다. 캐나다의 기후변화 대응에 핵심적인 역할은 '지역 차원의 적응'임을 강조한다(Lulham et al. 2023, 40). 지역 기반의 지식체계, 특히 지역 및 원주민 지식과 같은 실제 경험이 중요해지고 있다(Vodden, Cunsolo 2021, 117).

III. 지역공동체 숲(Community Forest)

1. 지역공동체 숲의 등장 배경

캐나다 브리티시 컬럼비아(BC)의 대부분 지역은 "Crown lands(왕실령 토지)"로, 영국 왕실의 지배권 아래에 있었다. 이 광대한 토지뿐만 아니라 그 토지에 부속된 광물, 목재, 물과 같은 자연자원도 일부로 간주되었다. 이후 식민지 시대를 거쳐 이 땅의 관리 및 처분권한이 주 정부(Provincial government)로 이관되었고, 산림 토지의 소유권은 공공이 가지게 되었다. 영토는 광대한데 철도 건설 등 관리할 재정은 부족하자, 식민지 정착을 장려하던 당시 정부는 왕실령 토지의 소유권을 처분했다. 투기세력과 철도개발업자들에게 소유권을 무분별하게 양도했고, 양도한 땅에 살고 있던 원주민의 권리는 보장받지 못했다. 1913년이 되어서야 왕실령 토지와 그 천연자원이 '국민의 소중한 소모성 자산이자 유산(priceless expendable assets and the people's heritage)'이며, 더 이상 무모하게 처분할 것이 아니라, 후손을 위해 보존되어야 한다는 인식이 확립되었다(Cail 1956). 지역 지식과 지역 및 원주민 커뮤니티의 토지 및 자원 권리 주장의 정당성에 대한 관심이 증가함에 따라, 원주민 및 커뮤니티 보전 지역 관리와 전통적 생태학적 지식 통합 프로세스와 관련된 혁신으로써, '지역공동체 숲(Community Forest)'이 등장하였다(FAO 2024, 30).

2. 지역공동체 숲의 정의와 원칙

'지역공동체 숲'은 많은 정의가 있다. FAO(1978)는 '지역 주민이 임업 활동에 밀접하게 관여하는 모든 상황'으로, USDA Forest Service는 '커뮤니티가 해당 커뮤니티의 이익을 위해 산림 또는 관련 목적으로 소유하고 운영하는 토지'라고 정의했다. 하지만 위의 정의는 지역공동체의 속성을 제대로 반영하지 못하거나, 대부분이 공공의 소유인 캐나다의 현실을 반영하지 못한다. Duinker et al(1994)는 지역공동체 숲의 정의를 위해서는 다음 세가지 속성

[표 1] 지역공동체 숲(Community Forest)의 정의

FAO(1978)	지역 주민이 임업 활동에 밀접하게 관여하는 모든 상황
USDA Forest Service(n.d.)	커뮤니티(마을, 도시, 학교, 지구, 타운십 또는 기타 정치적 하위 구역)가 해당 커뮤니티의 이익을 위해 산림 또는 관련 목적으로 소유하고 운영하는 토지
Duinker et al. (1994)	지역공동체에 의해 다양한 지역공동체 가치와 이익을 위해 관리되는 나무가 지배하는 생태계
Sapkota et al. (2020)	community forestry: 지역 주민의 산림 관리 참여를 나타내는 집단 임업(collective forestry), 지역사회 기반 임업(community-based forestry), 참여형 임업(participatory forestry), 사회 임업(social forestry)과 같은 다른 용어들을 포괄하는 포괄적인 용어(umbrella term)
Dickson-Hoyle et al. (2023)	BC정부가 지역 공동체에 부여한 장기적인, 면적 기반의 산림 관리 권한으로, 지역 가치와 산불 위험 감소를 우선시하여 산림을 관리하는 지역 주도형 제도이지만, 동시에 주정부 법규 및 중앙 거버넌스의 제약을 받는 복합적인 존재

자료: Duinker et al. 1994, 712; Sapkota et al. 2020, 463; Dickson-Hoyle et al. 2023

을 인식해야 함을 강조한다. (1) 숲 관리에 대한 의사결정을 '누가'하는지(who decides), (2) 숲에서 발생하는 이익이 '누구에게' 돌아가는지(who benefits), (3) 숲의 관리 목표가 얼마나 광범위한지(how broad-ranging are the management objectives)를 인식하여야 한다. 이에 '지역공동체 숲'을 "지역공동체에 의해 다양한 지역공동체 가치와 이익을 위해 관리되는 나무가 지배하는 생태계(a tree-dominated ecosystem managed for multiple community values and benefits by the community)"로 정의한다.

더 나아가 기후변화로 인한 산불의 위험과 그 관리의 중요성이 높아지는 최근에는 "BC주 정부가 지역 공동체에 부여한 장기적인, 면적 기반의 산림 관리 권한으로, 지역 가치와 산불 위험 감소를 우선시하여 산림을 관리하는 지역 주도형 제도이지만, 동시에 주정부 법규 및 중앙 거버넌스의 제약을 받는 복합적인 존재"로 정의하고 있다(Dickson-Hoyle et al. 2023). 지역공동체의 숲의 정의는 시대적 흐름에 따라 변화하고 있는데, 특히 관리 목표가 광범위하면서 복합적인 목적을 아우르는 방식으로 진화하고 있다.

[표 2] 지역공동체 숲의 7가지 원칙

	원칙	내용
1	다중 이해관계자의 필요와 관심 수용 (Accommodating multi-stakeholder needs and interests)	프로그램이 이해관계자 간 갈등을 피하고 그들의 지원을 받을 수 있도록 보장
2	적응형 관리 및 학습 (Adaptive management and learning)	예상치 못한 도전 과제를 해결하고 새로운 지식과 혁신을 활용해 새로운 기회를 발굴
3	이해관계자의 역량 강화 (Capacity development of stakeholders)	이해관계자가 기대되는 역할을 효과적으로 수행할 수 있도록 보상
4	산림 자원에 대한 명확한 권리와 보유 (Clear rights and tenure to forest resources)	지역 사회가 산림 자원의 보호와 지속 가능한 관리에 충분히 투자하도록 보장
5	지역공동체 숲 기업 (Community forestry enterprises)	지역 사회의 기본적 필요를 충족시키고 그들에게 경제적 매력성을 유지하도록 보장
6	효과적인 참여 및 거버넌스 (Effective participation and governance)	지역 사회, 특히 소외된 그룹이 의사결정에 참여하고 공정한 혜택을 받으며 프로그램이 그들의 소유권을 확보하도록 보장
7	효과적인 정책 및 규제 지원 (Effective policy and regulatory support)	프로그램이 국가의 권한, 책임 및 자원을 갖춘 제도적 틀에 의해 지원되도록 보장

자료: Sapkota et al. 2020, 465

3. 지역공동체 숲 협약(Community Forest Agreement, CFA)과 현황

캐나다 산림은 산림에 기초한 커뮤니티, 노동, 산림 관계 기업들 및 국민과 정부 모두에게 막대한 경제적 부를 가져다 주는 터전이다(서현덕 외 2013, 8). 그럼에도 1990년대까지 캐나다 대부분 지역의 산림 토지는 공공 소유지만, 목재 수확 및 제조는 거의 전적으로 민간기업이 담당하고 있었다. 이후 지역공동체에 산림 토지의 재산권을 부여하고, 지역이 스스로 관리할 수 있도록 하는 제도의 필요성이 대두되었다(Duinker et al. 1994, 717). BC주는 지역공동체 숲의 선두주자로, 1998년 시범적으로 민간기업에게 양도되던 산림토지의 사용권을 지역공동체조직에 부여할 수 있도록 산림법을 개정하였다(Devisscher et al. 2021). 지역공동체 숲 협약(CFA)은 왕실령 토지에서 운영되는 지역 기반 허가로, CFA 지역 내 목재 채취의 독점적 권리와 식물성 숲 제품 관리 권리를 제공한다. 허가의 기간은 장기적이며 25년 기간으로, 10년마다 갱신 가능하다. CFA 제도는 지역공동체가 지역사회의 이익을 위해 지역 숲을 관리할 수 있는 기회를 제공하기 위해 개발되었으며, 지역에서 정의된 목표와 가치와 일치하는 방식으로 운영된다. 이 협약은 캐나다 산

[그림 2] BC주 지역공동체 숲(Community Forest)의 분포
자료: Dickson-Hoyle et al. 2023, 293

림법(Forest Act)과 산림 및 초원 관리법(Forest and Range Practices Act), 그리고 기타 적용 가능한 모든 법률 및 규정을 준수하여 운영된다(BCCFA, 2025). BC주 정부는 CFA를 지역정부, 지역공동체, First Nation 또는 그 조합이 전체 커뮤니티의 이익을 위해 관리하는 라이선스로 규정[1]한다(Government of BC, 2025).

[그림 2]는 BC주에서 CFA를 체결하여 운영하고 있는 지역공동체 숲의 분포를 나타낸 것이다. 전체 61곳의 지역공동체 숲이 운영되고 있고, 그 중 48곳이 BC주 지역공동체숲협회(BC Community Forest Association, BCCFA)의 회원으로, 총면적이 1,941,455ha에 이른다(BCCFA, 2025). 이는 대한민국 국토면적(10,041천ha)의 19.3%, 산림면적(6,298천ha)의 30.8%에 해당하는 면적이다.[2]

IV. 해롭-프록터(Harrop-Procter) 지역공동체 숲

1. 숲 속의 전쟁(War in the Woods)

"우리는 1980년대와 1990년대의 '숲 속의 전쟁(War in the Woods)'의 산물입니다."

Erik Leslie, 공인 숲 관리자

1990년대 중반, BC주 Kootenay 호수 주변의 두 작은 마을인 Harrop과 Procter의 주민들은 산림부와 벌목사업에 맞서 싸우기 시작했다. 이는 오랫동안 이어져 온 '숲 속의 전쟁'으로, 벌목 회사들이 점점 마을에 더 가까이 다가오면서, 마을의 식수 공급에 위협이 되는 일이 발생하였기 때문이다. 이 지역의 독립적이고 다양한 농촌 공동체는 오래전부터 소비용 수원지(consumptive use watersheds)에서의 벌목과 산업적 벌목(industrial clear-cutting)에 대해 우려를 표명해왔다. 지역 주민들은 숲의 나무를 모두 일괄 벌목하는 지속불가능한 방식 대신, 지속 가능한 숲 관리 방식을 요구하기 시작했다. 1990년대에는 수원지로 향하는 벌목 도로 건설에 대한 봉쇄, 체포 사태까지 발생하며 긴장이 고조되었고, 지역 주민들의 저항은 지속되었다(Soil Association 2025).

수십 년 동안, 인구 약 600명인 Harrop과 Procter라는 두 작은 마을의 주민들은 주변의 작은 하천들을 지키고, 사용하는 수원지를 보호하기 위해 노력해왔다. 이들은 자신들의 목소리를 내어 숲과 산림 관리에 적극적으로 관여하고 싶어 했다(BC Rural Centre, 2025). 이 같은 배경에서, BC주에서는 숲의 사용권을 지역공동체에게 부여하는 CFA(Community Forest Agreement)가 도입되었고, 이에 따라 해롭과 프록터 마을 주민들은 지역공동체 숲 협동조합(Harrop-Procter Community Co-operative, HPCC)를 1999년 설립하게 되었다. 전체 주민 600명 중 어린이들을 제외하면 거의 모든 주민인 300명 이상이 협동조합원으로 활동하고 있다(HPCF 2025). 주민들은 협동조합을 통해 지역공동체 숲의 사용권을 갖게 되었으며, 광범위한 커뮤니티 협의와 공개 회의를 통해 목소리를 반영하고 있다. 또한 엄격한 산림관리협의회(Forest Stewardship Council, FSC) 원칙 및 기준에 따라 운영 인증을 받음으

1 [1] A community forest agreement (CFA) is an area-based forest licence managed by a local government, community group, First Nation or combination of local governments, First Nations and community groups, for the benefit of the entire community.

2 ○ 국토면적: (`74) 9,876 → (`10) 10,003 → (`15) 10,030 → (`20) 10,041천ha

○ 산림면적: (`74) 6,641 → (`10) 6,369 → (`15) 6,335 → (`20) 6,298천ha

출처: 국립산림과학원. 2020. 2020 한국의 산림자원

로써, 지역 사회 내에서 산림 운영에 필요한 사회 자본(social capital)을 활용한 지역공동체 숲의 성공 모델 중 하나로 언급된다(Gunter 2004).

2. 지역공동체 숲의 경제

해롭-프록터 지역공동체 숲(Harrop-Procter Community Forest, HPCF)은 11,300ha규모의 산림으로, 100년 된 혼합림, 생활 용수 수원지, 가파르고 민감한 지형으로 구성되어 있는 BC주에서 두 번째로 오래된 지역공동체 숲이다(HPCF, 2025). 이 숲의 사용권을 얻기 위해 설립된 협동조합(HPCC)은 CFA를 보유하고, 산림사업을 운영한다. 숲의 연간 평균 수확량은 10,000m^3로, 더글라스 전나무, 낙엽송, 삼나무 등 통나무를 지역 및 지역 제재소와 펄프 공장에 판매한다. 이러한 목재는 지역주민들이 반대해 온 관행 벌목이 아닌 간벌 수확(Harvest by thinning)[3]한 것이다. HPCC는 산림 관리 활동 외에도 Harrop에 있는 제재소 및 가공시설도 운영한다. 이 제재소는 지역 사회 산림에서 생산한 통나무와 더불어 집 수리에 사용되는 바닥재 등을 제작하면서, 8명의 지역 일자리를 창출하였다(BC Rural Centre 2025). 이 마을 제재소는 BC주의 지역공동체 숲에서 유일한 지역공동체 소유의 제재소이다.

3. 산불, 지역공동체 숲의 전환

"2003년 산불이 났을 때, 우리는 매일 밤 마을회관(Procter hall)에서 어떻게 마을에서 대피할지에 대해 회의를 했어요. 산불을 직면한 위험이 지역사회를 하나로 만들었습니다."

Ursula Heller(Harrop 주민)

"2017년 산불이 저를 훨씬 더 무섭게 만들었어요. 이런 산불이 앞으로 더 일반적인 일이 될 것이라 생각하면 지금도 잠을 이루지 못하죠."

Marie Chanton(Procter 주민)[4]

물 자원의 보호와 생태적 온전성의 유지를 최우선 가치로 두고 생태계 기반 접근법(ecosystem-based approach)을 바탕으로 지역공동체 숲에 전환점이 될 사건이 발생했다. 2003년과 2017년에 발생한 산불이 바로 그것이다. 초기 지역공동체 숲 관리 패러다임은 '소극적' 보존 기반의 유역 보호 접근 방식에 머물렀으나, 생태계 교란 생태, 산불 이력 및 기후 변화에 대한 이해가 발전함에 따라 산림 관리 방식을 재평가했다(Leslie 2017). 생태계 기반 산림 관리를 통해 복원력을 강화한다는 목표는 변함이 없지만, 이 목표를 달성하기 위해 사용하는 관리 전략은 지속적으로 진화하고 있다(Leslie 2024, 2).

산불의 피해를 줄이기 위해, 적극적으로 채택한 방식은 '연료 관리(Fuel management)'이다. 여기서 '연료'란 '지면(예: 뿌리), 지면 위(예: 떨어진 잎, 쓰러진 나무, 관목), 또는 공중(예: 나무)에 있는 살아 있거나 죽은 식물 중 불이 붙고 타는 모든 것(BCCFA 2025)'을 의미한다. [그림 3]에서 살펴볼 수 있듯 숲 표면에 있는 연료의 양에 따라 산불은 영향을 받는다. 이 연료 관리는 일괄 벌목으로는 어렵고, 직접 숲에서 사람이 정리할 연료를 선별하고, 처리하는 작업이 필요하다. 연료 관리 방법에 대한 가이드북

3 간벌 수확(間伐收穫, harvest by thinning): 밀생한 임목 중에서 일부를 벌채하여 밀도를 조정하여 임목상호 간의 경쟁을 완화하고, 임목의 가치 향상과 산림의 공익기능 증진을 위하여 시행하는 작업에서 얻어지는 임산물 수확.(출처: 산림청. 산림임업용어사전)

4 HP Community Forest. "Full Version "Living with Fire: A Community Approach to Wildfire Risk Reduction". 2022.4.28. https://youtu.be/B2NKtZVSLsU?si=uSoM3SWoiwraJTQM 인터뷰 중 일부

[그림 3] 산불 발생 시 표면 연료의 양 변화에 따른 영향
자료: BCCFA 2025

[그림 4] 연료 관리 전(왼쪽)과 후(오른쪽) 비교
자료: BCCFA 2025

을 제시하는 BCCFA는 [그림 4]처럼 상세한 예시를 도식으로 보여주면서도, 상세한 내용은 지역공동체 숲 관리자에게 문의할 것을 제안한다.

BC주 지역공동체 숲에서 2014년부터 2024년까지 9,000ha이상 면적을 연료 관리 조치를 실시했는데, 이는 지역주민에게 지속적인 학습 기회를 제공한다(BCCFA 2025). 지역공동체 숲 사례는 지역 내 혁신 역량을 모아 내생적 발전을 도모하며, 나아가 과학기술을 활용하여 지역문제를 해결하고자 하는 지역혁신의 새로운 패러다임이라는 점에서 '리빙랩'의 사례로 볼 수 있다(성지은, 한규영, 정서화 2016). 지역 사회에 인접한 숲을 장기적(25년간)으로 운영함으로써 지역공동체 숲은 연료 관리 조치를 포함한 혁신적인 산림 및 화재 관리 분야에서 선도적인 역할을 하고 있다.

4. 기후적응을 위해 행동하는 숲

「BC주 기후적응 원칙(BC Adaptation Principles)」은 기후변화에 효과적으로 대응할 수 있도록 도와

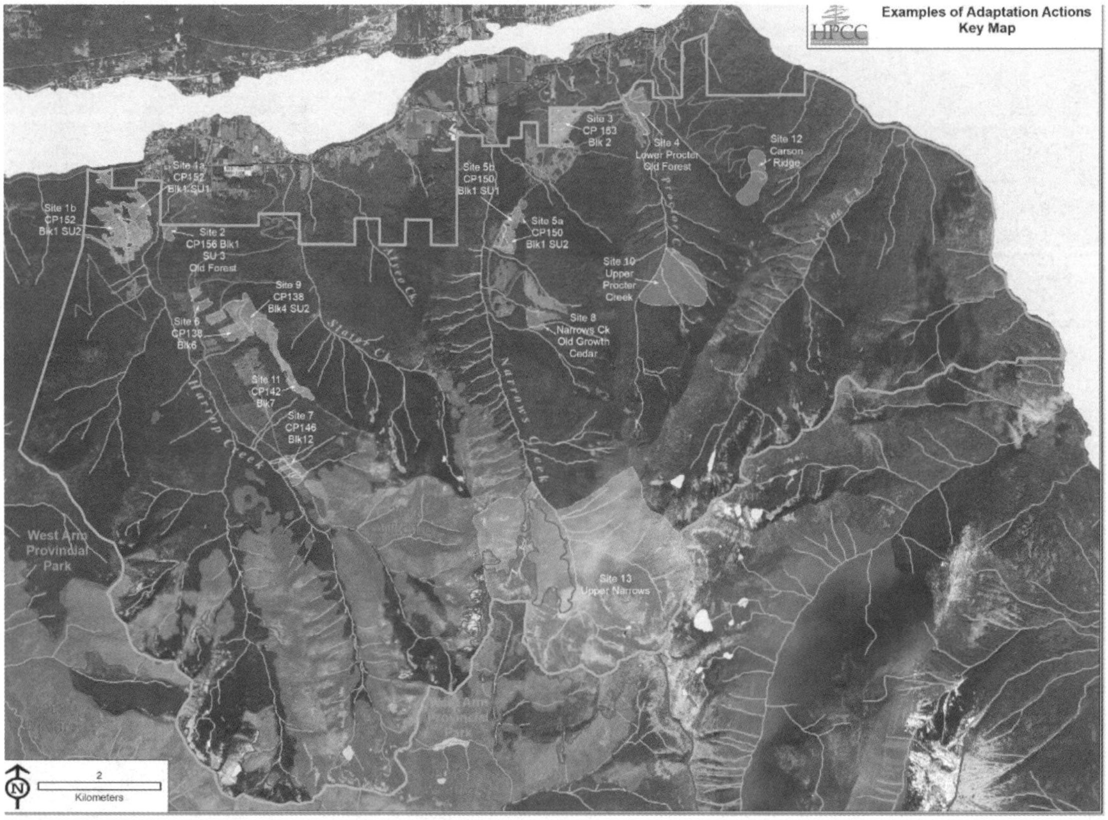

[그림 5] 기후적응 행동 사례지 지도
자료: Leslie 2024, 부록1

주는 다양한 원칙들을 담고 있다. 이 원칙들은 주류화와 전문성 강화, 그리고 지식 공유의 중요성을 강조하며, 기후변화라는 새로운 과제에 맞서 사고방식과 접근 방식을 변화시키는 것이 매우 중요하다고 말한다. 특히, '적응하지 않음'이 경제적으로 어떤 영향을 미칠지 이해하는 것과, 여러 주체들이 적극적으로 적응 과정에 참여하도록 유도하는 것도 중요한 내용이다(Harford 2008).

해롭-프록터 지역의 기후적응 프로젝트는 주로 지역공동체 숲과 마을의 영역에 집중하고 있지만, 관련 기후정보와 적응 지침 등은 보다 넓은 West Koontenay 지역의 기후적응 보고서를 바탕으로 하고 있다. 이 보고서는 2012년에 발간되었으며, 검증된 전략보다는 기후변화에 적응하기 위한 다양한 원칙들을 제시하고 있다(Pinnell et al. 2012, 3). 해롭-프록터 지역공동체 숲의 기후적응 프로젝트는 기초과학에 대해 깊이 다루기보다, 지역공동체 숲의 경영 의사 결정을 내리기에 충분한 기후 관련 과학 정보와 높은 수준의 생태학적 지침에 의존한다(Leslie 2024, 7).

HPCF의 기후적응 프로젝트에서 다루는 산림 관리 질문들은 주로 다음과 같다. 우선, 기후변화에 대응하기 위해 산림 적응 전략을 개발하고 우선순위를 정하는 과정에서 필수적인 단계인 '위험 평가(Risk assessment)'를 수행하는 것이 매우 중요하다. 산림 관리자는 자원을 제한된 범위 내에서 가장 효과적으로 사용할 수 있도록 "어떤 지역에 우선적으로 집중해야 하는가?"라는 핵심 질문을 던지며, 이에 대해 답하기 위해 핵심 산림 가치의 위치 파악, 지역별 기후 변화 영향 분석, 가뭄과 산불 위험이 높은 지역을 식별하는 세부 질문들을 만들어낸다. 또한, 위험도가 높은 지역에서 어떤 적응 전략과 전술을 사용할 수 있는지, 그리고 기후변화가 목재 공급 시나리오에 어떤 영향을 미치는지 이해하는 과정 역시 중요한 역할을 담당한다. 마지막으로, 산림 관리자는 다양한 시나리오와 옵션을 고려하며 효과적인 적응 방안을 모색한다(Leslie 2024, 6).

'기후적응 행동 프로젝트'는 기후 변화 예측 및 위험성은 오랫동안 광범위하게 논의되었음에도, 기후 변화 적응 원칙이 산림 관리 의사결정에 제대로 통합되지 못했다는 반성에서부터 시작되었다(Leslie 2017). 특히 산림 분야에서 체계적인 기후 변화 적응 노력에 대한 실제 사례를 직접 지역공동체 숲에서 만들어보겠다는 목표가 담겼다. [그림 5]는 지역공동체 숲이 기후변화에 적응하기 위한 행동을 표시한 지도이다. 이 지도는 2003년과 2017년의 산불이 발생한 영역과 '적응 전략'을 적용한 사례지 15곳을 위치를 담고 있다. 특히, 강가에 밀집된 주택 등 마을의 경계에서 산불의 확산 방지하기 위한 적극적으로 연료를 관리하고, 이를 연료 경계선을 표시하고 있다.

해롭-프록터 지역공동체 숲은 저항(Resistance)에서 회복력(Resilience), 그리고 전환(Transition)에 이르는 단계적 적응 방식을 구축하였다. 원치 않는 변화를 저지하고 현재 조건을 유지하기 위해 방어적으로 행동하거나(저항), 일부 변화를 수용하며 회복력을 증진시킬 수 있고(회복력), 선제적으로 변화를 촉진하는 전략(전환)을 사용할 수도 있다. 예를 들어, 고위험 지역 주변에 연료 차단(연료 경계선) 설치는 저항 전략에 해당하며, 가뭄에 강한 종으로 전환하는 것은 전환 전략에 속한다. 또한, 위험이 낮거나 적응 조치를 취할 수 없는 경우에는 '행동 없음(No Action)'을 선택할 수도 있다(Leslie 2024). 이에 15곳의 사례지는 저항 3곳, 회복력 6곳, 전환 5곳, 행동 없음 1곳으로 각기 다른 전략을 수행하고 있다.

이 지역공동체 숲 사례는 네 가지 우선순위 가치(주택, 수자원, 생물다양성, 목재)에 집중하여, 산불 위험 저감, 가뭄 회복력, 그리고 지역 특유의 산림 유형에서의 구획 전환을 위한 운영 전략과 전술의 구체적인 예시를 제시한다. 물론 전략의 사례가 상대적으로 좁은 면적에 해당한다는 한계도 존재하지만, 적응을 위한 행동 전략을 실험하고, 점검하면서 적응전략의 확장 가능성을 도모하고 있어 그 의의가 크다.

V. 마치며

이 글에서 소개한 지역공동체 숲 사례는 지역사회 참여와 공동창조가 기후변화 적응에 있어 얼마나 중요한지 보여주는 중요한 증거이다. 해롭-프록터(Harrop-Procter)와 같은 사례들은 지역민의 적극적인 참여와 공동의 가치를 바탕으로 산림관리를 혁신하며, 생태계 회복력과 지속가능성을 높이는 데 기여한다. 물론, 이러한 사례들은 여러 한계도 내포하고 있다. 예를 들어, 소규모 지역공동체 숲이더라도 더 넓은 규모와 다양한 산림 유형에 적용하거나 확장하는 데 한계가 있으며, 구조적 지원과 정책적 뒷받침이 충분히 이루어지지 않을 경우 실효성이 떨어진다. 공동체 내부와 외부 간의 협력 수준, 정보 공유, 기술적 역량 등 여러 요인들이 복합적으로 작용하는 사례를 일반화 하기 어렵다.

그럼에도 불구하고, 이러한 한계들은 오히려 성

장과 발전을 위한 발판이 된다. 특히, 리빙랩과 같은 모델은 성과를 효과적으로 공유하고 확산하는 시스템을 구축하는 것이 매우 중요하며, 이는 단순한 기술적 해결책을 넘어 지역주민, 전문가, 정책입안자, 연구자가 모두 참여하는 플랫폼을 형성하는 방법이기 때문이다(문수진 외 2025, 193). 이러한 플랫폼은 지역 공동체의 경험과 지식을 공유하고, 혁신적인 아이디어와 정책이 실험될 수 있는 열린 공간이 된다.

이 글은 다양한 분야의 문헌을 통합하여 개발한 기후변화 적응 역량 프레임워크를 바탕으로, BC 지역의 지역공동체 숲이 그들의 현실에 맞는 적응 전략을 설계하고 실행하는 데 있어 핵심 성공 요인들을 발견하였다. 지역사회와의 긴밀한 협력, 환경적 고려를 최우선시하는 태도, 그리고 인간의 가치를 중시하는 '초월적' 가치에 기반한 행동이 지속 가능한 적응을 가능하게 함을 보여준다(Furness, Nelson 2016, 251).

이 책에서 소개하는 사례들은 향후 기후변화 적응이 강력한 기술보다, 인간과 자연의 조화, 공동체의 가치, 그리고 지속적인 학습과 협력을 통해 이루어진다는 중요한 메시지를 전달한다. 지역사회의 적극적 참여와 공동창조의 힘은 한계와 도전 속에서도 풍부한 가능성을 열어준다. 다양한 이해관계자가 함께 모여 실천하는 '공동창조'는, 현재와 미래 세대를 위한 건강한 산림과 더 살기 좋은 지구를 만들어가는 핵심 동력이 될 것으로 기대한다.

참고문헌

학술논문

문수진, 여인희, 최지훈, 이준, 진종훈. 2025. "지역 도시침수 방어능력 강화를 위한 성과 공유기반 문제 해결형 리빙랩 운영 전략 수립." 기술혁신학회지 28 (2): 191-208. 10.35978/jktis.2025.4.28.2.191

석현덕, 안선진, 박소희. 2013. "주요 임업국의 산림자원관리 전략: 캐나다, 영국, 핀란드, 호주: 캐나다, 영국, 핀란드, 호주." 한국농촌경제연구원 연구보고, 1-69.

성지은, 한규영, 정서화. 2016. "지역문제 해결을 위한 국내 리빙랩 사례 분석." 과학기술학연구 16 (2): 65-98.

Assuah, A., & Sinclair, A. J. 2019. "Unraveling the relationship between collective action and social learning: Evidence from community forest management in Canada." *Forests*, 10(6), 494.

Cail, Robert Edgar. 1956. "Disposal of Crown Lands in British Columbia, 1871-1913." *Retrospective Theses and Dissertations, 1919-2007*. T, University of British Columbia. doi:http://dx.doi.org/10.14288/1.0107138.

Devisscher, T., Spies, J., & Griess, V. 2021. "Time for change: Learning from community forests to enhance the resilience of multi-value forestry in British Columbia, Canada." *Land Use Policy* 103: 1-16. https://doi.org/10.1016/j.landusepol.2021.105317

Dickson-Hoyle, S., Copes-Gerbitz, K., Hagerman, S. M., & Daniels, L. D. 2023. "Community Forests advance local wildfire governance and proactive management in British Columbia, Canada." *Canadian Journal of Forest Research*, 54(3), 290-304.

Duinker, P. N., Matakala, P. W., Chege, F., & Bouthillier, L. 1994. "Community forests in Canada: An overview." *The Forestry Chronicle*, 70(6), 711-720.

Egunyu, F., Reed, M.G. & Sinclair, J.A. 2016. "Learning Through New Approaches to Forest Governance: Evidence from Harrop-Procter Community Forest, Canada." *Environmental Management*, 57: 784-797 https://doi.org/10.1007/s00267-015-0652-4

Furness, E., Nelson, H. 2016. "Are human values and community participation key to climate adaptation? The case of community forest organizations in British Columbia". *Climatic Change* 135: 243-259. https://doi.org/10.1007/s10584-015-1564-2

Lee, Yohan, Indri Puji Rianti, and Mi Sun Park. 2017. "Measuring Social Capital in Indonesian Community Forest Management." *Forest Science and Technology* 13 (3): 133-41. doi:10.1080/21580103.2017.1355335.

Nagel et al. 2017. "Adaptive Silviculture for Climate Change: A National Experiment in Manager-Scientist Partnerships to Apply an Adaptation Framework." *Journal of Forestry* 115 (3): 167-178. https://doi.org/10.5849/jof.16-039

Sapkota, L.M., Dhungana, H., Poudyal, B.H. et al. 2020. "Understanding the Barriers to Community Forestry Delivering on its Potential: An Illustration From Two Heterogeneous Districts in Nepal." *Environmental Management* 65, 463-477. https://doi.org/10.1007/s00267-

019-01224-0

보고서

국립산림과학원. 2020. 2020 한국의 산림자원. 국가산림조사.

BC Community Forest Association. 2025. *The New Fuel Treatment Explainer*. Victoria, BC. https://bccfa.ca/

FAO. 2024. *The State of the World's Forests 2024 - Forest-sector innovations towards a more sustainable future*. Rome, FAO. https://doi.org/10.4060/cd1211en

Gunter, Jennifer (editor). 2004. *The community forestry guidebook: Tools and techniques for communities in British Columbia*. FORREX-Forest Research Extension Partnership and British Columbia Community Forest Association, Kamloops and Kaslo, B.C. F ORREX Series Report No. 15. URL: www.forrex.org/publications/forrexseries/fs15.pdf

Harford, D. 2008. *Climate Change Adaptation: Planning for BC*. Pacific Institute for Climate Solutions. Victoria, BC.

Leslie, E. 2017. *Fire and Water: Climate change adaptation in the Harrop-Procter Community Forest. In Growing community forestry: Practice, research, and advocacy in Canada*, edited by R. Bullock, G. Broad, L. Palmer, and M.A. Smith. University of Manitoba Press, Winnipeg.

Leslie, E. 2024. *West Kootenay Climate Adaptation in Action: Harrop-Procter Community Forest. PROJECT CASEBOOK*. Harrop-Procter Community Co-operative, Procter, BC. https://hpcommunityforest.org/climate-change-adaptation-project/

Lulham, N., Warren, F.J., Walsh, K.A. and Szwarc, J. 2023. *Canada in a Changing Climate: Synthesis Report*. Government of Canada, Ottawa, Ontario. www.ChangingClimate.ca/Synthesis.

Pinnell, H., R.F. Holt, C. Pearce and and G. Utzig. 2012. *Moving Towards Adaptation Strategies in Forest Management - A Starting Place for the West Kootenays*. Report #9 of the West Kootenay Climate Vulnerability and Resilience Project. www.kootenayresilience.org

Vodden, K. and Cunsolo, A. 2021. "Rural and Remote Communities; Chapter 3" in *Canada in a Changing Climate: National Issues Report*,(ed.) F.J. Warren and N. Lulham; Government of Canada, Ottawa, Ontario.

인터넷 자료

BCCFA(BC Community Forest Association). [cited 25 July 2025]. https://bccfa.ca/

Be Rural Centre. [cited 25 July 2025]. https://bcruralcentre.org/tag/harrop-procter-community-forest/

Canadian National Fire Database (CNFDB). National Burned Area Composite. [cited 30 July 2025]. https://cwfis.cfs.nrcan.gc.ca/ha/nfdb?type=nbac&year=9999

HPCF(Harrop-Procter Community Forest). [cited 30 July 2025]. https://hpcommunityforest.org/

Soil Association. [cited 30 July 2025]. https://www.soilassociation.org/certification/forestry/case-studies/harrop-procter-community-forest/

Government of British Colombia. [cited 25 July 2025] https://www2.gov.bc.ca/

제11장

주택에너지 성능 개선 정책 설계를 위한 리빙랩 방법론의 유용성과 과제

— 서울시 서대문구 저층주거지 에너지 효율 개선 모델 개발 리빙랩 사례 —

정연경, 김현아

I. 들어가며

기후위기가 심화됨에 따라 전 세계적으로 2050 탄소중립을 위해 건물 에너지 성능 강화를 위한 정책을 수립하고 있다. 대표적으로 유럽연합은 2024년 4월 개정된 '건물에너지성능지침(Energy Performance of Buildings Directive, 이하 EPBD)에서 에너지 성능이 낮은 민간 및 공공건물의 리노베이션을 촉진하고, 2050년까지 유럽내 모든 건축물의 온실가스 순배출 제로(Net Zero)를 달성한다는 목표를 제시하였다. 또한, 유럽연합 회원국은 2035년까지 모든 주거용 건물의 에너지 사용을 20-22% 감축하는 계획을 수립해야 하며, 2040년까지 화석연료 난방의 단계적 폐지 계획, 2025년부터 지붕 태양광 패널 설치 의무화 등을 포함하도록 하였다.

노후주택은 단열 불량, 설비 노후화 등으로 에너지 사용량은 많고, 더위와 추위, 습도 등이 적절하지 않아 에너지 비용이 높고 거주자들의 주거 만족도는 낮다. 따라서, 노후주택의 에너지 성능 개선을 통해 주택의 에너지 사용량을 줄이고 주민들의 주거환경 개선을 위한 정책이 필요하다.

서울시 서대문구는 주거지 형태에서 5층 이하 저층 주거지(단독, 다가구, 연립 주택)의 비율이 높고, 20년 이상 노후 주택의 비율이 55.2%로 높은 비중을 차지하고 있다. 특히, 저층주거지 중 30년 이상 주택이 26.7%, 20년 이상 30년 미만 주택이 28.5%로 20년 이상 노후 주택의 비율이 55.2%에 이르고 있다(서대문구, 2021). 서대문구는 에너지 소비 측면에서도 가정부문의 전력 소비 비중이 34%로 서울시 평균 보다 높아 에너지 소비량 감소를 위해 가정부분의 전력사용량을 감소시키기 위한 노력이 요구된다(서대문구, 2020:64).

정부 차원에서 한국판 그린뉴딜, 서울시의 서울형 그린 뉴딜 정책을 통해 노후 건축물의 그린리모델링 사업을 정책으로 제안해왔으나 공공부문을 주요 대상으로 하였다. 또한 민간부문을 대상으로 하는 그린리모델링은 취약계층 주거환경개선에 집중되면서 다양한 계층의 주택에너지성능개선 사업으로 확대되기 어려운 한계가 있다.

따라서, 서대문구 지역특성에 적합한 저층주거지 에너지 효율 개선 사업 모델을 개발하기 위하여 리빙랩 방법론을 적용하였다. '살아있는 실험실'을 의미하는 리빙랩(Living Lab)은 실제 생활 현장에 적용된 사업 과정과 결과를 분석하여 현장성과 사용자의 수용성을 강화하는 장점이 있다. 또한, 시민들이 자신의 생활공간인 주택을 주택에너지 효율 개선 사업 모델 설계를 위한 '생활 실험실'로 제공하고 적용 가능한 기술과 정책을 공동설계하는 시민연구원으로 참여하여 사용자 중심의 정책 설계가 가능하다.

본 글에서는 서대문구 저층주거지 에너지 효율 개선 리빙랩 실증사례를 통해 주택 에너지 성능 개선 정책 설계를 위한 리빙랩의 유용성을 검토하고자 한다. 리빙랩의 구조, 기술적·정책적 유용성, 적용 과정에서의 과제 등을 체계적으로 정리하고, 향후 정책 실험형 리빙랩의 확산 가능성에 대한 시사점을 제시한다.

II. 주택에너지 성능 개선 정책 설계를 위한 리빙랩 개요

1. 저층주거지 에너지 효율 개선 리빙랩 설계 원칙과 추진 체계

리빙랩은 다양한 이해관계자, 특히 사용자가 문제에 대해 공동진단하고, 문제 해결 방법을 공동창조하는 사용자 주도 사회혁신 방법론이다. 서대문구 저층주거지 에너지 효율 개선 리빙랩은 '실생활 기반', '공동창조', '시민참여'라는 세 가지 원칙 하에 리빙랩 프로세스를 설계하였다. 주택은 사용자의 선호와 특성이 반영되는 공간으로 사용자의 경험을 중심으로 설계하는 것이 중요하다. 사용자의 경험과 의견이 최대한 반영될 수 있도록 리빙랩을 설계하여 주거 공간의 특수성과 시민의 필요가 생생하게 반영되도록 하였다.

- 실생활 기반: 정책 실행 대상자들, 실제 거주자들을 시민연구원으로 선정
- 공동창조: 실제 거주자, 마을 기술자, 행정, 전문가 집단의 공동 의사결정
- 시민참여: 공고를 통해 시민들이 직접 참여 신청 후 시민연구원으로 선정

리빙랩은 민관산학으로 구성된 리빙랩 운영위원회가 전체 과정을 설계·운영하였다. 실험가구는 주택에너지 성능 개선 공사가 진행되는 현장으로 현장 실측, 모니터링 및 데이터제공, 공사와 리빙랩 전체 과정에 대한 의견 제시 등의 역할을 담당하였다. 시민연구원(실험가구)은 실제 본 연구의 참여 대상자로서 문제 발굴과 의사결정, 정보의 공동생산자로서 역할을 하였다. 마을기술자는 본 사업에서 제시하는 자재기준, 공사방법, 공사비용 등을 통하여 공사를 시행하는 에너지 효율 개선 공사 기술 적용 현장으로 공사 진행 및 결과 자료 제공, 전체 과정에 대한 의견 제시 등의 역할을 담당하였다. 행정기관은 전체 운영을 조율하고 재정지원을 담당하였으며, 실험 전반의 조정자로서 역할을 수행하였다. 시민연구원(실험가구), 마을기술자, 리빙랩 운영위원회로 구성된 리빙랩 추진체계는 리빙랩이 체

계적으로 운영되고, 정책의 실효성과 책임성을 높이는 기반이 되었다.

2. 주택에너지 효율 개선 리빙랩 진행 과정

해당 연구는 실험가구가 본인이 거주하는 주택에 대하여 주거환경 및 에너지 절감을 위해 개선되어야 하는 요소에 대해 전문가, 행정과 함께 논의하여 공사를 시행하고 개선 효과를 측정하여 '주택 에너지 효율 개선 모델'을 제시하는 것을 목적으로 하였다. 리빙랩은 [그림 1]과 같이 △리빙랩 설계 단계 △본 실험 단계 △모니터링 단계 △실험 결과 도출 단계로 진행되었다.

리빙랩 단계별 구체적 내용은 다음과 같다. 리빙랩 설계 단계에서 실험가구(시민연구원의 주택)를 대상으로 에너지 효율 진단을 진행하여 실험가구와 주택의 에너지 성능의 현황과 문제를 진단하고, 문제 정의를 위한 정보를 공동 생산하였다.

본 실험단계에서는 실험가구(시민연구원)에게 주택에너지 진단 결과를 설명하고, 전문가는 에너지 효율을 높이기 위한 공사 우선순위와 개선에 대한 컨설팅을 통해 실험가구와 에너지 효율 개선 공사 적용 기술에 대한 설계를 진행하였다. 시민연구원들은 에너지 진단 결과와 컨설팅을 기초로 마을기술자들과 공사 부위와 공사 금액 등에 대하여 확정하고, 공사를 추진하였다.

■ 1단계: 공사 협의 및 진행과정
- 실험가구들의 신청 사유 분석, 공사 항목 분석, 현장 진단 분석 진행
- 현장 조사 지원 (에너지 진단사, 연구진, 지자체)을 통해 실험 가구 내 에너지 진단을 실시하고 시민연구원과 공사 진행 항목 협의
- 현장 조사 및 공사 협의를 위한 현장 조사표 작성 및 의사결정 도구로 활용

■ 2단계 : 공사 효과 분석 과정
- 1단계에서 협의된 공사 항목을 바탕으로 공사를 진행하고, 이에 대해 효과 분석
- 시뮬레이션 프로그램을 통해 정량적 분석 진행 (열화상카메라, HEAT2 열손실량 분석 진행)
- 정량적 공사 전후 비교를 진단 결과표로 작성하여 참여자들과 공유 및 의사결정 도구로 활용

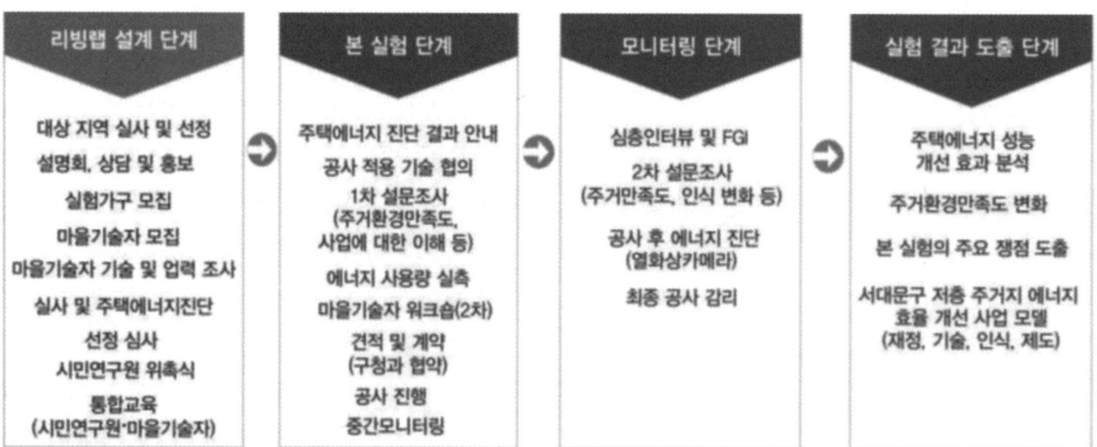

[그림 1] 리빙랩 진행과정

- ■ 3단계: 공사 모니터링 과정
  - 공사 완료 이후 체감 효과와 실제 공사 완료 후 효과 분석을 위해 방문 상담 진행
  - 리빙랩으로 진행된 특이점을 바탕으로 공사 또한 지역 마을 기술자와의 관계 등 세부적인 점을 논의하며 모니터링 진행

[표 1] 연구 단계별 의사결정 도구순서

구분		항목 및 내용	활용 시기
1	현장 조사표	일반현장 진단항목 (기초조사)	기초 조사
2	현장진단 결과표	열화상카메라 촬영, 전문가 진단 후 공사 우선순위	공사 전, 공사 요소 협의 과정
3	현장 점검표	공사과정 중 민원사항, 만족도 조사, 공사부위 점검 등	공사 진행 중 및 공사 완료 후
4	현장 공사완료 분석표	시뮬레이션 분석 내용, 공사 전후 비교	모니터링, 시뮬레이션 분석 후

3단계로 구분되어 진행된 연구는 [표 1]과 같이 4가지 문서를 과정별로 활용하였다.

모니터링 단계는 실험가구 주택에너지 효율개선 효과, 실험가구 주거환경 만족도 변화 등에 대해 공사후 열화상 카메라 측정 및 공사전후 설문조사를 통해 주택에너지 효율공사의 효과성을 정량적으로 도출하였다. 실험가구(시민연구원)와 마을기술자를 대상으로 참여동기, 공사진행과정, 결과에 대한 만족도, 개선방안 등 심층인터뷰와 포커스그룹 인터뷰(FGI)를 진행하여 참여자들이 체감하는 리빙랩의 효과성을 질적으로 분석하였다.

실험결과 도출 단계에서는 주거환경 만족도 변화, 주택 에너지 성능 개선 효과 분석, 주택에너지 효율 개선 사업의 주요 쟁점을 통해 서대문구의 저층주거지 에너지 효율 사업 모델을 재정 측면, 기술 측면, 인식 측면, 제도 측면으로 제시하였다.

III. 주택에너지 성능 개선 정책 설계를 위한 리빙랩 결과

1. 실행대상 주택의 특성과 선정과정

지자체 공고를 통해 특정 지역의 15년 이상 경과된 건축물 중 단독, 다가구, 5층 이하 주택 조건에 분합한 30가구를 선정하였다. 실험가구 선정은 전문가가 신청주택을 방문하여 단열, 결로, 노후된 창호, 곰팡이, 누수 등에 대해 진단하고, 복합적인

[그림 2] 시민연구원 간담회 및 배포자료

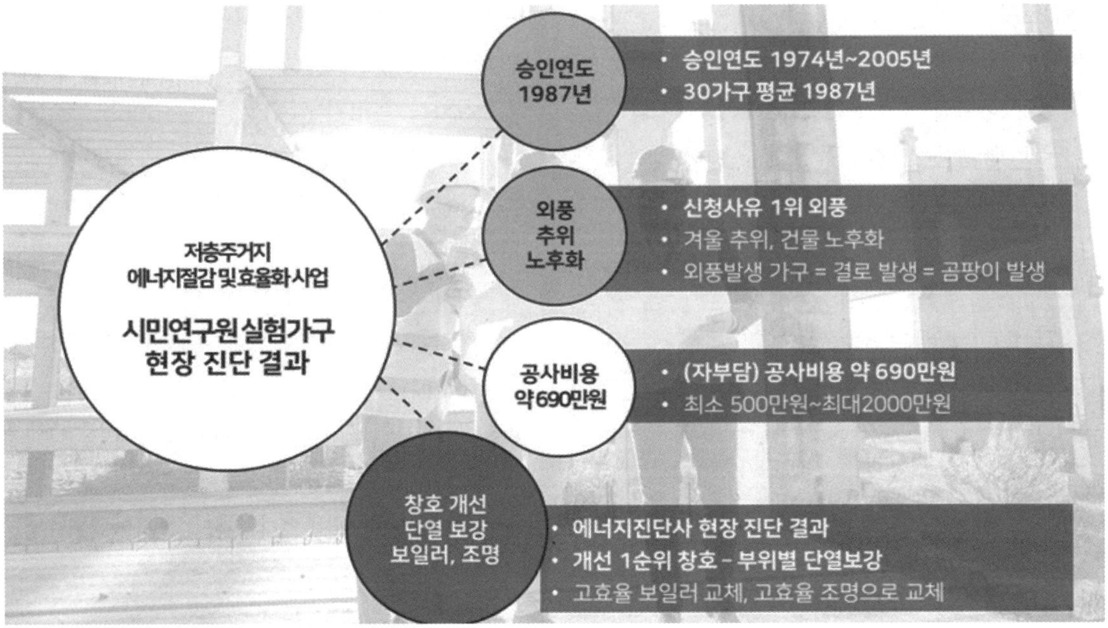

[그림 3] 시민연구원 30가구 현장 진단 결과

문제가 있어 개선 필요성이 높고, 실험가구의 자발적 참여 의지 등을 종합적으로 고려하여 선정하였다.

최종 선정된 실험가구들은 평균 사용승인년도 1987년으로 건축물로 상당히 노후된 주거 환경을 보였으며, 실제 현장 조사를 실시한 결과, 예상보다 노후 정도가 노후 정도가 심각한 곳이 대부분이었다.

리빙랩 신청가구들의 신청동기는 겨울 추위, 여름 더위, 외풍, 노후화, 결로, 누수, 곰팡이 등 여러 신청 사유 중 90% 이상이 겨울 추위를 사유로 선택하였다. 그 다음으로 88%가 외풍, 건물 노후화 등을 사유로 선택했으며 이러한 사항들은 모두 노후된 건축물에서 에너지 손실 관련 체감할 수 있는 항목들로 신청가구들이 주택 노후로 인해 에너지 손실이 크다는 것을 예측할 수 있다.

[표 2] 리빙랩 신청가구들의 신청동기

순위	신청사유
1순위	겨울 추위 (90%)
2순위	외풍, 노후화 (86%)
3순위	결로, 누수, 곰팡이 (55~60%)
순위 외	미관개선, 사업 관심 (20~30%)

[표 3] 리빙랩 신청가구의 공사 신청 항목

구분	현황	요청사항
벽체	벽체 손상, 곰팡이, 누수 발생	곰팡이 제거, 누수 부위 보강
창호	창호 노후화 (목재, 알루미늄 창호), 외풍 등	PVC 창호로 교체
조명	형광등, 어두운 조명	LED 조명 교체
보일러	노후된 보일러	콘덴싱 보일러 교체
중문, 현관문	중문 미설치	중문 설치, 현관문 보강
기타	바닥, 지붕 노후화	바닥 보강, 지붕 수리 등

"겨울이 너무 춥고 여름에는 너무 추워 창호 교체를 요청합니다"
"곰팡이 냄새랑 습함 때문에 너무 불쾌해요"
"집안 전체를 바꾸고 싶은데, 최우선적으로 창호부터 바꿔주세요"

[표 2], [표 3]에서 보는 것과 같이 신청가구들은 주거환경 전반의 개선 필요성을 인식하고 있으나, 공사비 제약 및 우선 공사 필요 요소에 대한 인식 부족으로 인해 자체적으로 판단하여 공사 우선순위를 설정하고 신청하였다.

일반적인 주거환경개선 에너지효율 개선사업은 주택 사용자와 의사소통이 없이 일방적으로 공사를 진행한다. 본 연구는 리빙랩을 통해 실제 주택 사용자들의 요구사항을 듣고, 전문가들과 시민연구원들이 에너지진단 결과를 토대로 상호 소통하여 절충안을 마련하여 공사를 진행하였다. 주택 공사를 단일 부분만 진행할 경우 에너지 개선 효과를 높이기 어렵지만 우선적으로 공사가 필요한 항목을 시민연구원과 전문가가 논의하여 선정하고, 이를 위해 주택에너지진단과 거주 환경의 문제점, 해결 방안 등을 논의하였다.

[표 4] 신청가구와 전문가 의견 차이

대상	신청자 의견과 전문가(주택에너지진단사) 의견
A실험 가구	- 시민참여자는 베란다 창호 교체를 요청하였으나, 진단 결과 벽체 곰팡이 발생이 심해 내부 단열공사를 최우선적으로 추천함
B실험가구	- 시민참여자는 누수로 인한 방수, 도배를 요청하였으나 열손실로 인한 벽체 단열 보강 및 알루미늄 창호로 인한 외풍, 결로가 심해 복층 창호 교체를 우선적으로 추천함
C실험가구	- 실험가구는 지붕 방수 작업을 요청하였으나 진단 결과 벽체 및 천장에 단열재가 없어 열교현상이 심해 단열보강을 우선적으로 추천함

2. 공사 항목과 개선 요소 설정

앞서 실제 신청자가 체감하는 불편과 전문가의 기술적 진단 결과를 통해 개선 항목을 절충하여 설정하였다. 주요 개선 대상은 창호, 단열, 보일러 등 에너지 성능에 직결되는 요소였다.

1) 공사 항목 설정

건축물 에너지 효율등급 인증시스템 에너지 절약 설계기법 가이드라인, 한국 에너지공단 효율관리제도 고효율 인증제도, 한국 에너지 재단 에너지

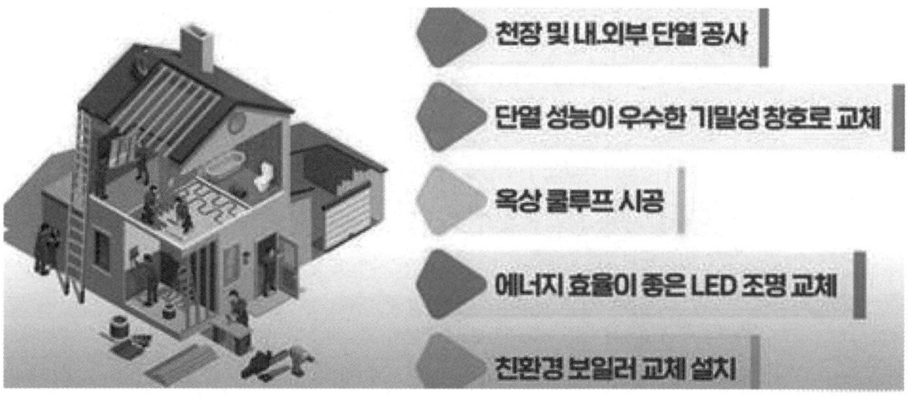

[그림 4] 최종 공사 항목

[표 5] 공사항목별 세부 내용

전면 리모델링	
외단열 시공	- 외벽, 최상층, 최하층 대상으로 건물 구조체 외부에 단열을 보강하는 기술 - 기존 외장재 철거 후 진행 - 건축법에서 정하고 있는 기준 이상의 단열성능 자재 사용 권장
단열 시공	- 외벽, 최상층, 최하층 대상으로 건물 구조체 내부에 단열을 보강 기술 - 단열재 두께로 인한 실내 면적 축소 - 단열재 시공 시에만 도배, 장판 포함 가능 - 건축법에서 정하고 있는 기준 이상의 단열성능 자재 사용 권장
창호 교체	- 창호는 면적에 따라 크기가 달라지고 비용또한 그에 따라 변동되어 2중창호 이상으로 규정 (22mm또는 24mm 복층창 / 로이유리 / 3중창 (복층유리창+단층유리창) 적용 권장) - 고효율인증을 받은 창호 적용 권장
출입문 교체	- 고효율인증을 받은 단열문 적용 (건축물 중 외기와 접하는 곳에 사용되는 문으로서 KS F 2297 규정에 의한 열관류율이 1.2W/(m²·K)이하이며, 기밀성 등급의 통기량이 1등급(1m³/h·m²) 이하인 것) - 모헤어나 완충재가 설치된 기밀한 구조의 출입문 권장
옥상 녹화	- 옥상 위 식물 재배 환경 조성하여 외피의 에너지 성능 향상을 도모할 수 있음
쿨루프 시공	- 옥상 위 방수처리 및 차열도료 작업으로 실내 온도 하락 도모
부분 리모델링(일반주택 지원 및 가꿈주택 100만원 지원 목록)	
덧유리 시공	- 기존 창호 위에 유리를 덧붙여 창호 교체 없이 에너지 성능 향상, 결로, 곰팡이 문제 등을 해소할 수 있음
방풍실(중문) 설치	- 기존 현관에 중문을 설치하여 방풍실을 조성
창호방풍재 설치	- 기존 창호에 방풍제 제품을 구입 설치 /· 자가 설치 가능
냉방용 창유리필름	- 고효율인증 기자재(건축물의 창유리에 붙여 건물 냉방효과를 높이기 위한 태양열 차폐용 필름으로서 KS L 2514 규정에 의한 가시광선 투과율이 50% 이상이며, KS L 2514 규정에 의한 태양열 취득률이 0.5 이하인 것. 단, KS F 2274의 WX-A시험조건에서 500시간 경과 후 KS A 0063에서 정하는 색차에서 3 이상의 색 변화가 없는 것)
기기 배관 및 덕트단열	- 보일러 배관 및 분배기, 기타 설비 등에 보온재를 설치 - 건축기계설비 표준시방서에서 정하는 기준의 20% 이상 조건
욕실 벽체 및 파이프 단열	- 욕실에 접해있는 배기 및 파이프 덕트가 외기에 접해있는 경우, 온수 낭비 및 욕실 벽면 결로, 곰팡이 발생 (수증기가 많이 발생) - 파이프 덕트 및 욕실 벽면에 추가 단열 처리를 통해 실내 온열환경 확보 및 열적 손실부위 차단 가능
발코니 및 복도 공간 단열	- 단열새시창 추가를 통한 완충공간 확보로, 실내공간으로 직접 열전달 차단 가능 - 복층창(22mm, 24mm) 또는 창면적이 큰부위에는 로이유리 사용 권장 - 철재 난간 대신 단열벽체로 계획하여 열손실 절감 가능
절수형 수전 및 양변기 교체	- 환경부 인증 절수형 수전 및 양변기로 교체 설치
옥상텃밭 설치	- 식물 재배 환경으로 조성하여 여름철 지붕 과열을 방지
액티브 리모델링	
보일러 설치	- 친환경 콘덴싱 보일러로 교체 - 바닥 배관작업시 장판 교체 지원 가능
LED 조명 교체	- 기존 조명을 고효율 LED 조명기기로 교체 설치
콘센트 및 스위치, 멀티탭 교체	- 기존의 전기 제품을 고효율 제품으로 교체 설치 - 전원 차단이 가능한 에너지 절약 콘센트 설치

효율개선 사업 등을 참고로 하여 리스트업된 기술 요소를 검토하였고 전문가 및 지자체에서 지원 가능한 범위 내 기술요소를 선정하여 [표 5]와 같이 공사 항목을 설정하였다. (서대문구청. 2021. 주택에너지 효율화 공사 사업 실험가구 지원 공고 내 에너지효율공사 지원목록 최종안)

2) 실험가구(시민연구원)-마을기술자-전문가간 공사 항목 공동 설계

공사 항목은 실험가구(시민연구원)-마을기술자-전문가간의 공동 설계로 진행되었다. 전문가는 실험가구에게 주택에너지 진단 결과를 토대로 에너지 효율 개선 공사 우선순위를 안내하였다. [표 5] 공사 항목 리스트 중에서 시민연구원들의 가구 별 공사 항목은 시민연구원과 마을 기술자간 협의를 통해 결정하였다. 시민연구원은 자신의 생활 패턴과 문제 인식을 바탕으로 개선 우선순위를 제시하였고, 기술자는 실행 가능성과 비용효율성을 검토하여 최적안을 제안했다.

이에 따라 최종적으로 30가구 중 29가구가 창호를 교체하였고, 13가구는 보일러를 고효율 모델로 교체하였다. 일부 가구는 내단열 보강 시공을 병행했으며, 곰팡이와 누수 방지를 위한 부분 보수도 포함되었다. 시공은 마을기술자가 직접 수행하였으며, 비용 대비 효율을 고려한 적정기술이 적용되었다.

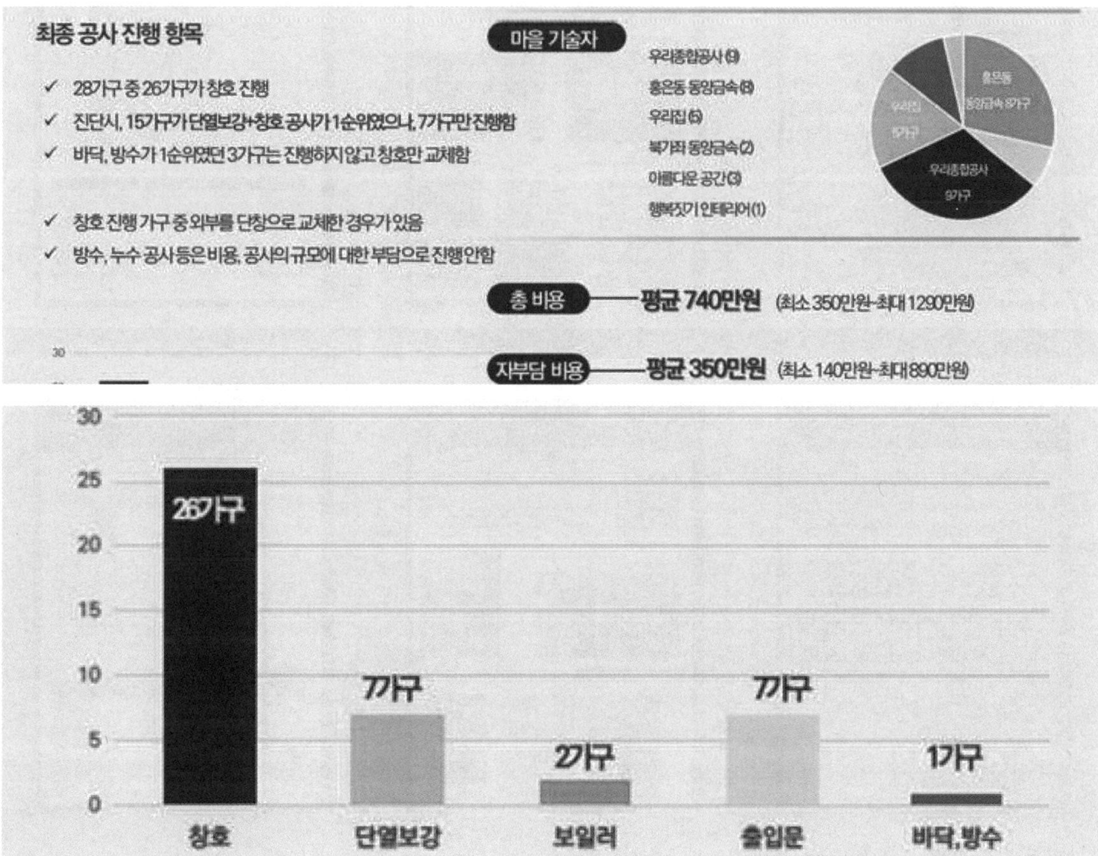

[그림 5] 최종 공사 진행 내역 요약

3. 주택 에너지 효율 개선 공사 효과 분석: 부위별 에너지 손실 진단과 개선 효과

본 연구는 리빙랩을 통해 주택에너지 성능 개선 정책을 제시하는 것을 목적으로 하기 때문에 주택 에너지 효율 개선 공사를 통해 에너지 성능 개선 효과를 정량적으로 제시하는 것이 중요하다. 따라서 주택에너지 효율 공사에 대한 정량적 효과를 도출하기 위해 공사 유형별로 구분하여 시뮬레이션을 진행하였다. 시뮬레이션 결과를 시민연구원들이 이해하기 쉽게 그림과 그래프 등을 활용하여 제작한 이후 시민연구원들에게 공사 이후 주택의 에너지 효율 개선 정도를 설명하였다. 시민연구원들과 공사의 결과와 효과에 대한 의사소통과정은 시민연구원들이 주택 에너지 효율 개선에 대한 인식을 확대하고, 정보제공과 의견제시를 적극적으로 하는데 효과적으로 기여하였다.

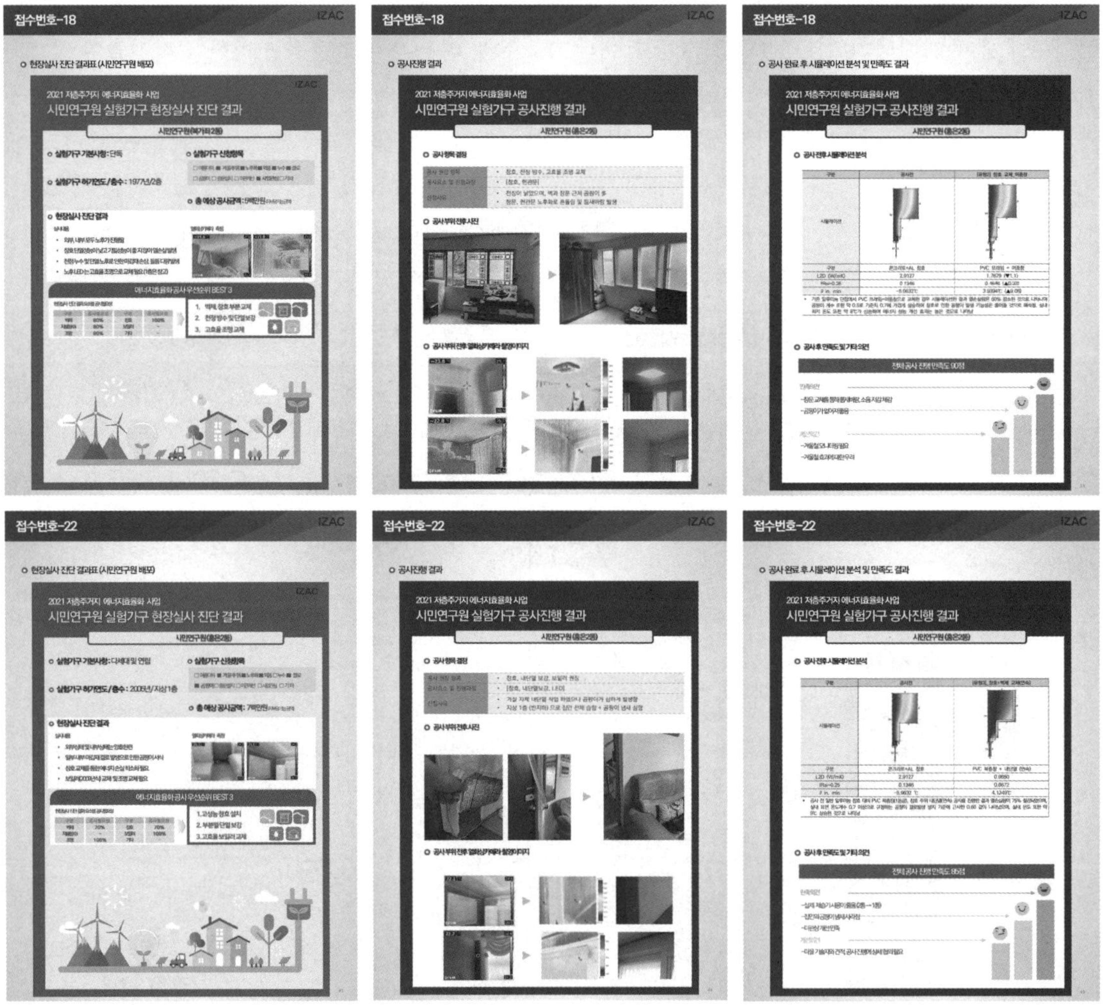

[그림 6] 주택에너지 효율 개선 공사 효과 분석 배포 자료

1) 주택 에너지 효율 개선 효과 분석을 위한 공사 유형 구분

30개소의 실험가구는 공사 유형에 따라 크게 5가지로 구분될 수 있다. 1가구를 제외한 모든 가구가 창호를 공사하였으며, 창호와 벽체를 부분 보강한 경우, 창호와 벽체를 연속적으로 보강한 경우 등 창호와 벽체의 공사 범위에 따라 유형을 유형을 5가지로 [표 6]과 같이 분류하였다.

[표 6] 주택 에너지 효율 개선 효과 분석을 위한 공사 유형 분류

구분	공사항목
유형1	창호_단창
유형2	창호_이중창
유형 3	창호 + 벽체 교체 (연속적)
유형 4	벽체 단열보강 (불연속, 한부위만)
유형5	벽체 단열보강 (연속)

2) 주택 에너지 효율 개선 효과 분석을 위한 시뮬레이션 분석 도구

본 연구에서는 HEAT2 프로그램을 이용하여 외벽, 창호, 지붕 등 부위별 열손실을 수치화 하여 공사 전과 공사 이후 개선 및 곰팡이 발생 가능성 등을 검토하는데 활용하였다. HEAT2 프로그램은 열교에 대한 2차원적 전열해석 시뮬레이션 프로그램으로 ISO 10211:2007, EN ISO 10077-2:2012에 대해 입증되었다. 시뮬레이션 분석 결과는 시민연구원들에게 시각화 되어 공유되었고 기술적 이해도를 높이는데 기여하였다.

여기서 말하는 열교란, Thermal Bridge로 단열이 약화되거나 끊김 현상이 일어나 외기가 실내로 들어오는 것을 말한다. 즉 열의 흐름이 변하는 곳으로 실내외 온도차 발생시 건물 외피에서 열의 이동이 발생하는 부위로써 이러한 열교는 건물의 단열성능 저하, 에너지 손실률 증가, 열적 쾌적성 문제를 야기하며 결로의 원인이 될 수 있다. 독일 패

[표 7] HEAT2 분석 요소 및 시뮬레이션 화면

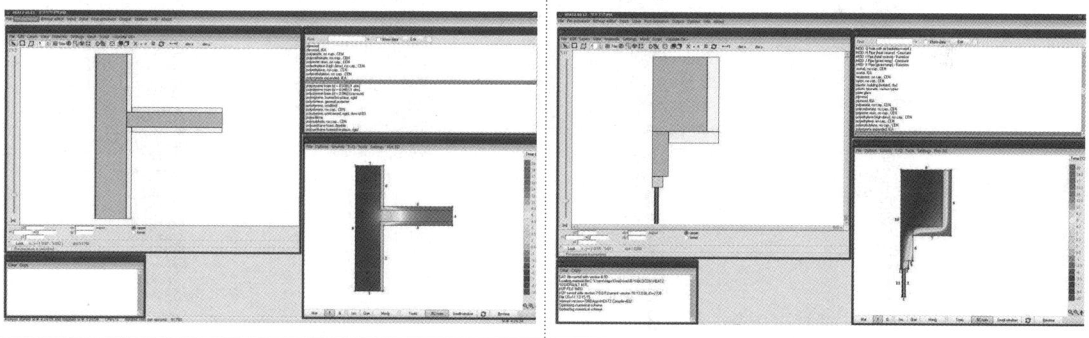

구분	시뮬레이션 도출값	설명
1	L2D (부위별 열 결합계수_W/mK)	- 서로 다른 열적 환경에서 단위 온도차당 통과되는 열류율 - 빠져나가는 열 손실량, 전도열 손실 값
2	fRsi=0.25 (실내 표면 온도 계수)	- 실내 표면온도와 외부 온도 차이를 계수로 표현한것 - fRsi=0.25 ≥ 0.7 실내 곰팡이 및 결로 발생 방지 기준
3	θ in. min	- 실내 최저 온도

시브하우스 연구소의 패시브하우스 인증 기준에는 열교없는 설계를 목표로 각 열교부위의 선형열관류율이 0.01W/mK미만이 되도록 규정하고 있으며, PHI에서는 독일 DIN 4108-2:2003를 준용하여 한랭온대기후에 대해 fRsi=0.25≥0.7을 실내 곰팡이 및 결로 발생방지기준으로 규정하고 있고, 이를 아래와 같이 본 연구에서 기준으로 설정하였다.

3) 5가지 공사 유형별 시뮬레이션 결과

건축물의 전체 에너지 성능을 분석하여 비교하는 것이 정확하고 의미 있으나 본 사업은 사업비, 사업기간 등의 한계로 인하여 작은 부위의 공사 위주로 진행되어 정량적인 에너지 성능 비교 분석은 HEAT2를 이용한 부위별 열손실량 계산이 최적이라 판단하였다. 따라서 크게 창호(유형 1~3), 벽체(유형 4~5)로 구분하여 HEAT2 시뮬레이션을 활용하여 부위별 열 결합계수와 실내 표면온도계수, 그리고 실내 최저 온도를 도출하여 공사 전 대비 곰팡이 발생 여부 및 에너지 손실량을 정량적으로 분석하였다. 5가지 유형의 분석 결과를 살펴보면 [표 8], [표 9]와 같다.

공사 전 창호는 콘크리트 벽체에 AL 창호가 대다수였으며, 공사 유형은 첫 번째로 AL 창호 프레임을 PVC프레임으로 바꾸며 단창으로 교체한 사례, 그리고 PVC 창호와 이중창으로 교체한 사례가 유형2, 그리고 유형 3은 복합시공을 진행한 사례로 PVC 프레임과 이중창, 그리고 창호와 맞닿은 벽체에 내단열을 추가로 진행한 사례이다.

[유형1_창호 교체 단창] 기존 알루미늄 창호에서 PVC 프레임+ 단창으로 교체하였을 경우를 시뮬레이션한 결과 열손실량은 10% 정도 감소한 것으로 나타나며, 실내 최저 온도는 약 0.6℃ 상승한 것으

[표 8] 창호 공사 유형별 분석_유형1~3

구분	공사전	[유형1] 창호 교체_단창	[유형2] 창호 교체_이중창	[유형3]_창호+벽체 교체(연속)
시뮬레이션	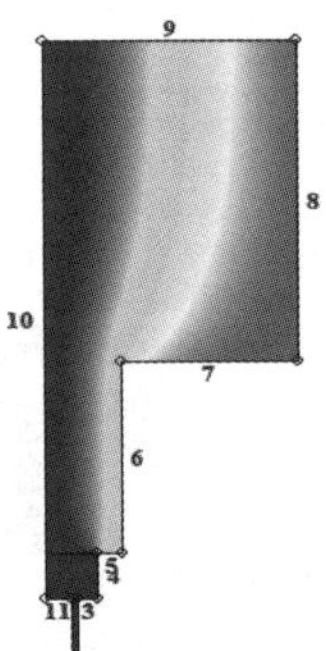	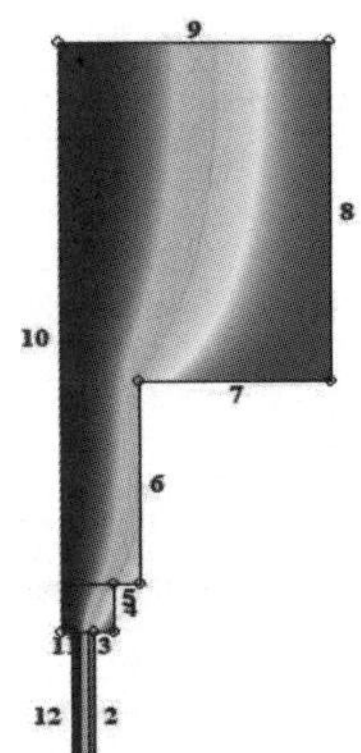	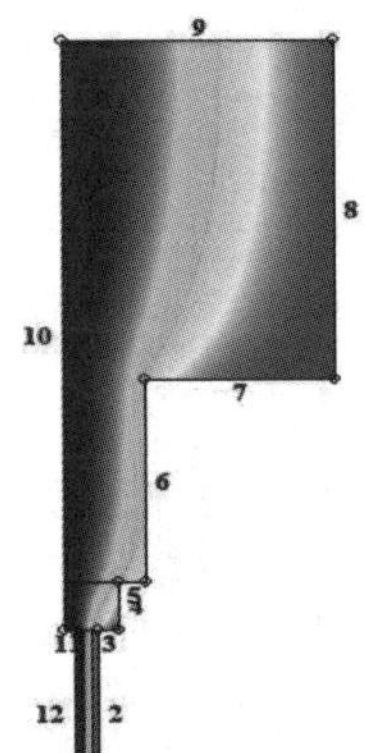	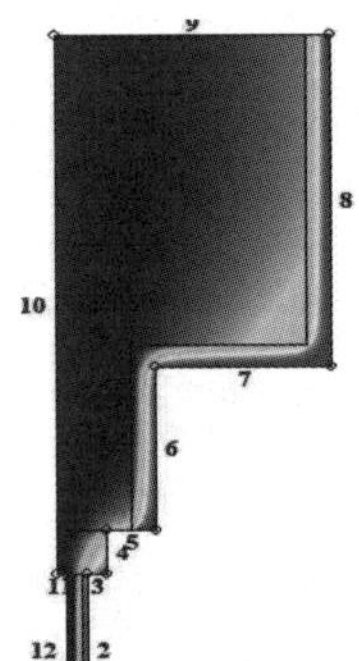
구분	콘크리트+AL 창호	PVC 프레임 + 단창	PVC 프레임 + 이중창	PVC 복층창 + 내단열 (연속)
L2D (W/mK)	2.9127	2.6265	1.7879	0.9650
fRsi=0.25	0.1346	0.1560	0.4646	0.6672
∂ in. min	-5.9632 ℃	-5.321℃	3.9394℃	4.1249℃

로 나타나 에너지 성능 개선 측면에서는 효과가 미미하다 볼 수 있다.

[유형2_창호 교체 이중창] 기존 알루미늄 단창에서 PVC 프레임+이중창으로 교체한 경우 시뮬레이션한 결과 열손실량은 60% 감소된 것으로 나타나며 곰팡이 계수 또한 약 0.5로 기준치 0.7에 가깝게 상승하여 창호로 인한 곰팡이 발생 가능성은 줄어들 것으로 해석되고, 실내 최저 온도 또한 약 8℃가 상승하여 에너지 성능 개선 효과는 높은 것으로 볼 수 있다.

[유형3_창호+벽체교체] 공사 전 일반 알루미늄 창호 대비 PVC 복층창(1등급), 창호 주위 내단열(연속) 공사를 진행한 결과 열손실량이 75% 절감되었으며, 실내 표면 온도계수 0.7 이상으로 규정하는 곰팡이 결로발생 방지 기준에 근사한 0.66 값이 나타났으며, 실내 온도 또한 약 9℃ 상승한 것으로 나타나 가장 높은 에너지 절감 효과가 나타났다.

공사 전 노후된 건축물의 벽은 단열이 안되어 있는 집들이 대다수로 그냥 콘크리트 벽체로 가정하여 시뮬레이션을 진행하였다. 거주공간 전체 또는 방 전체를 내단열 보강을 진행한 사례는 없으며, 접합부위 1면 또는 연속부위 2면을 진행한 사례가 있어 유형으로 설정하였다. 모두 내단열로 진행하였으며, 30-50cm의 단열재를 적용하여 단열 보강 공사를 진행하였다.

[유형4_벽체 단열보강_불연속] 공사 전 대비 열손실량은 40%정도 줄었으며, 실내 최저온도 또한 4℃ 정도 상승한 것으로 나타남. 접합부위 외 다른 벽체까지 단열보강을 했다면, 열손실량은 70~80% 정도 감소 되었을것으로 예상되어 아쉬움이 남는 사례이다.

[유형5_벽체단열보강_연속] 공사 전 일반 콘크리트 벽 대비 공사 후 연속적 단열보강 공사를 진행한 결과 열손실량이 공사 전 대비 35% 절감되었으며, 실내표면온도계수는 0.2에서 0.69로 0.7 이상의 실내 곰팡이 및 결로발생 방지 기준과 근사한 값이 나타났으며, 실내 최저 온도 또한 약 7℃가 상승하여 재실자에게 쾌적한 실내환경을 제공할 것으로 예상되어 불연속 사례보다 훨씬 효과적인 에너지 절감 효과가 나타났다.

[표 9] 벽체 공사 유형별 분석_유형4~5

구분	공사전	[유형4]_벽체 단열보강(불연속)	[유형5]_벽체 단열보강(연속)
시뮬레이션	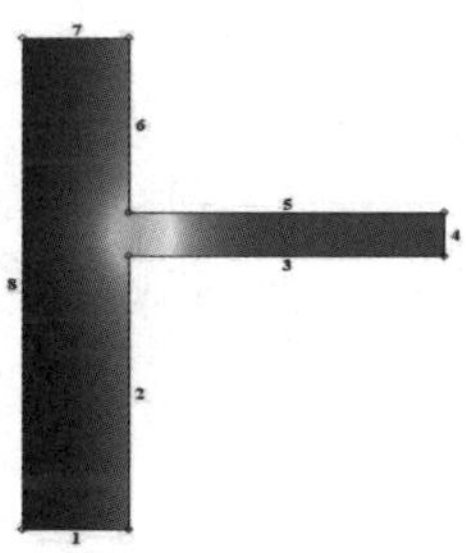	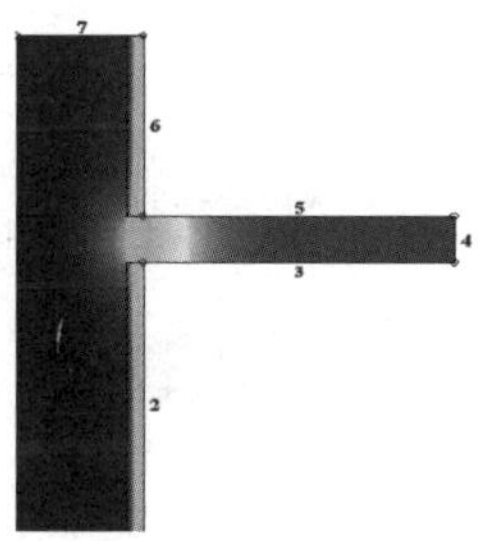	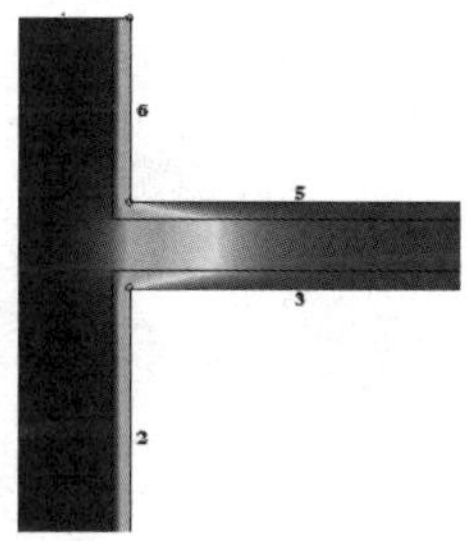
구분	콘크리트 벽	콘크리트 + 내단열 (접합부위)	콘크리트 + 내단열 (연속)
L2D (W/mK)	0.5485	0.3905	0.2607
fRsi=0.25	0.2897	0.4658	0.6925
∂ in. min	-1.3103 ℃	3.9734℃	6.8836℃

4) 시민연구원의 주거환경 만족도 변화 및 체감 효과

주택에너지 효율 공사는 주택에너지 성능 개선과 주거환경 개선이라는 2가지 효과가 있다. 시민연구원들의 주거환경 만족도는 [그림 7]과 같이 공사 전 3.67점에서 공사 후 6.53점으로 상승하였으며, 온열환경, 실내 공기질, 실내 빛환경 모두 만족도가 상승한 것으로 나타났다.

공사 완료되는 시점을 기준으로 1~2개월 이후 직접 방문하여 현장점검표를 바탕으로 공사 이후 기술적 변화 체감, 불편함 해소 정도 등 전체적 체감 만족도 관련하여 인터뷰를 진행하였고 그 결과 전체 평균 체감 만족도는 89.6점이었다. 주요 효과로는 고효율 보일러 교체를 통한 보일러 온수 가동시간 단축, 창호 교체로 인한 소음 차단, 곰팡이 냄새 사라짐, 쾌적성 향상 등이 보고되었으며, 실제 인터뷰를 진행하며 실무진 또한 공사 전 방문 시 느껴지던 습함, 곰팡이 냄새 등이 사라진 것을 동일하게 체감하였다.

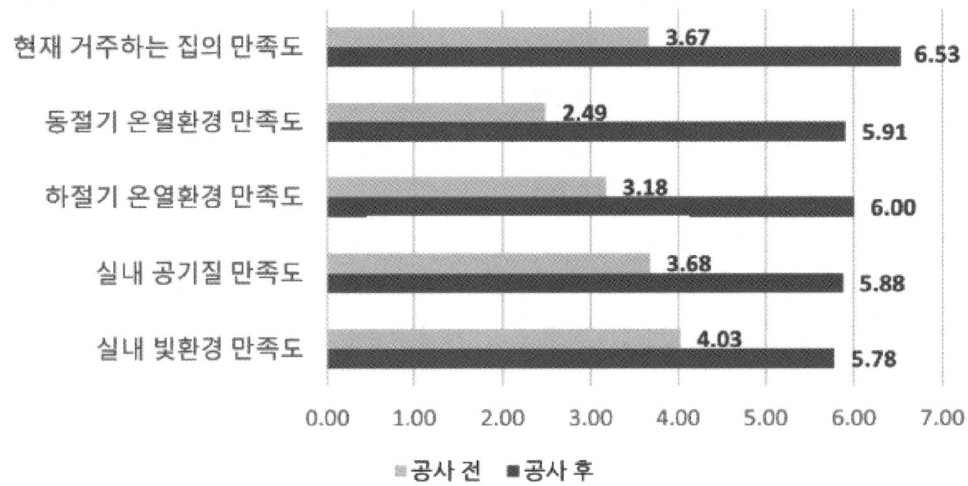

[그림 7] 공사 전후 주거환경 만족도 변화

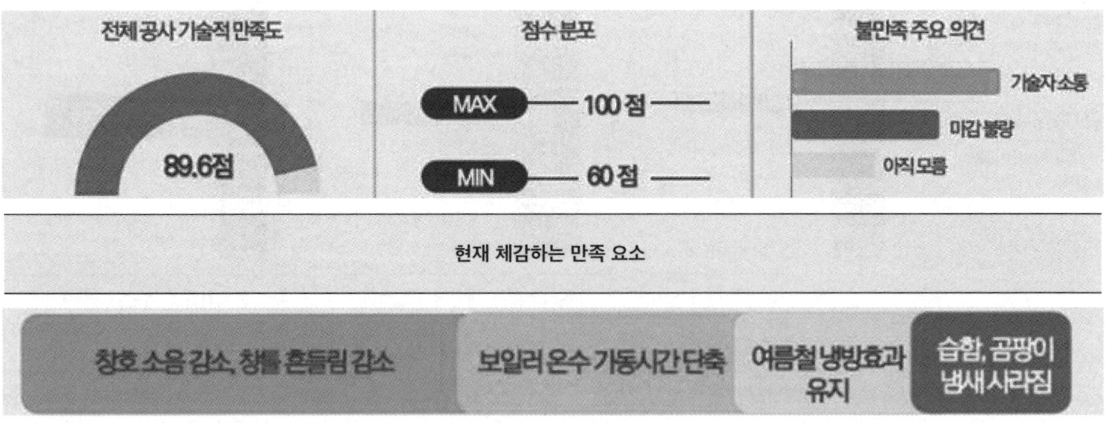

[그림 8] 전체 공사 기술적 만족도 설문 결과

IV. 마치며: 주택 에너지 성능 개선 정책 설계를 위한 리빙랩의 유용성

본 장에서는 서대문구 주택에너지 효율 개선 모델 개발 리빙랩 사례를 소개하였다. 서대문구 저층주거지 에너지 효율 개선 리빙랩 과정은 리빙랩이 주택 에너지 성능 개선 정책 설계에 활용할 수 있는 유용한 방법론이라는 점을 확인하였다.

첫째, 주택은 거주자의 사적 공간이기 때문에 주택에 적합한 주택에너지 공사를 설계하기 위해서는 거주자의 참여가 필수적이다. 리빙랩은 주택 거주자들이 에너지 효율 공사를 위한 진단 및 공사 설계 과정에 실험가구(시민연구원)로 참여할 수 있는 공식적 공간을 마련해 줌으로써 주택의 특성을 고려한 공사 및 정책 설계가 가능하도록 역할을 한다. 또한, 사용자인 시민이 실험가구(시민연구원)으로 직접 참여하여 정보를 공동생산한다. 이를 통해 그린리모델링 공사 과정에서 주민과 공사 시공사 간에 발생하는 정보의 비대칭성을 해소함으로써 공사 과정과 결과에 대한 신뢰를 구축할 수 있었다. 이에 따라 시민연구원(실험가구)들이 전체 공사에 대한 기술적 만족도가 89.6점으로 높게 나타났다.

둘째, 리빙랩을 통해 주택에너지 성능 개선 정책 설계의 측면에서 고려해야 할 요소를 충분히 검토하고, 추진할 수 있는 방법을 확인할 수 있다. 주택에너지 효율 개선 과정을 기술 중심의 단편적인 접근에 그치지 않고 주택에너지 진단 등 과학적 근거를 활용하여 현장의 의견을 반영하는 수준을 넘어 사용자 중심의 공동 설계 방법을 구체적으로 제시하고 있다.

셋째, 리빙랩은 '현장 실험실'로서 리빙랩이 사업의 목표에 맞게 실행되었는지 효과성을 검증하는 것이 중요하다. 본 사례를 통해 주택에너지 성능 개선 효과와 주거환경 만족도 변화 등을 통해 주택에너지 효율 개선 사업의 효과를 정량적으로 제시하였다. 이는 리빙랩이 정책의 효과성을 설명할 수 있는 방법론을 제시하고 있다는 측면에서 정책 설계 시 리빙랩을 활용하는 것이 유용하다는 점을 보여준다.

넷째, 리빙랩을 통해 정책의 수용성과 실효성을 동시에 확보하는 데 기여하였다. 단순 민원성 요구가 아닌 주택에너지 진단 등 과학적 근거를 주민과 함께 공유하고, 공동 설계함으로써 주민들이 관련 지식과 인식이 향상되면서 정책 필요성과 정당성이 확보될 수 있는 기반이 마련되었다. 특히 정책 수요자인 주민이 문제 인식과 해결 과정 전반에 관여함으로써, 정책 결과에 대한 이해와 책임감을 높였다는 점에서 주목할 만하다. 이는 단기적인 성과뿐 아니라, 정책의 지속성과 사회적 확산 가능성을 담보하는 데 있어 중요한 요소로 작용한다. 서대문구에서는 2021년 이후 현재까지 '저층주거지 에너지 효율 개선 사업'을 특화사업으로 추진하고 있는 바, 리빙랩을 통한 정책 설계와 실행이 정책의 지속성을 확보해 줄 수 있다는 점을 확인할 수 있다.

본 리빙랩 사례는 리빙랩이 주택에너지 성능 개선 정책 설계에 유용하게 적용될 수 있음을 보여주었다. 시민참여와 과학적 기술 및 정보의 결합을 통해 사용자의 수용성과 정책의 정당성을 동시에 확보할 수 있었다. 사용자 참여와 경험적 지식과 과학적 정보가 융합되고, 이에 기반한 문제 정의와 기술 선택, 결과 공유 및 피드백의 순환 구조는 전통적 정책 설계방식과 명확하게 차별화된다. 이를 통해 정책의 지속성과 실현 가능성을 확보하였다.

참고문헌

김재엽. 2023.『해외 건물 부문 에너지효율 및 온실가스 감축 정책 동향 및 시사점』, 에너지경제연구원

서울연구원. 2017.『서울시 저층주거지 실태와 개선방향』

서울연구원. 2018.『서울시 저층주거지 리모델링 활성화구역 개선방안』

배웅규 외 3인. 2011. "저층주거지 특성에 따른 관리방향 및 검토과제 도출 연구". 한국도시설계학회지 제12권 제 3호

한국건설기술연구원, 2020.『저에너지 건축물 보급 및 확산을 위한 건축물 에너지 통합지원시스템 개발 최종보고서』 국토교통부 국토교통과학기술진흥원

Europaean Commission, 2024, Energy Performance of Buildings Directive https://energy.ec.europa.eu/topics/energy-efficiency/energy-performance-buildings/energy-performance-buildings-directive_en(2024.8.1. 검색)

정연경 외 5인, 2012,『리빙랩을 통한 서대문구 저층주거지 에너지 효율 모델 개발 연구』, 서대문구

서대문구, 2020,『서대문구 지역에너지계획 수립 연구 용역』

서대문구. 2021. 주택에너지 효율화 공사 사업 실험가구 지원 공고

제3부 리빙랩과 교육

제12장

리빙랩 운영에서의 교육의 필요성과 구성

성정희, 최지은

I. 들어가며

오늘날 지역사회는 기후위기, 고령화, 공동체 해체, 기술 불평등 등 복합적이고 상호 연결된 문제에 직면하고 있으며, 기존의 전문가 중심의 일방향적 해결 방식만으로는 이러한 문제들에 효과적으로 대응하기 어렵다. 특히 시민의 삶의 맥락을 반영하지 못한 기술 중심의 접근은 실효성이 낮은 경우가 많다. 이에 대한 대안으로 실제 생활 환경에서 다양한 이해관계자가 참여하여 공동으로 문제를 정의하고 해결책을 실험하는 리빙랩(Living Lab)이 주목받고 있다. 유럽에서 유럽리빙랩네트워크(European Network of Living Labs, ENoLL)를 중심으로 본격화된 리빙랩은 도시혁신, 환경, 복지 등 다양한 분야로 확산되었으며, 한국에서도 스마트시티, 공공서비스 개선 등을 중심으로 도입되기 시작하여 '사회문제 해결형 기술개발사업' 등 정부 R&D 정책에서 방법론으로 채택되며 빠르게 확산되었다. 그러나 국내에서는 여전히 리빙랩이 일회성 프로젝트나 연구 성과 도출에 그치는 경우가 많아 실제 지역사회 문제 해결로 이어지지 못하는 한계가 존재한다. 이를 극복하기 위해서는 리빙랩의 철학과 가치, 운영 방식, 지역사회 맥락에 대한 깊은 이해를 바탕으로 한 체계적인 교육이 선행되어야 한다. 본 장에서는 리빙랩의 개념과 국내 도입 과정, 전통적 문제해결 방식과의 차별성을 분석하고, 지역 기반의 지속가능한 문제 해결 방법론으로 리빙랩이 기능하기 위한 교육 구성과 실행 전략을 제안하고자 한다.

[표 1] 한국 내 리빙랩 도입 시기와 분야별 주요 사례

시기/연도	주요 정책 및 사건	적용/도입 분야	대표 사례
2010년대 초	- 유럽 리빙랩 개념 소개 - 학계, 연구계에서 시민 참여형 혁신 논의	학술 연구, 공공서비스 혁신	서울시 일부 스마트시티 아이디어 공모, 공공디자인 개선
2012년경	- 스마트시티 시범 사업에 일부 적용 - 주민참여형 실험적 접근	스마트시티, 도시 문제 해결	서울시 은평구 스마트시티 리빙랩
2015년	- 과학기술정책에서 사회문제 해결형 R&D 논의 본격화 - 리빙랩 방식의 가능성 검토	사회문제 해결, 도시혁신	서울시 은평구 마을공동체 실험, 마포구 공유경제 시범사업
2017년	- 과학기술정보통신부 사회 문제해결형 기술개발사업 신설 (공식화) - 리빙랩이 R&D 사업 내 방법론으로 채택	치매, 미세먼지, 돌봄, 장애인 이동권 등	치매환자 가족 돌봄지원 리빙랩, 대기오염 저감 시민 실험
2018~2020년	- 국토교통부 스마트시티 국가 시범도시(세종, 부산)에 리빙랩 도입 - 행안부 주민참여 예산, 지역 혁신 리빙랩 시범 운영	스마트시티, 지역재생, 에너지·환경	세종 스마트시티 리빙랩, 송도 에너지 효율화 리빙랩
2020년대~	- 기후위기 대응, 탄소중립 정책에 리빙랩 적극 활용 - 디지털전환(DX)과 결합	환경, 탄소중립, 디지털 헬스케어	서울시 제로웨이스트 리빙랩, 지역 에너지 절감, 재택의료 리빙랩

출처: 저자 작성

II. 리빙랩의 특징

리빙랩은 2006년 20여개의 리빙랩들이 모여 유럽리빙랩네트워크가 만들어지면서 유럽을 중심으로 발전하기 시작했다. 리빙랩 방식이 국내에 도입된 것은 2010년대 초반으로, 2012년부터 정부의 연구개발(R&D) 사업과 공공서비스 혁신, 스마트시티 시범사업 등에서 시민참여를 통한 사회문제 해결 방법의 일환으로 시도되었다. 그리고 2015년 이후에는 과학기술정보통신부, 행정안전부, 국토교통부 등 주요 부처의 정책 사업에 공식적으로 포함되면서 점차 확산되기 시작하였다.

리빙랩은 과학기술 연구자들이 사회적 요구와 실제 삶의 맥락에서 연구 성과를 도출하고자, 기존의 실험실 공간을 벗어나 실제 생활을 실험의 무대로 삼으면서 시작되었다. 이러한 접근은 점차 기술개발을 넘어, 복잡한 사회문제 해결과 시민참여 확대를 위한 사회혁신의 수단으로 확장되기 시작하였다.

그러나 국내에서는 아직까지 사회문제 해결을 위해서는 프로젝트 기반 형식으로 진행되는 경우가 많다. 예를 들어 심화하는 기후변화에 적응하기 위하여 해양 기후모델에 기반한 양식품종, 양식 기술, 수산질병 대응, 수산자원 예측 등의 다양한 분야에서 기술 개발 연구를 추진 중이다. 특히 생명공학 기술을 접목한 고수온 내성 품종 개발, 아열대성 어종 양식 기술 개발, 친환경 양식 기술 등을 중심으로 진행되었다(국립수산과학원, 2022). 그러나 이러한 과학적 연구 결과에는 비용, 어업 환경, 어업인들의 생활 환경 등과 같은 현실적 문제들이 포

[표 2] 한국 내 리빙랩 도입 시기와 분야별 주요 사례

항목	전통적 문제해결 방법	리빙랩 문제해결 방법
문제 정의 주체	전문가, 경영진, 분석가	사용자 + 전문가 + 이해관계자 공동
문제 정의 방법	논리적 분석, 데이터 기반	시민의 경험, 관찰, 인터뷰 기반
참여자	내부 전문가 중심	시민, 공공, 민간, 연구자 모두 참여
환경	실험실, 조직 내 환경	실제 생활 공간 (마을, 학교 등)
목표	효율적 해결책 도출	사회적 가치 창출 + 사용자 수용성
방법	분석적, 계획 중심	사용자 관찰, 프로토타이핑, 실험 중심
과정 성격	선형적(계획→실행→검토)	반복적(실험→피드백→개선)
성과 측정	비용/성과/효율	수용성, 만족도, 지속가능성 등도 포함
결과물 소유권	조직 또는 개발자 중심	공동 소유 또는 지역 사회에 환원

출처: 저자 작성

함되어 있지 않고, 과학적 연구 수준에만 머물러 있어, 실질적인 해결책으로 실생활에 적용되지 못하고 있는 현실이다(Akintola, Newbury-Birch, and Kilinc, 2024). 물론 이러한 연구를 기반으로 사회적 적용을 위한 정책이 마련되겠지만 많은 프로젝트가 그 자체적인 결과 생산에 초점이 맞추어져 있어 사용자들이 필요로 하는 실효성 높은 해결책을 제공해 주지 못하는 한계를 가지고 있다.

리빙랩은 프로젝트나 연구 기반의 전통적인 문제 해결 방식과는 다른 문제해결 방법을 보여준다. 특히 사용자와 다양한 이해관계자가 함께 해결책을 공동으로 창출하고 검증한다는 점에서 사용자의 수용성을 극대화하고 지속가능성을 추구한다. 예를 들어 전통적인 문제해결 방식에서는 고령자의 교통 불편을 해소하기 위해 교통량을 분석한 후 일방적으로 셔틀버스를 배치하는 방식으로 진행되었다면, 리빙랩 방식에서는 고령자와의 인터뷰를 통해 실제 불편 사항을 파악하고, 셔틀 노선을 함께 설계한 뒤 시범 운행을 통해 개선점을 도출하는 방식으로 진행될 수 있다. 또한, 기후적응 교육 프로그램 개발에서도 전통 방식은 전문가 중심으로 커리큘럼을 설계하는 것이 주요 결과물이었다면(Hurlimann, Iftikhar, and Liu, 2024), 리빙랩 방식은 교사, 학생, 지역주민이 공동으로 교육 내용을 설계하고 시범수업을 진행함으로써 현장의 요구와 맥락을 반영한 실천적 교육을 가능하게 한다.

즉, 리빙랩에서의 문제해결 방법에서 가장 큰 특징은 문제를 공동으로 정의하고, 효율성을 넘어 수용 가능하고 실행 가능한 해결책을 제시한다는 것이다. 또한 이러한 방식은 일회적인 해결책을 제시하는 것이 아닌, 환경 변화에 대응해 나가면서, 지속가능한 해결 구조로 만들 수 있다는 것이 가장 큰 핵심이라 할 수 있다. 그리고 고령화, 에너지, 기후변화 등 복잡하고 다양한 이해관계자들이 얽혀 있는 문제를 해결하기에도 적합할 것이다.

III. 리빙랩 교육의 필요성

오늘날 지역사회는 기후변화, 고령화, 사회적 불평등, 공동체의 해체 등 복합적이고 상호 연결된 문제에 직면해 있으며, 기존의 이론 중심·일방향적 문제 해결 방식만으로는 이러한 문제에 효과적으로 대응하기 어렵다. 이에 리빙랩은 이러한 한계를 극복하기 위한 대안으로, 지역 주민을 수동적인 지식 수용자가 아닌 공동설계자(co-designer)로 전환시켜, 지역의 맥락을 반영한 실질적이고 수용 가능한 해결책을 도출하는 데 초점을 둔다. 그러나 이러

한 리빙랩이 제대로 작동하기 위해서는 운영자, 참여자, 이해관계자 모두가 리빙랩의 철학과 가치, 단계별 운영 방식, 지역사회에 대한 이해를 갖추고 있어야 한다. 즉, 리빙랩은 사회적·문화적 조건, 협력 메커니즘, 현장 중심의 실천 지식이 체화된 복합적 실천 내용에 따라 효과적인 과정을 이끌기 위해, 체계적이고 지속 가능한 교육체계의 마련이 반드시 선행되어야 한다.

리빙랩 교육은 단지 기술이나 절차를 전달하는 것을 넘어 리빙랩의 철학과 가치, 리빙랩 운영 절차와 방법론 이해, 지역사회의 문제 인식이 포함되어야 한다.

리빙랩의 철학과 가치는 단순한 이론에 머무르는 것이 아니라, 리빙랩의 설계와 운영 전반에 걸쳐 실천적으로 구현되어야 한다. 따라서 교육에서도 이러한 가치를 단순히 설명하는 데 그치지 않고, 사례 기반 학습, 역할극, 공동 설계 워크숍과 같은 실천 중심의 접근을 통해 학습자들이 직접 경험하고 내면화할 수 있도록 해야 한다.

리빙랩을 효과적으로 운영하기 위해서는 리빙랩의 철학과 가치에 대한 이해뿐만 아니라, 이를 실제로 적용할 수 있는 운영 절차와 방법론에 대한 체계적인 이해와 숙련이 필요하다. 리빙랩은 단순한 참여 프로그램이 아니라, 복잡한 사회문제를 공동으로 정의하고 해결책을 실험·확산하는 하나의 과정이자 시스템이기 때문이다. 이러한 리빙랩의 운영은 몇 가지 단계적 흐름을 중심으로 구성되며, 각각의 단계는 참여자 간의 협력과 피드백, 학습을 내포하고 있어, 이를 위한 교육이 필요하다.

리빙랩 교육에서 또 하나의 중요한 축은 지역사회의 문제 인식이다. 이는 단순히 외부 전문가나 행정기관이 설정한 문제를 수용하는 것이 아니라, 지역 주민 스스로가 자신의 삶의 맥락에서 문제를 발견하고 해석하는 과정을 의미한다. 지역사회의 문제 인식은 리빙랩의 출발점이며, 참여자들이 리빙랩에 주체적으로 참여할 수 있는 동기를 형성하고, 공동의 실천으로 나아가기 위한 정서적·인지적 기반이 된다. 오늘날 지역사회가 직면한 문제는 단선적이지 않다. 기후변화, 고령화, 인구 감소, 사회적 불평등, 지역경제 침체, 공동체 붕괴 등은 상호 복합적으로 얽혀 있으며, 그 영향은 주민들의 삶에 일상적으로 침투하고 있다. 그러나 이러한 문제들은 때때로 문제화되지 않거나, 주민 스스로 인식하지 못한 채 방치되기도 한다. 예컨대 버스 노선이 줄어들어 고령자의 이동권이 침해되거나, 폭염이 심해졌음에도 마땅한 대응 수단이 없는 상황에서, 당사자는 이를 단순한 '불편함'으로 받아들일 수 있다. 이처럼 문제가 사회적으로 인식되고 공론화되지 않으면, 그에 대한 실질적 대응 역시 이뤄지기 어렵다. 따라서 리빙랩 교육은 지역사회 구성원이 자신의 생활 속 불편과 위험을 문제로 인식하고, 그것이 개인의 문제가 아니라 공동의 과제이자 구조적 맥락과 연결된 것임을 이해할 수 있도록 돕는 과정을 포함해야 한다.

또한, 리빙랩 교육을 통해 주민과 실무자들은 지역 문제를 스스로 진단하고, 대안을 탐색하며, 이를 실행할 수 있는 실질적인 문제 해결 역량을 갖추게 된다. 참여 기반의 협력 구조를 통해 지역사회 내 민주적 거버넌스가 강화되고, 공공성 회복에도 기여할 수 있으며, 교육 과정 속에서 시민들은 사회적 문제에 대한 감수성과 타인과의 협업 능력을 함께 향상시키게 되는데, 이는 공동체적 문제 해결의 중요한 토대가 될 수 있다.

결과적으로, 리빙랩 교육에서 지역사회 문제 인식을 포함한다는 것은 단순히 문제의 목록을 작성하는 것이 아니라, 공감과 성찰, 재구성의 과정을 통해 문제에 대한 집합적 인식과 행동의 의지를 형성하는 과정이다. 이는 지역사회 구성원들이 각자의 삶의 맥락에서 문제를 진단하고, 그 해결을 위해 서로 연결되고 협력할 수 있도록 만드는 리빙랩의 실천적 전제이며, 리빙랩 교육이 반드시 다루어야 할 핵심 주제라고 할 수 있다.

IV. 지속가능한 리빙랩 교육의 구성

성공적인 리빙랩 운영을 위해서는 우선 지역사회가 가장 중요하고 시급하며, 공감 가며 의미 있는 문제를 발견하고 해결의 필요성을 인식해야 한다. 이에 따라 리빙랩에서의 교육 구성은 리빙랩에 대한 교육, 리빙랩 운영 단계에 대한 이해, 지역사회 문제 인식 향상에 초점을 두어 크게 3부분으로 구성될 수 있다.

1. 리빙랩에 대한 교육

리빙랩은 현실 세계의 환경에서 사용자를 중심으로 혁신을 수행하는 오픈 이노베이션 모델로, 다양한 이해관계자가 참여하는 공동혁신 생태계를 의미한다(Howaldt, 2009). 리빙랩은 기업, 공공기관, 대학, 시민 등 공공-민간-시민 파트너십(public-private-people partnership)을 통해 새로운 기술이나 서비스, 제품을 실제 생활 맥락에서 공동 창조, 시제품 개발, 검증 및 테스트하는 공간이나 플랫폼으로 정의된다. 이러한 사용자 중심 혁신 방법론은 사용자가 연구개발과 혁신 과정에 적극적으로 참여하여 자신의 요구와 아이디어를 반영하는 것을 핵심으로 한다(Fotis, 2023). 그러므로 요구와 아이디어 반영을 위해서는 리빙랩 운영에 대한 철학적 이해와 핵심 원칙 등에 대한 이해가 필요하다.

리빙랩 운영 철학의 한 축에는 실용주의(Pragmatism)가 포함되어 있다. 실용주의는 지식이나 진리가 실천과 경험을 통해 검증된다는 철학으로, 사회 문제 해결에 있어서 행동을 통한 학습과 실험을 중시한 존 듀이(John Dewey)의 이론에 기반한다. 이러한 관점에서 볼 때, 리빙랩은 공공행정을 위한 실용주의적 접근의 구현으로 이해될 수 있다(Wachter, 2023). 리빙랩은 존 듀이(John Dewey)의 전통적 실용주의적 개념을 기반으로 학술적 지식을 공유하는 것을 넘어 실제로 인지된 문제들에 대한 구체적 해결책을 제시하며, 단순히 이론을 개발하거나 습득하는데 그치지 않고, 현실의 문제를 해결하고 이를 수용할 수 있도록 하는 것을 목표로 한다. 그리고 실용주의 철학은 리빙랩의 반복적(iterative) 특성도 포함한다.

리빙랩에서는 새로운 아이디어나 솔루션을 현실 세계에서 시범 적용하고 그 결과로부터 배우는 순환적 학습 프로세스가 중요하다(Wachter, 2023). 다양한 이해관계자가 함께 참여하는 리빙랩 실험에는 실제 환경에서 시행착오를 통해 배우고, 경험을 통해 지식을 축적하는 행동하면서 배우는(learning-by-doing) 과정이 포함된다. 이러한 접근을 통해 문제를 해결하는 과정 자체가 곧 지식을 생성하는 과정이라는 실용주의의 입장을 반영한다고 볼 수 있다. 예를 들어, 기후변화나 도시문제 해결을 위한 도시 리빙랩에서는 계획 단계부터 시민, 전문가, 행정가가 함께 실험을 설계하고 실행하면서, 짧은 주기의 실행과 피드백을 통해 정책과 솔루션을 조정해 나가게 된다. 즉, 리빙랩은 이론과 실행의 통합을 지향하며, 실제 참여자들의 경험을 통해 사회적 학습과 혁신을 이루는 실용주의적 철학을 운영 전반에 내포하고 있다(Wachter, 2023).

리빙랩 철학의 두 번째 축은 참여적 설계(Participatory Design)이다. 참여적 설계란 제품이나 서비스의 최종 사용자인 시민과 이해관계자가 설계 과정에 적극적으로 참여하여 결정권을 나누는 디자인 방법론으로, 1970년대 북유럽에서 시작된 "디자인의 민주화" 운동에서 유래한다. 그 핵심은 기술 구축이나 서비스 제공에 있어서 사용자에게 발언권을 부여하고, 설계자가 아닌 사용자도 공동 디자이너(co-designer)로 참여하도록 하는 것이다(Pentzold, Ingmar, and Andreas, 2023). Vines et al(2013)은 참여(Participation)의 개념이 개방성과 투명성(openness and transparency), 포용과 다양성(inclusion and diversity), 민주주의와 발언권(democracy and voice)을 의미한다고 설명하는데, 리빙랩은 바로 이러한 참여적 가치들을 현실의 혁신 과정에 적용하려는 시도로 볼 수 있으며, 혁신의 민주화(democratizing innovation)를 지향하고 있다는 것을 의미한다(Pentzold, Ingmar, and Andreas, 2023). 리빙랩은 사용자 중심 디자인(user-centered design)에서 참여적 디자인으로 이행하는 새로운 방법론으로 자리매김하고 있다. 리빙랩에서는 사용자를 피험자나 피설계자로 보는 것에서 동등한 파트너로 간주하는 참여적 설계로 전환하는 데 새로운 관점을 제공한다(Dell'Era and Paolo, 2014). 즉, 기존의 사용자 중심 디자인이 관찰과 피드백을 주로 진행하였다면, 리빙랩은 초기 기획 단계부터 사용자와 이해관계자가 공동 창조자로 참여하여 문제 정의, 아이디어 발상, 프로토타이핑, 평가에 이르기까지 함께 참여한다(Dell'Era and Paolo, 2014; Pentzold, Ingmar, and Andreas, 2023).

이런 점에서 리빙랩은 인간-컴퓨터 상호작용(Human-computer interaction, HCI)과 참여적 디자인 연구에서 발전시켜 온 미래 사용자의 참여를 통한 설계가 포함되면서도, 이를 보다 광범위한 사회문제 해결 맥락으로 확대되고 있다고 볼 수 있다. 또한, 실제 리빙랩 프로젝트에서는 시민 워크숍, 이해관계자 간담회 등 다양한 참여 디자인 기법이 활용되며, 전문가들은 사용자가 교훈을 주는 학습자, 설계자는 가르침을 받는 입장으로서 상호 역할의 필요성도 강조된다(Pentzold et. al., 2023). 이러한 참여적 설계 철학을 통해 리빙랩은 보다 포용적이고 사용자의 요구에 밀착된 혁신을 구현하는 플랫폼으로도 평가된다. 그러나 리빙랩이 참여와 협력의 규범적 이상을 표방하지만 실제 운영에서는 현실적인 제약과 타협(pragmatic solutions)에 부딪힐 수 있다. 예를 들어, 누가 리빙랩에 참여할 기회를 얻는지, 얼마나 깊은 참여가 이루어지는지, 참여의 결과물이 어떻게 활용되는지 등의 실천적 문제들이 발생하며, 가끔은 시민참여를 통한 혁신이라는 명분을 통해 행정 혹은 기업 주도의 목표 달성을 위한 수단으로 활용되는 한계도 나타난다(Pentzold et. al., 2023). 이러한 비판은 리빙랩이 추구하는 참여적 설계 철학을 지속적으로 성찰하고, 참여의 질을 높이기 위한 노력이 필요하다는 것을 의미한다.

공동창출(Co-Creation)은 리빙랩 철학의 세 번째 핵심 축으로, 리빙랩의 중요한 핵심 단계이다. 공동창출은 다수의 이해당사자들이 함께 가치(value) 창출을 한다는 의미로, 제품이나 서비스 개발에서 생산자와 사용자가 경계를 넘어 협력하는 개념이다. 리빙랩에서는 이러한 공동창출이 일어날 수 있도록 개방적이고 안전한 협업 공간을 제공하고, 새로운 아이디어의 창출과 구현을 촉진한다(Fotis, 2023). 즉, 리빙랩은 개념 구상부터 상용화에 이르는 모든 단계에서 공동창출이 이루어지도록 다양한 이해관계자와 참여자들이 자유롭게 실험하고 피드백을 주고받을 수 있는 테스트베드(test bed) 역할을 한다. 그리고 공동창출의 결과로 리빙랩 참여자들은 공동의 학습 효과를 얻고, 최종 산출물의 활용도와 혁신성도 높아질 수 있다.

리빙랩은 시민, 기업, 연구자가 아이디어를 함께 구상하며 프로토타입의 공동 개발에 중점을 두고, 공동 개발을 통한 공동창출은 기존의 연구개발 방식과 달리 지식과 경험의 일방향적 전달이 아닌 양방향적이라는 특징을 갖는다. 이는 기업이나 기관은 시민들로부터 현실 생활에서의 통찰(insight)을 얻고, 시민은 자신의 아이디어가 반영되는 주인의식을 가지게 되어 결과물의 수용도가 높아질 수 있다(Sales & Papafoti, 2024). 그리고 공동창출이라는 개념은 사용자 중심 디자인, 경험 중심 디자인, 가치 중심 디자인 등의 개념을 포괄하는 통용어로 자리잡기 시작했다(Massari, Mattioni, and Chiffoleau, 2023). 공동창출 철학은 단지 제품 개발에만 국한되지 않고 공공 서비스, 정책 디자인, 사회문제 해결 등 다양한 영역에서 적용 가능하다. 여기서 중요한 것은 참여자들이 공동의 목표를 가지고 상호 신뢰를 바탕으로 협력하는 환경을 조성하는 일이다. 또한, 리빙랩의 공동창출 환경에서 참여자들은 가장 순수한 형태의 민주적 경험을 할 수 있다는 것은 리빙랩이 참여자의 모든 목소리가 동등하게 존중받는 공간이라는 것을 의미한다(Pentzold et. al., 2023). 요컨대, 공동창출은 함께 창조하는 과정 자체가 혁신의 핵심 성과로 인정되는 리빙랩 철학의 핵심이라고 볼 수 있다.

리빙랩의 철학적 교육과 함께 리빙랩에 핵심 원칙에 대한 교육도 리빙랩 운영을 위해서는 중요한 부분이다. 리빙랩이 효과적으로 운영되기 위해서는 다섯 가지 핵심 원칙(core principles)인 가치(Value), 개방성(Openness), 현실성(Realism), 영향력/참여 영향(Influence), 지속가능성(Sustainability)이 모든 리빙랩 운영 단계에서 일관되게 적용되어야 한다(Ståhlbröst, 2012).

가치(Value): 참여자 모두에게 가치 있는 결과를 창출하는 것을 목표로, 기업에게는 사업적 가치, 사용자에게는 삶의 질 향상 또는 문제 해결의 가치, 공공부문에는 사회적 가치가 제공되어야 한다.

개방성(Openness): 다양한 아이디어와 자원이 자유롭게 논의될 수 있는 열린 구조를 갖춰야 하며, 이는 다양한 아이디어와 협업을 통한 지식 공유를 장려하는 것을 의미한다.

현실성(Realism): 현실 생활에서의 실험을 중시하는 것으로, 연구실 조건이 아니라 실제 생활에서 실험하고 학습해야 하는 것을 의미한다. 이를 통해 수용성과 실용성을 확보할 수 있다.

영향력/참여 영향(Influence): 최종 사용자와 시민이 의사결정과정에 영향력을 행사할 수 있어야 한다. 이는 참여자들에게 발언권과 결정권을 부여하며, 그들의 의견이 설계와 의사결정에 반영되어, 사용자의 권한을 강화한다.

지속가능성(Sustainability): 리빙랩 운영 및 성과가 경제적·사회적·환경적으로 지속가능해야 한다. 리빙랩이 단발성 프로젝트로 끝나지 않고 지속적인 개선 사이클로 이어지도록 하는 것과, 창출된 결과물이 환경 및 사회에 긍정적 지속 효과를 주는 것이 포함된다.

위에 언급한 다섯 가지 핵심은 여러 연구자들이 다양한 리빙랩 사례를 분석하여 추출한 공통 요소로, 모든 리빙랩이 준수해야 할 운영 철학으로 제안되기도 한다. 또한 이러한 원칙들은 단순히 리빙랩에만 국한된 것이 아니라, 다른 혁신 프로세스에서도 찾아볼 수 있는 보편적 개념이지만 리빙랩은 특히 이들을 동시다발적으로 구현한다는 점이 특징이다(Ståhlbröst, 2012).

마지막으로, 리빙랩의 철학적 이해와 핵심 원칙을 기반으로 실행 프로세스의 반복과 학습에 대한 교육도 포함되어야 한다. 리빙랩은 단발성 실험으로 끝나는 것이 아니라, 여러 번의 사이클을 통해 솔루션을 고도화하거나 새로운 문제를 순차적으로 다루는 지속적 혁신 플랫폼으로, 초기 프로토타입 실험 후 사용자 피드백을 반영하여 개선안을 만들고, 다시 현실 환경에서 검증하는 식의 실행-학습-

개선의 절차를 반복하게 된다. 이러한 반복적 모델은 변화에 빠른 대응을 통한 혁신이 가능하며, 복잡한 사회문제 해결에 유용한 접근방식으로 인식되기도 한다(Wachter, 2023). 더불어, 리빙랩에서 생성된 지식은 참여자들 사이에 공유자산으로 축적되어, 프로젝트가 끝나도 지역사회나 조직에 남는 지식 유산이 되어, 지역과 공동체의 학습 능력을 제고 한다.

2. 리빙랩 운영을 위한 교육

리빙랩은 단순한 기술 실험 공간을 넘어, 실제 삶의 맥락에서 다양한 이해관계자가 함께 문제를 인식하고 해결책을 공동으로 창출하는 살아있는 혁신 플랫폼이다. 이러한 리빙랩이 효과적으로 작동하기 위해서는 그 운영 단계에 대한 체계적인 이해와 설계가 필요하며, 특히 참여자 간의 공감과 이해를 바탕으로 한 협업 구조, 그리고 지속가능한 자발적 참여를 유도할 수 있는 촉진 전략이 필수적으로 요구된다. 따라서 리빙랩 운영은 철학적 기반 위에 실천 가능한 단계별 전략을 결합함으로써, 구현 가능한 모델로 자리 잡아야 한다.

리빙랩 운영의 출발점은 공동 진단(Co-diagnosis)으로 여기에는 문제 발굴과 문제 정의가 포함된다. 이 단계에서는 지역사회 혹은 현장의 실생활 속에 존재하는 문제 중, 리빙랩의 형식과 목적에 적합한 문제를 선발해 내는 과정이 핵심이다. 여기서 중요한 것은 모든 문제를 리빙랩을 통해 다룰 수 있는 것은 아니라는 점이다. 다루고자 하는 문제는 공공성과 다수의 관심을 바탕으로, 다양한 이해관계자의 참여와 협업을 통해 실질적인 해결 가능성이 있는 사안이어야 한다. 이를 위해 이해관계자 인터뷰, 시민 의견 수렴, 현장 관찰 등의 방법을 활용하여 문제의 현실성과 긴급성을 진단하고, 이를 리빙랩의 주제로 확정한다. 문제가 도출되면 공동 목표를 설정할 수 있다. 이 과정은 참여자들 간의 공감대를 형성하고, 공통의 문제 인식을 바탕으로 프로젝트의 비전과 방향성을 도출하는 중요한 전환점이다. 공동 목표는 단순한 합의 이상의 의미를 지닌다. 이는 각 참여자가 프로젝트 내에서 자신이 수행할 역할과 책임을 인식하고 수용하게 만드는 계기로, 리빙랩이 추구하는 공동창출의 기반이 된다. 따라서 다양한 이해관계자가 함께 참여하는 워크숍, 공동 비전 수립 세션, 또는 퍼실리테이션을 통한 대화 과정을 통해 충분한 논의를 이끌어 내야 한다.

이후 이해관계자의 협업 구조를 설계한다. 시민, 전문가, 기업, 공무원 등 다양한 배경의 참여자들이 함께 프로젝트를 수행하는 리빙랩에서는 각자의 역할과 책임을 명확히 정의하는 것이 협업의 혼선을 줄이는 데 핵심적이다. 예를 들어, 시민은 사용자로서 피드백을 제공하고, 기업은 기술적 지원을, 지자체는 행정적 뒷받침을 수행하는 식의 역할 구분이 필요하다. 이와 함께 참여자 간의 협업을 촉진하기 위한 중재자, 즉 퍼실리테이터의 존재가 매우 중요하다. 퍼실리테이터는 갈등을 조정하고 다양한 의견을 조율하며, 소통의 장벽을 낮추는 역할을 수행한다. 이를 통해 리빙랩은 수직적 구조가 아닌 수평적이고 열린 참여 구조를 실현할 수 있다.

이해관계자의 협업이 구체화되면, 리빙랩은 본격적인 솔루션 공동 개발(Solution Co-Development) 단계로 진입하게 된다. 이 실행 단계는 일반적으로 아이디어 도출 – 프로토타입 개발의 흐름으로 구성된다. 아이디어 도출 단계에서는 디자인씽킹(Design thinking), 브레인스토밍(Brain storming), 스토리보드 작성 등 다양한 창의적 기법을 활용하여 해결 방안을 제안하고 토론하게 된다.

이후 실험 및 검증 단계에서 프로토타입 개발 및 실험이 진행된다. 이 단계에서는 가능한 시제품을 제작하여 실제 환경에서 실행해보고, 그 결과를 바탕으로 실효성을 검증하게 된다. 이러한 실험은 단순한 실행이 아니라 학습의 기회이자 협업의 장이다. 실험 결과에 대한 평가는 정량적 지표와 정성적 피드백을 모두 포함해야 하며, 이를 통해 어떤 요소가 효과적이었고, 어떤 부분이 개선이 필요한지에 대한 통찰을 얻게 된다. 이러한 평가 결과는 정책 제안, 제도 개선, 후속 사업 기획 등으로 이어져야 하며, 이를 통해 리빙랩은 일회성 실험이 아닌 장기적 변화와 연결될 수 있다.

무엇보다도 리빙랩 운영에서 가장 핵심적인 요소는 '자발적 참여의 유지'이다. 참여자들이 리빙랩에 참여는 했지만, 실질적인 권한이나 영향력이 없어 형식적인 참여에 그치는 경우가 많다. 이는 리빙랩이 실질적인 사회적 실험장이 되지 못하고, 단순한 연구나 행정 도구로 전락하는 원인이 된다. 이를 해결하기 위해서는 참여자들이 문제에 대해 주인의식을 갖고, 자신의 의견과 행동이 리빙랩 결과에 반영된다는 확신을 가질 수 있어야 한다. 이는 교육을 통해 실현 가능하다. 즉, 문제의 배경, 해결의 필요성, 참여자의 기여 가능성 등을 충분히 교육하고 공유하는 과정은 자발적 참여를 유도하는 강력한 동기 부여가 된다.

또한 지속적인 협업을 유지하기 위해서는 다양한 소통 채널을 활용하여 투명한 정보 공유와 상호 피드백이 가능하도록 해야 한다. 참여자에게는 기여에 대한 성과를 구체적으로 환류하고, 필요에 따라 소정의 보상, 참여 증명서 등의 인센티브 제공도 고려하며, 리빙랩의 성과는 공동 발표회, 오픈 세미나 등을 통해 지역사회와 공유해야 한다. 이 과정을 통해 참여자들은 성취감을 경험하며 다음 프로젝트로의 연결을 기대하게 된다.

즉, 성공적인 리빙랩 운영을 위해서는 문제 정의에서부터 실행, 검증, 실현화에 이르기까지 모든 과정에서 참여자가 중심이 되어야 하며, 자발적 참여를 유도하고 지속시키기 위해서는, 리빙랩의 철학이 포함된 구조적·정서적 조건들이 함께 마련될 수 있도록 리빙랩 과정에 대한 전반적인 이해가 필요하다. 그리고 이를 통해 리빙랩은 단지 기술을 실험하는 공간이 아닌, 사회적 공감과 창의적 협력이 살아 있는 '지속 가능한 혁신의 플랫폼'으로 자리 잡을 수 있다.

3. 지역사회 문제에 관한 교육

리빙랩의 첫 단추는 중요하면서도 또한 시급한 문제를 발굴하는 것이다. 이러한 문제 인식 과정은 문제를 발견하고 이해하여 해결할 방법을 구체화할 수 있도록 정의하는 과정을 말한다. 과학 탐구과정에서 가장 중요한 것이 탐구 문제를 설정하는 것처럼, 명확한 문제가 훌륭한 성과의 기본 전제가 될 수 있으므로 중요하면서도 시급한 문제를 발굴하는 것은 리빙랩 운영에서도 매우 중요한 요소로 구분된다.

일반적인 문제 인식은 관찰에서 시작된다. 그런데 같은 것을 보더라도 어떤 사람은 문제를 알아내지 못하는 경우도 있고, 어떤 사람은 중요한 문제를 이끌어 내는 경우도 있다. 떨어지는 사과를 보고도 일반인들은 의문을 품지 않았지만, 뉴튼(Newton)은 여기서 만유인력의 영감을 얻기도 했다. 일반 국민의 93.7%가 지구온난화와 기후변화를 가장 심각한 환경문제로 인식하고 있지만(환경부, 2024), 여기서 내가, 우리 지역사회가, 국가가 해결할 수 있는 문제로 구체화하는 것은 쉽지 않다. 또한 동일한 주제에서도 여러 측면으로 문제가 제시될 수 있어, 이를 리빙랩 운영 시 공동문제로 이끌어내는 과정이 필요하다.

지역사회 문제 발굴은 말 그대로 지역 주민들의

삶에 영향을 미치는 문제를 찾아내고 정의하는 과정을 의미한다. 이는 학교, 지방자치단체, 시민단체 등 어떤 맥락에서도 활용할 수 있는 일반적 절차로, 지역의 발전과 변화를 위해 필요한 첫 번째 단계이다. 즉, 어떤 문제를 선택하고 어떻게 규정하느냐에 따라 이후 세워질 정책과 해결 방법이 달라지므로, 문제 발굴 단계는 매우 중요하다.

1) 1단계: 지역사회 문제 인식 및 현황에 대한 관찰

리빙랩은 국가 단위보다는 지역단위에서 운영되는 것이 적합하다. 지역사회 문제는 국가적 이슈나 글로벌 문제보다 시민들이 느끼는 체감도가 높으며, 시민들의 행복도 또한 지역 사회 문제 해결 수준과 밀접한 연관이 있다. 그리고 글로벌 이슈는 규모가 크고 복잡한 반면, 지역 문제는 상대적으로 규모가 작고 관련된 이해관계자도 적으며, 해결 가능성이 높다.

지역사회 문제의 발굴은 주변을 관심 있게 관찰하는 것에서 시작된다. 그러나 일상의 익숙함에서 문제를 인식하는 것이 어려울 수 있다. 예를 들어 기후변화로 인해 해수면이 상승하고 극한 기상현상이 나타난다고 하나 익숙함으로 인해 오히려 문제가 간과되기도 한다. 이를 위해 의식적으로 일상생활 속 환경을 살펴보며 "왜 이렇게 되어 있을까?", "이건 불편하지 않을까?" 같은 질문을 던져보는 습관이 중요하다. 예를 들어, 길을 걸으며 보행자 신호등이 너무 짧지는 않은지, 골목길 조명이 어두워 위험하지 않은지, 인근 해변에 떠밀려온 플라스틱 해양 쓰레기들을 보면서 이 많은 플라스틱은 어디에서 온 것인지 관찰하면서, 이를 문제로 인식할 수 있다.

스마트폰 기술의 발달로 메모앱이나 수첩에 관찰 내용을 기록하면서, 문제의 패턴을 인식하기 시작할 수 있다. 실제 도시재생 전문가들은 일상을 기록하는 이러한 '도시 일기'가 가장 현실적인 문제 발견 도구라고 말한다. 눈에 띄는 문제 상황이나 장소를 사진으로 남겨두는 것도 도움이 된다. 예컨대 한 주민이 쓰레기가 쌓여 있는 골목을 사진 찍어 두고 공유하면서 그 지역의 쓰레기 처리 문제가 공론화된 사례도 있다. 이처럼 사진 기록은 나중에 다른 사람들과 문제를 공유하거나 분석할 때 큰 도움이 되며, 실제로 많은 지역 문제 해결 프로젝트들이 주민들의 사진 기록에서 시작되기도 하였다.

경남 통영시는 한려해상국립공원이 지정될 만큼 자연경관이 수려한 지역으로 해양 관광업이 발달한 지역임과 동시에, 굴, 멍게, 우럭, 멸치 등 국내 수산물을 생산하는 대표적인 수산업 도시이기도 하다. 그런데 폐어구와 굴 폐각, 낚시꾼들이 버리고 간 쓰레기, 양식용 부표 등이 해안가로 밀려와 해양쓰레기가 많았으며, 특히 어업용 스티로폼 부표가 산적해 있었다. 보통 어업용 스티로폼은 그물의 부력을 유지하는 도구로 사용된다. 통영에서는 주로 굴 양식장에서 약 230만개의 어업용 스티로폼이 사용되어, 여기서 유실되는 부표가 점차 해안가 등에 쌓이는 등 해양쓰레기의 주원인이 되고 있다. 이러한 상황에서 통영 시민들과 관광객들의 눈에 어업용 스티로폼 부표가 쌓이는 것이 관찰되기 시작하고, 이것이 "불편함"에서 문제로 인식되어 자발적으로 해양쓰레기를 수거하기 시작하였다. 그리고 통영시에서도 매월 1~2회 민간단체와 함께 해양쓰레기 수거 활동을 실시하고, 굴착기 등을 동원해 해안에 방치되어 있던 폐스티로폼 및 각종 해양쓰레기 수거를 진행하는 등 해양쓰레기 문제를 해결하기 위해 다각도로 노력하고 있다.

또 하나의 사례는 미세플라스틱 사례이다. 해양에서 미세플라스틱이 최초로 발견된 것은 1970년대 미국 동부해안과 영국 남서부 해안 및 해산물의 위장에서 플라스틱이 발견되었다. 이후 30년간

[그림 1] 통영시 해안가 쓰레기 줍기 활동
출처: 통영시청

이 문제가 주목받지 못하다가 2004년 Thompson 외의 연구에서 재조명되기 시작하였다(Tompson et.al., 2004). 현재는 해양플라스틱 문제를 포함하여 전 지구적 플라스틱 오염문제를 해결하기 위한 국제 플라스틱 협약을 마련하기 위해 진행 중이다.

이상과 같은 문제는 사실 과거에도 있었던 문제이지만 해양쓰레기, 미세플라스틱이라는 문제가 부각되면서 그 중요성이 대두되고, 지역주민 또한 연구자들이 관심과 관찰을 통해 문제가 새롭게 인식된다. 문제는 어디에나 있지만 이것을 우리의 문제로 인식하는가는 또 다른 차원이다. 이렇게 사회적 문제는 인간과 사회가 감지하고 인식하는 문제이기 때문에, 비전문가인 일반 주민들이 문제를 인식하기 위해서는 그 심각성을 이해하기 위한 교육과 인식 향상 노력이 필요한 것이다.

한편 문제를 인식할 때는 다양한 관점에서 바라보는 노력이 필요하다. 같은 장소라도 연령대나 처지에 따라 느끼는 불편함이 다를 수 있기 때문이다. 예를 들어, 노인의 눈으로 본 마을과 청소년의 눈으로 본 마을, 장애인의 눈으로 본 동네 환경은 각각 다르게 다가온다. 이를 위해 '페르소나(Persona)' 기법을 활용해 보는 것도 좋은 방법이다. 가상의 주민 캐릭터를 만들어 "휠체어를 사용하는 70대 노인이 이 거리를 다닌다면 어떤 문제가 보일까?"처럼 특정 인물의 시선으로 동네 환경을 점검해 보는 것이다. 더 나아가 직접 그 입장이 되어 체험해 보는 방법도 있다. 예를 들어 휠체어를 타고 동네 한 바퀴 돌아보기, 눈을 안대로 가리고 보행해 보기, 유모차를 끌고 계단 이용해 보기 등은 평소 인식하지 못했던 문제점을 발견하게 해준다.

실제로 일부 지자체에서는 공무원들이 이런 체험을 통해 교통약자나 장애인의 불편을 체감하고 개선 아이디어를 얻도록 하는 프로그램을 운영하고 있다. 시작 단계에서 "내 주변에 어떤 불편이나 위험, 욕구 충족의 공백이 있는가?"를 다각도로 살펴보며 최대한 많은 문제의 징후와 단서를 포착하는 것이 중요하다. 그리고 문제의 징후와 단서는 일상생활 속에서 주민이나 관계자들이 불편함이나 위험을 느끼는 순간일 수 있으며, 때로는 언론 보도나 전문가의 지적일 수도 있다. 기후적응 측면에서 문제 인식은 기후변화로 인해 새롭게 나타나거나 심화되는 이상 현상에 대한 경각심에서 출발할 수 있다. 예를 들어, 폭염, 가뭄, 폭우와 같은 극한 기후 현상이 번번해 지면서 주민들은 건강 이상이나 재산 피해를 직접 체감하게 되고, 이것이 "우리 지역에 문제가 생겼다."는 인식으로 이어지게 되며, 이 단계에서는 문제가 아직 구체적으로 정의되지는 않았지만, 심각한 상황이 벌어지고 있음을 모두가

깨닫는 것이 핵심이다.

2) 2단계: 의견 수렴 및 소통

일상생활에서의 관찰을 통해 문제를 인지하면, 각기 자신의 렌즈를 통해서 문제를 판단하게 된다. 그러므로 각 개인이 인지하는 문제가 다를 수 있으며, 또한 그 시급함과 중요도에서도 차이가 있을 수 있다. 지역 주민과 직접 소통함으로써 자신이 미처 몰랐던 문제나 다른 집단이 겪는 어려움을 알 수 있기 때문에 지역사회 구성원들의 다양한 의견을 수렴하는 과정이 필요하다. 그리고 의견 교환과 수렴은 설문조사, 인터뷰, 언론 매체 분석, 데이터 조사, 공청회 등 다양한 방식으로 이루어질 수 있다. 그러나 무엇보다 중요한 것은 문제를 가장 잘 이해하고 있는 사용자, 즉 당사자의 의견을 폭넓게 수렴하는 것이다. 주민 참여는 다양한 시각과 관점을 드러내게 하며, 이를 통해 문제의 범위와 영향을 더욱 명확히 파악할 수 있는 기회를 제공한다. 나아가 주민들의 우려와 요구를 충분히 파악함으로써 향후 문제 해결 과정에서 이들의 지지와 협력을 확보할 수 있는 기반이 마련된다. 이것은 1단계에서의 문제 인식 과정에서 놓쳤을 수도 있는 문제의 목록을 확보할 기회가 될 수 있다. 이와 같이 주민 의견 수렴 단계에서 얻은 정보들은 이후 자료 조사와 문제 분석에 중요한 기초가 된다. 이 단계의 결과로 지역사회는 "어떤 문제가, 얼마나, 누구에게 영향을 미치고 있으며, 주민들은 이를 어떻게 느끼고 있는지"를 명확히 알 수 있게 된다. 또한 주민들이 원하는 문제 해결 방안이 무엇인지 알게 되어, 문제 해결 방안을 마련할 때 주민 공감대를 얻기 쉬워질 수 있다. 이렇게 리빙랩의 문제 설정 과정에 주민이 참여한다면, 민주성을 확보하고 나아가 지역 맞춤형 해결책을 찾는 데에도 큰 도움이 될 것이다.

3) 3단계: 자료 수집 및 분석

자료 조사 단계에서는 앞 단계에서 드러난 문제에 대한 주민 의견과 초기 인식을 바탕으로 객관적인 사실과 데이터를 수집하고 분석할 필요가 있다. 그리고 수집한 데이터를 활용하여 문제를 뒷받침할 근거 및 문제 입증에 활용할 수 있다. 예를 들어 주민이 체감적으로 요즘 우리 동네에는 온열환자가 많아진 것 같다고 생각하는 것과 기사 등을 통해 "5월 15일 온열질환 감시체계가 가동된 이후 누적 온열질환자는 2,631명이다. 이 가운데 사망자는 12명이다. 지난해 감시 시작일인 5월 20일부터의 수치만 보면 온열질환자는 2,615명으로 전년 동기(1007명)와 비교해 2.6배 규모다. 올해 사망자는 지난해 같은 기간(4명) 대비 3배에 달한다(오경묵, 2025)."라는 내용을 통해 이해하는 것에는 차이가 있다. 즉 자료 수집과 분석은 문제의 심각성과 우선순위를 판단하는 근거가 되며, 문제의 원인과 영향 규모를 과학적·통계적으로 파악하기 위한 과정으로 볼 수 있다.

자료 수집에서는 공식 통계, 연구 보고서, 현장 조사, 전문가 자문 등 다양한 방법을 활용할 수 있다. 또한, 자료 조사를 통해 "문제가 언제부터 발생했는지, 얼마나 심각한지, 어떤 요인과 연관되어 있는지"를 보다 정확히 알 수 있다. 특히 기후적응과 관련된 문제는 기상 데이터, 환경 모니터링 자료, 건강 기록, 경제 손실 통계 등 폭넓은 데이터를 활용할 수 있다.

자료 조사 단계에서는 주관적인 느낌을 객관적인 사실로 검증하는 것이 핵심이다. 전 단계들에서 주민들이 제기한 문제가 실제로 몇 명에게 얼마나 영향을 주고 있으며, 최근 어떠한 추세로 악화하고 있는지를 수치와 사실로 확인할 수 있다. 이를 통해 문제에 대한 공감대를 형성하고 설득력을 높일 수 있다. 즉, 정량적인 데이터와 사실 조사를 통해 문제 근거에 기반한 이해와 초기 문제 목록에 대한 검증이 가능하고, 문제 해결 방안을 수립하는 토대가 된다.

4) 4단계: 우선순위 선정

여러 경로를 통해 다양한 문제들이 발굴되었다면, 이제는 이를 체계적으로 분류하고 우선순위를 정하는 단계가 필요하다. 현실적으로 모든 문제를 한 번에 해결할 수는 없기 때문에, 중요하고 시급한 문제를 골라 의제로 선정해야 한다. 우선 1~3단계에서 모인 문제들을 분야별, 영향 범위별로 분류하고, 그 하위에 구체적인 문제들을 열거한다. 그리고 각 문제에 대해 영향을 받는 주민의 수, 심각도, 시급성, 해결 가능성, 필요 재정 지원 여부 등의 기준을 세워 평가하도록 한다. 우선순위를 결정하기 위해서는 주민뿐만 아니라 전문가, 공무원 등 다양한 이해관계자가 모여서 함께 진행하는 것이 바람직하다. 주민회의, 워크숍이나 토론회, 투표나 점수부여 등의 다양한 방법을 통해서 순위를 정해 최종 문제가 결정되어야 할 것이다.

예를 들어 해양재난과 관련해서는 재난 유형별 위험도 평가를 시행하여 어느 부분에 역량을 집중할지 결정한다. 지역사회를 위협하는 요인이 태풍, 해일, 침수, 해안 침식 등으로 다양하다면, 이 중 빈도와 피해 규모가 큰 것을 우선으로 다룬다. 최근 10년간 지역에 큰 피해를 준 재난 사례를 분석해서, 태풍에 의한 홍수 및 인명 피해가 가장 크다고 확인이 되면,"태풍 및 폭우로 인한 홍수 대응"을 최우선 과제로 삼을 수 있다. 반면 해안 침식의 경우 서서히 진행되는 문제이므로 상대적으로 긴급성이 낮다고 판단하여 후(後)순위로 둘 수 있다.

또한 우선순위 결정에는 취약계층 보호나 중요 기반 시설 보호와 같은 요소도 고려된다. 예를 들어, 만약 해안가에 있는 양식장이나 주민 거주지가 많아 다수의 생계와 인명이 걸려있는 위험이라면 그 대응을 우선시한다. 해양재난 분야에서는 발생 확률과 피해 심각도를 고려한 위험 매트릭스(Matrix)를 만들어 우선순위를 정할 수도 있다. 최종적으로 의사결정자들은 "가장 시급히 해결해야 할 재난위험은 무엇인가?"에 대한 합의에 도달하고, 그 문제를 중심으로 자원 배분과 대책 마련을 추진하게 된다. 선(先)순위가 설정됨으로써 지역사회는 한정된 인력과 예산을 전략적으로 배분할 수 있고, 무엇부터 행동을 시작해야 할지 명확해진다. 이는 리빙랩의 운영이 원활하게 진행되게 하는 추진력이 된다.

5) 5단계: 문제 분석 및 구체적 문제 정의

선정된 핵심 문제에 대해서는 깊이 분석하고 명확히 문제를 정의해야 한다. 이는 문제 해결을 위한 마지막 발굴 단계로서 문제의 원인과 구조를 밝혀내고 문제 정의를 정교화하는 단계이다. 문제의 원인과 결과의 관계를 도식화해서 원인과 결과의 인과관계의 흐름도 파악하고 여러 문제와의 관계를 파악하는 것이 중요하다.

앞 단계까지는 문제의 존재와 중요도를 확인했다면, 이제는 그 문제의 근본 원인, 영향 관계, 범위(scope) 등을 자세히 파헤쳐서 정확히 어떤 문제를 해결해야 하는지 명문화하는 것이 필요하다. 이를 위해 원인과 결과 도식(예: 물고기 폐사의 원인이 수온 상승인지, 병해인지, 또는 복합인지), 이해관계자 분석(이 문제로 누가 영향을 받는지, 관련 주체는 누구인지)을 해야 한다. 또한 관련 분야 전문가의 자문회의를 열어 문제 정의에 필요한 사항을 점검해야 한다. 명확한 문제 정의는 모호하지 않고, 해결할 수 있는 형태로 진술된 것으로, 이후 단계에서 해결 방안을 공동창출 하거나 실행 계획을 수립하는 데 바로 활용될 수 있어야 한다. 이 단계가 끝나면 "무엇이 문제이고, 왜 발생하며, 어떻게 나타나고 있는가"와 같이 문제가 명확히 규정된다.

예를 들어 통영시에서 고수온으로 인한 양식 어류 폐사 문제를 최우선 과제로 정했다면 이를 상세하게 분석해야 한다. 먼저 문제 현상을 정확히 파악하여 기술해야 한다. 여름철 수온 상승 시 양식장에서 대량의 어류 폐사가 발생하여 양식 어가에 심각한 경제적 피해를 주는 문제 등으로 서술할 수 있다. 원인을 분석해 보면, 기후변화로 인한 해수 온도 상승이 1차 원인이지만, 추가로 "양식장 밀집도가 높아 질병 전파가 빨랐다.", "냉각시설 등 대응기술이 부족했다.", "양식 어종(예: 우럭, 볼락, 참돔 등)이 고온 내성에 취약하다." 등 문제를 악화시키는 요인을 찾아낼 수 있다. 또는 피해가 특히 심한 지역의 조건도 분석을 통해 밝혀낼 수 있을 것이다. 위의 정보를 종합하여 "기후변화로 인한 해수 온도 상승과 대비 미흡으로, 우리 지역 양식업에서 여름철마다 대량 어류 폐사 및 수억 원대 피해가 반복되고 있다"로 문제를 정의할 수 있다. 이 문제 정의에는 현상(어류 폐사 및 경제 피해), 원인(해수 온도 상승 + 대비 미흡), 빈도(매년 여름철), 영향 범위(지역 양식업 전반) 등을 포함하여 문제를 명확하게 정의함으로써 해결해야 할 과제가 "해수 온도 상승에 견디는 양식 시스템 도입"이라든지 "양식장 냉각설비 지원" 등 구체적인 방향으로 연결될 수 있을 것이다. 아울러 문제 분석 단계에서 만약 이 문제가 해결되지 않을 경우 "지역 수산업이 지속 불가능해질 우려", "지역 어민 소득 감소로 경제 기반 붕괴 가능성" 등을 데이터로 뒷받침하여 명시하면, 문제 해결의 시급성을 부각할 수 있다.

이와 같이 문제 분석 및 정의 단계를 거치고 나면, 지역사회는 이제 해결해야 할 문제가 무엇인지 정확하고 구체적으로 이해하게 되며, 리빙랩을 통한 보다 실효성 있고 실현 가능성이 높은 해결책을 공동창출할 수 있을 것이다.

이상과 같이 문제를 발굴하는 과정에는 관련 주제에 대한 이해가 필요하며 또한 협업의 질을 향상시킬 수 있으므로 이에 대한 교육이 필요하다. 예를 들어 기후적응과 관련하여서 심각성에 대해서는 인지하고 있지만 이것에 대한 구체적인 지식과 이해가 부족한 상태에서는 인식하는 문제의 수준과 협업의 질이 상대적으로 낮을 수밖에 없다. 그러므로 리빙랩에서의 지역사회 문제를 인식하기 위한 교육이 필요하다. 특히 지역사회, 실생활 문제로 이해하는 단계의 교육이 필요하며, 이는 향후 리빙랩 운영 시 이해관계자들과의 의사소통력과 협업을 끌어내는 것도 필요하다.

V. 나가며

리빙랩(Living Lab)은 사용자의 참여와 실제 환경에서의 실험을 통해 문제를 해결하고 혁신을 촉진하는 개방형 혁신 방법론이다. 성공적인 리빙랩 운영을 위해서는 다양한 주체 간 협업과 현장 중심의 문제 해결 역량이 요구되며, 이를 뒷받침하는 체계적인 교육이 필수적이다. 특히 리빙랩의 운영이 일회적인 프로젝트 성격을 넘어 실생활에서 실효성 있는 성과를 거두고 나아가 사회변혁의 방법으로 자리잡기 위해서는 운영의 지속가능성도 제고되어야 한다. 이를 위한 리빙랩 운영 교육의 주요 과제는 다음과 같다.

첫째, 이해관계자 간 역할 인식 부족을 해소하는 것이다. 리빙랩에는 운영자, 연구자, 시민, 행정기관, 기업 등 다양한 이해당사자들이 참여하지만, 각자의 역할에 대한 이해 부족으로 협업이 원활하지 않다. 이를 위하여 운영자의 역할과 역량 강화가 선행될 필요가 있다. 그리고 이해관계자의 리빙랩에 대한 이해와 인식 증진이 지역사회 리빙랩 운영의 자발적 참여의 원동력이 될 수 있도록 교육과 훈련이 병행되어야 할 것이다. 이러한 교육은 전통적인 강의식 교육의 형태를 보완하여 워크숍, 토론회, 순회 교육 등 다양한 방법으로 필요에 따라 상시 공급될 수 있도록 지역사회의 주민, 회사, 시민단체 등의 교육 플랫폼과 연동하여 진행하는 것이 효율적일 것이다. 이를 위해 교육 네트워크 구축과 활용계획이 마련될 필요가 있다. 또한 이것은 리빙랩 플랫폼으로 활용될 수 있으며, 나아가 리빙랩 운영의 지속가능성을 확보하는데 중요한 역할을 할 수 있을 것이다.

둘째, 실천 중심 역량을 강화하는 것이 필요하다. 리빙랩 운영을 위해서는 자발적인 운영자와 사용자의 참여가 필수적이다. 이들 대부분은 기존의 현업에 종사하고 있으며, 문제에 대한 관심과 필요성에는 공감하지만, 구체적으로 리빙랩을 운영 하는 것에는 어려움을 호소하고 있다. 리빙랩에 대한 이론 중심 교육은 있지만 실제 실험 설계, 참여자 모집, 갈등 조정, 성과 확산 등의 경험은 부족하며, 이를 실행할 능력이 부족한 경우가 많다. 또한 리빙랩 운영은 운영 주체, 목적, 운영 방식에서 다양성하게 존재한다. 그러므로 리빙랩의 개념, 철학, 사례 등을 다룬 공통 교육 콘텐츠를 개발하고, 모든 참여자가 사전 교육을 받을 수 있도록 교육체계가 마련되어야 한다. 각 참여자와 이해관계자(운영자(촉진자), 사용자, 공공기관, 연구자 등)별 맞춤형 교육 또한 마련되어야 할 것이다. 이들 교육 프로그램에는 지역사회의 문제 이해와 운영 과정에서 요구되는 실습 기반의 역량 중심 교육 프로그램이 포함되어야 할 것이다.

이와 함께 이해관계자 확인, 인터뷰, 설문, 프로토타입 제작 등의 방법론과 참여자 간 소통 및 협업 기술, 의견 수렴과 갈등 조정 기법에 대한 교육도 포함되어야 한다. 그리고 이를 통합하여 '문제 정의 → 참여 설계 → 실행 → 평가'를 포함한 리빙랩의 전 과정을 체험할 수 있는 실제 문제 해결 시나리오 기반의 실습형 교육도 필요하다. 이와 함께 리빙랩 활동 이후 사후 평가와 성찰을 교육 과정에 포함하고 성공 및 실패 사례를 분석하며 이를 기반으로 한 사례 기반 교육자료를 개발해야 한다. 그리고 이 경험들이 축적될 수 있도록 데이터베이스(DB) 구축과 동시에 이를 활용하여 새로운 피드백과 경험들이 축적될 수 있는 개방형 온라인 플랫폼 구축도 필요하다.

마지막으로 지속적 교육시스템 즉 교육 플랫폼이 마련되고 지원되어야 할 것이다. 리빙랩은 일회성 프로젝트가 아닌 지속가능한 과정으로 피드백을 반영할 수 있는 순환적 학습 구조가 필요하다. 지역 대학, 시민단체, 지자체가 연계된 교육 플랫폼을 조성하고, 정기적인 리빙랩 포럼, 공유회, 동아리 활동 등을 통해 학습 공동체를 만들어 지역 기반 리빙랩 교육 생태계를 구축해야 할 것이다. 일례로 통영RCE세자트라숲이 지속가능발전교육 네트워크에서 나아가 지역사회 문제 해결에의 구심점이 될 수 있도록 리빙랩 운영 네트워크의 플랫폼으로 활동 영역을 확장하는 것은 훌륭한 사례가 될 것이다.

이러한 플랫폼을 중심으로 지역사회에서 상시적 문제 발굴과 리빙랩이 설계되고 자발적으로 운영자/촉진자와 참여자가 연결될 수 있으며, 이들의 활동을 함께할 이해관계자 참여와 지원이 연결될 수 있을 것이다. 또한 이것은 디지털 기술의 진화와 함께 다양한 시민참여가 가능하도록 디지털 플랫폼도 함께 구축될 필요가 있다. 그리고 이러한 리빙랩 운영 결과는 사회에 적용되어야 하며, 동시에 정책적 지원을 받을 수 있도록 평가와 지원의 체계가 마련되어야 할 것이다.

참고문헌

국립수산과학원, 2022, 『2022 수산분야 기후변화 영향 및 연구 보고서』 대한민국

오경묵 "폭염 속 온열질환자 일주일째 세 자릿수…통계 집계 이후 최장 기록" 조선일보, (2025년 7월 30일)

환경부, 2024, 『환경보전에 관한 국민의식조사 요약보고서』 대한민국

Akintola, Abisope, Dorothy Newbury-Birch, and Stephanie Kilinc. "Bridging the gap between research evidence and its implementation in public health practice: case studies of embedded research model." *BMC public health* 24, no. 1 (2024): 1299.

Dell'Era, Claudio, and Paolo Landoni. "Living Lab: A methodology between user - centred design and participatory design." *Creativity and innovation management* 23, no.2 (2014): 137-154.

Fotis, Theofanis, Kitty Kioskli, Anand Sundaralingam, Amer Fasihi, and Haralambos Mouratidis. "Co-creation in a digital health living lab: a case study." *Frontiers in public health* 10 (2023): 892930.

Howaldt, Jürgen, Christoph Kaletka, Antonius Schröder, and Marthe Zirngiebl. *Atlas of social innovation. 2nd volume: A world of new practices.* oekom verlag, 2019.

Hurlimann, Anna, Naima Iftikhar, and Jinlong Liu. "A framework for climate change curriculum redevelopment within built environment professional degrees." *Environmental Education Research* (2024): 1-27.

Massari, Sonia, Francesca Galli, Dalia Mattioni, and Yuna Chiffoleau. "Co-creativity in Living Labs: fostering creativity in co-creation processes to transform food systems."*JCOM: JOURNAL OF SCIENCE COMMUNICATIONS* 22, no. 3 (2023).

Pentzold, Christian, Ingmar Rothe, and Andreas Bischof. "Living labs as third places: low-threshold participation, empowering hospitality, and the social infrastructuring of continuous presence." *Journal of Science Communication* 22, no. 3 (2023): N02.

Sales, Catarina., and Papafoti, Lamprini. 2024. How to Implement a Living Lab: A Guide for cities FACTUAL

Ståhlbröst, Anna. "A set of key principles to assess the impact of Living Labs." *International Journal of Product Development* 17, no. 1-2 (2012): 60-75.

Thompson, Richard C., Ylva Olsen, Richard P. Mitchell, Anthony Davis, Steven J. Rowland, Anthony WG John, Daniel McGonigle, and Andrea E. Russell. "Lost at sea: where is all the plastic?."*Science* 304, no. 5672 (2004): 838-838.

Wachter, Serge. "Governing with Urban Living Labs." *Urban Living Lab for Local Regeneration* (2023): 39.

Vines, John, Rachel Clarke, Peter Wright, John McCarthy, and Patrick Olivier. "Configuring participation: on how we involve people in design." In *Proceedings of the SIGCHI conference on human factors in computing systems*, pp. 429-438. 2013.

제13장

리빙랩 수업을 통한 대학생의 문제해결역량과 세계시민의식 변화 연구

하상섭

I. 들어가며: 리빙랩은 왜 주목받는가?

변화하는 미래사회에 대응하기 위해 대학에서는 학생 역량 증진을 위한 다양한 교육방법을 시도하고 있다(하상섭, 김진희 2025). 이에 따라 문제해결형 수업(PBL)을 포함한 교수법과 지식과 현장의 상호 연계성을 강조한 수업 형태가 증가하는 추세이다. 이 중 최근 참여자 중심의 현장지향성으로 가치를 창출하는 형태의 리빙랩 활동이 주목받고 있다. 리빙랩이 주목받는 이유는 실제 사회 문제를 현장에서 다양한 이해관계자(주민, 학생, 전문가 등)와 함께 실험적으로 해결하는 참여·협력 기반의 활동이기 때문이다. 이는 전통적 방식과 달리, 실제 사회이슈에 관한 요구를 반영하여 실질적인 변화를 만들어 내는 데 중점을 둔다.

리빙랩은 단순한 아이디어 제안을 넘어 실제 환경에서 일어나는 문제를 정의하여 해결책에 관해 실험 설계하는 과정을 거쳐 실질적 변화를 만들어 낸다. 그리고 다양한 전공과 분야가 융합되어 보다 폭넓고 현실적인 해결책을 제시하고, 이 과정에서 실제 이해관계자의 의견과 필요를 반영한 해결 방안을 이끌어 낸다. 뿐만 아니라 함께 참여한 팀원 간의 책임과 공감능력 등의 변화도 이끌어낸다. 이러한 이유로 리빙랩은 기존 강의식과 공급자 주도 방식에서 주지 못하는 경험과 결과를 제공해 교육과 정책, 그리고 지역혁신 분야 등 다양한 영역에서 주목받고 있다.

이 같은 리빙랩의 특징 때문에 현재 리빙랩은 산업 현장에서뿐 아니라 대학의 교육과정에서도 활발히 활용되고 있다. 교육 전문가들은 학생들이 리빙랩 활동에 참여하면서 학생들 간 의사소통능력이 증진되고 학교 밖의 관련 전문가와의 면담과 지역사회 주민들을 대상으로 인터뷰를 진행하는 등 이전에 지식전달 위주의 수업에서는 경험할 수 없었던 다양한 경험을 할 수 있을 것으로 기대한다. 또한 이를 통해 학생들이 교실에서만 배울 수 없었던 여러 가지 사회생활에 필요한 소프트 스킬(soft skills)을 함양할 수 있을 것으로 기대한다.

1. 리빙랩이란 무엇인가?

리빙랩(Living Labs)은 사용자 주도형의 혁신환경 또는 개방형 실생활 상황을 마치 실험실처럼 여기고 이 곳에 발생하는 여러 가지 문제를 실험을 통해 해결하는 것이라고 할 수 있다. 리빙랩의 핵심요소는 다양한 이해관계자, 사용자 참여, 실생활 상황에서의 실험 등이고 공동의 창조, 탐색, 실험, 평가 등을 핵심 활동으로 볼 수 있다(정병걸 2017).

이론적으로 리빙랩은 '일상생활 실험실', '사용자 참여형 혁신 공간'의 개념이라고 할 정도로 실제 생활 현장에서의 실험·실증을 강조한다. 이에 따라 리빙랩 활동은 사용자의 경험과 통찰력이 중요한 일상생활분야, 즉 에너지, 주거, 교통, 교육, 건강 등의 영역에 밀접하게 연관되어 있다(성지은 외 2019).

리빙랩은 그 동안 생산이나 정책입안을 담당했던 생산자나 정책 전문가들뿐 아니라 수요자 및 일반시민과 같은 소비층 혹은 정책 수혜자 등이 생산 및 정책 마련 과정에 참여한다는 큰 특징을 보인다. 이 같은 점 때문에 리빙랩은 민주주의 발전에도 일정하게 기여하는 것으로 여겨지기도 한다(Campos et al. 2024). 현재 리빙랩은 유럽을 중심으로 활발히 활동이 전개되고 있으며 일본과 한국에서도 리빙랩을 통한 다양한 실험이 이뤄지고 있다.

특히 리빙랩은 지역사회에서 제기되는 문제를 해결하는 데에 유용한 플랫폼(platform)으로 여겨지고 있다. 이는 소위 전문가의 경우 해당 지역에 거주하고 있지 않는 경우가 많기 때문에 해당 지역 주민만큼 문제를 실생활 곳곳에서 경험하지 못하기 때문이다. 반대로 지역에 거주하는 주민은 자기가 생활하는 공간에서 어떤 문제가 있는지를 생활을 통해 알게 되고 이에 따라 지역주민도 활동에 참여하는 리빙랩은 현장의 소리를 보다 직접적으로 들을 수 있게 된다. 이는 실생활에서 제기되는 문제를 해결하는 데에 있어서 매우 유용한 방식이라고 할 수 있다.

정리하면 리빙랩은 사회 내의 다양한 분야의 이해관계자들과 협력을 통해 참여자(수요자) 중심의 해결 방안을 모색하며, 지역 사회 필요를 반영해 문제를 해결하는 수단이며 방식이라고 할 수 있다.

2. 대학생에게 리빙랩이 중요한 이유

많은 대학생들이 학교에서 지식을 배우지만 이것이 현장에 어떻게 적용되는지는 잘 모르는 경우가 많다. 학생들은 대학에서 전공지식을 쌓고 이를 기반으로 취업을 해야 하지만 정작 전공지식을 어떻게 활용해야 할지 알기 힘들다. 이것은 대학이 가지고 있는 문제라고 할 수 있으며 이 같은 문제를 극복하기 위해 현재 대학에서는 학생들이 산업 현장이나 지역사회에서 다양한 경험을 쌓을 수 있는 인턴 기회를 장려하고 있다. 하지만 인턴십의 경우 해당 기회를 획득한 학생들만 경험할 수 있다는 문제가 있다. 즉 다수의 학생은 인턴십 기회를 잡기가 힘들기 때문에 학교를 다니면서 산업 현장이나 지역 사회 문제를 경험할 수 없게 된다. 또한 인턴십 기회를 잡은 학생들도 실제로 취업에 도움이 되는 능력을 함양하기 보다는 사무실에서 필요한 허드렛일을 하는 등 취업과는 크게 관련 없는 경험을 하게 되는 문제가 있다.

리빙랩은 이 같은 문제를 해결하기 위해 매우 적

절한 방법으로 사료된다. 이는 리빙랩을 통해 학생들이 산업현장 혹은 지역사회에 있는 문제를 해결하는 과정을 거치면서 해당 전공지식을 현장에 적용해 보는 경험을 할 수 있기 때문이다. 필요에 따라서는 리빙랩 활동과 관련된 분야의 전문가를 섭외하여 해당 분야의 최신 트렌드를 파악하거나 현장 지식을 경험할 수 있고 경우에 따라서는 리빙랩 활동을 하면서 쌓게 된 해당 분야에서의 네트워크 및 경험이 실제적인 취업으로 연결되기도 한다.

또한 리빙랩은 학생들이 문제를 기반으로 학습하면서 복잡한 사회문제를 다뤄보거나 사회적 이슈를 해결하기 위한 과정을 거치기 때문에 실제적 지식과 문제해결 능력을 기를 수 있다. 리빙랩은 특정 상황에서 혼자 문제를 해결하는 것이 아니라 다수의 행위자가 함께 문제를 정의하고 실험하고 시행착오를 통해 개선과정을 경험하면서 진짜 학습을 경험하게 된다. 그리고 이 과정에서 다른 사람 입장에서 생각하게 되고 공감능력과 시민의식, 책임감 등을 기르게 된다. 이는 곧 세계시민의식으로 확장된다고 볼 수 있다.

대학입장에서는 리빙랩 활동이나 수업, 프로젝트를 통해 지역사회와 기업과 같은 수요자가 요구하는 문제상황에 전문 지식을 적용해 볼 수 있는 기회를 갖게 된다. 그리고 대학의 네트워크 확장에도 도움이 된다. 학생입장에서는 리빙랩을 활용한 수업이나 프로젝트에 참여했을 때 교실에서 습득한 지식을 현장에 적용하게 되고, 이 때 필요한 실무 지식과 경험을 습득한다.

전 세계적으로 봤을 때 리빙랩은 또한 UN이 2015년에 정한 '지속가능발전목표'(SDGs, Sustainable Development Goals)를 달성하는 데에도 중요한 기제로 여겨지고 있다(Filho et al. 2023). 이에 따라 사회 각계에서 리빙랩을 통해 UN SDGs를 달성하기 위한 시도가 이뤄지고 있으며 대학에서도 유럽을 중심으로 활발히 리빙랩 활동이 전개되고 있다. 한국 대학 역시 리빙랩을 통한 다양한 활동을 전개하고 있다.

종합해 보자면 리빙랩 활동은 학생들이 상아탑에서 배운 전공지식을 실제로 현장에 적용하는 데 있어서 중요한 기제가 되고 있을 뿐 아니라 보다 많은 학생들이 참여할 수 있다는 점에서 교육효과가 크다고 볼 수 있다. 학생들은 리빙랩을 통해 현장을 경험할 수 있을 뿐 아니라 리빙랩 활동이 실제적인 취업으로 연결되기도 한다. 또한 학생들은 리빙랩을 통해 지속가능한발전을 위한 노력에도 동참하게끔 된다. 결국 학생들은 리빙랩 활동을 통해 문제해결에 필요한 문제해결능력이나 협업능력, 의사소통 능력, 창의적인 사고, 세계시민의식 등을 함양할 수 있게 되는 것이다.

II. 이론적 배경

1. 대학 수업에서 리빙랩 구성요인

대학수업에서 리빙랩 활동은 문제해결능력과 협업능력, 창의성, 비판적 사고, 세계시민의식, 글로벌 역량 등 다양한 요인과 연계되어 있다. 이 중 본 연구는 선행연구결과에서 특히 많이 나온 요인들인 문제해결능력과 세계시민의식만 다루려고 한다.

1) 문제해결능력

일반적으로 문제해결이란 업무를 수행함에 있어 문제 상황이 발생했을 때 창의적이고 논리적인 사고를 통하여 이를 인식하고 적절히 해결하는 능력을 일컫는다(NCS, 국가직무능력표준). 한국 대학에서도 리빙랩과 관련한 다양한 주제와 이슈를 통해 수업이 진행되었는데, 대부분은 지역사회 문제해결과 연계되어 있을 정도로 리빙랩에서 문제해결은 중요한 요소이다.

대학생에게 문제해결 역량이 중요한 이유는 첫째, 비판적 사고 및 의사결정 능력을 강화하여 빠르게 변화하는 환경에 적응할 수 있기 때문이다. 둘째, 실무와 직무 및 사회적 상황에서는 예측 불가한 문제가 발생할 수 있어서 문제상황에 대한 대응은 취업경쟁력에서 높은 평가로 이어질 수 있다. 셋째, 예상치 못한 변수에 효과적으로 대처하기 위해 주변의 사람, 환경, 인프라들을 활용하게 되면서 문제를 다양한 시각으로 바라보는 능력이 길러진다. 해결책을 도출하는 과정에서는 동료와의 협력과 팀워크가 증진될 수 있기 때문에 중요하다.

대학에서 리빙랩 수업을 할 때 학생들은 팀 기반 협력을 통해 문제 진단, 원인 분석, 아이디어 도출, 실행에서 피드백까지 자기주도적이고 논리적인 접근법을 경험한다. 이 과정에서 학생들은 단순한 지식 습득을 넘어 실제적 문제를 다루기 때문에 직업적이고 윤리적인 면을 고려해야 하고, 관점의 다양성 측면에서 생각을 확장해야 한다.

서로 다른 분야의 학생들이 정보를 찾아 자료를 수집하여 분석하고, 다양한 해결방안을 제시하는 과정에서 다른 사람의 관점을 이해하게 되고 문제해결 방법도 경험하기 때문에 직업적 역량까지 향상될 수 있다. 그러므로 문제해결역량은 복잡한 현실문제에 대해 학문적 지식을 접목해 실생활에서 창의적 문제 해결에 도움을 주고, 비판적 사고를 통해 더 나은 의사결정을 하는데 중요한 요인이라고 볼 수 있다.

2) 세계시민의식

세계시민의식이란 세계시민으로 갖춰야 할 자질과 역량을 의미하며, 세계화로 인해 시민의식 개념이 확상된 다차원적인 의미를 갖는다(윤성혜 2017). 세계시민의식이 대학생에게 중요한 이유는 글로벌화된 사회에서 세계는 점점 더 상호 연결됨에 따라 다양한 문화와 관점을 이해하는 것이 중요해지기 때문이다. 특히 글로벌 이슈들(기후변화, 불평등, 생활환경 인식차이, 인권, 환경문제 등)에 대해 공감하고 타인과 공동체에 대한 관심, 윤리적 책임감을 가진다면 지속가능한 사회로 나아가는데 긍정적 요인으로 작용할 것이다.

도승자(2012)와 박경희, 박환보(2016)는 지역사회 참여경험과 봉사활동 경험이 세계시민이시에 영향을 미친다고 하였는데 이러한 맥락에서 보면 리빙랩 수업을 통해 학생들은 다른 나라와 지역사회에서 일어나고 있는 이슈들에 대한 관심, 타인과 공동체에 대한 관심, 윤리적 책임감과 같은 태도를 경험할 수 있다. 타문화에 대한 관점을 이해해야 문제를 해결할 것이고 이 과정 중에 윤리적인 의식도 함께 경험하면서 세계시민의식 증진에 긍정적인 요인으로 작용할 것으로 보인다.

결국 리빙랩 활동이 대학생들의 문제해결능력과 세계시민의식 증진에 효과적인 이유는 실제적인 문제를 해결하기 위해서 팀활동을 기반으로 아이디어를 도출하고 되고, 그것을 실행해보면서 오류를 찾으면서 다양한 방안을 생각해 보게 되기 때문이다. 이 과정에서 학생들은 문제에 대해 공감하기 위한 여러 사고과정을 경험한다. 문제해결을 위한 실험설계과정에서는 윤리의식과 책임감도 함께 요구되는 교육방식이기 때문에 세계시민의식은 중요한 요소라고 할 수 있다.

III. 연구설계 및 연구방법

1. 연구설계

본 연구는 리빙랩을 경험한 학생들의 문제해결능력과 세계시민의식 변화를 분석하여 리빙랩이 실제로 문제해결능력과 세계시민의식 증진에 영향을 주었는지 확인하려고 한다. 연구문제는 다음과 같다.

연구문제 1. 남북한관계론 수업에서 리빙랩 수업 적용에 따른 대학생 문제해결 역량과 세계시민의식에 차이가 있는가?

연구문제 2. 남북한관계론 수업에서의 리빙랩 수업적용이 성별에 따른 문제해결역량과 세계시민의식에 차이를 보이는가?

연구문제 3. 남북한관계론 수업에서의 리빙랩 수업적용이 학년(1,2학년과 3,4학년)에 따른 문제해결 역량과 세계시민의식에 차이를 보이는가?

2. 연구방법

1) 연구대상 및 절차

본 연구는 A 대학이 2024년 1학기에 진행한 '남북한관계론' 수업에서 리빙랩 활동을 적용했을 때 문제해결 역량과 세계시민의식 차이를 알아보고자 하였다. 본 연구에 참여한 학생을 대상으로 사전조사와 사후조사는 온라인 설문으로 진행하였다([표 1] 참고).

[표 1] 인구통계학적 특성

구분		빈도	퍼센트(%)
성별	남자	20	76.9
	여자	6	23.1
학년	1	1	3.8
	2	10	38.5
	3	7	26.9
	4	8	30.8
전체		26	100.0

2) 분석방법

리빙랩 수업에서의 문제해결역량과 세계시민의식 변화에 대해 수업 전후 차이를 확인하기 위해 다음과 같은 방법으로 진행하였다. 첫째, 연구대상자들의 인구사회학적 특성인 빈도분석을 하였다. 둘째, 리빙랩 적용 수업에서 문제해결 역량과 세계시민의식 개념에 따라 문항의 적절성에 대해 전문가 내용타당도 검정을 하였다. 셋째, 문제해결역량, 세계시민의식에 대한 신뢰도 값을 구하고, 이후 리빙랩 수업 전과 후에 문제해결역량, 세계시민의식의 차이 분석을 위해 통계프로그램 SPSS 27.0을 사용하여 분석하였다. 그리고 집단의 정규성을 확보하여 단일집단 사전-사후검사 설계로 대응표본 T-검정을 실시하였다.

3) 리빙랩 수업 내용과 목표

리빙랩 수업과 관련한 A 대학교의 '남북한관계론' 수업 내용과 목표는 다음과 같다([표 2] 참고).

4) 측정도구

문제해결역량 도구는 박영신 외(2017)의 대학생용 핵심역량을 타당화한 도구를 사용하였고, 총 문항은 15개이다. 세계시민의식 도구는 윤성혜(2017)의 대학생용 세계시민의식 척도개발 도구를 사용하였고, 총 31문항 중 전문가 내용 타당도 및 의견수렴 과정을 거쳐 최종 8개 문항을 선정하였다. 연구에서 사용된 척도의 내용을 정리하면 [표 3]과 같다.

[표 2] 리빙랩 단계별 수업내용과 교육목표

리빙랩 단계	주차	수업내용	교육목표	활동 및 자료
남북한관계 이론 수업 및 리빙랩 안내	1주	수업 목표 제시 및 리빙랩 수업방법 안내	- 전체 수업 목표와 내용에 대해 이해할 수 있다.	-
	2~4주	남북통일의 의미, 남북관계 역사	- 남북통일의 의미와 남북한 관계의 역사를 이해할 수 있다.	남북한관계론 교재, 논문, 동영상 시청
	5~7주	한반도 외교 환경 분석 및 남북 통일정책 변화, 남북통일 비전 등	- 한반도 주변국 외교환경에 따른 국제 질서 변화와 통일 환경에 대한 연계성을 이해한다. - 남북한 통일정책을 비교 검토할 수 있다.	
	8주		중간고사	
리빙랩 강의	9주	리빙랩 전문가 특강 및 독일 통합사례 강의	- 리빙랩 개념과 리빙랩 실험설계방법을 이해한다. - 독일의 통합 경험을 통해 남북통일을 위한 적용방안을 다양한 관점에서 생각할 수 있다.	팀별 리빙랩 활동
통일 독일 수업 및 리빙랩 단계별 적용 (1단계~5단계)	10주~14주	독일의 통합사례 강의 및 자료 조사	- (10주~12주) 통일 독일의 정치, 경제, 사회문화 통합 과정을 이해하고 통일 남북한의 시사점을 도출할 수 있다. - (13주~14주) 통일 독일과 남북통일 대내외 환경을 분석하여 문제점을 도출할 수 있다.	동영상 시청 및 팀별 리빙랩 활동
리빙랩 활동 결과 보고	15주	학생 PPT 프리젠테이션	- 한 학기 리빙랩 활동결과를 공유한다. - 팀별 리빙랩 결과를 분석 비교함으로써 남북통일 이후 발생할 문제에 대한 이해의 폭을 넓힐 수 있다.	리빙랩 활동 발표

[표 3] 측정도구

영역	도구출처	문항 내용	문항 수	Crombach' α
문제해결 역량	박영신 외 (2017)	문제 원인, 문제 해결에 적합한 방법, 문제해결에 도움이 되는 정보, 문제해결과적용	6	사전.664 사후.907
세계시민의식	윤성혜(2017)	태도, 실천의지, 스킬 중 다양한 문화 생활양식 태도, 협력적이고 수용적 태도, 타문화 사람들에 대한 수용, 공동체 목표 달성, 사회이슈에 대한 의식, 다양한 의견 수용 및 구성원 네트워크 등	8	사전.832 사후.921

IV. 연구결과 및 해석

1. 연구결과

남북한관계론 수업에서 리빙랩 적용에 따른 대학생의 문제해결 역량과 세계시민의식 변화 차이를 분석한 결과는 다음과 같다.

1) 측정도구

대학생들의 문제해결 역량은 리빙랩 적용 전과 적용 후 통계적으로 유의하였고($T= -4.022, P<.001$), 세계시민의식 또한 리빙랩 적용 후 통계적으로 유의하였다($T=-2.773, P<.001$). 결국 리빙랩을 적용한 남북한관계론 수업은 대학생들의 문제해결 역량과

세계시민의식에 도움을 준다고 해석할 수 있다. 수업 전과 후에 나타난 대학생 문제해결역량과 세계시민의식 차이는 다음의 [표 4]에 제시하였다.

2) 성별에 따른 문제해결역량과 세계시민의식

리빙랩 수업활동 전과 후에 성별에 따른 문제해결역량에 차이가 있는지 알아보고자 분석 결과를 [표 5]에 제시하였다. 남학생 평균과 표준편차를 산출한 결과 사전검사 평균이 3.12(SD=0.38), 사후검사 평균이 3.39(SD=0.45)로 통계적으로 유의한 차이가 있었다($T= -3.457$, $P<.01$). 그러나 여학생 평균과 표준편차를 산출한 결과 사전검사 평균이 3.39(SD=0.33), 사후검사 평균이 3.72(SD=0.60)로 통계적으로 유의한 차이가 없었다($T= -2.225$, $P>.01$).

그리고 리빙랩 수업활동 전과 후 성별에 따른 세계시민의식에 차이가 있는지 확인하기 위해 대응표본 T검정을 실시하였다. 남학생 평균과 표준편차를 산출한 결과 사전검사 평균이 3.23(SD=0.48), 사후검사 평균이 3.43(SD=0.58)으로 통계적으로 유의한 차이가 있었다($T= -2.449$, $P<.05$). 그러나 여학생 평균과 표준편차를 산출한 결과 사전검사 평균이 3.35(SD=0.59), 사후검사 평균이 3.63(SD=0.49)으로 통계적으로 유의한 차이가 없었다($T= -1.245$, $P>.01$).

[표 4] 리빙랩 수업 전과 수업 후 문제해결역량과 세계시민의식

요인	리빙랩 수업 전후	N	평균 (M)	표준편차 (SD)	t	p
문제해결역량	사전 (리빙랩 적용 전)	26	3.13	0.37	-4.022	.001
	사후 (리빙랩 적용 후)	26	3.47	0.49		
세계시민의식	사전 (리빙랩 적용 전)	26	3.25	0.50	-2.773	.010
	사후 (리빙랩 적용 후)	26	3.48	0.56		

***p<.001

[표 5] 성별에 따른 문제해결역량 과 세계시민의식

			N	평균	표준편차	평균의 표준오차	t	p
문제해결역량	남자	사전 문제해결	20	3.12	0.38	0.09	-3.457	0.003
		사후 문제해결	20	3.39	0.45	0.10		
	여자	사전 문제해결	6	3.17	0.33	0.14	-2.225	0.077
		사후 문제해결	6	3.72	0.60	0.25		
세계시민의식	남자	사전 세계시민의식	20	3.23	0.48	0.11	-2.449	0.024
		사후 세계시민의식	20	3.43	0.58	0.13		
	여자	사전 세계시민의식	6	3.35	0.59	0.24	-1.245	0.268
		사후 세계시민의식	6	3.63	0.49	0.20		

*p<.05, **<.01, ***p<.001

3) 학년에 따른 문제해결역량 과 세계시민의식

리빙랩 수업활동 전과 후 학년에 따라 문제해결역량에 차이가 있는지 확인하기 위해 대응표본 T검정을 실시하였고 그 결과를 [표 6]에 제시하였다. 1~2학년 평균과 표준편차를 산출한 결과 사전검사 평균이 3.26(SD=0.38), 사후검사 평균이 3.67(SD=0.38)로 통계적으로 유의한 차이가 있었다(T= -3.614, P<.01). 3~4학년 평균과 표준편차를 산출한 결과 사전검사 평균이 3.03(SD=0.34), 사후검사 평균이 3.32(SD=0.53)로 통계적으로 유의한 차이가 있었다(T= -2.364, P<.05).

그리고 리빙랩 수업활동 전과 후 학년에 따른 세계시민의식에 차이가 있는지 확인하기 위해 대응표본 T검정을 실시하였다. 1~2학년 평균과 표준편차를 산출한 결과 사전검사 평균이 3.27(SD=0.37), 사후검사 평균이3.61(SD=0.42)로 통계적으로 유의한 차이가 있었다(T= -3.012, P<.05).

그러나 3~4학년 평균과 표준편차를 산출한 결과 사전검사 평균이 3.24(SD=0.58), 사후검사 평균이 3.38(SD=0.64)로 통계적으로 유의한 차이가 없었다(T= -1.234, P>.05).

2. 연구결과 해석

위에서 제시한 연구결과는 다음과 같이 해석될 수 있다.

첫째, 남북한관계론 수업에서 리빙랩 적용은 문제해결역량에 효과가 있었다. 이는 실제 수업에서 리빙랩 활동을 통해 문제를 설정하고 이를 해결하기 위해 실험을 설계하는 일련의 과정이 문제 해결능력 향상에 긍정적인 영향을 미친 것으로 보인다.

둘째, 남북한관계론 수업에서의 리빙랩 적용이 세계시민의식 증진에 효과가 있었다. 이는 통일 이후 발생할 사회·경제·문화적 이슈를 다루면서 국제사회 정세에 대한 이해의 폭이 커지게 되면서 다양한 아이디어를 도출하여, 실험설계 하는 과정이 세계시민의식 향상에 긍정적인 영향을 준다고 할 수 있다.

셋째, 성별에 따라 문제해결역량에 차이가 있었는지 분석한 결과 남학생이 통계적으로 유의한 차

[표 6] 학년에 따른 문제해결역량 과 세계시민의식

성별		N	평균	표준편차	평균의 표준편차	t	p
1~2학년	사전 문제해결	11	3.26	0.38	0.11	-3.614	0.005
	사후 문제해결	11	3.67	0.38	0.11		
3~4학년	사전 문제해결	15	3.03	0.34	0.09	-2.364	0.033
	사후 문제해결	15	3.32	0.53	0.14		
1~2학년	사전 세계시민의식	11	3.27	0.37	0.11	-3.012	0.013
	사후 세계시민의식	11	3.61	0.42	0.13		
3~4학년	사전 세계시민의식	15	3.24	0.58	0.15	-1.234	0.238
	사후 세계시민의식	15	3.38	0.64	0.17		

*p<.05, **p<.01, ***p<.001

이가 있었으나 여학생은 통계적으로 유의한 차이가 없었다. 그리고 세계시민의식 분석 결과에서도 남학생은 통계적으로 유의한 차이가 있었으나 여학생은 통계적으로 유의한 차이가 없었다. 이에 대해서는 추후 연구대상자의 여러 변인을 고려해 연구할 필요가 있다.

넷째 학년(1~2학년, 3~4학년)에 따른 문제해결역량 분석결과 1~2학년, 3~4학년 모두 리빙랩 적용 후 사전과 사후 검사에서 통계적으로 유의한 차이가 있었다. 그리고 학년에 따라 세계시민의식 차이가 있었는지를 분석한 결과 1~2학년은 통계적으로 유의한 차이를 보였으나 3~4학년은 통계적으로 유의한 차이가 없었다. 이는 리빙랩 활동 수업이 저학년에게 문제해결역량을 증진하는데 효과적이라는 것을 의미한다. 세계시민의식의 경우 기존 리빙랩 연구와 연계된 다양한 연구 사례가 많지 않은 만큼 추후에는 연구대상자의 다양한 인구통계학적 특성을 함께 고려해 분석할 필요가 있다.

V. 마치며

리빙랩은 최근 산업계 뿐 아니라 학계에서도 활발히 활용되고 있고 학생들의 문제해결능력이나 창의력 등을 증진해준다고 여겨지면서 유용한 수업방식의 하나로서 여러 학교 교육 현장에 도입되고 있다. 하지만 정작 리빙랩의 교육효과를 연구주제로 삼고 이를 중점적으로 분석한 연구는 드문 실정이다. 이 같은 점에서 리빙랩 활동을 한 학생들의 문제해결능력 및 세계시민의식이 어떻게 변화했는지를 연구주제로 삼아서 연구결과를 제시했다는 점에서 본 연구의 의의가 있다고 할 수 있다.

또한 그 동안 리빙랩의 교육효과에 대해서 다양한 연구가 진행되었으나 리빙랩을 통한 교육효과를 실증적으로 밝힌 연구가 드문 실정이다. 이는 리빙랩이 우리나라에 본격적으로 논의되기 시작한 것이 2010년대 중반이라 역사가 짧고 관련 데이터 역시 충분할 만큼 축적되지 못했기 때문으로 사료된다. 본 연구는 비록 A 대학교의 남북한관계론이라는 하나의 수업이라는 한계는 있지만 리빙랩 활동을 한 학생들의 문제해결역량과 세계시민의식이 증진됐다는 것을 실증적을 밝혔다는 의의가 있다.

이처럼 본 연구의 의의가 있지만 향후 리빙랩의 교육효과를 더욱 과학적으로 측정하기 위해서는 다음과 같은 작업이 필요하다. 첫째, 리빙랩 활동에서 교육 효과에 대한 연구 분석 방법의 다양화를 시도할 필요가 있다. 이를 위해서는 효과를 측정할 수 있는 다양한 변인 관계 연구가 필요하다. 둘째, 리빙랩 수업과 연계된 구성요인을 분석하여 이를 측정할 수 있는 도구 개발이 필요하다. 셋째, 학교마다 다른 방식의 리빙랩 수업 사례를 공유하여 한계점에 대해 보완하고 장점들에 대한 성과를 공유하는 작업이 필요하다. 이 같은 작업은 리빙랩 수업 수준을 끌어올릴 수 있을 뿐 아니라 여러 가지 수업 자료를 축적함으로써 리빙랩 교육효과를 과학적으로 측정하는 데에 도움이 될 것이다.

리빙랩 교육 효과뿐 아니라 리빙랩 교육과 관련한 전반적인 제언은 다음과 같다. 첫째, 리빙랩이 최근 한국에서도 다양한 관심을 받고 있기는 하지만 아직 우리 사회에 뿌리 깊이 박혀 있지는 못한 형편이다. 대학에서도 여러 기관에서 리빙랩 교육을 시도하고 있지만 아직까지 일부분에 불과하다. 따라서 리빙랩을 통한 교육에 대해 교육관계자 및 교수자, 학생을 대상으로 한 홍보 및 인식 개선이 필요하다. 둘째, 교수자 중 리빙랩 교육에 관심을 가지고 있지만 어떻게 교육에 적용해야 하는지를 모르는 교수자를 위한 교습 매뉴얼 개발 및 교육과정 마련을 고려할 필요가 있다. 셋째, 지식습득에만 익숙하고 리빙랩 활동을 꺼려하는 학생들을 어떻게 리빙랩 활동에 적극적으로 동참할 수 있게끔 할 수 있을지에 대한 동기 부여 및 인센티브 마련이 필요하다. 리빙랩 활동을 통해 제작한 활동결과를 포트폴리오 형태로 제작하여 취직 시 활용하게 한다던지 활동 결과에 대한 수료증을 제공하는 것과 같은 형태를 고려할 수 있을 것이다. 위에서 제시한 노력들이 전개된다면 리빙랩을 통한 교육이 더욱더 활발해질 뿐 아니라 리빙랩을 통한 교육효과 역시 증진될 것으로 기대된다.

참고문헌

도승자, "한국 대학생들의 지역사회 참여와 지역적 글로벌적 시민성: 예비적인 분석," 글로벌청소년학연구 2, 1(2012): 91-115.

박경희, 박환보, "성인의 세계시민의식 영향요인에 대한 탐색적 연구," 글로벌교육연구 8, 4(2016): 3-31.

박영신, 안현아, 장미숙, 양길석, 김경이, "대학생 핵심역량 자가진단 평가도구 개발 및 타당화 연구," 한국교육방법학회 29, 4(2017): 567-595.

성지은, 한규영, 송위진, 김민수, "새로운 혁신 모델로서 대학 리빙랩(Living Lab) 사례 분석," 사회과학연구 26, 2(2019): 171-195.

윤성혜, "대학생용 세계시민의식(Global Citizenship) 척도 개발," 이화여자대학교 박사학위논문(2017).

정병걸, "사회혁신의 장으로서 리빙랩과 패러독스," 과학기술학연구 17, 1(2017): 41-69.

하상섭, 김진희, "리빙랩 수업 적용에 따른 대학생 문제해결역량과 세계시민의식 차이 분석," 인문사회과학연구 26, 1(2025): 1-25.

Campos, I., Fuchs, D., Repo, P., Jager, W., Klöckner, C., Wang, S., Lamas, D., Cots, F., Barchiesi, E., Löfström, E., Peniche, D., Sion, Y., Buth, V., Limão, J., Oliveira S., Reyes Diaz C., and Živčič, L., "What Roles Can Democracy Labs Play in Co creating Democratic Innovations for Sustainability?" *Socio-Ecological Practice Research* 6 (2024): 367-380. https://doi.org/10.1007/s42532-024-00197-7.

Filho, W., Ozuyar, P., Dinis M., Azul, A., Alvarez, M., Neiva, S.,Salvia, A., Borsari, B., Danila, A., Vasconcelos, C., "Living Labs in the Context of the UN Sustainable Development Goals: State of the Art," *Sustainability Science* 18 (2023), 1163-1179. https://doi.org/10.1007/s11625-022-01240-w.

국가직무능력표준, "직업기초능력 중 문제해결 능력정의," accessed July 31, 2025, https://m.ncs.go.kr/th03/TH0302List.do?dirSeq=123.

제14장

로컬평화와 리빙랩, 그리고 대학

박아름, 강혁민

I. 들어가며

1990년대 냉전이 해체되자 유엔은, 「평화를 위한 의제」에서 '위대한 목표'를 달성할 기회가 도래했음을 선포했다. '위대한 목표'란 "더 큰 자유 속에서 사회적 진보와 보다 나은 삶의 수준"을 촉진하는 것이었다(Boutros Boutros-Ghali 1992). 그리고 약 30년이 흘렀다. '위대한 목표'는 달성되었는가? 그동안 국제사회는 예방 외교를 통해 분쟁의 가능성을 낮추고, 평화협정을 조직하여 폭력을 멈추었으며, 분쟁 후 재건이라는 국제적 프로젝트를 통해 장기적인 평화를 촉진하고자 하였다. 실제로 2018년 세계은행은 냉전 후 평화형성에 대해 '많은 도전에도 불구하고 분명한 성과'가 있었다고 평가한 바 있다(World Bank 2018). 그러나 '분명한 성과'는 누구를 위한 성과였던 것일까?

오늘날 지구촌 사회는 복합 위기를 마주하고 있다. 첫째, '더 큰 자유'로 인한 국제무역 활성화는 성장의 지체를 겪고 있다. 지난 70년 동안 무역 관련 분야는 크게 성장하였다. 하지만 2007년 세계 금융 위기 이후 경제 침체는 완만히 회복되고 있으며(World Bank 2018), 코로나로 인한 피해도 아직 완전히 회복되지 못했다. 둘째, 사회적 진보는 '안보화'의 덫에 걸려있다. 유엔 평화유지군의 활동에도 불구하고 전 세계의 분쟁, 난민, 군비 지출은 10년 전보다 증가했다(Margot Wallström 2022). 셋째, '보다 나은 삶의 수준'은 일부에서만 실현되었으며 향후에도 그럴 확률이 높다. 안보와 환경 위기가 긴밀하게 연결되어 있는데, 각각의 피해 뿐 아니라 상호 작용된 피해가 집중된 곳은 '글로벌 사우스(Global South)' 지역이기 때문이다.

이로 미루어 보건대 오늘날의 평화와 안보는 다

층적 도전과제를 안고 있지만 안타깝게도 기존의 평화형성은 그 내용과 방법의 측면에서 수면위로 드러난 위기를 극복하는 데 무기력했다. 유엔을 중심으로 제시되고 활용되는 글로벌 차원의 자유주의 평화 기획은 위기를 겪고 있는 구체적인 상황과 주체들의 역량을 간과하기 일쑤였으며, 로컬의 문화와 정체성을 도외시하고, 장기적인 차원의 회복을 제시하는 데 비효과적이었다(강혁민 2022). 위기를 극복하기 위한 최소단위이자 최대단위인 로컬은 자유주의적 평화기획에서 언제나 주변적 범주에 머물렀다. 로컬이 지닌 역사적이고 문화적이며 일상적인 지혜와 기술들이 다층적 위기를 극복하는 데 더 효과적일지라도 이러한 미시적 차원들은 자주 간과됐다. 그렇다면 글로벌 복합위기에 대응하려는 로컬차원의 평화란 무엇이며, 우리가 관심하는 리빙랩이 로컬평화의 구체적 양식으로 활용될 수 있는 방안은 무엇인가? 본 연구는 리빙랩이라는 구체적인 실천양식을 평화연구와 연결지어 확장하려는 노력의 일환이다. 이를 위해서 필자들은 첫째, 복합위기를 재인식하고 둘째, 로컬평화를 독해하며, 셋째, 리뱅랩과 로컬평화의 연결지점을 찾아나가고자 한다. 이를 통해 글로컬의 맥락에서 리빙랩의 다중적 의의와 필요성에 대한 이해를 도모한다.

II. 복합위기 시대: 지역분쟁과 기후위기의 결합

1990년대 이후 자본주의의 재편, 안보화의 심화, 그리고 환경 파괴는 상호 결합하며 전 지구적 불평등을 고착화하고 가속화 시키고 있다. 특히, 오염을 상대적으로 적게 배출한 사람들이 더 큰 손실을 감수하는 구조가 형성되고 있으며, 이는 전 세계적인 기후 정의의 문제로 부상하고 있다(Lucas Chancel et al., 2021, 86). 동시에 무력 분쟁, 난민, 그리고 강제 이주민의 수는 급증하고 있다. 1990년대부터 20여 년 동안 평균 약 30건 수준이었던 무력 분쟁은 2010년부터 2020년 사이 56건으로 증가하였다. 난민 및 강제 이주민 수 역시 2010년 4,100만 명에서 2020년 8,240만 명으로 두 배 이상 증가했다. 이러한 분쟁과 인구 이동의 증가는 군사비 지출의 확대를 초래하였다. 2021년 전 세계 군사비 지출은 2조 1,000억 달러를 넘어섰으며, 이는 2000년 대비 거의 두 배에 이르는 수치로, 냉전 종식 이후 최고 수준이다. 그 결과, 분쟁으로 인한 사망자 수가 다시 증가하고 있으며, 2015년 이후 기아를 겪는 인구도 증가세로 돌아섰다. 이처럼 오늘날의 복합적 위기의 한 축은 폭력적 분쟁이며, 다른 한 축은 기후변화이다. 무엇보다 점점 더 많은 이들이 이 두 가지 재난을 동시에 경험하고 있다는 점에서, 이중의 취약성이 글로벌 정의와 평화에 대한 심각한 도전을 제기하고 있다.

이러한 상황에서 소위 제1세계 국가들은 기후변화에 효과적으로 대응하는 데 소극적이거나 또는 실패했다. 그리고 이러한 실패는 전세계적으로 불균등하게 전파되고 있으며 구조적 폭력으로 귀결되고 있다. 이 같은 구조화된 전가 과정은 두 가지 주요 방식으로 나타나는데 첫째, 기후변화로 인한 간접적·직접적 위기의 동시적 심화이며 둘째, 기후변화를 둘러싼 안보화의 심화와 외부 개입의 증가이다.

먼저, 기후 변화는 그 자체로 폭력을 직접적으로 초래하지는 않지만, 식량 불안정, 경제적 충격, 대규모 이주와 같은 간접적 영향들은 폭력적 갈등의 위험성과 밀접하게 연결되어 있다. 연구에 따르면 지구 평균기온이 섭씨 1도 상승하더라도 살인, 폭력, 폭동, 내전 발생 가능성이 현저히 증가하는 것으로 나타난다(서보혁 2024, 321-322). 특히 극심한 폭염과 가뭄, 홍수와 같은 기후 재난은 그 지속성과 강도가 증가하고 있으며, 이는 생존 기반을 취약하게 만들고 사회적 긴장을 고조시키는 주요 요인이 된다. 그러나 이러한 기후 재난의 영향은 인구와 지역에 따라 불균등하게 분포된다. 예컨대, 세계에서 가장 심각한 홍수 위험에 노출된 10개국 중 9개국은 저소득 혹은 중간소득 국가들이다. 이러한 저위도 지역 국가들은 직접적 기후 재난의 피해를 집중적으로 경험하고 있음에도 불구하고, 대응 역량과 복원력 측면에서는 매우 취약한 조건에 처해 있다. 이처럼 기후위기의 영향은 생태적 취약성과 경제적 불평등이 중첩된 지역에서 훨씬 더 파괴적인 결과를 낳는다.

둘째, 기후위기는 국가 내부의 군사화 경향과 국외의 안보 개입을 동시에 강화시키는 방향으로 작용하고 있다. 기후 변화로 인해 촉발된 식량과 자원의 부족은 사회적 불안을 증폭시키며, 이는 권위주의 정부의 등장이나 유지, 또는 기존 통치 체제의 강화로 이어질 수 있다. 또한 기후 변화는 신종 전염병의 출현 가능성을 높이며, 전염병의 강도가 심할 경우 보건 및 복지 예산의 축소, 외국인 혐오 정서의 확산, 자원에 대한 경쟁과 갈등을 통해 내전을 유발하거나 심화시킬 수 있다(Kenneth Letendre et al., 2010, 669-683). 문제는 이러한 내부적 위기를 외부 국가들이 군사적 개입의 명분으로 활용하고 있다는 점이다. 기후 재난에 취약한 국가들에 대한 지원은 인도주의적 차원을 넘어서 군사적 개입으로 전환되는 경향을 보이며, 실제로 강대국들은 종교적, 자원적, 이념적 명분을 넘어 자연재해를 포함한 '재난'을 새로운 개입의 정당화 수단으로 삼고 있다. 통계적으로도 유엔 평화유지활동이 집중된 지역 중 절반 이상이 동시에 기후변화에 가장 심각한 영향을 받고 있는 지역이라는 사실은 이 같은 상관관계가 단순한 우연이 아님을 시사한다(Margot Wallström, 2022).

III. 로컬평화: 평화형성의 지역적 실현

복합 위기의 국면은 구조적 폭력에 대한 근본적인 성찰과 더불어, 실행력 있는 평화구축 전략을 요청한다. 위기를 살아가는 주체들의 일상성과 생존 조건에 대한 구체적 이해 없이는, 위기의 극복은 공허한 수사에 그칠 수밖에 없다. 그렇다면 이러한 과제를 수행할 이론적 관점은 무엇인가? 이 연구는 로컬평화에 주목하고자 한다. 로컬평화란 분쟁과 폭력으로 점철된 일상적 삶의 주체들이 그들 스스로의 응축된 역사적 경험과 노하우를 통해 문제를 해결하려는 평화에 대한 관점과 방법을 의미한다(강혁민 2022).

로컬평화는 탈냉전의 시작과 함께 부흥한 자유주의 평화 기획에 대한 비판적 관점이다. 지난 20년 동안 국제 평화담론을 주도한 자유주의 평화는 평화를 승자의 관점에서 해석하였다(Richmond 2006). 승자의 관점은 글로벌 지형의 주도 세력인 서구국가를 지칭하며 특히, 자유주의 이념을 지지하고 확산하는 헤게모니 국가들의 국가관과 국제관을 지칭한다. 승자의 관점에서 평화는 민주주의, 인권신장, 자유시장, 법치주의와 같은 자유주의적 기획과 동의어로 이해되었다. 이에 따라 평화는 분쟁 국가 또는 붕괴된 국가들에게 천편일률적인 해결책이 되었고 이를 위해서는 자유주의 국가로 재건되는 것이 무엇보다 중요해 졌다. 문제는 그렇게 제시되고 사유되는 평화가 자유주의 국제질서 안에서 재생산되는 동안, 로컬의 재건과 회복은 매우 더디게 진행되고 평화는 도리어 이념적 도구로 전락했다는 점이었다. 이러한 질서 안에서 펼쳐지는 평화에 대한 비판점을 가하기 시작은 것은 불과 최근의 일이었다. 비판적인 학자들은 경직된 평화형성의 접근법을 로컬을 평화의 핵심 아젠다로 분석하고 이를 통해 평화를 구축하자는 대담한 주장을 하게 된다. 그러나 이들은 단순히 로컬에 의한 평화형성의 효과성만 주장한 것은 아니었다. 이들은 로컬 중심의 평화가 자유주의 평화기획이 간과한 국제정의에 더 부합하는 평화적 방법이라고 주장했다(Ginty and Richmond 2013, 763-783; Jabri 2013, 3-16). 그리고 이것은 탈식민적이고 경합적인(agonistic) 평화구축의 실천이라고 여겨졌다(Shinko 2008, 473-491).[1]

평화학자들이 주목한 로컬은 보다 반성적이었다(Meera Sabaratnam 2011). 그것은 탈냉전 초기 확산된 내전과 체제 이행을 길들이기 위한 자유주의 평화구축에 대한 반성에 가까웠다. 다시 말해 기존의 평화형성이 자유주의 세계가 내포한 질서와, 민주주의, 인권, 법치 등을 그대로 답습하여 취약국가들에 그대로 이식하면서 발생한 부작용을 드러내 평화구축을 정의의 관점에서 재해석하고 실현하려는 것이었다. 이를 위해서는 분쟁과 위기에 노출된 로컬 단위의 역사, 정치, 문화, 경제적 사정을 보다 다면적으로 관찰하고 이를 장기적인 관점에서 전환하는 작업이 필요했던 것이다. 그러면서 학자들은 분쟁 과정에서 또는 분쟁 후에 드러나는 로컬의 일상성과 행위주체성을 포착하기 시작했다(Roger Mac Ginty 2021). 한편으로는 자유주의 평화형성이 얼마나 서구중심주의를 강요하며 비서구권 문화와 정체성을 주변화하고 있는지, 그리고 시장중심주의 논리로 회귀하여 하나의 중심과 주변의 시장관계에 봉사하는지를 낱낱이 꼬집기 시작했다. 다른 한편으로는 그러한 자유적 질서에서 벗어나 있는 로컬의 일상성과 주체성의 성질을 관찰하여 정의롭고 효과적인 평화형성의 기회를 엿보았다. 특히, 분쟁에 깊은 영향을 받은 개인들의 저항적 목소리에 집중했다. 그로써 평화형성이 로컬주체들의 경험과 문제해결 방식을 사용할 때 얼마나 더 자연스럽고 유연한 과정이 나타나는지 보고하기 시작했다. 로컬에 대한 학자들의 관심은 점차 포스트-자유적인 평화형성에 대한 이론적 해방성과 경합성에서 로컬 주체들의 자기실현과 회복탄력성으로 발전하기 시작했다.

그런가하면 로컬평화를 이상화해서는 안 된다는 경계의 목소리도 터져나왔다. 로컬의 의미규정에 따라 로컬평화가 지향하는 바가 달라지는 것은 물론이거니와 분쟁 후의 로컬의 상황이 언제나 평화지향적인 것은 아니기 때문이었다(SungYong Lee 2020, 25-38). 보다 현실적인 관점은 분쟁 국가들 중 상당수는 장기간의 식민지배와 연이은 전쟁의 여파로 인해, 자기 본래의 문화·사회적 자원들을 잃어버린 상태에서 전후 복구의 상황을 맞게 되므로, '로컬'을 중심으로 한 평화구축을 실천하려고 해도 정작 지역사회 내부에서 공유할 수 있는 내적 자원이 턱없이 부족한 경우도 많기 때문이다. 분쟁 지역 로컬행위자들이 평화구축에 유용하게 활용할 수 있는 상세한 지식과 자원을 가진 것은 사실이지만, 동시에 이들 중 상당수가 "권력 비대칭, 가부장제 및 특권"의 혜택을 누리는 집단인 상황에서 이런 엘리트들은 그 사회의 전쟁을 촉발시켰던 여러 구조적·문화적 억압 기제를 유지해 왔고, 로컬의 방법에 따라 평화구축을 설계할 경우 그동안 고통

1 유엔의 일부 문서들(「Brahmi Report(2000)」과 「In Lager Freedom(2005)」, 「Review of UN Peacebuilding Architecture(2010)」)들은 이러한 관점을 잘 반영하고 있다. 이 문헌들은 기존의 사회발전과 평화형성의 방식은 주로 1세계 국가들의 관심과 이익을 대변하는 것으로서 그 효과성에서나 윤리적인 면에서 모두 의심스러운 결과를 가져온다고 고발하고 있다. 더 나아가 로컬의 문제는 로컬의 영역에서 위기와 갈등을 경험한 주체들이 외부의 행위자보다 더 깊이 이해하고 있으므로 그들이 문제해결에 주도적으로 참여함으로써 보다 나은 결과를 생산해야 한다는 주장한다.

받아 온 사람들의 희생을 오히려 연장하는 데 기여할 위험이 발생하기도 한다. 따라서 로컬에 대한 지나친 이상화는 경계할 필요가 있다. 이에 대해 비판평화학자들은 혼종적(hybrid) 접근방식을 택하고 있는데, 로컬을 평화형성 과정의 중심으로 두되 로컬 행위자들이 단독으로 수행할 수 없는 상황이나 역량을 외부의 관여 및 중재와 융합하여 극복하고자 한다(Roberto Belloni 2012, 21-38). 혼종적 접근은 로컬의 문화와 행동양식을 침해하거나 저해하지 않는 수준에서 외부의 관여를 수용하여 보다 효과적인 해결방안을 모색하려는 것이다. 그리고 이는 일차적으로는 일상의 삶과 토착적 문화로부터 추동되는 아래로부터의 접근에 주목하지만 더 나아가 그것을 외부 세계 특히, 글로벌의 차원의 평화형성과 융합하는 글로컬의 양식을 받아들인다.

일상적 삶의 경험에 의한 문제해결 방식: 로컬 평화는 무엇보다도 일상적 삶의 경험에서 비롯된 문제해결 방식이다. 여기서 '일상'이란, 장기간에 걸쳐 개인과 공동체의 삶 속에 축적된 지혜와 실천을 의미하며, 이는 위기와 분쟁을 겪으며 형성된 대응 메커니즘의 총합이라 할 수 있다(Brewer et al., 2018). 로컬의 일상은 외부로부터 쉽게 파괴될 수 있는 동시에, 놀라운 회복력과 적응성을 지니고 있다. 특히 일상은 세대를 거쳐 전승된 농축된 지혜이자, 개인과 공동체가 위기를 극복하고 평화를 재구성하는 데 있어 가장 자연스러운 기반이다(De Certeau, 1984). 이러한 방식은 단기적·일회적인 개입보다는 장기적이고 다중적인 전환의 과정에 가깝다.

토착 문화에 기반한 문제해결 방식: 로컬 평화는 또한 토착 문화에 기반한 문제해결 방식이다. 이는 서구 자유주의 평화가 보편적 규범과 절차를 비서구 지역에 일방적으로 적용해온 방식에 대한 비판에서 출발한다. 로컬 평화는 이러한 접근을 제국주의적이고 식민주의적인 폭력으로 간주하며, 문화적 수용(inculturation)과 상호작용을 평화 형성의 핵심으로 본다(Jabri, 2013). 토착 문화에 대한 존중과 실천은 단순한 지역 고유성의 인정이 아니라, 근대적 보편주의 담론을 해체하고, 보다 다원적이고 경합적인 평화 형성의 가능성을 여는 창이 된다. 이는 분쟁과 위기의 맥락에서 살아가는 사람들의 문화적 감각과 실천 능력을 평화구축의 출발점으로 삼는 접근이다.

글로컬 양식의 문제해결 방식: 마지막으로, 로컬 평화는 글로컬(glocal) 양식의 문제해결 방식을 지향한다. 로컬의 주체성과 실천이 평화 형성의 핵심 자원이 되는 것은 분명하지만, 오늘날의 탈경계적(globalized) 세계에서 순수한 로컬만으로는 지속가능한 평화를 담보하기 어렵다. 현대의 주체는 다양한 문화와 권력 관계에 영향을 받는 복합적이고 상호작용적인 존재이며, 따라서 평화 형성 역시 로컬과 글로벌이 혼합된 방식, 즉 혼종적(hybrid) 접근이 요구된다. 혼종성은 로컬의 문화와 행위양식을 보존하면서도, 글로벌 자원과 제도, 연대를 전략적으로 결합함으로써 효과성과 지속가능성을 동시에 추구하는 복합적 실천이다.

IV. 리빙랩 기반 대학 교육

전 세계적으로 유명한 국제기구나 국제조약 혹은 국가들의 협력이 글로벌 문제들을 잘 해결해왔고, 앞으로도 그럴 것이라는 과도한 믿음에서 벗어나는 것이 리빙랩 활동의 중요한 전제조건이자 출발점이다(신상범·조계원 2023, 157). 리빙랩은 지역사회의 문제 해결을 위해 지역 주민/시민/전문가 등 다양한 행위자를 혁신활동에 주체로 참여시키는 하나의 운동이자 도구로 주목받고 있지만, 실제 문제 해결의 시작과 방법에 대해서는 명확하지 않은 상황이다(노성여 2022, 87). 리빙랩이 지향하는 로컬 오너십과 자율성은 능동적 시민을 양성하는 참여민주주의 방식이다. 하지만 이에 대한 소개와 접근경로 제공, 무엇보다 선두그룹의 형성이 요구되는데, 이 역할은 최근 대학이 요구받고 있는 변화와 밀접하다.

최근 국내외 대학은 일방향의 지식전달이 아닌 사회 및 학습자와 상호작용하면서 지식을 공동창조하는 조직으로 변화를 추구하고 있으며, 연구협력을 통해 지역발전에 기여하는 역량을 증대하기 위해 노력하고 있다(성지은·김민수 2018, 118-119). 이러한 목표를 달성하기 위한 효과적인 도구로 대학에서의 교양과목, 전공과목에서 리빙랩을 활용하고 있다.

대학생은 지역에서 전문가와 시민의 중간적인 위치에서 동료와의 협업활동을 통해 '혼종적(hybrid) 접근방식'을 수행할 수 있다. 또한 리빙랩 활동에서 지역 전문가와의 접촉을 통해 '세대를 거쳐 전해진 농축된 삶의 지혜'를 선별 및 흡수하는 역할을 하며, 지역문제에 대한 관심과 접근을 통해 '로컬 특유의 토착 문화'를 발굴 및 선전한다. 무엇보다 기후위기를 비롯한 지역문제를 해결하는 과정은 '글로벌과 로컬의 문제해결 방식을 융합'한 전형적인 글로컬 문제해결 방식이라고 할 수 있다.

리빙랩을 하나의 도구로 활용한 대학의 강의는 학생들이 리빙랩이라는 지역혁신방식을 직접 실행해 보는 전형적인 프로젝트형 수업이면서 지역 기반 수업이라고 할 수 있다. 리빙랩은 〈그림 1〉에 해당하는 3단계를 걸쳐 완성되지만, 대학에서는 수업기간의 한계로 인해 실험을 가정한 설계까지 진행되고 있다.

실험 전 문제 진단과 솔루션 모색에서 학생들의 주도적이며 적극적인 교류와 활동이 이뤄지며, 이 과정에서 교수자는 지역에 대한 정보를 보조로 제공하고 해당 전문가를 매칭 해 주는 역할을 한다(신상범 2022).

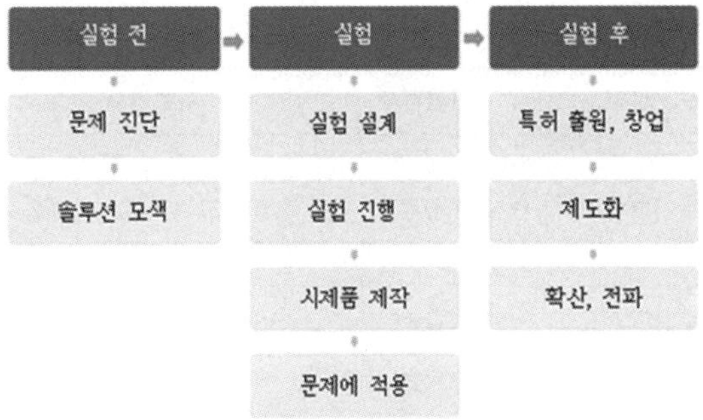

[그림 1] 리빙랩의 3단계
출처: (신상범·조계원 2023, 26)

[표 1] 2024년 1학기 S대학 리빙랩 방식 현황

강의명	수강인원	응답인원
국제지역비교연구	23	23
국제정치경제의 최신 쟁점	22	22
남북한관계론	26	26
합계	71	71

실제 리빙랩 활동을 통해 강의를 진행하고 있는 S대학 사례는 로컬 평화 활동의 실천양식으로써의 가능성을 보여준다. 2024년 1학기에 〈국제정치경제의 최신쟁점〉, 〈남북한 관계론〉, 〈국제지역 비교연구〉란 세 개의 과목에서 리빙랩 활동을 도구로 전공수업을 진행하였으며 총 71명의 학생이 참여하였다.

강의를 수강한 71명의 학생을 대상으로 강의에서 리빙랩 활동을 실시하기 전과 후에 각각 사전조사와 사후조사를 실시하였다. 설문영역의 역량 범주는 '협업능력', '창의력', '문제해결력', '세계시민역량', '전공인식(일반)'의 5개 영역으로 나누고 각각 6, 6, 6, 8, 4개의 세부 문항으로 구성하였다. 응답방식은 리커트 척도를 사용하였으며 중심화 경

[표 2] 사전·사후검사 측정 영역

영역	사전검사	사후검사
기본 정보	학번, 성별, 입학년도, 강의 수강 이유, 강의를 통해 얻고 싶은 것, 가장 신경 쓰고 있는 것, 리빙랩에 대한 이해정도	
역량	협업능력	협업능력
	창의력	창의력
	문제해결력	문제해결력
	세계시민역량	세계시민역량
	전공인식(일반)	전공인식(일반)
		만족도
		의미
		전공이해(일반)
		전공이해(리빙랩)
		전공이해(지역 및 국제관계)
		리빙랩 이해

[표 3] 협업능력

연번	문항내용		평균	표준편차	t	설문문항
1	나는 다른 학생들과 서로 도와가며 공부하고 시험 준비를 한다.	사전	2.73	0.91	1.65	8번
		사후	3.01	0.91		
2	나는 다른 학생들과 서로 도와가며 수업 과제나 프로젝트를 수행한다.	사전	3.09	0.79	3.00**	9번
		사후	3.46	0.67		
3	나는 다른 학생들과 수업 과제나 프로젝트를 수행하는 과정에서 서로 피드백을 주고받는다.	사전	3.07	0.88	3.17**	10번
		사후	3.49	0.70		
4	나는 다른 학생들과 SNS 또는 온라인 매체를 활용해서 수업 관련 토론을 하거나 자료를 공유한다.	사전	2.79	0.98	2.07*	11번
		사후	3.13	0.99		
5	나는 다른 학생들이 과제를 수행하는 등 공부하는 것을 돕는 것을 좋아한다.	사전	2.68	0.87	2.27*	12번
		사후	3.01	0.89		
6	나는 다른 학생들로부터 종종 많이 배운다.	사전	3.25	0.70	1.27	13번
		사후	3.40	0.73		

†p<.10, *p<.05, **p<.01, ***p<.001

향을 피하기 위하여 4지선다로 구성하였다. 측정결과 각 역량에서 유의미한 결과가 발견되었다. 무엇보다 글로컬방식의 문제해결 가능성을 직접 체험한 사실을 확인 할 수 있었다.

'협업능력' 부분의 9~12번 문항에서 사전검사 대비 사후검사에서 더 높은 응답을 보이며 통계적으로 유의한 차이가 나타났다. 가장 점수가 향상된 문항은 프로젝트 수행 과정에서 서로 피드백을 주고받는다는 항목(연번 3번)이었으며, 다른 학생들과 서로 도와가며 프로젝트를 수행한다는 문항(연번 2번)도 점수가 향상된 것으로 나타났다. '협업능력'은 공동체 결속에 절대적 요소이며 로컬평화의 첫 번째 특징인 '일상적 삶의 경험에 의한 문제해결 방식'의 실천 동력이다. 학생들이 프로젝트를 수행하는 과정에서 서로 피드백을 주고 받는 것은 공감과 소통의 영역으로 협업의 시작단계이다. 학생들은 리빙랩 활동을 통해 각각의 일상 경험을 서로 공유하고, 문제를 해결하기 위한 협력을 통해, 일상적 삶의 경험에 의한 문제해결 방식에 참여하게 된다.

'문제해결능력' 부분의 25번에서 기존에 알고 있는 지식과 정보를 문제 해결에 활용할 수 있다는 문항(연번 6번)이 통계적으로 유의한 차이를 보였으며, '전공인식(일반)' 부분의 34번과 35번 전공 분야의 전문지식을 갖추고 있다는 응답(연번 1번)과 내가 배운 전공을 실제 현장에 활용할 수 있다(연번 2번)는 응답도 통계적으로 유의한 결과를 보여주었

[표 4] 문제해결능력

연번	문항내용		평균	표준편차	t	설문문항
1	나는 문제 해결에 적합한 방법을 찾을 수 있다.	사전	3.11	0.53	1.44	20번
		사후	3.24	0.62		
2	나는 당면한 문제의 본질이 무엇인지 파악할 수 있다	사전	3.21	0.57	1.68	21번
		사후	3.39	0.69		
3	나는 문제를 해결하는 데 도움이 되는 정보들을 찾아낼 수 있다.	사전	3.26	0.60	1.44	22번
		사후	3.41	0.67		
4	나는 문제해결에 필요한 일의 우선순위를 구분할 수 있다.	사전	3.20	0.77	1.67	23번
		사후	3.40	0.69		
5	나는 문제해결을 위한 다양한 해결방안을 종합하여 더 나은 해결책을 제시할 수 있다.	사전	3.17	0.66	1.70	24번
		사후	3.36	0.66		
6	기존에 알고 있는 지식과 정보를 문제해결에 활용할 수 있다.	사전	3.25	0.57	2.57*	25번
		사후	3.50	0.61		

†p<.10, *p<.05, **p<.01, ***p<.001

[표 5] 전공인식(일반)

연번	문항내용		평균	표준편차	t	설문문항
1	나는 내 전공 분야의 전문적인 지식을 갖추고 있다.	사전	2.59	0.79	2.99**	34번
		사후	2.94	0.61		
2	나는 내가 배운 전공을 실제 현장에 활용할 수 있다.	사전	2.68	0.77	2.72**	35번
		사후	3.01	0.69		
3	나는 내 전공이 왜 중요한지 알고 있다.	사전	3.39	0.59	1.16	36번
		사후	3.51	0.65		
4	전공은 나의 삶에서 긍정적인 영향을 끼친다.	사전	3.45	0.62	0.44	37번
		사후	3.40	0.69		

†p<.10, *p<.05, **p<.01, ***p<.001

[표 6] 창의력

연번	문항내용		평균	표준편차	t	설문문항
1	나는 필요할 때 새로운 아이디어를 만들어낼 자신이 있다.	사전	3.08	0.61	1.34	14번
		사후	3.23	0.75		
2	내가 낸 아이디어는 대체로 유용하게 쓰인다.	사전	2.96	0.64	1.82	15번
		사후	3.17	0.76		
3	나는 다양한 아이디어를 많이 낼 수 있다.	사전	2.89	0.67	1.32	16번
		사후	3.06	0.81		
4	나는 창의성이 왜 중요한지를 잘 이해하고 있다.	사전	3.38	0.63	2.28*	17번
		사후	3.61	0.60		
5	나는 어떠한 상황에서 창의적인 해결책이 필요한지 알고 있다.	사전	3.05	0.75	2.34*	18번
		사후	3.33	0.68		
6	나는 창의성이 어떠한 과정으로 나타나는지 알고 있다.	사전	2.79	0.81	2.51*	19번
		사후	3.11	0.75		

†p<.10, *p<.05, **p<.01, ***p<.001

다. 이는 로컬평화의 두번째 특징인 '토착 문화에 기반한 문제해결 방식'의 가능성을 보여준다. 리빙랩 활동은 문제의 발견과 실험설계까지 교수자가 보조자의 역할에 머무른다. 학생들은 자신이 속한 지역 내의 문제를 직접 발견하고 그 문제를 해결하기 위한 실험도 직접 설계한다. 이때 학생들은 각자가 보유한 지식 또는 접근가능한 지식을 모두 동원하여 공유하는 과정을 겪는다. 교수자가 문제나 해결책을 일방적으로 하나의 지식으로 전달하는 과정은 바로 포스트자유주의자들이 비판했던 강대국 주도의 '근대'로 포장한 획일적 방식이라고 할 수 있다. 반대로 리빙랩 활동은 학생들의 자율성과 지식을 최대한 존중하며 최소한의 개입만을 통해 지역문제를 해결할 수 있는 실험을 간접적으로 경험

[표 7] 사후검사 전공이해(지역 및 국제관계)

연번	문항내용	평균 점수	표준 편차	설문 문항
1	나는 이 강의를 듣고 내가 사는 지역 문제에 대한 관심이 증가하였다.	3.29	0.84	53번
2	나는 이 강의를 듣고 내가 사는 지역의 문제 해결에 참여하고 싶다는 생각이 증가하였다.	3.30	0.81	54번
3	나는 이 강의를 듣고 다른 나라의 지역 문제에 관심이 증가하였다.	3.30	0.83	55번
4	나는 이 강의를 듣고 다른 나라의 지역 문제 해결에 참여하고 싶다는 생각이 증가하였다.	3.16	0.88	56번
5	이 강의를 듣고 나는 글로컬 문제 해결방식(*글로벌 문제를 각 지역의 특성에 맞게 해결함)이 중요하다는 인식이 생겼다.	3.49	0.74	57번

하도록 한다. 따라서 그 과정에서 기존 수업보다 다원적이고 경합적인 해결 방식을 찾는 유의미한 경험을 할 수 있다.

'창의력' 부분의 17~19번에서 점수 향상이 통계적으로 유의하게 나타났다. 창의성이 어떠한 과정으로 나타나는지 알고 있다는 응답(연번 6번)과 어떠한 상황에 창의성이 필요한지 묻는 문항(연번 5번)이 가장 크게 차이가 나는 것으로 나타났다.

사후검사 추가문항의 '전공이해(지역 및 국제관계)' 범주에서 '이 강의를 듣고 나는 글로컬 문제해결방식(*글로벌 문제를 각 지역의 특성에 맞게 해결함)이 중요하다는 인식이 생겼다.'는 응답은 평균 3.49점으로 가장 높게 나타났다. 또한 '나는 이 강의를 듣고 내가 사는 지역의 문제 해결에 참여하고 싶다는 생각이 증가하였다'와 '나는 이 강의를 듣고 다른 나라의 지역 문제에 관심이 증가하였다'라는 응답도 평균 3.30점으로 높게 나타났다.

창의력은 로컬평화의 세번째 특징인 '글로컬 양식의 문제해결 방식'이 실천될 수 있는 가장 중요한 요소이다. 우리 지역의 문제가 우리만의 문제가 아닐 수 있으며, 우리만의 방식이 아닌 다른 방식으로도 해결할 수 있을거란 열린 접근은 창의력을 통해 촉진되기 때문이다. 리빙랩 활동은 우리 지역에 대한 관심 뿐 아니라 타 지역에 대한 관심을 고취시키며, 글로벌 문제를 각 지역의 특성에 맞게 해결하는 것이 중요하다는 글로컬문제해결방식을 지식이 아닌 경험을 통해 전달할 수 있는 최고의 학습도구라 할 수 있다.

이처럼 대학단위의 리빙랩은 전공인식을 확장하여 '협업능력'과 '문제해결능력', '창의력'을 향상시키는 유용한 수업도구로 로컬 평화에 기여할 수 있는 실천적 방법이라 할 수 있다.

V. 마치며

본 연구는 거시적인 복합위기에 대응할 로컬평화의 한 방법으로 대학 리빙랩을 제안했다. 리빙랩은 지역사회가 경험하는 위기들을 주민들이 가지고 있는 역량을 토대로 해결할 방안을 찾는 것이지만, 대학 리빙랩은 그것의 논의 주체를 대학생으로 확장하여 평화적이고 민주시민적인 문제해결을 구상하는 것이다. 그리고 대학 리빙랩을 통해 로컬차원의 평화형성을 위한 교육적 개입을 촉진시켜 복합위기에 노출된 지역사회의 회복탄력성과 평화적 공존을 실현하려는 것이다.

리빙랩 기반 대학교육은 설문조사 결과에서 발견된 것처럼, 대학생들이 강의에서 리빙랩 활동을 통해, '협업능력', '문제해결능력', '창의력'을 향상시킬 수 있다. 이는 로컬평화의 주요한 세 가지 특징을 각각 향상시키는 동력으로 작용할 수 있다.

'협업능력'은 '일상적 삶의 경험에 의한 문제해결 방식'의 실천 동력이 되며, 리빙랩은 '문제해결능력'을 향상시키고 그 과정에서 '토착 문화에 기반한 문제해결 방식'을 경험하는 기회를 제공한다. 무엇보다 '창의력'과 '전공이해' 심화는 로컬평화의 세 번째 특징인 '글로컬 양식의 문제해결 방식'을 적극 수용하도록 돕는다. 대학생들은 리빙랩 활동을 통해 선도그룹으로 양성되며, 지역문제에 접근하고 지역전문가와의 접촉을 통해 '세대를 거쳐 전해진 농축된 삶의 지혜'를 마주하고, '로컬 특유의 토착 문화'를 대면한다. 따라서 대학 리빙랩은 해당 지역의 회복탄력성과 평화를 구축할 뿐 아니라 "더 큰 자유 속에서 사회적 진보와 보다 나은 삶의 수준"을 실현하려는 '위대한 목표'를 달성할 수 있는 기초를 마련하게 도와준다.

사회적 참여와 실천을 장려하는 대학의 리빙랩 활동은 지역 문제해결에 중요한 자원으로 대학의 사회적 책임을 구현하는 의미를 넘어(좌현숙 2024, 362-363), 예상이 불가능한 복합위기 시대에 로컬 단위에서 평화를 구축할 수 있는 하나의 실천양식이 될 수 있다.

참고문헌

강혁민. 2022. "로컬평화의 전망과 한계: 포스트자유주의 관점을 중심으로. "『문화와 정치』 9(3): 25-67.

노성여. 2022. "리빙랩 프로젝트와 연계한 대학 전공수업 교육모델 개발 연구: D 대학교 사례를 중심으로. "『한국진로창업경영학회지』 6(3): 85-110.

서보혁. 2024.『군사주의: 폭력의 이데올로기와 작동방식』. 박영사.

성지은·김민수. 2018. "대학의 혁신모델로서 리빙랩: 현황과 과제." 『공학교육연구』 21(6): 118-127.

신상범·조계원. 2023.『우리 동네가 실험실이 된다면?』. 버니온더문.

좌현숙. 2024. "대학의 리빙랩 연구에 관한 체계적 고찰."『한국엔터테인먼트산업학회논문지』 18(4): 359-369.

Belloni, Roberto. 2012. "Hybrid Peace Governance: Its Emergence and Significance." *Global Governance* 18(1): 21-38.

Boutros-Ghali, Boutros. 1992. *An Agenda for Peace: Preventive Diplomacy. Peacemaking and Peace-keeping*. New York: United Nations.

Brewer, John D., et al. 2018. *The Sociology of Everyday Life Peacebuilding*. Cham: Palgrave Macmillan.

Chancel, Lucas., Bothe, Philipp., and Voituriez, Tancrède. 2021. "Climate inequality report 2023, Fair taxes for a sustainable future in the global South." UNDP.

De Certeau, Michel. and Steven Rendall. (Trans). 1984. *The Practice of Everyday Life*. Berkeley: University of California Press.

Jabri, Vivienne. 2013. "Peacebuilding, the Local and the International: A Colonial or a Postcolonial Rationality?." *Peacebuilding* 1(1): 3-16.

Lee, SungYong. 2020. "Reflection on the Local Turn in Peacebuilding: Practitioners' Views." *Journal of Human Security Studies* 9(2): 25-38.

Letendre, Kenneth, Corey L Fincher, and Randy Thornhill. 2010. "Does infectious disease cause global variation in the frequency of intrastate armed conflict and civil war?." *Biological Reviews of the Cambridge Philosophical Society* 85(3): 669-683.

Mac Ginty, Roger. 2021. *Everyday Peace: How so-called ordinary people can disrupt violent conflict*. Oxford: Oxford University Press.

Richmond, Oliver P. 2006. "The Problem of Peace: Understanding the 'Liberal Peace'." *Conflict, Security and Development* 6(3): 291-314.

Sabaratnam, Meera. 2022. "The Liberal Peace? An Intellectual History of International Conflict Management." Susanna Campbell, David Chandler, and Meera Sabaratnam eds. A Liberal Peace?: *The Problems and Practices of Peacebuilding*. London: New York: Zed Books: 1-26.

Shinko, Rosemary E. 2008. "Agonistic Peace: A Postmodern Reading." Millennium: *Journal of International Studies* 36(3): 473-491.

Wallström, Margot. 2022. "Environment of Peace: Security in a New Era of Risk." SIPRI: Sweden.

World Bank. 2018. "Pathways for Peace: Inclusive Approaches to Preventing Violent Conflict." Washington, DC: World Bank.

기타 자료

https://blogs.worldbank.org/en/climatechange/fighting-infectious-diseases-connection-climate-change

신상범. 2022. "정치학 혁신 수업 소개 (신상범 연세대학교)."『한국정치학회』 한국정치학회소식 46(1), 2022년 3월 31일자.

www.kpsa.or.kr/contents/bbs/bbs_content.html?bbs_cls_cd=002002002&cid=22033110153019 (검색일: 2024년 10월 31일)

제15장

리빙랩을 통한 대학교육의 변화:
학습경험과 수업혁신을 중심으로

신하영

I. 들어가며

리빙랩은 그 자체로 과학, 행정, 정치, 교육에 있어 다양한 가능성을 가진다. 리빙랩이 가지는 특성 직접민주주의의 요소, 시민과학의 확장, 직접적이고 세밀한 지역문제 해결 등 어떤 요소에 초점을 맞추는지에 따라 다채로운 해석과 활용이 가능하기 때문이다. 교육분야, 특히 대학교육에 있어서 리빙랩은 혁신적 대학 수업방식으로 각광받고 있다. 리빙랩을 통한 지역참여 확대, 창의적인 문제해결 과정, 문제정의부터 솔루션 도출까지 이어지는 다양한 시민주체의 지속적 협력은 대학생의 역량을 키우는데 적합하다. 이러한 요소에 주목한 교육현장의 교수들은 리빙랩을 다양한 방식으로 대학교육에 적용하려 노력하고 있다. 이 장에서는 대학수업의 다채로운 장면에서 리빙랩이 작동하는 방식과 리빙랩이 대학교육에 가져온 변화를 학습자, 교수자, 대학 차원에서 입체적으로 만날 수 있을 것이다.

II. 리빙랩으로 대학수업 하기: 활동과 학습의 만남

리빙랩이 대학 강의실에 도입된 순간부터, 교육의 구조는 근본적으로 재배열된다. 전통적인 강의식 수업이 아니라, 사회·지역과 연결된 '실험실'로서의 교실, 학생이 주도적으로 참여하는 현장 중심 활동의 무대가 열리는 것이다. 필자가 직접 운영했거나 연구에 참여한 다양한 아시아권 대학(한국, 베트남, 인도네시아) 현장 사례들은 리빙랩의 실천적 구현방식과 그 교육적 효과를 생생히 보여준다.

1. 대학수업 현장에 확산되는 리빙랩: 교실에서 지역으로

학생들은 수업이 시작되면 교재보다 먼저 자신의 주변, 도시, 지역의 실제 문제로부터 '학습 출발점'을 잡는다. 예를 들어, 한국에서 진행된 글로벌 거버넌스 과목에서는 학생들이 병원 내 길 찾기, 공원 내 이동식 의자 부족 문제, 시각장애인용 의류 식별 태그 개발, 무슬림 학생 기도실 마련, 지역 상권 활성화 등 일상에서 마주치는 구체적 문제들을 직접 탐색했다.

이 과정에서 '문제 정의'는 교수자가 일방적으로 내려주는 것이 아니다. 학생 스스로, 팀별 탐색과 현장 인터뷰를 통해 문제를 객관적으로 규정하고 왜 중요한지 데이터를 수집한다. 이어서 토론을 통해 원인을 분석하고, 다양한 솔루션을 구상한 뒤, 시제품 제작이나 캠페인, 정책 제안 등 실제 적용 실험까지 해보는 순환적 구조로 수업이 진행된다.

최근에는 아시아 각국에서 다양한 형태로 리빙랩 수업이 실천되고 있다. 베트남의 사례는 지속 가능성과 실질적 현장 경험의 소중함을 각인시킨다. 베트남 뚜옌꽝 지역 탄짜오 대학의 국제경제학, 사회복지 과목에서는 쓰레기 무단투기, 분리수거 인식 미비, 불법 광고물, 소수민족 조혼 문제 등 당면한 사회문제에 대한 학생주도 리빙랩 수업이 시도됐다. 이때 교수는 주제 선정과정에서 '교수자-중심 전달'에서 '학생 직접 탐구'로 점진적으로 비중을 전환하며, 각 소집단이 데이터를 수집하고 실태를 파악한 뒤, 다양한 이해관계자(지역사회, 행정, NGO 등)와 연결되어 해결책을 구체화하는 데 힘을 썼다(신하영·이정인 2024); (Lee, Shin, and Han 2024, 10-14).

베트남뿐 아니라 인도네시아에서도 리빙랩이 '정책 지향형' 학습, 즉 사회적 문제를 실제 정책·운동·입법안으로 가져가는 활동으로 확장되고 있음이 확인된다. 학생들은 지역 특유의 사회문제(해양오염, 지역상인 생존권 보장 등)에 대해 직접 '실천적 응답자'로 참여하며, 이러한 경험이 이론적 학습과 실전 문제해결력을 결합한 대표적 전환학습 사례가 된다(신하영·이정인, 2024).

2. 리빙랩 수업의 교육적 효과

리빙랩 수업을 통해 변화된 대학수업은 다음과 같은 학습 및 교육 혁신 효과를 일으킨다.

첫째, 전공지식 뿐 아니라 교양과 상식을 아우르는 지식의 통합이 나타나고, 지식의 현장성이 강화된다. 리빙랩 수업을 통해 학생들은 단순 암기가 아닌, 행정·사회·과학 등 여러 분과의 융합적 사고와 실용화 능력이 성장한다. 이는 수업 참가자들이 기존의 전공 주제, 예컨대 '국제개발협력', '사회복지', '도시정책', '환경' 등과 리빙랩 방식의 현장 문제해결을 연결하며 나타나는 효과이다.

둘째, 수업참여에 동기부여가 되고, 학생들이 수업에 주인의식을 갖게된다. 학생들이 '교실 밖의 문제'에 실제로 책임을 지며, 조사·해결·평가의 전 과정을 직접 경험하게 됨으로써 자기 주도적 배움이 강화된다.

지속 가능한 지역사회 기여 가능성 실험: 정책 제안, 실험적 제품/서비스 개발, 지역기관·주민과의 협력 등 다양한 실질적 성과 사례가 확인된다.

셋째, 교수자(teacher)로서 대학교수는 역할의 전환을 경험한다. 리빙랩 수업에서 모든 활동은 학생이 직접 수행한다. 교수는 문제를 정의하는 과정부터 마지막 산출물 생산까지 직접적으로 관여하지 않는다. 대신, 학생들에게 문제를 정의하는 방법, 어떻게 하면 아이디어를 잘 정리하고 지역사회의 다양한 자원을 활용할 수 있을지 전략을 제시한다.

이 과정에서 교수는 더 이상 모든 답을 제공하는 권위자가 아니라, 학생의 탐구를 안내하고 실패와 논쟁을 통한 성장의 동반자로 거듭난다(Lee, Shin, and Han 2024).

3. 배움과 실천이 함께 나타난 수업혁신 사례들

리빙랩 수업을 통해 학생들은 수업의 공간을 강의실과 지역사회로 확장한다. 다음의 사례들은 강의실 안팎에서 리빙랩을 통해 학습과 활동이 복합적으로 나타난 실제 수업들이다. 먼저, 한국의 연세대학교 학생들은 리빙랩 수업통해 병원 내 환자 길찾기 문제를 조사하고, 자체적으로 '전자안내기' 시제품을 제작했다. 또 다른 팀은 지역 노인들의 교통안전 문제를 담당 기관과 협의해 직접 정책 제안하기도 했다.

베트남 학생들은 좀더 사회적이고 문화적인 주제를 다루었다. 베트남 북부지역의 뚜옌꽝성에 위치한 탄짜오 대학 학생들은 사회복지학과 전공수업에서 리빙랩 활동을 수행행했다. 학생들이 다룬 '소수민족 아동 조혼' 문제의 경우, 학생들이 배웠던 지역사회 복지실천의 전공지식과 전공기술들을 실제 지역의 악습 타파에 적용한 사례라고 할 수 있다. 학생들은 커뮤니티 내 청년과 공무원, 주민대표를 연결해 지속적 대화와 마을 협약을 주도했다. 기존에 복잡하게 얽혀 있던 관습적 문제(조기결혼)를, 외부자적 시각이 아니라 당사자적 관점과 세대 간 소통을 통해 접근하는 방식을 실험했다(Shin 2024).

이렇듯 리빙랩은 아시아 여러 대학에서 다양한 맥락으로 실행되었으나, 공통적으로 학습자 주도, 참여와 협력, 현장의 문제해결이라는 가치 중심으로 기능했다. 이 과정에서 대학 교수자-학생-지역사회가 하나의 혁신 생태계로 엮이며, 기존 강의실 중심 교육의 한계를 넘어 학습, 실천, 협동의 '새로운 대학교육 장면'을 열어가고 있다.

III. 리빙랩으로 가르치면, '잘 가르치는' 교수가 될까?

리빙랩은 대학 교육에서 '교수자'의 역할과 정체성을 근본적으로 다시 묻게 만든다. 필자는 한국과 베트남에서 이루어진 리빙랩 수업의 과정을 통해서 이 수업을 기획하고 진행한 대학 교수들은 새로운 수업방식을 익히고 실천하면서 교수로서의 자신이 변화되고 나아가 성장하라 수 있었다고 진술했다. 이렇게 '리빙랩으로 가르치기'를 실천한 대학 교수들이 수업을 통해 어떤 변화를 경험했는지 수업관찰과 인터뷰를 수행한 결과, 리빙랩이 교수자를 '지식의 주입자'가 아니라 학습 공동체의 동반자이자 사회혁신의 촉진자, 그리고 학생의 잠재력을 실현하는 조력자로 변화시켰음을 발견했다(Lee, Shin and Han 2024, 12-14).

1. 리빙랩 수업 기획~운영에서의 교수자 변화: 교육철학과 동기의 전환

리빙랩을 처음 도입한 교수자들은 대체로 '학습자 중심, 현장 중심' 교육으로의 전환을 추구했다. "학생이 졸업할 때 빈손이 아니라 삶의 무기를 쥐고 나가길 바란다"는 현장 교수의 내적 동기가 반복적으로 확인된다. 한편, 수업을 실제 도입하는 과정에서는 이론과 현장 연결, 학생 주도의 활동 설계, 교수자의 권위 내려놓기 등 새로운 도전과 감정적 변화를 겪었다. 실제 인터뷰에서는 "교수가 지식을 더 많이 주는 것이 좋은 줄 알았지만, 현장 문제 해결 과정에서는 한 가지 주제에 집중해도 충분했다"는 자각이 나타난다.

상대적으로 고등교육 체제와 수업방식이 발달되지 않은 개발도상국가의 대학교수에게 리빙랩은 선진 대학교육을 빠르게 도입할 수 있는 기회이자 도전으로 다가오기도 했다. 베트남 탄짜오 대학에서 리빙랩 수업을 담당했던 교수는 리빙랩 수업을 마친 후 2023년 8월에 한국의 연세대학교에서 열린 국제학술대회에 참여하여, 해당 수업에서의 경험을 다음과 같이 공유하였다.

현재 베트남에서는 산업혁명 4.0과 글로벌화의 맥락에서 베트남 고등교육의 교수법 혁신이 요구되는 상황이며, 학습에서 학생들의 주도성과 창의성을 향상시키기 위해 전통적인 교수법과 활동 중심의 방법을 결합하는 것이 중요해지고 있다고 전했다. 베트남 대학은 그동안 주로 일방향 강의식 수업을 진행해왔으나, 이제는 학생 참여형 수업 도입을 통해 수업 모델을 고도화하려는 노력을 기울이고 있다. 그리고 이때 리빙랩 방식은 혁신모델로서 학생 참여와 실천이라는 요소를 모두 충족하고 있었다(Hoang 2023, 154-157); (신하영·이정인 2024: 89-90).

> "수업과 관련된 어려움이라고 한다면...(기존의 전통적인 수업보다는) 확실히 수업준비에 더 많은 시간이 투자됩니다. 이 리빙랩 방식은 나에게도 새롭고 학생들에게도 새로운 것이었습니다...물론 발표 수업 같은 것은 학생들이 계속 해 왔던 것이지만...(밖에 나가서 직접 활동하는 것은) 새롭게 시도하는 것이었습니다..."

2. 지식의 재구성, 권위 내려놓기와 '함께 성장하는' 교수

리빙랩 현장에서는 교수자가 더 이상 모든 것을 아는 권위자가 아니라 '함께 탐구하는 동반자'로 변모한다. 학생이 특정 주제의 실무역량이나 네트워크, 정보 습득에서 교수보다 주도적 지위를 획득하는 경우도 많다. 인터뷰에 따르면 "모르는 것을 솔직히 인정할 수 있을 때 교사로서의 진짜 리더십이 생긴다. 학생의 탐구를 촉진하는 전략적 권위 내려놓기가 필요하다"고 한다. 이러한 실천은 학생에게는 자기효능감을, 교수에게는 존경과 신뢰를 안긴다.

결국, 리빙랩을 경험한 교수들은 자신을 '지식 전달자'가 아니라 '사회혁신 촉진자', '함께 배우는 동반자', '사다리를 놓아주는 안내자'로 새롭게 정의한다. 수년간 전공수업에 리빙랩 방식을 적용해 온 국내 대학의 교수는 "나는 학생의 졸업 포트폴리오를 채워주는 사람이 아니라, 사회에서 자기 힘으로 문제를 찾고 성장할 수 있게 돕는 안내자"라고 고백하기도 했다.

3. 교수, 지역사회와 학생을 잇는 중재자가 되다

리빙랩은 다양한 이해관계자와 함께 실험하는 '협력적 장'이다. 교수자들은 갈등상황이나 윤리적 딜레마, 학생보다 정보가 부족해지는 순간을 경험하지만 오히려 이를 공개적으로 나누고, 조정자·중재자 역할을 학생과 공유하면서 '불완전함의 교육적 가치'를 실감한다(Lee, Shin and Han 2024); (Shin 2024). 학생이 현장 네트워크와 전문지식을 확대할수록 교수자는 '권위자'라기보다 '성장 촉진자'로 경험된다.

실제 강의 설계 과정을 보면, 리빙랩 수업을 적용한 한국·베트남·인도네시아 교수자들은 '이론-실천 융합형' 강의 모델의 표준화, 행정·지역사회와 네트워크 구축, 비교문화적 실천 사례의 상호 벤치마킹을 시도했다. 이는 단순히 주제교환이 아니라 현장 중심 교육혁신의 구체적 네트워크로 자리 잡고 있다.

이 과정에서 교수자는 학생들이 지역사회 구성원들과 더 긴밀하게 협조하고 도움을 받을 수 있도록 중재와 연결을 역할에 몰두한다. 리빙랩 수업에서 교수자가 관장하는 범위는 단일 과목을 넘어 학과, 연구 생태계, 대학 간 네트워크, 대외 협력 등으로 넓어지고, 이 과정에서 교수 자신이 갖는 네트워크와 중재 능력 역시 확장된다. 이는 단지 교수법의 혁신이 아니라, 대학 고유의 사회 책임성과 공공성, 지역사회와의 접점을 크게 활성화하는 방향으로 작용한다(신하영·이정인, 2024).

4. '잘 가르친다'의 의미를 스스로 찾아가는 과정

리빙랩을 실천한 교수들과의 인터뷰와 이들의 수업을 관찰하면서 반복적으로 관찰된 것은, '잘 가르친다'는 것의 의미의 변화였다. 성공적인 리빙랩 수업에서 관찰된 교수의 모습은 어떠한가. 교수들은 모든 정답과 지식을 강의하는 것이 아니라 학생의 주체성과 실패, 성장, 성찰을 적극적으로 촉진하고, 스스로도 그 변화의 과정에서 함께 배우고 흔들리는 경험을 마다하지 않았다. 이 변화는 오늘날 대학에서 요구되는 교수자의 새로운 모습, 즉 캡스톤 디자인이나 프로젝트수업 등 다양한 교육혁신이 추구하는 것과 궤를 같이한다.

IV. 리빙랩을 통한 학습자 경험의 변화

1. 학습의 전환: '현장'에서 시작하는 진짜 배움

전통적인 대학 수업이 강의실 안 이론 전달에 머물렀다면, 리빙랩 기반 수업의 학습자들은 지역사회와 현장을 직접 만나는 접점부터 학습을 시작한다. 예를 들어, 베트남 탄짜오대학의 리빙랩 수업에서는 학생들이 빠르게 도시화되는 지역의 쓰레기 무단투기, 소수민족 아동 조혼, 무분별한 광고 전단지 부착 등 매우 구체적이고 시급한 현실 문제를 주제로 삼아 자신이 평소 경험했던 지역 환경과 공동체의 작동 원리를 새롭게 바라보게 된다. 이들은 단순히 문제를 '배정받는' 것이 아니라 직접 현장조사, 이해관계자 인터뷰, 데이터 수집을 수행하며, 해당 문제의 이유와 중요성을 근거와 자료로 설명하는 훈련을 받는다(신하영·이정인 2024, 91-94); (Lee, Shin and Han 2024). 실제 참가자 인터뷰에서 한 베트남 학생은 이렇게 말했다.

> "예전에는 수업에서 우리가 배운 게 일상생활이랑 별 관련이 없다고 느꼈는데, 이번에 지역사회의 쓰레기 문제를 스스로 선택해서 조사하다 보니, 교실이 아니라 내 삶 속에서 학습이 일어나는 기분이 들었습니다. 주민들과 만나서 이야기를 나누다 보니, 내 시각도 바뀌고, 배운 내용이 실제로 어떻게 사회에 적용되는지도 알게 되었어요."

이처럼 학습자는 이제 교실에 남겨진 '수동적 존재'가 아니라, 문제 현장을 해석하고, 스스로 의미를 부여하며, 공공장소에서 직접 해법을 설계하는 능동적 주체로 전환된다. 이러한 경험은 단지 새로운 지식을 습득하는 차원을 넘어, '학문과 생활, 이론과 실제'가 일체화되는 전환학습(transformative learning)의 출발점이 된다.

베트남 탄짜오 대학의 리빙랩 수업에 참여한 학생은 리빙랩 수업이 그동안 베트남에서 초중등 교육을 받는 동안 경험하지 못했던 수업방식이라는 점, 학생 스스로 지식을 찾는다는 점에서 새로웠다고 이야기했다. 이런 경우 학생 입장에서는 새로운 수업방식에 적응하는 것의 어려움, 교수자가 명확한 지침과 모범답안을 제시하지 않는 것에서 오는 곤람함이 있을수 있다. 대다수의 국내 대학수업에서 학생들은 조별발표에 대한 거부감을 가지고 있기도 하고, 활동 보다는 지필고사로 평가받고 싶어하는 경향을 보이기도 했다. 하지만 이러한 곤란함에 대해서 리빙랩 수업을 경험한 학생들은 리빙랩 수업이 "지식을 바로 활용할 수 있다는 점에서 오히려 효율적"이라고 답했다(신하영·이정인 2024).

> "(리빙랩 수업에 더 많은 시간을 할애하는 것에 대해서) 아니요, 귀찮거나 힘든 것은 없어요. 실제로 이 수업은 전공 지식을 활용하는 데 더 많은 기회를 제공하고, 어떻게 활용할지에 대해서도 훨씬 효율적이라고 생각해요. 다른 수업보다는 내용 이해에 있어서 더 효과적이고 배우는 지식이 무엇인지를 더 명확히 알 수 있는 것 같습니다."

학습자들의 참여와 노력도 주목할만했다. 학생들은 모두 자체 제작 멀티미디어 자료를 활용하여, 자신들이 정리한 내용을 전달하려고 노력하였다. 또한, 학생들은 지역사회의 이해관계자들과의 교류를 통해 현장에서 느낄 수 있는 문제 인식과 다양한 원인 분석을 할 수 있었다. 리빙랩 활동 사후 설문조사에서 리빙랩 활동에 대한 자신의 생각을 묻는 서술형 질문에서 학생들은 "학생 주도의 프로젝트여서 흥미롭고 실용적인 지식을 배울 수 있었다는 점"에 가치를 두었으며, "새로운 접근 방식이 유의미했다"고 진술했다(신하영·이정인 2024).

> "저는 이 수업이 다른 수업과 다르게 학생들이 직접 문제를 찾고 해결책을 학습해야 한다는 점에서 큰 차이가 있다고 느꼈어요. 대부분의 수업에서 교수님께서 문제를 제시하고 해결 방안을 제공하시지만, 리빙랩에서는 우리 스스로가 지식을 찾고 적용하는 과정을 배워야 했습니다. 이것이 가장 큰 차이점이었습니다."

리빙랩의 모든 과정은 궁극적으로 학생이 자기 자신과 세계를 보는 시야, 내적 성찰과 관점 변화, 그리고 자신의 신념·행동 전환까지 유도한다. 기존 패러다임(정답 맞추기, 수동적 듣기)에서 빠져나와, '문제를 내 삶과 연결해 생각하고, 새로운 시각을 적극적으로 수용하며, 실제로 실행해보면서 전화학습(transformative learning)을 경험한다. 전환학습이란 학습자가 가진 고유한 '경험조망렌즈', 즉 자기자신과 세계를 바라보고 이해하는 관점을 근본적으로 변화시킴으로서 궁극적으로 학습자 개인의 행동과 그들을 둘러싼 사회의 긍정적인 변화를 도모하는 행위로 이해될 수 있다(신하영·이정인 2024, 96); (Shin 2024, 12); (정순례·이병임·조현주·오대연 2021).

2. 캠퍼스너머 지역사회로, 학생에서 지역사회 구성원으로

리빙랩을 통한 지역문제 해결의 효과는 사회복지, 의료혁신, 공공정책 등 다양한 분야에서 혁신적인 가능성을 만들어내고 있다. 특히 주목할 것은 지역사회 문제를 해결하는 데 있어 대학의 역할이 재조명되면서 대학에서 리빙랩을 실천, 적용하는 사례들이 많아지고 있다는 점이다. 국가 교육사업, 비교과 프로그램, 교양 과목 등에서 일어나는 리빙랩 활동은 대학이 위치한 지역의 문제와 대학의 역량을 연결시켜 대학이 지역 문제를 해결하는 데 실질적으로 기여할 수 있는 방안을 모색하기도 하고, 전공, 교양, 비교과 프로그램 등을 통하여 학생들에게 지역기반 문제해결방식을 능동적으로 실천하는 기회를 주기도 한다(성지은·한규영·박인용 2016); (신하영·이정인, 2024).

리빙랩을 통하여 대학은 한편으로는 지역에 대한 대학의 역할을 제고하고 다른 한편으로는 리빙랩에 참여하는 학생들의 지역에 대한 관심과 함께 문제해결력, 창의력 등의 실천 중심 역량들을 향상시킬 기회를 준다(이태동·류소현·박재영 2019); (신하영·이정인, 2024). 이러한 긍정적 효과에 주목해서 최근에는 리빙랩(living+laboratory)의 표현을 '생활연구소'라는 국어표현으로 바꾸어 '지역혁신중심 대학지원체계 구축 방안(RISE)'으로 추진되는 전국의 지자체와 대학 간 협업 사업의 주요 추진과제로 '캠퍼스 생활연구소 구축과 운영'을 추진하고 있다. 작게는 수억원, 크게는 수십억을 들여 대학이 지역사회에서 재학생-주민-지자체 행정조직이 협업해서 지역 생활기반을 개선하도록 정책적 변화를 이끄는 것이 이 사업의 핵심 내용이다(한국대학신문 2024.12.27. 기사).

배트남 탄짜오대학의 리빙랩 수업 사례를 통해서 학생들이 지역사회 구성원으로 성장하는 과정을 살펴보자. 이 수업에서 학생들은 '쓰레기 무단투기와 도시 내 급증하는 쓰레기 처리'라는 지역 문제를 발견하였고, 이 과정에서 교수자는 학생들에게 어떻게 하면 직접 이 문제를 해결할 수 있을지를 찾도록 하였다. 수업이 진행되는 과정에서 학생들은 '지역사회 폐기물 문제'를 구체적으로 탄짜오대학과 그 주변 지역에 초점을 맞추어 조사하였고, 이를 통해 자신들의 생활 반경 내에서 직면하는 문제를 실질적으로 경험하고 이해하는 기회를 가질 수 있었다.

학생들의 리빙랩 활동 결과 발표를 통해 발견된 지역문제의 양상과 이를 해결하기 위한 노력은 다음과 같다. 첫째, 학생들은 리빙랩 활동을 통해 쓰레기 무단투기, 분리수거의 무분별함, 전단지 무단부착 등 다양한 폐기물 관련 문제의 세부적인 양상을 식별하고 분석하였다. 이러한 과정에서 학생들은 지역사회의 실제 문제에 대해 체계적으로 관찰하고, 문제의 원인과 해결 방안에 대해 심도 있게 고민하였다. 특히 흥미로운 점은 학생들이 수업에서 직접 다루었던 쓰레기 문제 외에도 빈부격차나 전염병 등 다양한 지역의 문제에도 향후 참여해 보겠다고 의사를 표현한 것이다. 이 수업에서 지역단위 쓰레기 문제를 탐구하다가 학생들이 뚜옌꽝이라는 지역사회를 넘어 전국적으로 베트남의 급격한 도시화와 산업화로 인한 폐기물 문제가 국내 주요 이슈 중 하나로 부각되어 있음을 발견하기도 했다.

> "...리빙랩을 통해 환경 문제뿐 아니라 다른 많은 문제를 생각해볼 수 있었습니다... 예를 들어, 빈부격차, 공기오염, 전염병 등등. 이런 문제들의 심각성을 알게 되었습니다. 이번 수업에서는 쓰레기 문제만을 다루었지만, 앞으로 기회가 된다면 이런 문제들도 더 다뤄보고 싶습니다... 직접 해결한다면 더 좋을 것입니다..."

이렇듯 학생들은 리빙랩 활동을 통해 해당 문제에 대한 실질적인 이해를 높이고, 문제 해결을 위한 구체적인 방안을 모색했음을 발견할 수 있다. 리빙랩 활동이 학생들의 지역사회 문제에 대한 인식을 향상시키고, 지역사회에 대한 적극적인 참여를 촉진하는 유용하다는 것을 알 수 있다. 리빙랩 수업에서 지역문제의 문제를 발견하고, 원인을 분석하고, 솔루션까지 도출해 본 학생들은 자신들의 학습을 지역사회의 실제 문제 해결에 연결시키며, 지역사회의 지속 가능한 발전을 위해 기여하는 경험을 한다. 수업에 참여했던 학생들은 리빙랩 수업의 가장 좋았던 점으로 "지역 문제에 관심이 생기고, 참여할 기회가 생긴 것"을 꼽았다.

“(리빙랩 수업을 듣고 난 뒤 좋았던 점이 있다면) 기존 이론 위주의 수업에서 벗어나 직접 지역에서 발생하는 문제를 찾고 해결하는 방법을 배울 수 있다는 점이 좋았다”

“(리빙랩과 같은 수업 방식은) 처음이었다. 리빙랩 수업을 하면서 뚜옌꽝의 지역문제에 대해 알아보았고, 뚜옌꽝엔 쓰레기 문제가 심각하다는 것을 알게 되었다. 같은 맥락으로 지역에 대한 관심 또한 높아졌으며, 수업을 듣고 나서 외출할 때마다 지역의 문제가 보이기 시작하였다.”

학생들은 수업 중에 지역문제 해결방식 중 하나로 제시하기 위한 폐기물 처리 자원봉사 활동을 수업이 마친 후에도 계속 이어나가려 했다. 학생들은 쓰레기 폐기물 문제의 심각성을 조사하고 자료를 얻기 위해 향후에는 지역 환경기관의 사람을 만나 직접 예산지원을 신청하겠다는 계획을 세우기도 하였다.

“(수업이 끝난 후에도) 봉사활동 동아리 프로젝트를 하며 지속적으로 지역문제를 해결하기 위한 노력을 했다. 그러나 분리수거 문제는 전혀 해결되지 않았다...(예산과 시간이 충분히 주어지기만 한다면) 지역에 쓰레기통을 설치하고 싶다. 분리수거 봉투가 있기는 하나, 보급하고 싶다. 이를 위해서 나중에는 지역 환경기관 사람을 만나 예산지원 등을 요청하며 지역문제를 알리고 싶다.”

3. 문제의 ‘관찰자’에서 ‘주체’로: 사회참여와 시민성의 성장

리빙랩 과정이 반복될수록 학생들은 ‘내가 사회변화의 한 부분’이 될 수 있다는 강한 주체성, 시민의식, 실제 변화 가능성에 눈을 뜬다. 예를 들어, 한국 학생들은 재학 중 직접 설계한 ‘병원 내 전자안내기’, ‘공원 이동식 의자’, ‘교통약자를 위한 캠페인’이 실제로 적용되는 성공 경험을 하거나, 외국인 유학생들은 “쓰레기 분리수거 캠페인을 통해 본국(중국·베트남)에서도 현지 적용 아이디어를 확장했다”고 진술했다(Shin 2024, 23-25); (신하영·이정인, 2024, 92); (Nam and Shin 2025).

2023년 베트남 탄짜오 대학에서 진행한 대학 수업에서는 대학이 소재한 뚜옌꽝 지역 산악 소수민족 마을에 남아있는 조혼을 막는 것이 리빙랩 주제로 다루어졌다. 이 수업에서는 참여 학생들이 당사자 주민, 동료 학생, 젊은 공무원, 지역 지도자들과의 협력 네트워크를 직접 만들어서 활동했다. 학생들은 약간의 교통비만 제공받고 자발적으로 한 주에도 서너번 깊은 산속의 소수민족 마을에 방문해서 자신들이 제시한 전문적 상담, 마을 지도자와의 대담, 또래 간 대화 등의 솔루션을 실천해 보았다.

“교실 안에서만 배울 때는 그냥 '남의 문제'였는데, 돌아다니며 직접 이야기를 듣고 솔루션을 생각하니 ‘내 가족과 이웃의 문제’라는 점을 실감하게 됐어요. 내가 조금씩 바꿀 수 있다는 자부심이 생겼습니다.”

이 과정을 통해서 사회문제를 바라보고 대하는 자신의 태도에 어떤 변화가 있었는지를 물었던 심층 인터뷰에서는 학생들은 “단순히 문제를 지적하기보다는, 실제로 문제를 해결하는 주체가 되고 싶다”고 전했다. 특히 해당 수업이 지역사회 복지 실천과 소수민족을 위한 사회사업에 관한 전공 수업이었기 때문에, 이후에 공무원이 되거나 사회활동가가 되어서 소수민족을 위한 공익적인 활동으로 진로를 개척하고 싶다는 학생도 있었다.

문제를 해결하는 주체가 되는 것은 아직 배움의 과정에 있는 미숙한 학생들에게 실패와 좌절을 안겨주기도 했다. 그런데 수업이라는 상황 설정은 실패까지도 배우는 과정으로 받아들일 수 있도록 학생들에게 일종의 심리적 안전장치를 제공한다. 다만 이때 수업의 평가가 과정중심의, 절대평가 방식이 채택되었을 때 학생들에게 허락되는 실패의 여지, 배움의 기회가 더 크다.

리빙랩은 기존 방식과는 다른 새로운 방식으로 문제에 접근하고 원인을 파악하고 솔루션을 찾아야 하기 때문에, 비전문가인 학생들에게는 실패가 필연적으로 따라올 수밖에 없다. 그래서 이 안전한 장치들과 조력자이자 중재자인 교수의 도움을 통해 학생들은 오히려 실패하고 충돌하면서, 학생들은 "현장에서의 실수와 갈등도 배움의 일부"임을 온몸으로 체득하게 된다.

앞서 제시했던 베트남 뚜옌꽝성의 소수민족의 조혼 풍습을 다룬 리빙랩 수업에 참여했던 학생은 본인은 소수민족 출신이 아니었고, 때문에 리빙랩 활동 중에 베트남 소수민족 주민들과 소통하는 데 문화적인 어려움이 컸다고 이야기했다. 뿐만 아니라 풍습을 자행하는 부모세대를 설득하는 것은 아직 미성년인 학생들 입장에서는 부담이 되기도 했다.

> "주민 인터뷰에서 예상 밖의 부정적 반응을 들었을 때 두렵고 힘들었어요. 하지만 교수님과 동료들이 함께 해결 방안을 찾는 과정을 반복하다 보니, 이제는 어려움도 배움의 한 부분이라는 생각이 들었습니다."

그리고 이 학생은 리빙랩이 진행되는 과정에서 중재자인 교수, 소수민족 출신인 동료학생의 도움으로 문화적 차이로 인한 협업의 어려움을 덜 수 있었다. 이 수업에서는 학생들이 문화적 민감성을 존중하는 해법, 세대 간 대화의 장을 만들기 위한 중재 방식(mentor-matching)을 고민하며 지역주민, 행정, 청년단체, 교사 등 다양한 집단과의 협상을 시도했다. 그 결과 학생들은 문화적 차이와 세대 차이를 넘어서 서로의 견해를 경청하는 소통법과 집단 내 조정 능력을 배우는 기회를 가졌다. 교수자 역시 "(의사소통) 실패의 공유가 오히려 더 큰 성장의 계기였다"고 평가했다(신하영·이정인 2024, 90-91). 이렇게 익힌 의사소통과 갈등조정의 역량은 이후 학생들이 지역문제 해결의 주체가 되고 변화에 직접 참여할 때 큰 힘이 될 것이다.

V. K-edu는 K-pop이 될 수 있을까: 한국교육 국제화와 교육 리빙랩

1. 국내 외국인 유학생의 현실과 리빙랩 수업의 가능성

한국 대학에는 현재 20만 명에 달하는 외국인 유학생이 공부하고 있다. 최근 10년간 연평균 5.8%씩 증가한 수치다. 그러나 유학생들이 학업을 성공적으로 마치고 지역사회에 통합되거나 국내에서 지속 가능한 경력을 쌓는 경우는 제한적이다. 실제로 2022년 기준, 유학생의 중도 이탈률은 16.5%에 달하며, 졸업 후 한국 지역사회에 정착하는 비율은 30% 미만에 불과하다. 특히, 취업역량 강화를 위한 교육 혁신의 부재는 유학생들의 학업 몰입도를 낮추고, 이는 중도 탈락이나 졸업 후 본국으로의 귀환 또는 국내 대도시로의 취업 이주로 이어지고 있다. 지방 대학들은 이러한 문제로 인해 지역사회 인재 유치와 지역 경제 활성화에 어려움을 겪고 있다.

K-pop은 한국적인 면모를 유지하면서도 세계화에 성공했는데, 왜 K-edu는 외국유학생을 한국에

서 공부하며, 일하며 머물게 하지 못할까? 그 이면에는 외국인 유학생 유치의 성과에도 불구하고, 이들이 대학에 몰입하고 학습 경험을 최적화하도록 돕는 보유 전략(retention strategy)은 여전히 미흡하다는 현실이 있다. 해외 연구에서는 유학생 몰입 부족이 학업 성과 저하로 이어질 수 있음을 지적한 바 있다(Jones and Kim 2021). 국내 연구에서도 한국 대학이 유학생들에게 학습 몰입을 보장하기 위한 지원 체계를 제대로 구축하지 못하고 있다고 비판한 바 있다(이금란 2023). 이렇게 초래된 외국인 유학생의 학교 몰입 부족은 중도이탈과 학업 성취도 저하로 이어진다(신하영 2024, 186); (한국교육개발원 2023).

외국인 유학생의 취업역량 성장을 고려한 교육 혁신의 부재도 유학생들의 학업 몰입을 저하시키는 주요 요인 중 하나다. 유학생들은 졸업 후 본국으로 돌아가거나 국내 대도시로 이주하며 지역사회와의 연결을 지속하지 못하는 경우가 많다. 유학생들의 국내 취업률은 30% 미만에 그치며, 이는 지역사회 경제 활성화와 대학의 지속 가능성에 부정적인 영향을 미친다고 지적한 논문도 존재한다(신하영 2024, 187).

이러한 측면에서 유학생의 한국 생활 적응과 취업역량을 동시에 고려한 혁신적인 교육 프로그램이 시급히 요구되는 가운데 리빙랩은 유학생의 학습과 역량성장에 있어 큰 가능성을 가진다. 왜냐하면 리빙랩 수업이 학생의 주체성을 높이고 지역사회 참여를 이끌고 문제해결 능력을 키울 수 있다는 특징을 가지고 있기 때문이다.

유학생이 한국에서 대학교육을 받으면서 경험하는 수업방식은 매우 다양할 것이다. 그러나 그중에서도 리빙랩은 기반의 수업은 학위 취득 이상의 변화를 유학생에게 선사한다. 단단한 이론 위에 '진짜 한국 사회'에 직접 참여하는 다문화 실험의 무대를 제공하기 때문이다. 유학생이 리빙랩 수업에 한국 학생들과 함께 참여하면, 수업시간의 토론과 지역사회 문제 발굴을 위한 현장방문과 지역주민과의 만남 등을 통해 자연스럽게 자신의 실질적 역량을 높이면서 한국의 지역사회에 대한 실제적 지식과 경험을 쌓을 수 있다. 이렇게 되면, 유학생들을 맞이하고 교육을 제공하는 데 있어서 그간 부족했던 유학생의 학습몰입과 지역참여를 이끌고, 졸업 이후 한국사회에서 취업하는 데 필요한 역량을 키우는 것이 가능해진다.

필자는 지난 2024년 한국에서 리빙랩 수업을 경험한 베트남과 중국 출신의 외국인 유학생 4명과의 심층인터뷰를 수행하였다. 2주간에 걸친 인터뷰와 이들이 참여한 수업에 대한 자료조사를 통해 리빙랩 수업이 이들 유학생들의 한국생활 적응에 어떻게 도움이 되었고, 한국사회에서 정주하며 살아가는 데 필요한 능력에 어떤 변화가 있었는지를 알게 되었다. 다음은 인터뷰에 참여한 학생들에 대한 간략한 정보이다.

[표 1] 인터뷰 참여자의 주요 정보

구분	국적	학위 과정	전공	한국어 유창성	참여 경험
A	중국	박사 과정	국제관계학	상	다른 국가에서 실행되는 리빙랩 활동 및 관련 논문을 비교·분석
B	중국	학부 3학년	국제관계학	중상	스쿨존 안전 문제 탐구, 팀 프로젝트 참여
C	중국	학부 3학년	경영학/국제관계학	중하	멸종위기 동물 문제 해결 프로젝트 참여
D	베트남	학부 4학년	국제관계학	상	공공 의자 프로젝트, 지역 문제 탐구

2. 리빙랩 수업으로 한국'사회'를 만나다

리빙랩 수업은 외국인 유학생들로 하여금 그동안 캠퍼스를 중심으로, 학생과 교직원을 통해서만 만나던 한국을 벗어나 살아 숨쉬는 한국사회, 지역을 경험하게 한다. 유학생들은 지역사회 문제를 말 그대로 현지인이 되어서 해결해보는 리빙랩 과정을 거친다. 이 과정에서 이들은 한국 사회의 구조와 문화를 이해하고 이를 생활 적응 과정에 적용할 수 있다. 인터뷰 참여자들은 지역사회 문제를 탐구하고 해결책을 모색하는 과정을 통해 한국 사회에 대한 구체적이고 실질적인 이해를 형성한 것으로 확인되었다.

> "리빙랩 수업을 통해서 한국 문화와 더 많이 더 가깝게 알 수 있는 기회라고 생각합니다. 그리고 이 수업을 통해서 한국 학생들이랑 많이 이야기하고 한국의 문화에 관련 있는 것도 많이 알게 되었어요. 또는 한국어도 리빙랩을 통해서 많이 대화할 수 있는 것도 장점이라고 생각합니다."
>
> (C, 학부생, 중국유학생)

이 학생의 인터뷰 내용은 리빙랩 수업이 단순히 문제 해결 과정에 국한되지 않고, 한국 학생들과의 실질적인 교류를 통해 한국 문화와 생활 방식을 배우는 데 중요한 역할을 했음을 보여준다. 이 상황은 자신의 상황과 지식에 대해서 비판적으로 성찰 수 있고, 새로운 환경에서 관점이 전환되는 것을 나타내며, 이를 통해 전환학습을 통해 의미있는 변화가 있었음을 알 수 있다. 또 다른 학생은 새로운 환경(한국사회, 한국 수업)을 통해서 자신이 원래 알고 있고 익숙했던 것(중국사회, 중국의 도시 환경)에 대해 새로운 관점을 갖게 되었다고 말했다.

> "한국 쓰레기 문제에 대해서 관심을 원래는 한국에서 도로에서 왜 쓰레기통 없는 거 잘 모르겠어요. 이거 통해서 종량제 체제로 되는데 그래서 사람들이 도로에서 그 쓰레기 버린까 봐 그래서 도로에서 그 쓰레기통 없어진 거 사실을 알고 있어요."
>
> (B, 학부생, 중국유학생)

이러한 인터뷰 내용은 한국의 쓰레기 처리 방식, 특히 종량제 시스템과 같은 중국에는 없고, 한국에는 있는 정책적 접근법을 학습하게 된 과정을 보여준다. 이는 전환학습 이론에서 제시하는 "비판적 성찰을 통한 기존 관점의 재구성"과 부합하며, 리빙랩 수업이 단순히 문제 해결의 기회뿐만 아니라 새로운 문화적·제도적 이해를 제공하는 학습 환경이라는 점을 강조한다.

이와 같은 결과는 기존 연구들에서 에서 논의된 리빙랩의 교육적 효과와도 일치하며, 유학생의 적응 과정에서 리빙랩이 중요한 역할을 한다는 점을 확인시켜 준다(송해영·한송이 2024). 이를 통해 리빙랩이 한국 생활 적응과 관련된 실질적 학습 경험을 제공하며, 유학생들이 새로운 문화적, 정책적 맥락을 이해하도록 돕는 강력한 학습 도구임을 확인할 수 있었다.

> "도로 안전 문제를 조사하면서 한국의 정책이 얼마나 체계적인지 알게 되었어요. 이런 문제들을 조사하고 해결책을 생각하면서 한국 사회를 더 깊이 이해할 수 있었습니다."
>
> (C, 학부생, 중국유학생)

이러한 학생의 경험은 리빙랩 프로젝트가 단순히 이론적 학습을 넘어서 학생들에게 실제 사회적 시스템을 경험할 기회를 제공했음을 시사한다.(송해영·한송이 2024); (신하영 2024). 이러한 학습 과정은 신상범(2024)이 언급한 리빙랩의 실질적 문제 해결 접근 방식과 연결되며, 유학생들이 학문적 지식과 실천적 경험을 통합하는 과정을 보여준다.

> "쓰레기 처리 시스템을 통해 한국의 환경 정책을 알게 되었고, 이를 통해 제가 한국에서 생활하면서 이런 시스템을 어떻게 적용할 수 있을지 배웠습니다." (D, 학부생, 베트남유학생)

한국에서 생활한 지 4년이 다 되어가고, 한국어 능력이 매우 우수한 D임에도 불구하고, 리빙랩 수업을 통해서 그동안 캠퍼스와 상업지구에서만 관찰하던 것과는 다른 한국의 다른 모습을 발견했다고 말했다. 이는 리빙랩을 통해서 유학생들이 캠퍼스 경험에만 국한되어 있던 한국생활의 경험을 확장해서 지역사회 문제를 해결하면서 자연스럽게 한국의 제도적 특성을 학습하고 이를 생활에 적용할 수 있음을 의미한다. 이러한 경험은 전환학습 이론에서 제시된 "비판적 성찰과 실천적 학습"을 강조하며, 유학생들이 단순히 유학과 캠퍼스 생활에 국한되어 제도적 구조를 배우는 것을 넘어 이를 생활 적응에 적용하는 과정을 시사한다.

3. 유학생 커뮤니티를 넘어 캠퍼스 커뮤니티로

대부분의 유학생들은 같은 유학생들과 커뮤니티를 형성하고 학업 뿐 아니라 생활, 비자 관련 문제에 서로 도움을 주고받는다. 이들이 학습과 생활 면에서 모두 유학생 커뮤니티를 중심에 두고 같은 과의 한국인 학생보다는 다른 전공의 같은 국가 출신의 학생과 훨씬 더 가깝게 지내는 것은 어찌보면 당연하다. 한국생활에 적응하는 과정에서 동병상련을 경험하며 실질적으로 도움을 주고받을 수 있는 이들이 같은 처지의 유학생이기 때문이다.

그러나 초기 적응 이후에는 캠퍼스 커뮤니티로 그 범위를 확대해, 다른 국가 출신의 유학생 나아가 한국 학생과도 교류하며 '다른 나라로 유학 온 경험'을 풍성하게 누려야 할 것이다. 하지만 수업 시간에도 유학생들은 외국어로 진행되는 원어강의만을 고집한다든지, 캠퍼스 차원에서 이루어지는 다양한 활동에 참여하지 않고 유학생으로서 국제교류처 주도의 문화교류 프로그램 참여 정도에 머무르는 경우가 많아. 굳이 다른 문화권인 한국에 와서도 문화적 다양성을 충분히 경험하지 못하는 상황이다.

리빙랩 수업에서 학생들은 다양한 문화적 배경을 가진 팀원들과 협력하며 발생하는 갈등을 조율하고, 새로운 시각을 배우는 경험을 할 수 있다. 그리고 이러한 협업 과정은 학생들에게 다문화적 소통과 수업 안팎의 한국학생들, 한국인 교수들과 교류하는데 새로운 실마리를 제공할 수 있다. 실제로 인터뷰에 참여자한 유학생들은 리빙랩을 통해서 문화적 한국학생들, 타 국가 출신 학생들과 협업하고 소통하는 경험을 했다고 전했다.

> "이번 리빙랩 활동에서 우리가 문제를 스스로 작성하고, 해결하려고 노력했는데요. 전에서 멤버들 간의 의사소통이 처음에는 어려웠어요. 문화적인 차이도 있었고요. 그런데 협력을 통해서 서로의 관점을 배우게 되었어요."
> (B, 학부생, 중국유학생)

이 발언은 팀원 간의 문화적 차이를 극복하며 새로운 관점을 배운 과정을 보여준다. 이는 Mezirow (1991)의 전환학습 이론에서 말하는 "비판적 성찰"과 "새로운 학습 틀 구성"의 사례로 볼 수 있다.

> "리빙랩 수업에서 한국 학생들이랑 같이 문제를

다루면서 그들이 문제를 어떻게 정의하고 해결하는지 배우게 됐어요. 저는 중국에서 이런 식의 협업을 해본 적이 없어서 정말 새로운 경험이었어요." (C, 학부생, 중국유학생)

중국유학생 C의 경험은 다문화적 협업이 한국 학생들의 문제 해결 방식을 이해하고, 이를 자신의 학습 과정에 통합하는 데 중요한 역할을 했음을 보여준다. 이는 송해영, 한송이(2024)의 연구에서 언급된 다문화적 협업 환경에서의 학습 효과와도 일치한다.

"한국 학생들과 협력하면서 아이디어를 공유하고, 제안된 해결책에 대해 논의했어요. 처음에는 어려웠지만, 결국 서로를 이해하면서 많은 걸 배웠습니다." (D, 학부생, 베트남유학생)

이러한 D의 인터뷰 내용은 다문화적 팀워크가 새로운 아이디어를 생성하고 이를 실천하는 데 어떻게 기여했는지 보여준다. 이는 신상범(2024)이 제시한 리빙랩 수업의 협력적 학습 환경의 강점을 뒷받침한다.

한편, 박사과정생인 A는 실제로 리빙랩을 활동으로 수업에서 접하기보다는 논문 작성을 위해 다소 이론적이고 분석적인 관점에서 리빙랩 수업을 접했다. 그럼에도 A의 경우는 리빙랩 수업을 통해서 협업과 소통과 관련된 경험, 특히 한국학생들에 대한 이해를 높이는 데 도움이 되었다고 이야기했다. 이 부분은 이정인(2024)이 지적한 리빙랩이 국제교류, 특히 수업을 통해 각국의 학생들이 '세계시민'으로서의 정체성을 인식하게 하여 교육국제화를 가능하게 한다는 점과 연결된다.

"리빙랩 수업은 지금까지 제가 들어본 과목 중에 가장 어려운 수업이었어요. 특히, 한국 학생들과 협력하면서 문제를 다루는 방식이 달라서 처음에는 힘들었어요. 하지만 이 과정에서 그들의 접근 방식을 이해하게 됐고, 새로운 시각으로 문제를 바라볼 수 있게 되었어요."

(A, 박사과정생, 중국유학생)

A의 발언은 다문화적 협업이 새로운 학습 환경에서 겪는 어려움을 극복하는 데 중요한 역할을 했음을 보여준다. 특히, 한국 학생들과의 교류는 전환학습의 "기존 관점에 대한 비판적 성찰"과 "새로운 행동 전략 형성"의 과정으로 이어졌다(전주영·강정찬·이상수 2014); (신하영 2024).

이렇듯 리빙랩 수업은 외국인 유학생들에게 다문화적 환경에서 발생하는 갈등을 해결하며 소통 능력을 기를 기회를 제공했다. 한국 학생들과의 협업은 유학생들에게 한국 사회의 의사소통 방식과 문제 해결 접근법을 학습할 수 있는 계기가 되었으며, 이를 통해 유학생들은 자신만의 관점을 확장하고 새로운 소통 방식을 배우는 성과를 얻었다.

4. '어디서든' 도움되는 경험과 학습을 얻다

리빙랩 수업은 유학생들에게 단순한 학문적 학습을 넘어, 실제적인 문제 해결 과정에서 자신감을 키우고 취업역량을 강화하는 기회를 제공했다. 인터뷰 참여자들은 프로젝트를 수행하며 자신의 전공과 관련된 실질적인 기술과 경험을 습득하고, 이를 본국 또는 한국의 직업 환경에 적용할 가능성을 발견했다.

"공공 의자 프로젝트를 통해 한국 공원 구조와 주민들이 원하는 게 뭔지 알아봤어요. 이런 프로젝트는 베트남에서도 충분히 가능하다고 생각해요.

이런 경험이 한국에서 일하면서도, 아니면 베트남 돌아가도 정말 큰 도움이 될 거 같아요."

(D, 박사과정생, 베트남유학생)

이와 같은 D의 인터뷰 내용은 리빙랩 활동이 학생들에게 실질적인 문제해결, 특히 새로운 상황에 익숙한 문제해결 방식을 적용해 보는 응용하는 능력을 높이는 양상을 확인하게 해준다. 특히 한국과 베트남의 공통점과 차이점을 모두 이해한 후 사회문제 해결에서 어떤 부분을 선택적으로 적용할 것인지까지 인지하는 것을 통해서 D 참여자가 국제관계학 전공 지식과 현장 적용 가능성을 높이는 경험을 했음을 확인했다. 이는 Mezirow(1991)의 전환학습 이론에서 학습자가 새로운 경험을 통해 기존의 행동 전략을 재구성하고 이를 실천으로 옮기는 과정을 설명한 내용과 일치한다.

"한국 학생들이랑 같이 조별로 일하면서 발표 자료를 계속 수정했어요. 솔직히 힘들었지만, 이런 경험이 발표력뿐만 아니라 협업하는 법도 배우게 해줬어요. 나중에 만약에 한국 회사 들어가면 이런 경험이 도움이 될 것 같아요."

(B, 학부생, 중국유학생)

B는 리빙랩에서의 협업 경험이 자신의 취업 준비에 필요한 소프트 스킬을 키우는 데 크게 기여했다고 언급했다. 이는 취업역량 성장의 중요한 측면으로, 이는 송해영, 한송이(2024)의 연구에서 나타난 "문제 중심 학습을 통해서 취업 분야에 도움을 받았다"는 학생들의 변화 양상과도 일치한다.

이런 진술들은 리빙랩 수업이 단순히 학습 경험을 제공하는 것을 넘어, 학생들의 직업적 역량을 강화하는 데 효과적임을 보여준다. 학생들은 프로젝트 수행 과정에서 실질적인 문제 해결 경험을 통해 전공 분야에서의 응용 가능성을 높였고, 팀워크와 소통 능력을 포함한 중요한 소프트 스킬을 개발했다. 특히 전공지식 뿐 아니라 발표능력 등의 소프트 스킬이 갈고 닦아진 것은 리빙랩 활동이 학생들에게 본국과 한국 모두에서 적용 가능한 전문성을 강화한다는 점에서 리빙랩 수업이 유학생의 실무능력을 키워줄 수 있음을 드러낸다. 기존 연구에서는 리빙랩의 실질적 취업 준비 효과를 드러내기보다는, 학습자로서 경험할 수 있는 유의미한 경험을 주로 드러내려 갈였다.

하지만 여러 인터뷰를 통해 확인되었듯이, 유학생들에게 한국에서 경험하는 리빙랩은 졸업 후 취업, 진로, 실생활을 시도하는 데 있어서 실질적인 강점이 된다. 프로젝트 조사, 현장 인터뷰, 정책 제안, 결과 발표, 팀워크 등에서 얻은 경험은 협업능력, 소통 능력, 문제해결력 등 취업에 있어 필수적인 '핵심 역량'으로 직결된다(Shin 2024, 24); (신하영, 2024); (신하영·이정인 2024, 94-95).

인터뷰에 참여한 유학생들은 실험 프로젝트 결과를 포트폴리오로 남겨 실제 취업 시즌에 "면접에서 리빙랩 경험을 이야기했더니 인상적이란 반응을 받았다", "실제로 내가 연구한 현장 경험이 내 경력 경쟁력을 높여줬다"고 평가했다.

VI. 나가며

리빙랩은 대학수업이 이루어지는 현장에 그야말로 입체적인 변화를 가져올 수 있다. 교수는 권위를 내려놓고, 지식전달자 보다는 학습촉진자와 중재자로서 자신의 역할을 새로 찾으며 성장한다. 수업에 참여하는 학생은 현실과 연결된 주체적 문제해결력, 타인과의 진짜 소통, 비판적 성찰, 자기효능감과 사회참여의식을 키우는 경험을 한다(신하영·

이정인 2024); (Shin 2024).

리빙랩이 대학수업이 가져오는 또 다른 변화는 다양한 이해관계자, 동료와의 협업을 통해 학생들이 적극적으로 경험하는 다름과 배움이다. 학생들은 수업 밖에서도 문제 해결 활동을 이어가며, 지역사회의 구성원이 되는 변화를 경험한다. 강화까지 체감하고 있다. 이러한 입체적 변화는 리빙랩이 단순 프로젝트형 수업 중 하나로 도입되는 것을 넘어 '대학 교육의 패러다임 전환'을 가져올 수 있음을 보여준다. 앞으로도 더 다양한 전공에 적용된 리빙랩 수업의 사례, 학부 정규 수업 뿐 아니라 대학원 과정과 실습과정 등 다양한 대학교육의 현장에서 실험적 리빙랩 수업방식 이루어질 필요가 있다. 실험과 성찰, 지속적 비교 연구를 통해서 리빙랩의 가치와 가능성을 대학교육 혁신에 가장 적합한 형태로 만들어낼 때 학생과 교수, 대학과 지역사회가 모두 긍정적 효과를 경험하는 리빙랩과 대학교육의 행복한 만남이 이루어질 것이다.

참고문헌

성지은·한규영·박인용. 2016. "국내 리빙랩의 현황과 과제". STEPI Insight (184): 1-44.

송해영·한송이. 2025. "리빙랩 수업은 학생 주도성을 함양하는가?: 한국, 인도네시아, 필리핀 사례를 중심으로." 『콘텐츠와 산업』. 7 (1): 13-21.

신하영. 2024. "대학수업 리빙랩을 통한 유학생의 한국생활 적응과 취업역량 성장 사례 연구" 『산업교육연구』. 44(3): 186-205.

신하영·이정인. 2024. "리빙랩의 고등교육 ODA 가능성 탐색: 베트남 T대학 리빙랩 사례를 중심으로," 『교육혁신연구』. 34(1): 81-100.

이금란. 2023. "외국인 유학생의 교수학습지원에 관한 요구 분석 및 프로그램 설계 방안: 강원 H 대학 사례를 중심으로" 『학습자중심교과교육연구』. 23(18): 461-482.

이태동·류소현·박재영. 2019. "리빙랩 (living lab)을 활용한 환경 에너지 정치 교육." 『사회과학논집』. 50 (2): 1-19.

정순례·이병임·조현주·오대연. 2021. 『학습이론의 이해와 적용』. 서울: 학지사.

한국대학신문. "2조 4000억 원 투입되는 대학-지역 동반성장 체계, 내년 전국 시행…교육부, '라이즈(RISE) 지원 전략' 확정" 2024.12.27. 기사.

Hayoung Shin. 2024. "Breaking the Old Cycle: Tackling Minority Community's Child Betrot hal through Younger Generations-Led Approaches in Vietnam," *2024 ASDP 31st National Conference Proceeding.*

Hayoung Shin. 2024. "Collaborative Learning Models Through Living Lab Classes: Facilitating Community Engagement Beyond the Classroom for Teachers and Students," *BCE 2024 Proceeding.*

in University Education: Cases and Analyses. Ed. Hae-Yung Song. Seoul: Perple.

Jack Mezirow. 1991. *Transformative dimensions of adult learning.* San Francisco, CA: Jossey-Bass.

Jack Mezirow. 1997. Transformative learning: Theory to practice. *New Directions for Adult and Continuing Education*, 1997(74), 5-12.

Jeong-in Lee, Hayoung Shin, Song-ie Han. 2024. "Innovative Practices for Sustainable Communities and Education in Asian Contexts," *2024 ASDP 31st National Conference Proceeding.*

Jones, Elspeth, and Sung-Choon Kim. 2021. "Intercultural Transitions and Student Engagement: Cross-Cultural Student Engagement in Higher Education." *Higher Education Quarterly* 75(2): 292-308.

Sujung Nam and Hayoung Shin. 2025. "Horizontal and Vertical Possibilities of Living Labs in International Aid" *The Living Lab*

저자 소개

이태동
연세대학교 언더우드 특훈 교수 & 정치외교학과 교수
미국 University of Washington 정치학박사
논저: 기후 적응: 회복탄력적 지구를 위한 전환 (2024, 공저)
기후변화와 도시: 저감과 적응 (2023)
에너지 전환의 정치 (2021)

신상범
연세대학교 국제관계학과 교수
미국 Indiana University Bloomington 정치학박사
논저: 우리 동네가 실험실이 된다면? 리빙랩과 사회적 혁신 (2023, 공저)
변화와 혁신을 위한 정치학 강의 산책 (2024)
지구환경정치: 형성, 변화, 도전 (2022)

강혁민
경희대학교 국제학부 아시아학과 조교수
뉴질랜드 University of Otago 평화학 박사
논저: *The Palgrave Handbook of Positive Peace* (2022, 공저),
평화개념연구 (2022, 공저)
Voices of the Marginalized: Victims' Perspectives on Agonistic Reconciliation and Power Disparity (2025, 공저)

김가영
연세대학교 기후적응 리빙랩 연구사업단
서울시립대학교 도시행정학과 박사수료
논저: 액트 나우 (2024)
나는 윤리적 최소주의자, 지구에 삽니다 (2022)
제로 웨이스트는 처음인데요 (2021)

김지연
연세대학교 기후적응 리빙랩 연구사업단 & 연세대학교 정치학과 박사과정
연세대학교 정치학과 석사
논저: 도시 기후재난 대응에서 기업의 협력적 거버넌스 참여 동기와 역할: 기업은 왜, 어떻게 참여하는가? (2025, 공저)
수요 측면 완화 전략을 통한 캠퍼스 건물의 탄소 저감 잠재량 분석: 서울시립대학교를 중심으로 (2024, 공저)
공존의 조건 (2024, 공저)

김현
연세대학교 디지털사회과학센터 연구교수
연세대학교 정치학박사
논저: 기후적응리빙랩 가이드북 (2025, 공저)
주민자치의 개념사: '주민자치'는 어떻게 직접, 참여 민주주의의 기표가 되었는가? (2024)
지방의회 선거제도 개편방안: 의원 정수 결정 및 선거구 획정 제도를 중심으로 (2023, 공저)

김현아
(주)정림건축종합건축사사무소 뉴테크SU 연구소 그린테크팀 소장
명지대학교 건축공학 박사

류지은
인천연구원 인천탄소중립연구지원센터 책임연구원
서울대학교 협동과정 조경학 박사
논저: 조경의 새로운 도전 (2023, 공저)
인천광역시의 기후적응 우선순위 선정 및 계획에서의 활용방안 (2023, 공저)
Concpets and Applications of remote sensing in Forestry (2022, 공저)

박아름
동국대학교 북한학연구소 학술연구교수
동국대학교 북한학박사
논저: 전쟁에게 평화를 묻다 (2025, 공저)
신진연구자가 본 김정은 체제 (2023, 공저)
한국학과 조선학, 그 생성과 코리아학2 (2018, 공저)

박소민
서울시립대학교 조경학과 박사 수료
논저: Exploring the potential application of a custom deep learning model for camera trap analysis of local urban species (2024)

박찬
서울시립대학교 조경학과 교수
서울대학교 조경학 박사
논저: A framework for national scenarios with varying emission reductions (2021)
기후위기 시대, 12가지 쟁점 (2022)
보험, 기후위기를 듣다 (2023)

부찬종
인천연구원 인천탄소중립연구지원센터 책임연구원
건국대학교 신기술융합학과 융합ET(대기환경) 공학석사
논저: 지역 특성을 고려한 무더위쉼터의 입지특성 분석 및 평가 모델 개발 (2024, 공저)

성정희
연세대학교 동서문제연구원 연구교수
서울대학교 과학교육 박사
논저: 기후 적응: 회복탄력적 지구를 위한 전환 (2024, 공저)

송경호
한국전자통신연구원 인공지능안전연구소 선임연구원
연세대학교 정치학박사
논저: AI 이후의 민주주의: 기술적 가능성과 참여의 역설 (2025)
무엇이 한국사회를 분열시키나 (2025, 공저)
Matching and Mismatching of Green Jobs: A Big Data Analysis of Job Recruiting and Searching (2021, 공저)

신하영
세명대학교 교양대학 교육학 교수
숙명여자대학교 교육학박사
논저: 스마트 미래 인성교육 (2023, 공저)
AI 시대 교사를 위한 디지털 교육 워크북 (2025, 공저)
The Living Lab in University Education: Cases and Analyses (2025, 공저)

양성빈
연세대학교 기후적응 리빙랩 연구사업단 & 연세대학교 언론홍보영상학과 박사과정
한양대학교 경영학과 석사 & 충남대학교 심리학과 석사

윤나리
영국 University of Oxford 환경 거버넌스 석사과정
연세대학교 정치학사

이경호
연세대학교 일반대학원 정치학과 박사과정
뉴질랜드 캔터버리대학교 남극학 석사
논저: 한국 개신교인의 종교성과 정치적 이념이 기후불안에 미치는 영향 (2025, 공저)
한국 제조업 기업의 ESG 담론과 그 변화: 지속가능경영보고서(2014~2024년)에 대한 텍스트 분석 (2025, 공저)
Adaptive foraging strategies of Adélie penguins in the Ross Sea Region: balancing chick feeding and body condition in changing marine environments (2024, 공저)

이수경
연세대학교 일반대학원 정치학과 석사과정
연세대학교 미래캠퍼스 국제관계학과 학사

이예영
연세대학교 일반대학원 정치학과 석사과정
한국외국어대학교 중앙아시아학과·행정학과 학사

이희섭
연세대학교 정치학과 박사과정 재학
연세대학교 정치학과 석사
논저: 한국 제조업 기업의 ESG 담론과 그 변화: 지속가능경영보고서(2014~2024년)에 대한 텍스트 분석 (2025, 공저)
에너지자립마을 활성화 요인에 대한 질적 메타종합 (2024, 공저)
Examining partnerships in the technical assistance provided by the Climate Technology Centre and Network for enhancing technology development and transfer in alignment with the Paris Agreement (2024, 공저)

정연경
지속가능발전연구소 소장
서울시립대학교 행정학 박사
논저: 영농형 태양광 주민 수용성 강화를 위한 제도 개선 방안에 대한 탐색적 연구 (2025, 공저)
근거이론을 통한 에너지자립마을 지역 주민들의 경험 해석 (2025, 공저)
이해관계자 참여 모형을 통해 본 한국형 재생에너지 갈등예방 메커니즘(K-ESTEEM) 의미와 과제 (2024. 공저)

최지은
연세대학교 동서문제연구원 객원연구원
연세대학교 시스템과학융합연구원 전문연구원
연세대학교 의과대학 보건학박사
논저: 기후적응리빙랩 가이드북 (2025, 공저)

하상섭
연세대학교 빈곤문제국제개발연구원 연구교수
동국대학교 북한학 박사
논저: 중미 글로벌-지역 이중 극체제로 본 북중관계 (2023, 공저)
리빙랩의 관점에서 본 시민 주도 지역브랜드 창출: 원주시 한지 문화산업 사례 (2024, 공저)
The Living Lab in University Education: Cases and Analyses (2025, 공저)